샤를 드골,
위대한 대한민국을 향하다.

정한용 지음

추천사

리더십Leadership은 거창한 단어가 아니다. 오히려 기술이 급속도로 발전하면서 모든 인간은 리더가 되어야만 하는 시대가 됐다. 스마트폰에서 쏟아지는 정보를 혼자 접하고, 혼자 이해해야만 한다. 가짜 정보는 쏟아지지만, 그것을 바로잡아줄 가이드는 없다. 알고리즘 기술이 발전돼 제한된 주제의 제한된 정보만을 접하기도 한다. 이런 IT(정보기술) 폭풍에서 살아남기 위해선 주관이 뚜렷한 리더십이 필요해진 시대가 된 것이다.

이 책은 샤를 드골이라는 인물의 리더십을 다루고 있다. 아직도 '리더십'이란 단어가 부담스러운 독자들에게 쉽게 표현하자면, '급변하는 세계에서 살아남은, 심지어 성공한 한 인간의 지침서'라고 보면 훨씬 접근하기 쉬울 것이다.

그렇다면 왜 하필 샤를 드골인가. 샤를 드골의 리더십이야말로 현재의 대한민국에 가장 잘 어울리는 리더의 신념을 보여주고 있기 때문일 것이다. 샤를 드골은 당시 나토와 공산권 사이에서 중립 외교를 펼치면서도 양쪽으로부터 이권을 챙긴 것으로 알려져 있다. 대한민국이 미국과 일본, 중국, 러시아 등에게서 헤쳐나가야 할 모습과 겹친다.

최근 러시아가 우크라이나를 침공하면서, 주요 국가들 사이에서 전쟁은 일어나지 않을 것이라는 막연한 믿음이 무너졌다. 2년간 이어진 코로나 바이러스 사태로 인해 벌어진 인플레이션은 전 세계 경제를 흔들고 있다. 한 치 앞을 볼 수 없다는 말은 공공연히 쓰여 왔지만, 지금 2022년이야말로 어느 것도 쉽사리 예측할 수 없는 안갯속 시대가 됐다. 이때야말로 냉정한 이성을 유지하면서 현 상황을 평가하고 해야 할 일이 무엇인지를 제대로 파악하여 과감하게 그 일을 실행한 샤를 드골의 리더십을 따라야 할 때인 것이다.

서울 광화문 사무실에서 추천사를 쓰게 된 인연因緣은 전우戰友라는 단어다. 10여 년 전 국방의 의무로 만났다. 그것도 병사와 병사의 관계가 아니라 병사와 대대장이라는 관계로 말이다. 인연이 이어질 확률은 극히 낮았다. 하지만 기자와 필자의 용기, 그리고 의지 덕에 '차가운 의무'가 아닌 '따스한 인연'으로 이어졌다. 그저 샤를 드골의 이름과 업적만 가볍게 알고 있던 기자에게 샤를 드골이라는 위인을 쉽고 상세하게 지도해준 이 책과 필자에게 감사의 마음을 전하고자 한다.

2022년 3월
광화문에서, 조선일보 기자 안별

책을 내면서

샤를 드골(1890~1970, 프랑스 역사상 가장 존경받는 지도자)과 나와의 인상 깊었던 첫 만남은 내가 육군사관학교 생도 시절에 도서관에서 접한 『세계의 대회고록 전집(드골)』이라는 책에서였다. 그 책을 펴는 순간 나에게 큰 울림으로 다가온 것은 그 책 표지에서 큰 거구로 TV 연설을 하는 모습과 함께 밑에 적혀 있었던 드골의 말이었다.

"사방에서 평범하기를 바라는 이 시대에 나는 위대함을 위해 행동을 해야 했다."

일면 고집스럽고 돈키호테적인 분위기는 났으나, 뭔가 평범함에서 벗어나 대단한 개성과 용기, 어떤 시대를 앞질러 내다보는 예리한 통찰력 같은 형안炯眼을 지닌 말이었기 때문이다.

이런 신선한 충격과 함께 드골의 회고록을 읽었으나, 읽으면 읽을수록 방대한 내용, 역사적인 배경 지식 부족, 집중해서 연구할 여건의 부족으로 드골 연구가 쉽지 않다는 것을 깨닫고 흠모하는 마음만 갖고 있다가, 아쉽게도 1993년 나의 육사 졸업앨범에 위의 문장을 인용한 다음과 같은 글만 남기는 것에 그쳤다.

"사방에서 같은 색깔을 바라는 이곳 육사에서 나는 나의 색깔을 위해 행동을 해야 했다."

육군 소위로 임관 후 야전부대 근무를 하면서도 틈틈이 드골 관련 책을 읽고 드골의 사상과 리더십에 대해 천착해 온 나는, 어록을 통해서 본 드골의 사상과 리더십인 『프랑스의 이름으로 나는 명령한다』(2004년), 『21C의 힘 탁월한 리더십 드골』(2005년)이라는 책을 출간하기도 했다.

그러나 드골 연구와 관련하여 여전히 지적 목마름을 느끼던 내게 학문적으로 그리고 체계적으로 이를 정리해 볼 계기가 된 것은 심상필님이 옮기신 『드골, 희망의 기억』(2013년, 은행나무)이라는 책을 읽은 뒤였다. 드골이 직접 저술한 회고록으로 프랑스 제5공화국 대통령으로 재직하는 동안 직면한 결단의 순간과 인간적인 고뇌가 소상하면서도 진실되고, 위엄이 있으면서도 멋있게 서술된 이 책은 나에게 감동 그 자체로 다가왔다.

나는 이 『드골, 희망의 기억』 회고록을 기초로 드골의 리더십과 국가지략에 관한 책을 제대로 쓰고 싶었는데, 계속 벼르다가 시간과 여건에 되어 이번에 책을 집필하게 되었다. 드골에 관한 많은 간행본과 논문, 각종 칼럼과 자료 등의 행간과 이면에서, 드골이 몸소 행하여 뿜어낸 빛나는 리더십과 국가지략을 최대한 기술하려고 노력했다. 그 세월이 돌아보면 30년이 훌쩍 넘는지도 모른다.

드골이라는 인물을 한 문장으로 정의한다면, 나는 다음과 같이 말하고 싶다.

"시대정신Zeitgeist을 바탕으로, 사리사욕 없이, 국민의 성원과 지지, 민주주의 제도 내에서, 프랑스와 세계 이익을 추구했던 역사상 가장 완벽한 지략과 리더십, 카리스마를 구비한 위대한 인물이었다." 라고.

1. 제목을 "샤를 드골, 위대한 대한민국을 향하다" 라고 선정한 이유는.
   샤를 드골의 애국심, 국가를 다스리는 데 필요한 지략, 철저하게 국민에게 봉사하겠다는 위민정신爲民精神, 모든 정치적 결정과 행위에 사리사욕이 전혀 없었던, 오직 국가와 국민을 위해 일했으며, 프랑스의 영광을 되찾기 위해 분투한 드골의 리더십이 지금 위대한 대한민국을 만드는데 절실하게 필요하기 때문이다.

2. 책의 핵심은 무엇인가.
   샤를 드골 대통령이 자기 자신自身과 사심私心을 완전히 비우고, 시대時代가 요구하는 바를 정확히 파악하여 프랑스 국민들에게 '위대한 프랑스의 재건'이라는 국가 비전을 직접 제시하고, 국가의 사활적 이익을 목숨 걸고 챙기면서, 국민의 성원과 지지 속에서 함께 이룩한, 매우 감동적인 리더십과 국가 지략에 관한 이야기다.

『정치 편』

드골은 알제리 문제라는 실타래를 풀려고 하지 않았다. 대신에 그는 그의 칼로 끊었다. 그는 프랑스에서 알제리를 분리시키는 것이 시대가 요구하는 바라고 정확히 파악했다. 그리고 그와 같은 결정이 군대와 우파 모두에게 인기 없는, 더구나 그의 열렬한 지지자들과의 연계를 포기하고 그들로부터 배신자로 낙인찍혀 암살당할지도 모르는 상황에서 죽음을 무릅쓴 용기, 국가를 다스리는 지략을 유감없이 발휘했다. 요컨대, 시대정신에 부합한 정치제도인 헌법 개정안을 국민의 동의(79.2%)를 받아 만들고, 그 헌법을 통해 분열된 국민을 치유하고 단결시켜 국민을 통합하는데 성공했으며, 마침내 알제리 문제를 해결하여 위대한 프랑스의 재건의 초석을 다졌다.

『군사 편』

파리를 보호하기 위해 미국이 과연 뉴욕의 파괴를 무릅쓰면서까지 모스크바에 핵 보복 공격이 가능할까? 핵 개발을 통해 핵으로부터 두려움이 없는 국가를 만들었다.

『경제 편』

뤼에프 플랜을 통해 경제 안정과 성장, 그리고 흑자의 세 마리 토끼를 동시에 잡았다.

『문화 편』

앙드레 말로의 문화민주화를 통해 국민과 함께 하는 위대한 프랑스의 문화·정신을 창조했다.

『리더십 편』

국가를 위한 봉사에 대가가 필요 없고, 국민을 위해 더 좋은 곳에 쓰라고 대통령 연금과 국장國葬을 거부한 감동의 리더십을 발휘했다. 또한, 민족 정기를 확립하고, 국민을 단결시키며, 민주주의를 위해 나치협력자를 숙청함으로써 '동지섣달 나는 동천(冬天)의 새'같은 매서운 리더십을 발휘했다.

마지막으로 대서양 동맹 속에서 '방기(버려짐)와 연루(말려들어감)'라는 동맹의 딜레마를 잘 극복하고 프랑스의 자주외교정책을 성공시킴으로써 국가지략의 리더십을 발휘했다.

3. 꼭 밝히고 싶은 것은.

나는 드골을 한 번도 직접 만나본 적이 없다. 또한 전문 학자도 아니다. 그러나 내가 드골에 대해 조금이라도 알고 깨닫게 도움을 주신 드골에 관한 소중한 간행물, 번역본, 각종 논문 등을 제공해 주신 많은 저자 분들께 이 지면을 통해 진심으로 감사의 말씀을 드리고 싶다.

사실 이 책의 『리더십 편』은 저자가 2005년에 출간한 『21C의 힘 탁월한 리더십 드골』의 틀을 유지하되 내용은 대부분 전면 수정한 것이지만, 드골이라는 인물에 대한 연구를 하면 할수록 마치 심연에 빠져드는 듯한 매우 어려운 연구라는 것을 새삼 깨달았다.

그러나 드골 관련 수많은 소중한 자료가 있었기에 법고창신法古創新의 심정으로 연구가 가능했고, 집필할 수 있었다. 특히, 도움을 많이 받았던 간행물 및 번역본, 논문을 소개하면 다음과 같다.

간행물 및 번역본(12편)은 『드골, 희망의 기억(샤를 드골 지음, 심상필 옮김, 은행나무)』, 『드골의 외교정책론(허만, 집문당)』, 『드골 평전(필리프 라트 지음, 윤미연 옮김, 바움)』, 『말로와 드골(알렉상드르 뒤발스탈라 지음, 변광배·김웅권 옮김, 연암서가)』, 『지도자와 역사의식(주섭일, 지식산업사)』, 『프랑스의 대숙청(주섭일, 중심)』, 『인물로 읽는 세계사 드골편(수산 밴필드지음, 김기연 옮김, 대현출판사)』, 『20세기를 움직인 지도자들(리처드 닉슨 지음,박정기 옮김, 을지서적)』, 『닉슨의 치국책 10계명(James C. Humes 지음, 이달곤 옮김, 21세기군사연구소)』, 『미국 외교정책사(제임스 E. 도거티, 로버트 L. 팔츠그라프 지음, 이수형 옮김, 한울아카데미)』, 『핵무기의 정치(Andrew Futter 지음, 고봉준 옮김, 명인문화사)』, 『우리도 핵을 갖자(송대성 지음, 기파랑)』등 이다.

논문(25편)은 『샤를 드골의 위대한 프랑스와 앙드레 말로 (조성연)』, 『드골과 알제리 독립(이용재)』, 『프랑스 드골 대통령의 자주외교 연구 (전재성)』, 『드골, 자유 프랑스 그리고 전시드골주의 (문지영)』, 『드골의 대미외교정책, 1958~1969 (문지영)』, 『약자에서 강자에게로: 냉전시기 프랑스 핵개발과 핵전략, 1945~1968 (오경환)』, 『프랑스 원자력 산업의 형성과 성장, 1945~1969 (문지영)』, 『알제리 폭동과 드골의 재집권 (하명수)』, 『알제리 전쟁과 프랑스인 (이용재)』, 『프랑스 5공화국 대통령의 중재자로서의 기능에 관한 연구 (김정기)』, 『프랑스 제5공화국의 대통령의 권한에 관한 연구 (문정현)』, 『드골, 프랑스 나치협력자 청산의 주역 (주섭일)』, 『1960년대 초 유럽주의와 대서양주의: 드골의 유럽 대 미국의 유럽 (안병억)』, 『샤를 드골, 현대 대중사회에서의 영웅의 탄생 (이용재)』, 『샤를 드골의 외교정책에 관한 연구 (김지연)』, 『프랑스 대통령제 하에서 권력의 인격화 현상에 관한 연구 (오창룡)』, 『드골과 드골주의에 관한 小考 (문남희)』, 『영국의 ANF 구상과 서독 1963~1965 (김진호)』, 『미국·프랑스의 외교적 갈등에 대한 원인 고찰 (김영준)』, 『드골집권기(1959~1969) 프랑스 대외원조정책 연구 (안드레)』, 『아데나워와 수에즈위기 : 공동시장과 핵주권확보 그리고 드골주의를 중심으로 (김진호)』, 『드골의 對유럽 안보전략(이승근)』, 『도전받는 드골의 집권 10년 (서동구)』, 『미테랑 대통령과 골리즘(양진아)』, 『샤를 드골과 그의 국토정책 (정옥주)』등 이다.

4. 끝으로 하고 싶은 말은.

책을 쓰면서 많은 영감과 도움을 주신 분들께 감사드린다. 특히, 살아생전 아들이 당신 인생의 상장賞狀이었다고 늘 자랑하셨던, 지금은 하늘나라 어느 별에서 편안히 지켜보시는 사랑하는 아버지, 지금도 한결같이 아들을 위해 공功드리시는 사랑하는 어머니, 그리고 늘 사랑과 성원을 주시는 고마우신 장인어른, 장모님, 인생의 동반자이자 지혜롭고 사랑하는 아내 승은이와 딸 유진, 아들 원석, 항상 지지해 주시는 누님들, 처남들에게도 큰 고마운 마음을 보낸다. 또한, 이 책이 나올 수 있도록 졸고를 흔쾌히 받아들이시고, 편집과 출판에 많은 관심과 노고를 아끼지 않으신 블루픽 원종우 사장님과 정성학 편집팀장님께 진심으로 감사드린다. 마지막으로 대한민국과 대한민국 국민, 그리고 30년 넘게 군軍 복무의 기회를 갖게 해 준 대한민국 육군에게 무한한 감사를 드린다!

"역사적 사건과 인물은 두 번 반복한다"는 헤겔Georg Wilhelm Friedrich Hegel의 생각에 공감하며, 부디 이 책이 대한민국의 '미래의 희망'을 창조하는 사람들, 특히 위대한 대한민국 지도자가 되고자 하는 모든 이들에게 읽혀지길 바란다. 그래서 찬란한 반만년半萬年역사를 이어받아 위대한 통일統一 대한민국이라는 미래의 희망이 실현되기를 간절히 기원한다. 개인적으로도 '한반도 통일의 선봉이 되어 북한 혜산진 에서 전우戰友들과 함께 축구경기를 하기로 한 그 약속', 꼭 이뤄지길 소망하며, 드골 리더십에 대한 이 감격 오래오래 머물기를!

2022년 4월

계룡대에서 자광慈光 정한용

|목차|

제1장
정치편

프랑스령 알제리, 그것은 다나이데스의 통[1]과 같다

공항은 그 나라의 첫 관문이자 그 나라의 얼굴이다. 사람의 얼굴을 보고 대략 그 마음을 읽을 수 있듯이 공항에 비친 인상은 그 나라에 대한 이해의 첫걸음이다. 그만큼 공항의 의미는 자못 큰 것이다. 프랑스로 들어가려면 샤를 드골공항을 통과해야 하듯, 프랑스를 이해하려면 드골을 알아야 한다는 말이 있다.[2]

그렇다면 드골을 이해하려면 어떤 관문을 먼저 통과해야 할까. 그건 바로 알제리 전쟁에 관한 길고도 긴 관문일 것이다. 1962년 3월, 드골은 8년간의 알제리 전쟁을 종결짓는 에비앙 협정을 체결하면서 다음과 같은 역사적 발언을 했다.

> *"고통스러웠던 투쟁이 끝나고 양쪽에서 쓰러져 간 죽음의 희생이 결국 서로 투쟁하기 위해서가 아니라 문명의 대로를 향하여 형제애적으로 함께 전진하기 위해 이루어졌다는 사실을 양국의 국민으로 하여금 더 잘 이해시키지 못한다면 이 협정의 의미를 누가 이해할 것인가?[3] …프랑스의 이 사건은 프랑스가 세계로 등장할 때 시도했던 모든 위대한 일들 중에서 가장 위대한 사건의 하나다.[4]"*

이러한 드골의 외침은 에비앙 협정 후 알제리를 포함한 프랑스의 식민지 종결이라는 역사의 한 페이지를 마치면서 느꼈던 지난날에 대한 회한과 미래에 대한 희망의 소회였다.

드골이 알제리 전쟁을 해결해 나간 과정은 리더십의 종합예술이었다. 드골은 알제리라는 실타래를 풀려고 하지 않았다. 대신에 그는 그것을 칼로 끊었다. 그는 프랑스에서 알제리를 분리시켜, 누구도 생각하지 못한 통찰력과 국가이익 중심의 전략적 사고, 군대와 우파 모두에게 인기 없는, 그의 열렬한 지지자들과의 연계를 포기하고 그들에게 배신자로 낙인찍혀 암살당할 지도 모르는 상황에서 죽음을 무릅쓴 절대적인 용기, 자기제어능력을 유감없이 발휘했다.

요컨대, 시대정신에 부합한 국민통합의 진수眞髓로 알제리 문제를 해결한 것이었다.[5] 그렇기에 알제리 전쟁은 드골을 이해하기 위한 첫 번째 관문이라 할 수 있는 것이다.

재기再起의 움직임

1958년 5월 13일, 알제리[6] 수도 알제에서 폭동이 일어났다. 이 폭도들은 알제리에 주둔한 군부의 과격분자들과 현지의 우익세력들로, 정부 청사를 점령하고 '프랑스령 알제리'를 유지하기 위해 공안위원회를 결성하고, 다음 날 드골에게 공안정부 구성을 호소했다. 이 알제리 폭동은 1958년 약 3주간 지속된 사건으로 알제리 수도 알제에서 발생 후, 삽시간에 프랑스 본국까지 번져 엄청난 충격을 던졌다. 이미 정부는 완전히 통제력을 잃었으며, 극단적인 공산당의 집권이나 군부 독재를 막기 위해서 제4공화국 정부는 폭동 주동자의 주장대로 드골에게 해결을 맡기기로 했다. 사실 이 폭동은 새로운 제5공화국의 탄생을 보게 한 프랑스 현대사에서 하나의 획기적인 전환점을 제공한 사건이었다.[7]

이 폭동은 12년간1946-1958 '시련의 세월'을 보냈던 드골에게 있어 프랑스를 또 한 번 재건할 수 있는 기적과도 같은 기회였고, 드골은 집권 후 프랑스에서 거의 1세기 동안이나 겪어 본 적이 없었던 강력하고 안정된 정부를 수립, 프랑스의 영광[8]을 되찾을 수 있었다.

그럼 왜 폭도들은 폭동을 일으켰고 향리에서 회고록을 집필하고 있었던 야인野人 드골에게 공안 정부 구성을 요청한 것일까? 폭동의 목적은 표면적으로는 '프랑스령 알제리'를 유지하는 것이었다. 다시 말해 제4공화국은 1954년부터 본격적으로 시작된 알제리 전쟁[9]을 해결하지 못하고 있으니 드골이 빨리 정권을 잡아 가장 유리한 조건으로 매듭지어 달라는 뜻이었다. 그도 그럴 것이 당시 알제리는 1830년 이후부터 프랑스의 지배하에 놓여 있었고, 1871년 이후로는 법적으로 프랑스의 한 행정 구역이었으며, 당시 알제리 인구 천만 명 중 백만 명에 가까운 프랑스인이 거주하고 있었다. 프랑스군도 50만 명이 주둔하고 있었으며, 더욱이 새로 발견된 석유와 천연가스는 프랑스 국력의 젖줄이어서 프랑스 그 자체라고 해도 과언이 아니었다.[10]

그러나 폭동의 또 다른 이유 중의 하나는 프랑스의 정부 형태를 변혁시키려는 데 있었다고 볼 수 있다.[11] 그 근거로는 5월 13일, 폭동이 발생한 다음날 바로 알제 공안위원회에서 '프랑스령 알제리'유지를 위해 드골에게 공안 정부 구성을 호소했고, 6월 2일, 국회에서 국민투표에 회부한다는 조건의 헌법 개정안을 가결시킨 날에 공안위원회가 해산되어 폭동이 멈췄기 때문이다. 결론적으로 폭동의 목적은 프랑스령 알제리를 유지함과 동시에 프랑스 제4공화국의 유약한 체제에서 벗어날 수 있는 새로운 헌법으로 바꿔 프랑스령 알제리를 보장할 수 있는 강력하고 유능한 공화정부의 수립에 있었다고 볼 수 있다.

그럼 당시 드골은 알제리 폭동을 어떻게 바라보았을까? 아이러니하게도 드골은 알제리 폭동 주도자들 덕분에 정권을 잡게 되지만, 제4공화국의 정부 형태[12]를 하루빨리 바꿔야 한다는 사실에 동의했을 뿐, '프랑스령 알제리'를 유지하는 것에는 반대하여 결국 알제리를 독립시켰다. 그의 이런 뜻은 드골의 회고록에 잘 나와 있다.

" …정당의 와해에서 생긴 이 역사적인 순간을 기회 삼아, 현대국가에 맞는 형태의 제도 즉 정치적 안정과 지속성을 보장할 수 있는 제도를 새로 만들 것인가? …그렇게 함으로써 새로운 제도가 식민지 독립 문제를 해결하고, …오랜 세기를 통해 빛나던 문화의 빛을 다시 되찾도록 할 것인가? 이것이야말로 두말 할 것도 없이 내가 할 수 있는, 또 내가 성취해야 할 목표다. …행동을 개시하려면 우선 국가의 통수권을 장악해야 한다."[13]

정리하면, 드골은 새 헌법이라는 새로운 제도 아래서 국가의 통수권을 강화해야만 알제리 전쟁을 종결시킬 수 있다는 확신을 가지고 있었다. 또 특이하게도 드골 자신은 국가 위기 시에는 국민들의 지지를 반드시 얻을 수 있다는 특유의 신념을 지니고 있었다.[14]

이는 아마도 1940년 2차 대전 발발 후, 나치 독일에 프랑스 파리가 함락되었을 때 드골이 단신으로 영국으로 건너가 자유 프랑스와 군을 이끌었던 경험에서 나오는 자신감이 아니었을까. 그러면서도 드골에게 있어서 무엇보다도 중요한 것은 과연 프랑스인들이 프랑스 재건을 원하는지, 아니면 잠자기를 원하는지를 아는 것이라 생각했다.[15] 그리고 이러한 드골의 특유의 신념은 회고록 곳곳에 적혀있다.

> *"… (1946년 사임 전) 어쨌든 후일을 위해 그리고 의회가 선출되기 전에 나는 국민투표제도를 마련하여 앞으로 헌법이 유효하기 위해서는 국민의 직접적인 동의가 필요하도록 했다. 이렇게 함으로써 언젠가는 내 의견에 의한 새로운 헌법, 즉 정당을 위해서, 그리고 정당에 의해서 만들어진 나쁜 헌법을 바꿀 새로운 헌법을 민주적으로 제정할 수 있는 장치를 만들어 놓았다. … (1961년 4월, 알제리 정책에 불만을 품은 일명 '장군들의 군사쿠데타'발생 후) 나는 이 불운과 싸우는데 좋은 무기를 가지고 있었다. 국민이 나를 지지한다는 사실이 나의 갑옷이었으며, 가치 있는 길을 꿋꿋이 걸어간다는 사실이 나의 칼과 같은 것이었다."*[16]

요컨대, 드골이 알제리를 독립시키고, 과거의 쇠약해지고 불화不和적인 식민지정책에서 탈식민지정책으로 전환하게 된 것에는 국내·외적으로 많은 요인이 있을 수 있다. 하지만 이미 드골은 1958년 재집권 후 국가적 위기 상황인 경우 신헌법에 보장되어 있는 국민투표부의권國民投票附議權과 비상대권非常大權[17]을 통해 국민에게 직접 호소하거나 국민과의 신뢰를 바탕으로 한 공권력 발휘로 알제리 전쟁 해결 돌파구를 찾겠다는 확실한 복안과 의지를 갖고 있었다.[18]

따라서 저자가 주목하고 싶은 부분은 드골이 제5공화국의 헌법 중 대통령 권한을 알제리 전쟁의 고비마다 해결하는 도구로 사용했다는 사실이다.

제국帝國이 되는 것이 반드시 좋은 것인가?

여기서 먼저 드골의 알제리 전쟁 해법을 이해하기 위해서는 드골이 추진했던 탈식민지정책에 대해 알아 볼 필요가 있다.

드골은 자신의 정치적 목표인 위대한 프랑스를 재건하기 위해 자주외교정책[19]을 강력하게 추진했다. 드골의 성공적인 자주외교정책 중 식민지문제는 그의 많은 사색과 고민, 현실주의적 접근, 위대한 결단력과 용기가 없었다면 그 문제를 처리하는 과정에서 프랑스는 더 많은 국력을 소모했을 것이고, 국제적으로 더 큰 비난의 대상이 됨과 동시에 위대한 프랑스 건설은 요원했을 것이다.

사실 2차 대전 직후까지만 하더라도 드골의 식민지에 대한 기본적인 생각은 식민지를 통해 획득한 프랑스의 위대함과 영광에 집착한 면도 없지 않았다. 다시 말해 제국은 경제적으로 미래를 보장하는 것이고, 분쟁 시 중요한 군사거점이 되면서 이니셔티브를 취할 수 있으며, 에너지 자원 거점으로도 활용할 수 있기 때문이었다.

하지만 그는 시간이 지나면서 "제국이 되는 것이 반드시 좋은 것인가? 그것은 또 다른 하나의 역사에 불과하다." [20]라고 말하면서 식민지 통치를 연장하는 것만이 프랑스의 이익이 된다고 생각하지 않고, 이를 현실적으로 조정하면서 해결하는, 즉 탈식민지화가 장기적으로 프랑스의 영광과 위대성을 획득할 수 있는 거시적 정책이 되어야 한다는 것을 깨닫게 되었다.

물론 자유 프랑스를 이끌면서 나치 독일 및 비시 정권과 투쟁했던 경험이 있으며, 동시에 자유와 독립, 그리고 민족자결주의를 소중히 여겼던 그의 사상은 식민지 정책에 변화를 가져온 근본적인 요소라고도 볼 수 있었다.[21]

하지만 그 과정을 통한 의사결정만큼은 외국의 간섭이나 유엔의 조정안, 또는 일부 당파의 선동에 못 이겨 강제로 독립을 인정해서는 안 되며, 반드시 프랑스 국가와 국민에 의한 독자적 결정인 국민투표로 이뤄져야 한다는 강한 신념을 갖고 있었다.[22]

아울러 식민지 독립이 프랑스와 단절로 이어지지 않도록 식민지 국가들과의 긴밀한 교류와 관계를 중요시했던 그의 생각도 식민지 정책에 변화를 가져온 중요한 요인 중 하나였다고 볼 수 있다.[23]

드골은 재집권하자 1958년 9월, 마다가스카르, 콩고, 코트디부아르, 기니, 세네갈을 방문했으며, 그의 이러한 행보의 목표는 프랑스·아프리카 공동체[24]였다. 이 공동체에서 아프리카 식민지들은 사실상 주권을 갖게 되고, 국방·외교·무역 등의 분야에서만 프랑스의 우월권이 인정되는 체계였다.

1958년 9월 28일, 당시 공동체 가입 찬반여부 투표에서 아프리카 서부 기니만이 반대하여 분리 독립을 했고, 나머지 12개 식민지들은 모두 공동체에 남는 길을 선택하여 프랑스 공동체가 만들어졌다.[25] 프랑스 공동체는 프랑스 본국과 중앙아프리카공화국, 콩고Congo-Brazzaville, 코트디부아르, 다호메(베냉), 가봉, 오트볼타(부르키나파소), 모리타니, 마다가스카르, 말리연방(현재의 세네갈, 수단, 말리), 니제르, 차드 등 프랑스 식민지였던 국가들, 프랑스 해외도海外道[26]인 알제리와 사하라 지역, 과들루프, 프랑스령 기아나, 마르티니크, 레위니옹 등과 프랑스 해외영토인 프랑스령 소말리, 코모로스, 뉴칼레도니아, 프랑스령 폴리네시아, 생피에르 미클롱, 프랑스령 남부와 남극지역, 여기에 카메룬, 토고, 뉴헤브리디(바누아투) 등 다른 국가들로부터 독립한 몇몇 국가들이 회원국을 구성했다.

1958년 10월 4일 제정된 신헌법에 의하면, 프랑스 대통령이 프랑스 공동체를 대표하며 프랑스 공동체의 집행위원회를 조직하도록 되어 있었다. 이 집행위원회는 정부 행정계획에 의거하여 프랑스공동체 회원국 간의 협력을 기획했는데, 이 협력정책은 사실상 프랑스 주도의 원조정책으로 식민지정책을 다소간 수정한 식민지정책의 연속성으로 볼 수 있었다.[27]

그러나 1960년대 초 아프리카 식민지들은 스스로 민족주의 이념을 갖게 되면서 드골의 대 아프리카 접근은 한계에 봉착하게 되었다. 아프리카 식민지들이 점차적으로 스스로 발전과 전진을 추구하려 하는 민족정신을 점차적으로 갖게 되었기 때문이다. 프랑스의 원조와 협력을 완전히 거부하는 것은 아니지만, 자기개혁 의식이 나타나기 시작하면서 동시에 종족의 보존과 역사에 대한 새로운 인식, 그리고 민족적 각성을 촉구하는 아프리카적 민족주의가 형성되기 시작했던 것이다. 이러한 의식의 전파 속에서 공동체의 운영을 놓고 협상이 진행되는 가운데 불만을 품은 식민지들이 하나 둘씩 이탈해 독립을 선언하자, 마침내 1960년에 프랑스 공동체가 폐지되었다. 이로써 드골 재집권 후 이들 국가를 공동체로 묶어 프랑스의 영향력 아래에 두고자 했던 시도 역시 끝났다.[28]

1960년대 이후, 드골의 아프리카 접근에는 다음과 같은 변화가 생겼다. 아프리카 대륙을 정치, 경제, 문화적 관점 등에서 전통적 유대[29]를 유지하되, 아프리카 대륙에의 작은 집착에서 벗어나 프랑스의 야망과 에너지를 더 넓은 현실주의적 국내외 정책으로 전환하고자 한 것이다. 즉, 프랑스 주도의 통합된 유럽 건설, 프랑스와 독일의 화해, 세계평화 유지, 강대국의 서열에 들어가기 위한 핵보유 실현, 경제·국토개발 등에 그의 에너지를 불어넣으려고 노력했던 것이다.[30]

드골의 비상대권장악

1958년 5월 14일, 알제 공안위원회에서 드골에게 공안 정부 구성을 호소한 다음 날인 5월 15일, 드골은 능란하게 안심시키는 방식으로 성명서를 발표했다.

"…국가의 추락에 반드시 뒤따르게 되어 있는 것이 연합된 국민들의 멀어짐이고, 전투 중인 군대의 혼란이며, 민족의 붕괴이고, 독립의 상실입니다. 12년 전부터 프랑스는 정당 제도로는 너무도 힘든 문제들과 씨름하고 있는데, 이제 재앙적인 과정에 돌입하고 있습니다. 지난날 이 나라는 그 심층적인 면에서 저에게 신뢰를 주어 구국을 할 때까지 총체적으로 이끌도록 해줬습니다. 오늘, 나라에 다시 닥쳐오고 있는 시련 앞에서, 제가 공화국의 정권

이양을 받아들일 준비가 되어 있음을 국민들께서는 알아주시리라 믿습니다. [31]"

5월 19일의 기자회견에서 드골은 합법적으로 권좌에 다시 오를 것을 분명히 하면서 67세라는 나이에 독재자의 길을 택하지는 않을 것이라고 단언했다.[32] 1958년 5월 29일, 드골은 향리 콜롱베에서 나와 엘리제궁에서 르네 코티 대통령을 만났다. 여기서 코티 대통령은 드골에게 정부 구성을 요청했다. 6월 1일, 드골은 알제리 사태 해결을 위해 국회로부터 수상의 권한을 부여받았다. 6월 2일, 국회는 드골의 정부에 전권을 위임하면서 국민투표에 회부된다는 조건의 제5공화국 헌법 개정안을 가결시켰다.

1958년 6월 4일, 드골은 재집권하자마자 15만 군중이 몰려 있는 수도 알제의 중앙광장으로 갔다. 알제리 전쟁에 대한 해답은 현장에 있었기 때문에 그곳의 여론을 알아보기 위해서, 그리고 재집권자로서 문제해결의 방향을 정하기 위해서였으리라. 그곳에서 드골은 '모호한 수사修辭'를 사용하여 아주 의미심장한 발언을 했다.

"나는 여러분의 뜻을 이해했습니다! 나는 알고 있습니다. …바로 그 때문에 내가 여기에 있는 것입니다." [33]

프랑스령 알제리를 주장하는 현지 프랑스인들 측에서 보면 나중에 '배신'이면서 '비극적 오해'라고 일컫는 드골의 이 말에는 다분히 이중적인 뜻이 담겨 있었다. 즉, 지난 5월에 폭동을 일으킬 수밖에 없었던 심정에 공감하면서도 정부, 군, 여론(알제리 독립 찬반)이 각기 세 변을 이루는 삼각형 세력도가 어느 한쪽으로 치우치지 않도록 하여 다들 드골이 자기편일 것이라 희망을 품도록 한 원모심려遠謀深慮의 전형적인 표현이었다.[34]

그 당시 드골이 왜 그렇게 표현했는지 회고록 내용을 알아보자.

"내가 지휘봉을 다시 잡는 순간 나는 이 문제에 온통 사로잡혀 있었다. 미리 치밀하게 구상한 대안도 없이 그 문제의 해결을 시도했다. …그러나 나의 머릿속에는 대체적인 문제해결의 윤곽만은 그려 놓고 있었다. …과거를 회상하고 현재를 아무리 아쉬워한다 해도 지금 나의 눈에 비친 알제리의 해결책이란 그들에게 자주권을 다시 주는 길밖에 다른 방도는 있을 수 없다고 결론지었다. …이러한 정책을 완수하는 것이 나의 계획이다. 작전으로 말하자면, 극히 조심성 있게 한 걸음 한 걸음 계단을 밟아 올라가야 한다. …점진적으로 모든 것을 휩쓸어 갈 결정적인 순간을 얻기에 필요한 전체적인 동의를 획득하려는 것이다. 만일 이와 반대로 처음부터 심중을 모두 털어놓는다면 무지無知와 놀라움에서, 혹은 악의에서 각계각층이 반기를 들면서 분노와 실망이 섞인 물결이 세차게 휘몰아쳐 비등한 노기와 사회적 응징이라는 바다 속에 배를 가라앉혀 버릴 것이다. 그러므로 방향을 변경시키지 않고 양식良識이 안개를 헤쳐 나갈 수 있도록 조심스럽게 키를 잡고 있어야 한다. …내가 총독부의 발코니에 나타나자, 그 자리에 운집했던 군중이 전무후무한 환호성을 보냈다. 나는 몇 분간의 연설에서 겉으로 보기엔 즉흥적으로 나온듯한 구절을 몇 마디 섞었다. 그러나 이 구절은 사실 치밀한 계산 끝에 삽입한 것이었고, 사람들을 감격시키고자 계획한 것이며, 또한 내가 구상하는 것 이상으로 책임을 지지 않도록 조심해서 한 말이었다." [35]

사실 드골은 재집권할 때까지 긴 인고의 시간을 보내면서 본국과 알제리에서 전개되는 긴박한 상황을 면밀히 지켜보고는 알제리 문제 해결 없이 프랑스의 재건은 불가능하며 여러 국내외 상황을 종합 판단한 결과, 프랑스령 알제리의 현상유지는 불가능하다고 결론지었다.

그러나 드골의 고민은 지금부터였다. 당시 드골은 회고록에서 말했듯이 알제리 전쟁의 해결에 대강 문제 해결의 윤곽(알제리 독립)만 있었지, 구체적인 방안은 갖고 있지 않았던 것이다. 당시 드골의 고민은 이런 것이 아니었을까.

"어떻게 알제리 전쟁을 해결하고, 위대한 프랑스 재건이라는 큰 그림을 그릴 것인가. 만약 알제리 전쟁의 끝을 알제리독립으로 결정했을 때 다가오는 프랑스의 분열과 파국을 어떻게 봉합하고 치유하여 종국엔 단결을 도모할 것인가. 특히, 어려운 부분은 폭동까지 일으키면서 프랑스령 알제리를 주장한 세력들 덕분에 재집권하게 된 드골은 이들을 과연 어떻게 설득하고 이해시킬 것인가. 프랑스 국민을 아우르고 통합할 수 있는 수단과 방법, 제도, 리더십은 무엇인가."

드골의 위대함은 공인으로서의 삶의 매 순간을 오직 프랑스의 미래를 염두에 두고 가장 위대한 목표를 위해서만 처신하고 결정한다는 것, 그리고 그것은 제도에 의해 시작한다는 것이었다.[36]

이미 드골의 시선은 '국가와 정부', 그리고 '국민과 세계'를 오롯이 담을 수 있는 새로운 헌법을 향하고 있었다. 이것은 놀라운 하나의 혁명이었다. 그동안 프랑스는 169년 동안 정치의 모든 요체를 정부의 권위와 국가의 자유 사이에서 찾아야 할 정묘한 균형점에 공화국이라는 완벽성의 정수를 두어왔던 게 사실이었다. 그러나 드골은 여기에 정치의 또 다른 근본적인 영역인 국민[37]과 세계[38]를 도입한 것이다. 국가정부의 관계, 그것은 곧 공화국이다. 국민세계의 관계, 그것은 나라다. 이 둘의 결합, 그것은 곧 프랑스다. 드골은 본인 자신이 국가원수에게 부과하는 임무 역시 정확하게 그러한 임무라고 생각했다.

드골은 대통령의 임무 즉, 역할과 책임에 대해 회고록에 다음과 같이 적었다.

"…대통령의 임무를 국가의 독립, 영토의 보존 및 조약의 준수를 보장하며, 재량에 의해 국가의 영속성과 권력의 정상적인 기능을 확보하는 것이라 하자. …물론 양원兩院 중 그 하나는 정부의 각료를 불신임할 수도 있지만, 법적으로 대통령도 경우에 따라서 국회를 해산[39]시킬 수도 있고, 국회를 제쳐놓고 국민투표라는 방법을 통해 국민에게 직접 의견을 물을 수도 있으며, 국가의 공안이 위태로운 경우에는 비상대권을 통해 모든 조치를 취할 수 있다. 나의 직무가 바로 나 자신의 주도권에서 나오고, 나에 대한 국민적 의식에 기인하기 때문에, 국민과 나 사이에 근본적인 협약이 존재해야 하고 계속되어야 한다. 그런데 이 협약이란 내가 유

권자에게 질문하여 대답을 얻었을 때, 가장 잘 표현됐다. 한 마디로 말해 나의 정신에 있어서나, 일반 국민의 감정에 있어서나, 헌법 자체에 있어서나 나의 임무를 제한하거나 성격을 변질시키는 것은 아무것도 없었다. 그러므로 헌법 조항을 무시하지 않은 채 내 임무를 수행할 수 있는 조건이 무엇인가를 규정하는 일은 나에게 달려 있었다."[40]

드골은 본격적인 헌법 개정에 들어간다. 그런 측면에서 1958년 9월 4일은 프랑스 역사상 매우 중요한 날이다. 국민투표에 회부된다는 조건의 헌법 개정안 내용을 국민들에게 발표하기 위해 선택한 날이기 때문이다. 아울러 파리 한복판에 하나의 상징적 입상이 위치하고 있는 장소(레퓌블리크 광장), 1880년대의 결정적 승리 이후에 민중적 파리의 한복판에서 공화국의 영광을 위해 바쳐진 곳을 발표 장소로 택한 것은, 헌법이 공화국과 그 국민을 위해 만들어진 것임을 여실히 증명한다. 그리고 1870년 9월 4일과 같은 날짜를 선택한 것은 새로운 공화국이 제3공화국 - 드골이 1940년에 처음부터 참여했고, 1946년 말까지 연속성, 합법성, 군대와 권력들을 유지시키려 애써 왔던 바로 그 공화국을 재건하는 것임을 나타내기 위한 것이었다.[41]

드골은 공화국을 의미하는 이름의 레퓌블리크 광장에서 프랑스 국민들에게 1789년 프랑스 대혁명으로부터 시작된 공화국의 근원으로 회귀하는, 그러한 헌법이 규정하는 국가의 정체政體를 발표했다.

이 담화문의 키워드는 앞에서 얘기했듯이 국가와 정부, 국민과 세계였다.

국가적 서사시 속에 제5공화국의 헌법의 닻을 올리는 장엄하고도 화려한 역사적인 프레스코[42], 우주를 가로지르는 거대한 힘들과 프랑스를 향해 열려 있는 기회들, 나라의 경제, 그 젊은이들을 위한 예언적인 강신술이기도 한 국가의 당당하고 멋진 프로젝트 구상 등을 발표했다. 이 담화문에서 가장 많이 사용된 용어는 '국민'이었다.

" …그러므로 우리가 현재 이 세기에 이 세계 속에 존재하는 것은 바로 국민들을 위해서이며, 헌법을 새롭게 정립하는 것도 바로 국민들을 위해서입니다. …나머지는 사람들에 의해 좌우될 것입니다."[43]

이 호소 덕분에 1958년 9월 28일, 제5공화국의 헌법 개정안은 국민 대다수가 참여한 투표 결과, 79.2%의 압도적인 찬성으로 가결됐고 프랑스 국민은 다시 한 번 드골에게 유례없이 새로운 공화국의 대통령으로서 프랑스를 위해 일할 기회를 주었다. 그리고 드골은 그해 12월 21일, 프랑스 공화국과 프랑스 공동체의 대통령으로 선출됐다.

드골은 1959년 1월 8일, 대통령 직무를 시작하기 위해 엘리제궁으로 들어갔다. 르네 코티 대통령은 점잖게 그리고 감격한 듯이 드골을 맞으면서 말했다. "프랑스 사람 중에서 첫손 꼽히던 사람이 프랑스에서 첫째가는 사람이 됐습니다."라고.

드골은 그때의 심정을 회고록에 이렇게 적었다.

"이제부터 나는 내 임무의 노예가 되는 것이다. …나는 위대한 그 무엇을 위해 일하기로 결심했다. 이것은 소명이다. …백 년 전부터 프랑스는 엄청난 쇠운을 겪었지만 현대라는 시대적 특징을 살려서 힘과 부와 광명을 다시 찾아야 한다. 그러기 위해서 우리에게 다행스럽게도 주어진 시간을 이용해야 한다. 그렇지 않으면 언젠가는 세기말의 시련을 이기지 못한 채 쓰러져서 다시 일어나지 못할 것이다. 이 재기再起의 수단은 '국가와 발전과 자주권'이다. 나의 의무는 이렇게 설계되었다. 우리 국민이 나를 따르는 한 그것은 결코 변하지 않을 것이다." [44]

제5공화국의 헌법·대통령 권한

그럼 여기서 잠깐, 제5공화국의 헌법과 대통령 권한이 무엇이기에 알제리 전쟁을 해결할 수 있었던 것인지, 이론적 근거와 주요 특징을 살펴보자.

일명 '드골 헌법'이라고 일컬어지는 제5공화국의 헌법의 기초자는 당연히 드골과 미셸 드브레(제5공화국 초대 수상)였다. 그들이 만든 제5공화국의 정부 형태의 이론적 근거는 위대한 프랑스의 재건이었다. 그들은 내적으로 국가의 권위를 확인시키고 외적으로는 국가의 독립을 유지하는 것이 가장 국가의 시급한 과제라는 것을 제4공화국의 헌정을 통하여 몸소 체험했다. 따라서 프랑스 민족의 영구적이고 초월적인 이익을 추구해야 할 의무를 지닌 국가가 외세는 물론이고 어떤 분파나 정쟁에 의한 희생물이 될 수 없다는 것이 그들의 강력한 생각이었다.

즉, 안정된 집행부를 통한 강력한 국가건설은 국민의 자유를 위협하는 적이 아니며 오히려 그 자유를 침해할 우려가 있는 이기적인 정치형태를 규제할 능력이 없는 국가 권력이야말로 보다 심각한 문제라는 것이었다.[45]

다음은 제5공화국 헌법의 주요 특징이다. 가장 큰 특징은 대통령과 수상에 의한 집행권의 권한이 각각 나뉘어있다는 점이다. 이때 대통령의 권한은 대통령이 독자적으로 행사할 수 있는 고유권한과 수상과 정부 각료의 부서副署를 필요로 하는 부서부副署附 공유권한으로 되어 있다. 아울러 국정의 결정과 집행에 있어서도 수상에게 상당한 고유권한을 부여하여 집행권의 이원적 구조를 분명히 하고 있다.

여기서 매우 흥미로운 점은 대통령은 국민 선택에 의해 대통령 지원정당과 의회 다수당이 일치할 때는 (일명 대통령 우월체제) 명실상부한 강력한 권한을 갖게 되지만, 반대로 대통령 지원정당과 의회의 다수당이 불일치할 때는 (일명 '동거' 체제) 중요한 실질적 권한을 잃게 되어 형식적 권한만을 갖게 된다는 것이다.[46] 그럼에도 프랑스는 큰 혼란을 겪지 않았다. 동거 체제는 대통령이 헌법에 따라 외교와 국방을 전담하고, 의회 다수당으로 구성된 정부는 내정을 전담하는 시스템이기 때문이다.

마지막으로 '2차 결선투표제'는 바로 드골이 만들어 21세기 세계에 남긴 프랑스의 정치명품이다. 어쩌면 프랑스정치의 대화와 타협, 공조와 협력의 정치관행은 '2차 결선투표제'가 아니면 실현하기 어려웠을 것이다. 프랑스헌법 제7조는 대선방식을 2차 다수결투표(결선투표제)라고 규정하고 있으며, "선출되기 위해서는 총투표자의 절대과반수+1표를 얻어야 한다."고 규정하고 있다. 1차 투표에서 당선되려면 절대과반수+1표를 획득해야 하지만, 이 경우가 아니면 2차 투표에서는 한표라도 더 많은 표를 얻는 후보가 당선된다는 것이다. 2차에서는 1등을 하면 당선된다는 규정이다. 그런데 2차 결선투표에 출전하는 후보는 1차 투표에서 1~2위 득표한 2명만이 출전함으로 승자는 절대과반수+1표를 넘게 마련이다. 여기서 '+1'을 붙인 이유는 과반수만으로는 유권자 전체의 의사를 대표할 수 없다는 점에 있다. 계몽사상가 장 자크 루소는 국민의 전체의사에 관해 "절대과반수 이상"이라야 한다고 했는데 인구가 많은 프랑스 같은 나라는 국민 전체의 만장일치를 도출할 수 없기 때문이라 설명했다. 여기서 민주주의 정치에서 절대과반수 이상의 찬성을 얻으면 전체의사로 간주한다는 원칙이 세워졌다. 그래서 프랑스는 선거의 2차 결선투표에서 승리하는 정당은 국민의 전체의사를 대표함으로 소수파는 다수파의 정책을 방해하거나 막지 않는다는 의회주의 원칙을 준수한다.

1965년 12월 19일, 드골도 대통령 선거 2차 결선투표에서 55%의 찬성표로 재선됐다. 이러한 2차 결선투표제는 오늘날 세계차원의 정치명품으로 많은 국가들이 사용하고 있다. 냉전 시대에는 핀란드가 도입했고, 냉전 이후에는 러시아, 폴란드, 우크라이나, 세르비아, 루마니아, 체코 등 대통령제 국가들이 모두 채용했다. 브라질, 베네수엘라, 칠레와 아르헨티나 등 남미도 민주화 후 2차 결선투표 방식으로 선거를 치른다. 미국을 제외한 대통령제 국가들이 거의 모두 2차 결선투표제를 실시하고 있는 것이다.[47]

'꼼수'는 오래가지 못하는 법이다. 드골의 진정성이 지금까지 통한 걸까. 놀라운 것은 이러한 프랑스 제5공화국의 정치체제가 헌법 제정 이후로 오늘날까지 성공적으로 운영되고 있다는 사실이다.[48] 대통령 선거를 간선에서 직선으로 바꾸었고[49] 임기를 7년에서 5년으로 줄이는 등 부분적 개헌이 있었지만, 드골이 만든 기본 틀은 여전히 프랑스의 정치 질서를 지배하고 있다. 다가오는 2023년이면 이 헌법 질서 체제가 65주년을 맞는다. 2023년이면 제3공화국1875-1940을 뛰어넘어 프랑스 헌정사에 최장수 체제로 등극할 전망이다. 드골이 남긴 국민통합의 가장 소중한 유산임에 틀림없다.[50]

알제리 전쟁 해결은 국민이 부여한 헌법으로

드골은 본격적으로 알제리 문제 해결에 나섰다. 최초 알제리 독립으로 방향을 정했다고는 하지만, 그래도 미련이 남아있었는지 드골이 알제리인들에게 내놓은 첫 제안은 원조와 평화를 약속하는 콩스탕틴 계획과 용자의 평화였다. '콩스탕틴 계획'은 알제리의 경제 부흥과 생활 개선을 위해 본국의 풍부한 원조를 약속하는 계획(1958년 10월 3일 발표)이었고, '용자의 평화'는 프랑스군과 알제리 해방군 양측이 상호 신뢰 아래 무기를 내려놓은 다음에 평화협상에 임하자는 안(1958년 10월 23일 발표)이었다. 하지만 알제리 공화국 임시정부GPRA는 '협정 후 휴전'을 고수하며, 프랑스 정부의 제안을 거부하고, 알제리뿐만 아니라 프랑스 본토에서도 테러전을 계속했다. 이에 뒤질세라 적극적인 공세 작전으로 전환한 드골은 이듬해 초 병력을 증원하는 한편 알제리 주둔군 총사령관인 샬M. Challe장군에게 게릴라 반군의 근거지인 남부 산악지역에 대한 대대적인 소탕 작전을 명령했다. 알제리 남부를 평정하는데 성공한 '샬 작전Opération Challe'은 겉으로 보기에 '협상을 하려면 일단 전쟁에서 이겨야 한다'라는, 언론에 공개된 드골의 훈령과 결부되면서 대다수 프랑스인들에게 알제리를 사수하려는 드골의 단호한 의지 표명으로 받아들여졌다. 아니, 그때는 그렇게 보였다.[51]

하지만 '샬 작전' 이후 군사적으로 프랑스가 승리하고 있음에도 불구하고, 상황은 급반전되는 분위기였다. 프랑스의 국력도 한계에 도달했으며, 엄청난 인적·재정적 손실을 초래하는 이 지긋지긋한 전쟁을 국제 사회의 비난을 감수하면서까지 밀고 나가는 것이 더 이상 프랑스의 국익에 도움이 되지 않는다고 깨닫게 된 것이었다.

1959년 8월 말, 알제리 현지로 가서 샬 장군을 포함한 프랑스 장병과 지휘관들과 대화하면서, 현재 진행 중인 군사 작전이 근본적으로 중요하지만, 그렇다고 알제리 문제가 해결되었다고는 할 수 없다고 강조했다. 즉 이미 유럽 열강에 의한 식민지 통치의 시대는 끝났고, 지금 세계의 모든 사람들이 자주권을 찾고 있는 이 시기에 이러한 비극에 얽혀들게 되는 것은 결코 프랑스의 이익이 될 수 없다는 것이다.[52]

드골은 회고록에서 "내가 정부에 처음 들어설 때 사방에서 크게 외치던 '프랑스령 알제리'는 파산으로 이끄는 유토피아에 지나지 않는다고 나는 생각했고, 다음과 같은 결과를 얻으려 했다. 즉, 원래는 순수한 '골(프랑스 토착민)'이었으나 로마 정복 이후 로마색을 여러모로 띠고 있는 프랑스의 예에 따라서 미래의 알제리도 그가 프랑스로부터 받은 어떤 영향을 그대로 유지하기 위해 여러모로 프랑스의 문화권 내에 머무르기를 바랐다."[53]고 밝혔듯이 드골의 구상은 서서히 프랑스령 알제리로부터 프랑스 연합이나 알제리 독립으로 향하고 있었다.

1959년 9월 16일, 드디어 드골은 세상을 놀라게 하는 대국민담화를 발표한다. 이 담화의 골자는 알제리의 운명을 알제리인들의 자율에 맡기자는 세 가지 제안, 즉 1)독립을 수반하는 분리, 2)완전한 프랑스화, 3)프랑스 원조와 프랑스와 긴밀한 연합에 의존하는 알제리인에 의한 알제리인의 정부였다.[54]

세 가지 선택 안 중 두 번째 안은 알제리 사수파인 극우 식민세력과 현지 군부의 이해관계를 반영할 수 있었으며, 세 번째 안은 드골이 아프리카 탈식민지화 정책으로 내놓은 '프랑스 공동체' 구상의 연장선이기도 했다. 그러나 첫 번째 안은 분리 독립으로 비록"끔찍한 빈곤과 엄청난 정치적 혼란, 공산주의자들의 호전적 독재를 가져올 것"이라고 공개적으로 말할 정도로 드골 스스로는 그 가능성을 일축해버렸지만, 실로 큰 파장이 예상되는 안이었다.

당연히 이 담화는 다양하고 큰 반향을 일으켰다. 프랑스 본토의 국민 다수는 찬성의 입장이었으나, 알제리 해방군 측은 당혹감 속에 경계의 눈초리를 갖고 있었고, 특히 군부는 노골적인 분노와 적개심을 드러냈다. 사실 군부와 현지 프랑스인들은 무슬림 반도들을 소탕하고 알제리를 사수해줄 구원자로 드골을 불렀는데, 자신들 덕에 권좌에 오른 드골이 알제리 포기로 기우는 듯하자 엄청난 충격과 배신감에 사로잡혔던 것이다.[55] 이로써 알제리 독립 문제는 찬반양론이 엇갈리는 가장 복잡한 국내 정치 문제인 동시에 국제적 외교 문제가 되었다.

사실 드골이 원했던 것은 세 번째 안이었다. 그가 알제리와 프랑스의 연합 가능성을 굳게 믿은 것은 당시 프랑스 공동체가 있었기 때문이다. 1958년 9월 28일, 당시 공동체 가입 찬반 투표에서 아프리카 서부 기니 만이 반대하여 분리 독립했고, 나머지 식민지들은 모두 공동체에 남는 길을 선택하여 프랑스 공동체가 만들어졌다. 그러나 아프리카 민족주의가 형성되기 시작하면서 식민지들이 공동체의 운영을 놓고 협상하는 과정에서 불만을 품고 하나 둘씩 이탈해 독립을 선언하자, 프랑스 공동체는 순식간에 붕괴되었다. 즉, '아프리카의 해'로 불리는 1960년 한 해에만 카메룬에서 세네갈을 거쳐 모리타니까지 옛 식민영토들이 완전한 독립국가로 탈바꿈했다. 결국 알제리와의 연합을 구축할 수 있는 제도적 틀이 무너져 버린 것이었다.[56]

이런 와중에 1960년 6월 25일과 29일 사이에 프랑스와 알제리 공화국 임시정부와의 회담이 믈룅Melun에서 이루어졌다. 그러나 프랑스 측에서 모든 논의에 앞서 정전停戰을 사전 조건으로 요구하다 보니 결국 회담은 아무 성과 없이 끝났다.[57]

여기서 매우 인상적인 부분은 인적·재정적 손실은 물론 국민적 갈등으로 얼룩진 이 끝없는 알제리 전쟁의 앞날을 낙관하지 못하고 있는 상황에서, 1960년 7월과 10월, 그렇게 신념이 강했던 드골도 두 차례나 대통령직 사임을 고민했다는 것이다.[58]

이런 고뇌 속에서 마침내 드골이 찾은 돌파구는 바로 1959년 9월에 발표한 알제리인들의 자율 결정의 원칙 자체 (알제리정책 찬반여부) 를 국민투표에 부치는 것이었다. 이런 결심의 배경에는 많은 어려움 속에서도 여론에 대한 정보를 정확하게 파악한 드골은 자신의 정치적 의도를 투표에 맡김으로써 정권의 합법성을 공고히 하고, 자신의 입지 또한 더욱 강화될 것이라고 예측했기 때문이기도 하지만,[59] 이 나라의 운명을 짊어진 자의 대화자이자 청자聽者이며 프랑스의 진정한 동력動力이 국민이라고 생각했기 때문이 아닐까.

결국 이듬해인 1961년 1월 8일, 알제리의 자치와 공권력의 임시조직에 관한 국민투표를 프랑스와 알제리에서 동시에 실시했는데 범국민적인 지지 (프랑스 유권자 중 투표자의 75%, 알제리 유권자 중 투표자의 69%) 로 드골의 정책이 승인됐다.[60] 이것은 드골이 신헌법으로 보장된 국민투표를 통해, 국가적 위기가 결정적으로 다가오면 국민에게 직접 호소하여 해결 돌파구를 찾겠다는 평소 신념을 행동으로 옮긴 대표적인 사례라고 볼 수 있다.

한편, 프랑스령 알제리를 주장하는 군부와 민간인 과격파의 반발도 만만치 않았다. 1960년 1월, 드골의 정책을 공개적으로 비난한 알제 군단 사령관 마쉬J. Massu 장군이 좌천당하자, 현지 군부의 불만은 극에 달했다. 알제리 사수를 외치는 과격파들이 일부 장교들과 공모해 폭동(일명 '알제의 바리케이드')을 일으켰다. 드골은 비상계엄을 선포하고 프랑스 국민들에게 호소하면서 폭동을 진압할 수 있었다.[61]

이 폭동에 이어서, 1961년 4월 22일, 알제리의 독립이 기정사실로 다가오자, 절망과 분노에 빠진 프랑스령 알제리 사수파는 마지막 반격을 준비했다. 알제리 주둔군 사령관 4인방인 퇴역 장군으로 구성된 라울 살랑Salan, 모리스 샬, 에드몽 주오Jouhaud 그리고 앙드레 젤레Zeller가 공수여단을 이끌고 본국에 맞서 알제리에서 군사 쿠데타, 일명 '장군들의 쿠데타'를 일으켰던 것이다.

쿠데타 주동자들은 쿠데타의 목적을 프랑스의 정통성을 유지하는 것이라고 선언했지만, 그 근본 목적은 알제리에서 식민 통치를 지속하고 프랑스의 모든 통치권을 유지하는데 있었다.

그렇지만 드골은 다시 별을 두 개[62] 단 군복을 착용하고 TV와 라디오를 통해 이 군사쿠데타는 소수의 퇴역 장군들의 모습과 이를 따르는 일부 몇몇 지휘관들, 몇몇 부대들의 단순한 명령 불복종이라 규정하고, 프랑스의 이름으로 모든 수단을 사용해 이들을 분쇄하여 국민이 부여한 프랑스와 공화국의 합법적 권력을 유지하겠다고 연설했다. 이어서 전권을 행사할 권리를 부여하는 비상대권 (헌법 제16조) 을 발령[63]하고, 즉각 진압에 들어가 마침내 성공했다.[64] 그러나 알제리의 독립에 반대하는 비밀

군사조직OAS[65]이 창설되면서 위협요소는 여전히 남아있었다.

'자율 결정' 국민투표 이후에도 군부와 알제리 사수파의 저항과 알제리 해방군의 테러전이 계속 이어지자 드골은 휴전과 평화협정을 앞당기기 위해 새롭고 결정적인 안을 결심했다. 다시 말해 그동안 적어도 1960년말 까지는 독립 협상의 주체로서 알제리 임시정부를 인정하지 않았으나, 방향을 선회하여 정전이라는 선결 조건 없이 알제리 임시정부를 인정하고 협상하는 길로 선회했던 것이다. 이런 배경에는 알제리 독립과 평화를 촉구하는 국제사회의 압력 또한 한 몫을 했다.[66]

1961년 4월부터 프랑스 정부와 알제리 임시정부는 공개 및 비공개 회담을 이어나 갔다. 이 과정에서 또 다른 난제는 사하라 사막의 귀속 문제였다. 처음부터 프랑스는 자원개발을 목적으로 사하라 지역을 통제하려 했고, 알제리인들도 또한 사하라가 알제리 영토로 인정되어야 한다는 데에 확고한 입장이어서 회담 진도가 지지부진했 다. 한마디로 사하라 귀속 문제는 뜨거운 감자였다.

또 다른 해결책을 찾고 있었던 드골은 1961년 9월 5일, 기자회견에서 신생국 알제 리를 어떤 조건으로 개국할 것인지와 사하라의 알제리 영토 귀속 여부에 대해 입장 을 밝혔다.[67]

"이러한 국가가 정상적으로 생기려면 어디까지나 주민들의 투표를 거쳐야 합니다. 다시 말하자면 국민투표에 의해 국가가 탄생하고 다음에는 일반 선거에 의해 정부가 결정적으로 수립되는 것이다."

"우리의 행동의 방안은 우리의 이익을 보호하는 것이고 현실을 고려하는 것이다. 우리의 이익이란 다음과 같다. 우리가 발견한 석유와 가스의 자유로운 개발, 비행장 소유와 운행권 이다. 그러나 문제는 알제리인 모두는 사하라가 알제리에 속한다고 생각하는 데 있다. …이 는 프랑스와 알제리 사이의 토의에서 사하라의 주권문제는 고려할 필요가 없다는 뜻이다.

그렇지만 우리의 이익을 보존하기 위해서 알제리는 우리와 협약을 맺어야 한다. 만일 우리
이익의 보존이 불가능하게 된다면 우리는 사하라의 돌 하나, 모래 한 알에 대해서도 특수한
대책을 마련하지 않을 수 없는 것이다."

다시 말해 프랑스 국익을 기초로 알제리 임시정부가 만일 어떤 신용할 만한 근거를 가지고 협조를 한다면 선거에 의한 알제리 자결권과 사하라 귀속여부를 적극적으로 추진할 수 있지만, 만일 프랑스의 제안에도 불구하고 어떤 결론을 찾지 못하면 이 점을 참작하여 프랑스의 주권이 미칠 수 있는 여지를 강조한 것이었다.

당시 드골은 다음과 같은 생각을 하면서 에비앙 협정에 임하고, 국민들을 설득하지 않았을까.

"프랑스령 알제리, 그것은 다나이데스의 통과 같다. 엄청난 인적·재정적 손실을 초래하는
전쟁, 알제리 독립과 평화를 촉구하는 국제사회의 압력, 알제리 임시 정부의 강한 독립의지
등의 상황들이 프랑스의 힘보다 더 강한 힘의 위치에 있다. 따라서 프랑스의 나아갈 길은 과
거의 쇠약해지고 불화적인 식민지 유지 정책에서 과감히 탈피하여 국가와 국민, 그리고 세
계라는 보다 더 큰 목표와 이익핵개발로 강대국 서열 확보, 프랑스 주도의 유럽 건설, 경제·
국토 개발, 과학 기술 발전 등을 추구하는 것이라고."(저자 의견)

결국 기자회견 이후 드골은 알제리의 민족해방운동의 대표성을 점차로 인정하기 시작하면서 이제 알제리의 운명은 알제리 임시정부의 몫이 되었다. 이듬해 결국 1962년 3월 18일에 알제리 문제를 매듭짓는 에비앙 협정[68]이 체결되었고, 같은 해 4월 8일에 에비앙 협정은 하나의 조약이 될 수 없기 때문에, 프랑스 정부의 선언에 따라 알제리와 프랑스의 국민투표 (찬성 90.7%) 를 통해 최종적으로 알제리 전쟁에 종지부를 찍었다.[69]

드골은 에비앙 협정을 맺으면서 알제리 비극은 끝났으며, 전쟁은 종결되었다고 선언하면서 지금 이와 같은 결정을 본 것은 세 가지 진리에 부합된다고 말했다.

"첫째는 우리 국가의 이익, 프랑스와 알제리 및 세계의 현실, 우리나라의 전통적인 업적과 특수성, 이러한 모든 것을 비추어 볼 때 알제리는 독립해야 한다.

둘째, 알제리의 발전을 위한 알제리인들의 장래에 관한 욕구와 현재의 욕구를 만족시키려면 프랑스와 밀접한 관계를 맺어야 한다.

셋째, 지금까지 있던 전투와 폭행과 시련을 초월하여 그리고 생활방식과 인종 및 종교의 차이는 있을지언정 프랑스와 알제리 사이에는 130여 년이란 공동 생활을 두고 맺어 온 인연이 있으며, 세계의 자유를 위해 두 나라의 젊은이들이 함께 큰 전투를 치른 역사도 있다. 뿐만 아니라 우리는 서로 특수한 매력을 느끼기도 한다. 이제 전투는 막을 내렸고 양측은 희생자도 많았다. 우리 두 국민이 서로 싸우지 않고 문명의 길을 형제처럼 서로 도우며 서로 이해하며 걸어 나가지 못하리라고 그 누가 감히 말할 수 있겠는가?

이상적인 해결책이 결국 승리를 하게 된 것은 공화국이 국가의 권위를 지켜나갈 수 있는데 필요한 제도를 갖추었기 때문이다. 그리고 군대가 모든 지방과 국경지대를 완전히 장악할 수 있었기 때문이며, 이를 위해 군은 칭송받을 만한 노력과 영광스러운 인명의 손상을 대가로 치렀고 원주민과는 우호적이며 인간적인 접촉을 해 왔다. 일부 간부와 몇 사람의 지휘관이 국가의 전복을 꾀하기도 했지만, 군은 전체적으로 자기 의무를 꿋꿋이 지켰다. 국사를 맡은 이 사람을 항상 신뢰해왔고, 그렇게 함으로써 이번의 해결책을 추구하고 성립시킬 수 있게 되었다. 모든 것은 프랑스 국민 덕분이다." [70]

결론적으로 앞에서 언급한 바와 같이 드골이 회고록에서 밝힌"국민과 나 사이에 근본적인 협약이 존재해야 하고, 이 협약이란 내가 유권자에게 질문하여 대답을 얻었을 때 가장 잘 표현된다는 드골의 신념을 토대로 한 신헌법의 대통령 권한은 결국 알제리 전쟁 해결 과정의 고비마다 가장 유리한 국가정책을 결정하는데 큰 영향을 미친 하나의 전형典型을 보여주었다고 하겠다.

　드골은 희망의 회고록의 「알제리」 편을 마무리하면서 다음과 같이 썼다.

　"…이러한 식민 영토에 우리가 가졌던 권리를 양도하고, 거기서 우리의 국기國族를 걷으며, 역사의 한 페이지를 넘긴다는 일이 얼마나 큰 정신적 시련인가! 그러나 이런 비통 속에서 나는 희망의 등불을 보았다. … (에비앙 협정 후) 식민지의 종결은 프랑스 역사의 한 페이지를 장식했다. 이 페이지를 넘기면서 나는 지난날에 대한 회한과 미래에 대한 희망을 동시에 느꼈다. 그런데 이 페이지를 쓴 사람은 그 결과를 볼 수 있을 때까지 생명을 유지할 수 있을 것인가? 그것은 운명이 결정할 일이다! 1962년 8월 22일 운명의 날이 있었다. 그날 나의 아내와 사위 그리고 운전사와 함께 차를 타고 빌라쿠블레 비행장으로 향하던 중이었다. 프티클라마르를 지나려는 순간, 여러 대의 기관총이 일제사격을 가해왔다. 차를 탄 사수가 이어서 우리를 추적해 왔다. 우리를 겨눈 약 150발의 탄환 중 14발이 우리 차에 박혔다. 믿기 힘든 우연이지만, 우리 중 아무도 총에 맞은 사람이 없었다.[71] 드골은 자신의 길과 사명을 위해 계속 전진해야 한다!"[72]

1   충족되지 않는 것. 또는 끝없는 노고를 비유하는 말. 즉 '밑 빠진 독에 물 붓기'라는 말과 일맥상통한다. 다나이데스들은 그리스 신화에 나오는 아르고스 왕 다나오스의 50명의 딸들로, 남편들을 죽인 죄로 지옥에서 밑 빠진 통에 물을 부어야 하는 형벌에 처해진다. 필리프 라트, 윤미연 옮김, 『드골평전』, 바움, 2002년, p.329. 각주 1) 재인용.

2   필리프 라트, 윤미연 옮김, 위의 책, 2002년, '옮긴이의 말' 中.

3   Jean Touchard, Le gaullisme 1940-1969, p.191. 허만, 『드골의 외교정책론』, 집문당, 1997년, p.160. 재인용.

4   Charles de Gaulle, Mémoires d' espoir (Paris : Plon, 1956), p.191.; 허만, 위의 책, 1997년, p.160. 재인용.

5   James C. Humes 지음, 이달곤 옮김, 『닉슨의 치국책 10계명』, 21세기군사연구소, 2003년, p.221 ; 이주흠, 『드골의 리더십과 지도자론』, p.51.

6   Algérie, 아프리카 대륙의 북서부, 지중해에 연한 아랍계 나라이다. 아프리카 대륙 내에서 가장 땅이 넓은 나라이며 동시에 세계에서 10번째로 넓은 나라다. 1830년대부터 프랑스의 식민이 시작되었고, 1954년부터 민족해방전선(FLN)을 중심으로 프랑스와 격렬한 알제리 전쟁을 벌인 끝에 1962년 에비앙 협정과 국민투표를 통해 독립을 이루었다. 알제리 수도 알제(Alger)는 2차 대전시 자유 프랑스의 수도이자 민족해방프랑스위원회(CFLN)의 본거지, 이어 프랑스공화국의 임시정부 수도, 그리고 1958년 5월의 드골 정권에 대한 소명을 선동하는 사건 현장이며, 가장 유명하고 가장 창건적인 장군의 담화(나는 여러분의 뜻을 이해했습니다!)의 역사적인 장소로 드골 역사상 아주 중요한 곳이다. 샤를 드골, 심상필 옮김, 『드골, 희망의 기억』, 은행나무, 2013년, p.25. 각주 재인용. 나무위키, 알제리, 최근수정시각(2021.8.3.), 검색일(2021년 8월 6일).필리프 라트, 윤미연 옮김, 위의 책, 2002년, p.483.

7   하명수, 「알제리 폭동과 드골의 재집권」, 역사와 경계 21, 1991년, p.189.

8   영광이란 개념은 국제정치에서 프랑스의 위상을 제고시키는 것 뿐 아니라 국내정치면에서도 분열을 치유하고 단결을 도모하는 개념으로도 작동한 측면이 있다. 전재성, 「프랑스 드골 대통령의 자주외교 연구」, 신진교수지원연구, 2003년, p.68. 각주 3) 재인용 ; Cerny(1980), p.18.

9   알제리 전쟁은 엄청난 인명살상을 동반했는데, 최근 발표된 가장 신뢰할 만한 통계는 8년간의 격전 끝에 프랑스측은 군인과 민간인을 포함해서 3만여 명이, 알제리측은 30만 명이 사망한 것으로 추정한다. G.Pervillé, "Combien de morts?", La Guerre d'Algérie, sans mythes ni tabous, 2002년, p.94. 이용재, 「알제리 전쟁과 프랑스인」, 역사비평, 2003년, p.309. 재인용.

10   정한용, 『프랑스의 이름으로 나는 명령한다』, 21세기 군사연구소, 2004년, p.178. 각주 101) 재인용.

11   문정현, 「프랑스 第5共和国의 大統領의 權限에 관한 研究」, 전남대학교대학원, 1993년, p.15.재인용

12   1946년부터 13년간에 25개의 내각이 바뀌는 불안정한 정부형태 발생의 주요 요인으로 의원 내 안정다수 세력이 확보되지 않아 항상 연립내각의 구성이 어려웠고, 대통령의 수상임명 시에 요구되는 정책과 내각명단에 대한 의회의 동의요건 때문에 내각의 구성이 어려웠으며, 의회해산권도 거의 사문화되었다. 마지막으로 헌법이 규정하는 내각사퇴요건이 충족되지 않았는데도 의회 내에서의 사소한 패배 구실로 내각이 스스로 물러나는 사례가 많았다는 점 등을 들 수 있다. 문정현, 위의 논문, 1993년, pp.14- 15.

13   샤를 드골, 심상필 옮김, 앞의 책, 2013년, pp.33-34.

14   문지영, 「드골의 대미외교정책, 1958-1969」, 프랑스사연구, 2007년, p.171.

15   알렉상드르 뒤발 스탈라, 변광배 · 김웅권 옮김, 『말로와 드골』, 연암서가, 2014년, p.25.

16   샤를 드골, 심상필 옮김, 앞의 책, 2013년, pp.15-16. p.175.

17   헌법 제11조(국민투표부의권)에 의하면, 대통령은 의회의 회기 중 관보에 공표된 정부의 제안 또는 양원의 공동제안에 따라, 공권력의 조직에 관하거나 공동체의 협정의 승인을 필요로 하거나, 헌법에 위반하지는 않으나, 제도의 기능에 영향이 있을 조약의 추인을 목적으로 하는 모든 법률안을 국민투표에 붙일 수 있다. 또한 헌법 제16조(비상대권)에 의하면, 공화국의 제도, 국가의 독립, 영토의 보전 또는 국제협약의 집행이 중대하고도 긴급하게 위협을 받으며 헌법상의 공권력의 정상적인 기능이 중단되는 경우에

비상대권을 발령할 수 있다. 이때 반드시 대통령은 수상, 상·하원의 의장 및 헌법평의회 의장의 공식적인 자문을 구하여야 한다. 문정현, 위의 논문, 1993년, pp.27-28. pp.31-33.

18   오창룡, 「프랑스 대통령제 하에서 권력의 인격화(personalization) 현상에 관한 연구」, 서울대학교 대학원, 2012년, p.52.

19   전재성은 그의 논문 「프랑스 드골 대통령의 자주외교 연구」(2003년, p.67)에서 드골의 자주외교정책을 프랑스의 자주, 주권, 독립, 영광, 그리고 국가이익을 무엇보다 중시하는 정책이라고 했다.

20   Jacky Bertrand, Charles de Gaulle et le Destin du Monde, p.117. 허만, 앞의 책, 1997년, p.147. 재인용.

21   허만, 위의 책, 1997년, pp.147-149.

22   샤를 드골, 심상필 옮김, 위의 책, p.63. pp.75.-76.

23   안드레, 「드골 집권기(1959-1969) 프랑스 대외원조정책 연구」, 충북대학교대학원, 2017년, p.9.

24   이미 제4공화국에서는 구 식민지를 통합한 연합체인 프랑스 연합이 형성되었는데, 프랑스 공동체는 이를 개편한 것이다. 제4공화국의 프랑스는 대내외적으로 위축되어 있었기 때문에, 드골은 프랑스의 위상을 다시 세우는 것을 목표로 삼았다. 그러기 위해서는 식민지 독립이 프랑스와의 단절로 이어지지 않도록 해야 했다. 즉, 식민지 국가들이 독립한 뒤에도 프랑스 영향력이 미치는 물리적 범위를 유지하여 탈식민지 과정에서 나타날 수 있는 위험을 상쇄하고자 노력했고, 이를 반영하는 것이 프랑스공동체였다고 할 수 있다. 안드레, 앞의 논문, 2017년, p.9.

25   이용재, 「드골과 알제리 독립」, 프랑스사연구, 2012년, p.264.

26   프랑스 공화국의 해외 지역 영토를 이르는 말로, 프랑스 본국에 있는 도와 동일한 지위를 갖는다. 2017년 현재 과들루프, 가이아나, 마르티니크, 레위니옹 4개의 지역이 이에 해당한다. 안드레, 앞의 논문, 2017년, p.10. 각주 19).

27   안드레, 앞의 논문, 2017년, pp.10-11.

28   허만, 앞의 책, 1997년, pp.170-171.

29   프랑스 공동체는 해체되었으나, 프랑스 공동체의 메커니즘을 담당할 협력부가 설치됨으로써 프랑스와 아프리카의 관계는 이전의 구조적인 관계에서 보다 개별적이고 특수한 관계로 전환됨. 안드레, 위의 논문, 2017년, p.32.

30   허만, 앞의 책, 1997년, pp.174-175.

31   Éric Roussel, Charles de Gaulle, Gallimard, 2002. p.588. 알렉상드르 뒤발 스탈라, 변광배·김웅권 옮김, 앞의 책, 2014년, p.253.

32   파리대 교수이자 르몽드(Le Monde, 일간지) 논설위원인 뒤베르제(Duverger)는 이 기자회견에 참석해서 "당신은 독재자가 되려는 것인가?"라고 질문했다. 이 말에 드골은 격노해서 "내 나이 지금 몇인데 독재자의 길을 택하겠나!"라고 사납게 받아쳤다. 샤를 드골, 심상필 옮김, 위의 책, p.38. 주석 재인용,

33   필리프 라트, 윤미연 옮김, 앞의 책, 2002년, p.315.

34   J. Lacouture, De Gaulle, t. Ⅱ (Le politique) (Seuil, 1985), p.521 ; 이용재, 앞의 논문, 2012년, pp.253-254. 재인용.

35   샤를 드골, 심상필 옮김, 앞의 책, 2013년, pp.73-78.

36   필리프 라트, 윤미연 옮김, 앞의 책, 2002년, p.571. p.323.

37   여기서 말하는 국민은 살아있는 국민, 다수적이고 주권적인 국민, 그의 역사의 직접적인 주인공으로서의 국민, 이 나라의 운명을 짊어진 자의 대화자이자 청자(聽者)이며 프랑스의 진정한 동력인 국민인 것이다. 필리프 라트, 윤미연 옮김, 위의 책, 2002년, p.549.

38   예를 들어 알제리가 프랑스인가 아닌가를 아는 문제는, 그것이 세계 속에서의 위상에 의해 스스로를 규정해야 한다는 문제에 비해 매우 부차적인 문제일 뿐이다. 왜냐하면 알제리는 모로코와 튀니지 사이에 있다는 것, 다시 말해 알제리는 세계의 한 부분으로서 프랑스 역시 자가 지시적인 방법으로 스스로를 규정해서는 안 되기 때문이다. 필리프 라트, 윤미연 옮김, 위의 책, 2002년, p.549.

39   국회해산은 드골 대통령 하에서 1962년과 1968년 총 2회 실시됐다.

40   샤를 드골 지음, 심상필 옮김 『드골, 희망의 기억』, 은행나무, 2013년, pp.418-419.

41   필리프 라트, 윤미연 옮김, 위의 책, 2002년, p.517.

42   권력분산, 국가원수를 위한 국민투표의 사용 권한과 협의 권리, 총리는 의회 앞에 책임을 지는 명백하고 확고한 의회정치제도, 그리고 국가원수는 '권력 간의 갈등구조를 넘어서서' 하나의 심판관으로서의 위치 등. 필리프 라트, 윤미연 옮김, 앞의 책, 2002년, p.326.

43   이 날이 오기까지 제4공화국은 드골이 1946년부터 예측한 모든 불행을 견뎌오면서, 마침내 도움을 청하는 형태로 공화국을 드골에게 넘겨주지 않을 수 없게 되었다. 이후 이날은 상징적인 날이 되었으며, 이 장소 역시 파리 시민들의 가슴에 영원한 상징으로 남게 되었다. 필리프 라트, 윤미연 옮김, 위의 책, 2002년, p.291. pp.325-327.

44   샤를 드골, 심상필 옮김, 앞의 책, 2013년, pp.56.-58.

45   드골과 미셸 드브레의 사상에 관하여는 M. et J.-L.Debré, Le pouvoir politique, Paris, Seghers, 1977, pp.16-28; L. Hamon, Une république présidentielle?, tome Ⅰ, Paris, Bordas, 1975, pp.19-25. 참조. 문정현, 위의 논문, 1993년, pp.27-28. pp.17-18. 재인용.

46   문정현, 위의 논문, 1993년, 국문초록.

47   2차 결선투표제는 다음과 같은 특징이 있다. ① 군소정당을 제거하는 대신, 양당정당체제로 정당연합을 촉진하는 경향이 있다. ② 대통령 (또는 국회의원) 과 소속당의 정책을 철저히 검증할 수 있다. 1차 투표 때마타도어나 흑색선전, 허위공약 등으로 유권자를 속여 득표할 수 있으나, 양자대결 선거전에서는 철저한 정책경쟁으로 술수나 흑색선전 등이 먹히지 않는다. 국가경영과 관리능력, 외교국방교육에 이르기까지 정책과 후보의 능력과 리더십을 철저히 검증할 수 있다. ③ 당선된 대통령은 국민전체의사를 대표함으로 공약집행을 단행할 수 있다. ④ 드골과 같은 20세기 최고의 지도자는 실제 결선투표가 배출했다고 말해도 지나친 말이 아니다. 철저한 검증과 정책대결로 대정치인만이 당선의 영광을 얻는 선거방식이기 때문이다. 주섭일, 「드골의 정치명품, '결선투표제'」, Category오피니언, 2012년, 검색일 (2022.1.30.)

48   프랑스 제5공화국의 정치체제가 헌법제정이후 오늘날까지 성공적으로 운용되어 온 근본적인 원인은 ① 제5공화국 헌법상 강력한 지위와 권한을 누리고 있는 대통령도 의회 총선거 결과에 순응할 줄 아는 지혜, ② 프랑스의 오랜 헌정사를 통하여 확립된 의원내각제 원리를 수용하는 국민적 합의, ③ 정치적으로는 좌·우파의 어느 극단에 흐르지 않고 상대방을 존중하고 국민의 결정에 승복하는 자세, ④ 나아가 국민의 의사를 실증적이고 실질적으로 올바르게 반영할 수 있는 공정하고 공평한 선거문화 등으로 볼 수 있다. 成樂寅, 半大統領制(二元政府制)의 理論과 實際, 1990.8.25., 韓日 法学会, 제11회 国際学術大会 発表論文. 朴権相, 大権이 없는 나라Ⅰ, 営林 카디널, 1992, p.125이하 참조. 문정현, 위의 논문, 1993년, p.69. 재인용.

49   민의(民意)의 힘과 중요성을 일찌감치 깨달은 드골은 재임기간 중인 1962년 10월 28일, 대통령을 총선에 의해 직접 선출하자는 국민투표를 통해 대통령과 국민들과의 직접적인 대화를 가능하게 했다.샤를 드골, 심상필 옮김, 앞의 책, 2013년, p.463.

50   조홍식, '드골헌법이 환갑을 넘기는 이유', > site(입력일 : 2017.5.13. 검색일 : 2021.5.19.)

51   이용재, 앞의 논문, 2012년, pp.254.-255.

52   샤를 드골, 심상필 옮김, 앞의 책, 2013년, pp.114-118.

53   샤를 드골, 심상필 옮김, 위의 책, 2013년, pp.114-118.

54   허만, 앞의 책, 1997년, p.157.

55   M.Cointet, De Gaulle et l'Algérie francaise 1958-1962 (Perrin, 1995), p.58; Ch. Morelle, Com-

ment de Gaulle et le FLN ont mis fin á la guerre d'Algérie (André Versaille Éditeur, 2012), p.62; 이용재, 앞의 논문, 2012년, pp.255.-257. 각주 10), 12) 재인용.

56 이용재, 앞의 논문, 2012년, p.264.

57 알렉상드르 뒤발 스탈라, 변광배 · 김웅권 옮김, 앞의 책, 2014년, p.273.

58 수상이었던 미셸 드브레의 회고에 의하면, 드골은 "승리의 황혼녘에 숨을 거두는 병사는 행복하나니"라는 시구를 읊조리며 괴로운 심정을 토로했다. 드골은 1960년 7월과 10월 두 차례 사퇴를 고민했다. 이용재, 위의 논문, 2012년, p.265. 37)번 각주 재인용. M. Debré, Mémoires, t. III(Gouverner 1958-1962), p.260; Entretiens avec le Général de Gaulle, pp.20-21; 알제리해방군의 테러전과 프랑스군대의 잔인한 진압이 되풀이되는 가운데 양측에서 수많은 민간인이 무고하게 희생되었다. 종전 후 무려 백만 명에 달하는 현지 유럽인들, 즉 흔히 피에 누아(pieds-noirs : 검은 발)라 불리는 유럽계 이주민들이 자신들을 버린 프랑스 정부를 원망하면서 보복위협을 피해 알제리를 떠났고, 알제리인으로서 프랑스군에 복무한 소위 아르키들(harkis) 중 미처 프랑스로 탈출하지 못한 사람들은 동포들의 손에 무자비하게 학살되었다. 이용재, 앞의 논문, 2003년, p.309.

59 필리프 라트, 윤미연 옮김, 앞의 책, 2002년, p.361.

60 허만, 앞의 책, 1997년, p.158.

61 이용재, 앞의 논문, 2012년, p.264 ; des Barricades, 폭동, 내란, 혁명을 뜻한다. 프랑스 시민들이 도로에 깔려 있는 목침처럼 생긴 보도블럭을 뜯어내어, 그것을 시내 곳곳에 장벽처럼 쌓아놓고 공격해오는 정부군에 총포로 대항하는 것을 일컫는다. 샤를 드골, 심상필 옮김, 앞의 책, 2013년, p.133.

62 프랑스 장군 계급은 별 2개부터 시작한다. 말하자면 프랑스 장군 별 2개는 우리나라 별 1개인 준장에 해당한다. 따라서 프랑스 장군은 별 2개가 우리나라의 준장, 별 3개가 소장, 별 4개가 중장, 별 5개가 대장에 해당되며, 프랑스 원수는 별 7개이다. 이렇게 프랑스 준장 계급이 별 2개인 이유는 프랑스 혁명 이전으로 거슬러 올라간다. 당시 1657년부터 대령과 준장 사이에 중간 계급이 하나 더 있었다. 이 중간 계급의 장교는 영관장교도 아니었으며, 장군도 아니었다. 이들은 왕의 군대의 여단장이라는 명칭으로 불렸는데, 당시 이들의 견장에는 별 하나가 달려 있었다. 하지만 이 차별화된 계급체계는 프랑스 혁명기간에 사라지게 되었다. 1914년~1918년, 1차 대전당시, 대부분의 여단급 부대들이 임시적으로 대령들에 의해 지휘되었는데, 이 때 별 하나의 계급체계가 여단장들에게 부여되지 않으면서 이 전통은 사라지게 되었다 ; 프랑스 국방부 홈페이지(검색일 ; 2021년 4월 18일)

63 헌법 제16조에 명시되어 있는 비상대권에 의하면, 국가가 위기에 처한 경우 모든 권력을 대통령에게 집중시킴으로서 국가적 위기를 극복하고자 그 목적이 있다. 즉, 공화국의 제도, 국가의 독립, 영토의 보전 또는 국제조약의 집행이 중대하고도 긴급하게 위협을 받으며 헌법상의 공권력의 정상적인 기능이 중단되는 경우에 조치를 취할 수 있었다. 문정현, 「프랑스 第5共和国의 大統領의 権限에 관한 研究」, 전남대학교대학원, 1993년, p.31 ; 무장폭동이 1961년 4월 25일 종식되었음에도 9월 29일에야 국가긴급권의 행사를 종료한다고 선언한 것은 국가긴급권의 기간이 매우 자의적이었다고 볼 수 있었다. 그래서 2008년 헌법 개정 시 제16조 제6항에 대한 개정이 있었다. 김정기, 「프랑스 5공화국 대통령의 중재자로서의 기능에 관한 연구」, 유럽연구, 제34권 3호, 2016년, p.64. 55)번 각주 재인용

64 알렉상드르 뒤발 스탈라, 변광배 · 김웅권 옮김, 앞의 책, 2014년, pp.275-276.

65 Organisation armée secrète, 1961년 4월 21일 알제리 주둔군의 반란이 실패한 뒤 조직된 비밀 군사조직. 주오 장군과 살랑 장군 같은 장군과 쉬지니 같은 정치인들이 주동이었고, 테러리즘을 포함한 온갖 수단을 통해 드골 장군의 알제리 정책을 반대했다. 장루이 미시카, 도미니크 볼통과의 대담, 박정자 옮김, 『자유주의자 레이몽 아롱』, 기파랑, 2021년, p.303.

66 이용재, 앞의 논문, 2012년, p.266.

67 샤를 드골, 심상필 옮김, 앞의 책, 2013년, pp.191-192.

68 에비앙 협정은 프랑스 에비앙레뱅에서 1961년과 1962년에 각각 개최된 것으로써 알제리 전쟁을 종식시킨 회담이다. 제1차 회담은 1961년 5월 20일에서 6월 13일 사이에 있었지만, 실패했다. 제2차 회담은 1962년 2월 11일에서 27일 사이에 있었지만, 결정적인 회담은 1962년 3월 7일에서 18일 사이에 에비앙레뱅에서 개최되었다. 이 회담에서 프랑스는 사하라 사막을 포함하여 알제리 독립과 영토의 통합 그리고 국민적 단결을 인정했다. 특히, 프랑스는 점진적으로 알제리에서 그의 군대를 철수시키고 1961년에 제공한 경제원조의 양을 3년 동안 유지하는 한편, 프랑스에 원유공급을 포함하는 프랑스 알제리 협력에 대한

원칙을 포함했다. 1962년 4월 8일, 국민투표 결과 이를 승인했다. 따라서 알제리는 독립을 획득했다. 허만, 앞의 책, 1997년, p.158. 각주 15).

69   레이몽 아롱(Raymond Aron)은 '포기의 영웅주의'라는 표현을 쓰면서 정치가로서 수년간 전쟁을 하기 보다 차라리 알제리의 독립을 인정하는 것이 훨씬 더 용기 있는 일이며, 결국 전쟁에서 지지는 않을 것이라 고 주장했다. 장루이 미시카, 도미니크 볼통과의 대담, 박정자 옮김, 『자유주의자 레이몽 아롱』, 기파랑, 2021년, pp.285286.

70   샤를 드골, 심상필 옮김, 위의 책, 2013년, pp.195-196.

71   드골은 딸 안느(Anne, 1948년 2월 6일 사망)의 사진을 틀에 끼워 작은 트렁크 안에 항상 가지고 다녔는 데, 그날 자동차의 뒷유리 앞의 평평한 곳에 놓아둔 이 트렁크 속 사진틀이 총알 하나를 막아주었다고 이야 기했다. 알렉상드르 뒤발 스탈라, 변광배 · 김웅권 옮김, 앞의 책, 2014년, p.309. 각주 4).
    드골은 1961년 9월 9일에도 콜롱베 사저로 가는 길, 퐁쉬르센에서 비밀군사조직(OAS)의 테러를 무사히 피 할 수 있었다. 즉, 드골이 아내와 부관인 테세이르 대령, 그리고 경호원 프랑시스마루 등과 차를 같이 타고 엘리제궁에서 콜롱베로 향하던 중 퐁쉬르센을 막 빠져나가려는데 차가 별안간 불꽃에 휩싸였다. 이때는 밤 이었다. 이것은 10킬로그램의 플라스틱 시한폭탄을 모래 속에 감추어 놓았던 것인데 '목표물'을 없애기에 는 충분히 강한 폭발물이었다. 그런데 의외로 이 폭발물의 일부가 폭발하지 않았기 때문에 계획은 무위로 끝나고 말았다. 샤를 드골, 심상필 옮김, 위의 책, 2013년, pp.190-191.

72   샤를 드골 지음, 심상필 옮김, 위의 책, 2013년, p.62. pp.201-202.

제2장
군 사 편

드골은 왜, 어떻게 핵을 개발했나

송대성은 그의 저서 『우리도 핵을 갖자』(2016년, 기파랑)에서 다음과 같이 주장했다.

"핵무기는 북한 군사력의 요체 중 요체이다. 북한은 "북한 핵무기 = 도깨비 부작 방망이The Magic Mallet of Goblin"이라는 개념을 보유하고 있으며, 남북한 분단사에서 빚어진 지금까지의 모든 격차를 핵무기 하나로서 해결하려는 핵무기 존숭 사상을 보유하고 있다. …적대국끼리 한 쪽은 핵核 보유국이고, 다른 한쪽은 핵을 갖지 못한 비핵국非核國인 경우, 비핵국의 생존 여부를 핵 보유국이 좌지우지하는 일종의 '인질'신세가 된다. 더구나 핵 보유국이 불량국가의 속성을 지닌 경우, 인질이 된 비핵국가의 운명은 더욱 비참한 상황에 빠지고 만다."[1]

그러면서 예시로 든 것이 바로 이스라엘이 아랍국가 원자로 시설에 대해 선제 공격을 가해 무력화시킨 사례였다. 알려진 바와 같이 이스라엘은 이라크의 오시라크 원자로(1981년 6월 7일), 시리아 알 키바 원자로(2007년 9월 6일)를 각각 선제공격하여 무력화시키는데 성공한 바가 있었다.

이 선제공격작전을 두고 여러 논란이 있을 수 있으나, 저자는 핵무기를 갖고 있는 이스라엘이 핵을 갖고 있지 않은 이라크와 시리아를 가지고 국익과 생존 차원에서 좌지우지할 수 있었던 대표적인 사례가 아니겠는가 하는 생각이 들었다.

앞서 인용한 책에서 송대성은 이 작전의 성공 요인을 최고 통수권자의 신념과 국민의 지지, 치밀한 작전계획 수립과 시행[2], 동맹국의 지지 획득 등 체계적으로 분석하여 제시를 잘했지만, 저자가 주목한 것은 다음 세 가지였다.[3]

첫째, 이 작전은 오직 이스라엘의 국익과 생존만을 고려하여 강행했다는 점이다.

이스라엘이 국제적인 분위기나 동맹국 미국의 요구들을 다 수용했더라면 선제공격을 이행할 수 없었을 것이다.(물론 사전에 미국의 지지를 최대한 이끌어 시행했지만) 또 이 선제공격은 세계적인 비난을 받았지만, 결과론적으로 이스라엘의 미래에 엄청난 국가적 재앙으로 다가오고 있는 '적의 핵무장'을 사전에 차단한 큰 역사적 의미를 갖고 있다.[4]

둘째, 시리아가 이스라엘의 공격을 받고도 그 후 반격을 못한 것은 이스라엘이 핵을 보유하고 있었기 때문이다. 시리아는 이스라엘에 반격을 가할 경우 늘 2~3배로 보복하는 이스라엘의 작전 교리를 잘 알고 있었고, 이스라엘의 보복이 얼마나 무서운가를 알고 있었다. 선제공격이 성공을 거두기 위해서는 상대방의 보복력 및 보복의 가능성을 철저히 계산한 후 선제공격을 가해야 함은 반드시 고려해야 할 사항이었다.

흥미로운 점은 핵을 가진 이스라엘은 핵을 갖지 못한 시리아를 더 약을 올릴 수 있다는 국제 현실이다. 시리아 알 키바 원자로 선제공격작전이 끝난 후 이스라엘이 언론인 오렌Amir Oren을 통해 「하렛츠Haaretz」라는 신문에 "솔직하게 우리가 아무런 이야기를 못하고 있었던 것은 철저히 그 작전에 실패했기 때문이다"고 기사를 쓰게 한 뒤 시리아의 반응을 살피기도 했다. 이스라엘은 시리아가 핵무기 제조시설이 아니라고 공식적으로 부인하고 있었던 약점을 이용하여, 시리아가 새삼 핵무기 제조시설이라고 인정할 수 없도록 완전히 반대 이야기를 하면서 그 반응을 떠봤다는 사실이다.

셋째, 일단 선제공격을 감행하여 성공하면 그것이 현실이 된다는 교훈이다
선제공격 이후 고조되었던 이스라엘에 대한 세계적인 비난은 시간의 흐름 속에서 서서히 약화되면서 현실로 고착된다는 것이 국제적 현실이다. 이스라엘이 이라크 시설을 공격한 직후, 이라크와 프랑스는 재건설을 추진할 것이라고 주장했다. 하지만 이란·이라크 전쟁, 국제적 압력, 이라크의 지불금 문제, 프랑스 기술자의 철수 등으로 인해 1984년 교섭은 결렬되고, 사실상 재건설이 불가능해졌다.

핵무기 하나면 모든 난제를 한 방에 해결할 수 있다는 북한에 비해 우리의 현실을 고려해 보면 앞에서 언급한 이스라엘의 작전은 시사하는 바가 크다.

어쩌면 드골도 핵을 개발한 이유가 위에서 제시한 상황과는 좀 다르더라도, 본질은 같다고 생각한다. 그것은 바로 핵 없는 자유로운(?) 국가보다는 핵이 있는 두려움 없는 국가를 꿈꾸었던 것은 아닐까.

#1 드골은 왜 핵을 개발했나?

프랑스는 1차 대전까지만 해도 세계 열강이었다. 하지만 불행하게도 2차 대전에서는 나치 독일에게 국토가 점령당하는 수모를 겪으면서 강대국의 지위를 완전히 상실하고 말았다. 2차 대전 종전 이후에도 미국과 소련이 주도하는 얄타회담을 기초로 한 1950년대 국제안보와 질서 수립과정을 통하여, 또 인도차이나에서의 심각한 군사적 패배와 굴욕적인 정치적 해결(1954), 수에즈 위기[5](1956)시 보여준 프랑스 군의 무기력함, 나아가 1950년 이전에 이미 미국과 소련이 핵무기 보유국이 됐고, 영국마저 1952년 10월 오스트레일리아 몬테벨로Montebello 군도에서 최초의 원자폭탄 실험에 성공하는 상황 속에서 프랑스는 유럽 지역 강대국의 지위에서 중간국으로 점차 떨어지고 있었다.[6]

국내 상황은 더욱 혼란스러웠다. 종전 후 출범한 제4공화국은 일단 위기에서 벗어나자 예전에 갖고 있었던 특권의식, 주장의 요구, 야심 그리고 비건설적인 경쟁, 극심한 개인주의, 이데올로기의 대립과 파벌싸움 등 시작부터 온갖 문제점을 내포하고 있었다.[7]
또한 전쟁으로 인해 가동할 수 있는 공업시설은 드물었다. 프랑스는 연합군 점령지에 있던 독일의 중요 군수품 생산지인 자르와 루르 지역을 차지하여 경제재건을 위한 전진기지로 삼는 동시에 독일이 재기하지 못하도록 쐐기를 박고자 했으나, 미국을 중심으로 한 연합국은 이 지역을 독일에 돌려주고 그 대신 마셜 플랜을 유럽에 도입했다. 따라서 프랑스는 미국의 굴욕적인 차관을 들여오는 수밖에 없었다. 국내 정치 또한 소련과 연계하여 세력이 커진 프랑스 공산당에게 휘둘리고 알제리 독립문 제까지 불거지기 시작하면서 불안정하기 그지없었다. 더구나 냉전체제가 되자 나토 회원국이던 프랑스는 의지와 상관없이 미국이라는 우산을 쓴 서방 진영에 자동 편입 되어 외교적 주권이 약해졌다.[8]

요컨대 2차 대전 이전에 비해 훨씬 커진 국제 사회에서 맹주는 미국과 소련이 차지 했고, 과거의 프랑스 제국과 그 영광은 더 이상 존재하지 않았다. 더구나 1958년 6월, 알제리 사태 소용돌이 속에서 드골이 권력을 장악할 당시 프랑스의 실제적 주권과 국제적인 위상은 예전에 비해 심히 약화된 상태였다.

① 독자적 핵억지력[9] : 핵위협은 공유되지 않는다.

드골은 미국이 그렇게 말리고, 회유했음에도, 왜 핵을 개발했을까? 한 마디로 말 해 '미국과의 핵 위협 공유는 NO'라는 것으로, 대서양 동맹 속에서 미국과 핵 위협을 공유하는 상태에서는 소련의 핵 위협으로부터 프랑스를 방위할 수 없다는 것 이었다.[10]

드골은 1950년대 초강대국였던 미·소의 핵전력을 자세히 살펴보면서, 1950년대 중반 당시 그동안 뒤쳐져 있던 소련이 미국본토에 대한 대륙간 탄도미사일 공격능력 을 갖추게 된 점에 주목했다. 드골은 이렇게 미·소 핵전략 균형이 이루어진 상황에서 앞으로 유럽에서 분쟁이 발생할 경우, 초강대국인 미국과 소련 사이에 핵 흥정 가능 성이 있을 것이라 꿰뚫어 보았다. 다시 말해 두 초강대국이 유럽 대륙을 파괴할 제한 전쟁을 전개하는 한편, 그들의 힘을 실험하고 전쟁 위험을 생각할 수 있는 시간을 갖 출 수 있는 제한 전쟁을 일으킬 수 있다는 것이다.[11]

이렇듯 소련이 미국을 상대로 한 핵 공격 능력을 갖춘 이상, 대서양 동맹 속에서 핵 위협만큼은 같이 공유하여 대처할 수 없기 때문에, 미국의 핵우산은 더 이상 유럽을 보호할 수 없다고 판단했다. 드골은 회고록에서 다음과 같이 밝혔다.

"서유럽에서도 12년[12]의 세월이 흐르는 사이에 군사적 안보 조건이 크게 변해 있었다. 미·소 두 나라가 각각 상대방을 파멸시킬 수 있는 가공의 핵무기를 갖춘 이상, 어느 쪽도 전쟁을 터뜨릴 수 없게 된 것이다. 그렇다고 미·소 두 나라가 그들의 중간지대인 중부 유럽이나 서부 유럽에 폭탄을 투하한다면 이것을 막을 수단이 있을 것인가? 서유럽인에게 나토는 더이상 보호자의 역할을 하지 못한다. 그런데 보호에 있어서 그 유효성 자체가 이미 의심스럽게 된 이때, 누가 자기의 운명을 보호자에게 맡길 것인가?"[13]

요컨대 드골의 핵무장의 첫 번째 근거는 '파리의 방위를 위해서 미국이 과연 뉴욕의 파괴를 무릅쓸 용의가 있을까?'[14] 라는 것으로 이것은 국가안보에 있어서 핵 위협만큼은 어떠한 상황에서도, 그리고 어떠한 동맹 체제에서도 공유할 수 없다는 것이다. 핵 위협을 공유하는 것은 결정적인 순간에 자국의 생존과 이익을 위해 동맹국가의 안보와 생존을 포기하는 결과로 이어질 수 있다는 것이 드골의 기본적인 생각이었다.

그래서 드골은 이미 재집권 전부터 군사 독트린을 통해 유럽 방위에 대한 프랑스의 역할과 핵무기 보유를 주장해 왔다. 다음은 1951년의 독트린 내용이다.[15]

"미국이 유럽을 방위할 수 있는 유일한 나라이기는 하지만, 유럽의 연합국들이 공동 방위를 위해서는 그들이 책임을 지면서 국방과 독립을 보존해야 한다. 그리고 이러한 원칙은 대서양 동맹 체제에도 적용되어야 하며, 특히 유럽을 방위하기 위해 무국적적인 군대를 만드는 대신에 민족국가에 기초해서 공동체 체제를 재조직해야 할 것이다. 무엇보다도 중요한 것은 프랑스가 유럽에서 제1의 군사력 보유국이 되어야 한다는 것이다."

이런 관점에 따라 그는 초국가적 권위 밑에 들어가서 최고통합사령부에 의해 지휘를 받게 될 유럽방위공동체EDC, European Defence Community[16]를 일찍이 거부했다.

1954년에 이르러서 드골은 앞으로 제5공화국의 외교정책과 군사정책의 기초가 될 기조를 천명했다.

"첫째, 국방 행동의 자유를 위해 나토의 통합 체제에서 프랑스를 떼어 놓는 것, 둘째, 프랑스의 국력에 적합한 핵무기로 새로운 힘을 창조하는 것이다.[17]"

이러한 독트린은 드골이 제5공화국의 대통령으로서 통치하는 기간 중 지속적으로 유지되었던 정책과 전략으로, 독자적 핵개발 전략의 개념을 잉태시킨 중요한 요체가 된다.[18] 요컨대 유럽의 연합국들이 공동 방위를 위해서는 대서양 동맹 체제이든 나토 체제이건 간에 각 민족국가의 책임 하에, 국방과 독립은 보존되어야 하고, 프랑스가 유럽 제일의 군사력 보유국이 되어야 하며, 프랑스 국력에 맞는 핵무기를 개발해야 한다는 것이다.

사실 핵개발 문제는 드골이 재집권한 이후인 1950년대 후반부터 1960년대 내내 프랑스 - 미국관계를 옭아매는 족쇄로 작용했다. 1957년에서 1958년 사이에는 아이젠하워 정부의 뉴룩New Look 구상[19]과 함께 나토의 틀 내에서 미국과 영국 양국의 핵 독점을 공식화했다.

또한 1958년 7월, 미국이 잠수함용 원자로를 영국에 판매하기로 약정한 후 미 국무장관 덜레스[20]는 파리에서 드골을 만났다. 여기서 덜레스는 나토가 결정한 바와 같이, 프랑스가 중거리 탄도미사일IRBM의 자국 배치를 허용하지 않으면 프랑스에 대한 원조를 지속할 수 없다고 통보했다.[21] 그러면서 프랑스가 독자적인 핵무기 생산을 위해 막대한 자금을 투입하여 실험하고, 제조하는 것보다 미국이 프랑스에 핵무기를 제공하는 것이 더 좋지 않겠냐고 회유했다.

하지만 이에 순순히 물러날 드골이 아니었다. 드골은 미국이 소련에 맞서 프랑스 영토에 중거리 탄도미사일을 배치[22]해야 하는 상황을 십분 이용하기로 했다. 즉, 그러한 상황은 오히려 미국이 드골의 독자적인 핵개발 정책을 정면으로 반대하기가 쉽지 않을 것이라고 판단했고, 그래서 프랑스 영토에 배치한 핵무기 통제와 사용에 대한 결정권을 프랑스가 보유하는 경우에만 배치가 가능하다는 점을 강조했다.[23]

"우리는 핵무기를 보유함으로써 우리의 국방과 외교정책이 구속을 받지 않게 하겠다는 데에 가장 큰 의의가 있다. 만일 당신들이 우리에게 핵무기를 판다면, 그리고 그 핵무기가 완전히 우리 것이 되어 우리가 제한을 받지 않고 이를 사용할 수 있다면, 우리는 기꺼이 그것을 살 것이다."[24]

또 한 번은 아이젠하워 대통령[25]이 드골의 초청으로 1959년 9월, 프랑스에 국빈으로 방문했다. 여기서 아이젠하워는 자주 나토에 대해 말하면서 나토에 대한 프랑스의 태도에 관해 논했다. 아이젠하워를 염려스럽게 한 가장 큰 문제는 프랑스가 핵무기를 갖기로 한 결정이었다. 그러면서 "미국은 유럽의 운명이 곧 자신의 운명이라고 생각하고 있다. 당신은 왜 이 점을 의심하려 드는가?" 드골은 대답했다.

"지난 양차대전 중 미국은 프랑스의 동맹국이었고, 우리는 당신들에게서 입은 은혜를 잊지 않고 있다. 그러나 프랑스는 1차 대전 때 미국이 3년이라는 길고 고통스러운 시일이 지난 뒤에야 도움의 손길을 뻗었음 또한 잊지 않고 있다. 2차 대전 때도 당신들이 개입하기 전에 먼저 프랑스가 붕괴됐던 것이다. 한 나라가 다른 나라를 도울 수는 있지만, 자기 나라와 다른 나라를 동일시 할 수는 없는 것이다. 이런 점이 바로 프랑스가 우리의 동맹관계에 충실하려고 하면서도 나토의 테두리 안에 통합되는 것을 거부하는 이유인 것이다.[26]"

그러나 아이젠하워는 이의를 제기했다. "프랑스가 소련의 핵무장 수준에 도달하자면 막대한 비용 때문에 불가능하다. 그렇다면 당신들의 핵 억지력이 무슨 가치가 있겠는가?" 드골은 대답했다.

"당신도 알다시피 메가톤(재래식폭탄 100만 톤의 폭발력) 규모의 전쟁에서 어떤 나라든 불과 몇 차례의 폭격으로 파괴할 수가 있는 것이다. 가령 적이 우리를 열 번이나 죽일 수 있는 핵 공격을 가할 수 있다 해도 우리가 적을 단 한 번 죽일 수 있는 능력만 있으면 핵억지 효과는 충분한 것이다.[27]"

1960년 2월 13일, 결국 최초의 프랑스 원폭실험이 사하라 레강 지방에서 성공리에 끝났다. 그 후 프랑스가 독자적으로 핵무장을 하고 또 나토 통합에서 벗어나기 위해 취한 여러 조치 때문에 미국으로부터 많은 비난을 들어야 했지만, 드골의 외교정책의 탁월성은 바로 양국 관계가 단절되거나 사이가 최악의 상황으로는 치닫지 않게 관리하면서 드골이 생각한 목표를 달성했다는 것이다.

아이젠하워 정부에 이어서 1961년 케네디 행정부가 들어서고 맥나마라Robert McNarama 국방장관에 의해 채택된 유연 반응 전략flexible response [28]은 드골의 대미 안보 정책에 결정적인 변수로 작용하면서 미국과 충돌을 피할 수 없게 되었다. 왜냐하면 미국은 이전의 대량보복전략에서 유연반응전략[29]으로 전환하면서, 유럽을 다양한 전쟁의 전장으로 전환시킬 수 있는 가능성을 열어 놓았기 때문이다.

그래서 드골은 이러한 미국의 변화된 전략은 프랑스가 동등한 군사 파트너라기 보다는 소련의 서진西進을 막는 재래식 혹은 저강도 핵전쟁의 전장이 될 것이라고 우려했다.[30] 또한 핵무기의 사용을 가능한 한 억제하여 소련의 공격에 대한 최후의 수단으로 남겨두고, 핵무기의 각국 소유에 따른 핵민족주의화Nationalization of Nuclear Weapons 경향을 막아 대부분의 서유럽 국가들로 하여금 미국의 안보전략에 의존하도록 만드는 것이었다. 이는 프랑스의 독자적 핵억지력 방위능력을 통해 국가방위의 완전한 주권회복을 추구하는 드골의 핵전략과는 정면으로 배치되는 것이었다.[31]

1961년 5월, 케네디 대통령[32]은 파리에 도착하여 드골과 정상회담을 했다. 케네디는 프랑스의 독립성에 위배되지 않으면서 서방 진영 내에서 압도적 위치를 유지하고자 애쓰고 있었다. 핵무기 사용 가능성에 대해서도 케네디 대통령의 주장은 이러했다. 즉 미국은 서부 유럽이 소련의 손아귀에 떨어지도록 내버려 두느니, 차라리 핵무기를 사용해서라도 이를 저지할 결심이라는 것이었다. 그러나 드골이 더 구체적인 질문을 했을 때, 즉 소련의 침략이 어디로 뻗어 올 때, 언제 또 어느 목표물에 – 그것은 소련 내에 존재하는 지점인가 또는 그 외의 지점인가 어느 곳에 미사일을 발사시킬 것인가에 대해서는 케네디는 대답하지 못했다. 드골은 이 점에 대해 회고록에 다음과 같이 밝혔다.

> *"귀하가 대답 안 한다고 놀라지는 않습니다. 나를 굉장히 신뢰하고, 나 또한 상당할 정도로 높이 평가하고 있는 나토 사령관 노스타드 장군도 바로 이 점에 관해서는 내게 확실히 말하지 못하더군요. 우리나라에게는 이 구체적인 문제가 가장 중대한 문제입니다"라고 나는 그에게 말했다. 또한 케네디 대통령은 프랑스가 핵폭탄을 제조하지 말아 줬으면 하는 희망에서, 폴라리스 핵 잠수함을 나토에 편입시키자고 제의했다. 케네디 대통령의 논리에 따르면 신형 원자무기인 폴라리스 잠수함만 나토가 갖추게 되면 순수한 유럽방위를 위한 억제력 있는 무기로 쓸 수 있다는 것이었다. 그의 말을 전부 들은 후 나는 그에게 프랑스가 핵 보유 국가가 되고자 한다는 의지를 재확인 해 두는 수밖엔 다른 도리가 없었다. 남을 죽이려 하는 자는 결국 자기마저 자폭하고 만다는 진리를 깨닫게 해줄 방법이라곤 핵을 보유하는 수밖엔 없었다. 폴라리스 핵 잠수함을 나토가 몇 척 보유하게 된다 하더라도 그건 이쪽에 있는 미국 사령부에서 다른 미국 사령부로 이양시키는 것에 불과할 것이다. 어쨌든 그 사용 결정권은 미국 대통령의 손에만 달려 있는 것이다."[33]*

아울러 맥나마라는 1962년 5월, 나토 장관급 회의에서 새로운 선제 핵공격 무기전략에 대해 소개했다. 그는 핵전쟁 시에도 미국은 소련과 바르샤바 조약기구wto, Warsaw Treaty Organization 국가들에 의해 타격받지 않을 것이며, 영국과 프랑스는 효과적인 선제 핵미사일 타격시스템이 정밀하게 구현되어 있지 않기 때문에 미국의 통제와 도움 없이는 비생산적이라고 주장했다.[34] 그러나 프랑스의 핵전략가인 피에르 갈루아Pierre Gallois[35] 장군은 프랑스가 미국처럼 강력한 핵무기 체계를 갖는 것은 불가하나, 적어도 소련의 공격을 막을 수 있을 정도의 체계만 갖춰도 된다고 판단했다.[36]

1962년 12월 21일, 국제적 핵 환경의 변화 속에서 미국의 케네디 대통령과 영국의 맥밀런 수상은 바하마의 나소Nassau에서 정상회담을 갖고 나토의 통제 하에 다국적 핵군MLF, Multilateral Force[37]을 창설할 것에 대해 합의했다. 당시 미국 정부는 기본적으로 대서양 동맹을 강화하면서 유럽 각국의 핵개발을 억제하는 것을 목표로 하고 있었다. 중거리탄도탄을 나토 내에서 전력화하는 프로그램으로, 핵전력의 통제를 나토에서 공유하는 방식인 MLF는 이러한 미국의 전략적 목표를 충족하는 하나의 수단이었다.[38]

드골은 이 역시 프랑스 군에 대한 미국의 통제권 강화 시도로 받아들였고 특히, 유럽의 핵주권을 침해하는 행위이며 서독의 핵접근권 보장은 매우 위험한 시도가 될 수 있다는 측면에서 격렬히 반대했다.

1963년 1월 14일, 드골은 기자회견에서 나소 협정을 인정할 수 없다고 선언했다. 아울러 1963년 가을 미·소가 제안한 지상 핵실험 금지 조약의 서명을 거부함으로써 독자적 핵개발 의지를 명확히 했다.[39]

요컨대 드골의 핵무장의 첫 번째 근거는 다음과 같이 정의할 수 있다.

"국제 사회에서 핵위협의 공유는 있을 수 없다. 왜냐하면 파리의 방위를 위해서 미국이 뉴욕의 파괴를 무릅쓸 용의는 없기 때문이다."

② 프랑스가 주도하는 '유럽의 유럽 건설'

드골의 핵무장의 두 번째 근거로 '프랑스가 주도하는 유럽의 유럽 건설'을 위해서는 핵이 필요했다. 이런 근거를 이해하기 위해서는 드골의 역사 인식과 유럽관, 그리고 드골의 개인 정치 경험을 살펴볼 필요가 있다.

우선 드골의 역사 인식을 알아보자. 드골은 1차 세계대전, 러시아·폴란드전쟁, 그리고 2차 대전에 참전하면서 인류사에는 늘 폭력과 전쟁이 존재했고, 이를 통해 역사가 만들어졌기 때문에 세계사가 비극적이라고 보았으나, 불가피한 경우도 있었으므로 전쟁을 필요악이라고 생각했다.[40]

모리스 바이스Maurice Vaïsse는 샤를 드골의 외교정책 연구에서 다음과 같이 주장했다.

드골이 생각하는 인류사의 평화는 평화 또는 순수한 의미에서의 평화가 아니라 강대국 간의 힘겨루기가 완벽한 균형을 이루어 전쟁이 잠시 멈춰진 것이고 언제든 이 균형이 깨진다면 다시 전쟁이 발발하는, 일시적이며 위태로운 상태의 평화로 여겼다. 그리고 역사가 이렇게 흘러왔고, 현재 우리가 살아가고 있는 세상이기에 국가의 자존을 위한 유일한 방법은 강력한 힘을 갖는 것이며, 국가의 자존과 이익을 위해 행동하는 것이 국제관계의 기본자세라 여겼다.[41]

이렇듯 드골은 역사에서 보듯이 국제사회에서 국가의 자존과 이익을 위해 행동하기 위해서는 강력한 힘의 상징인 핵을 보유해야 한다고 생각했다.

그러면 드골은 역사적 관점에서 유럽을 어떻게 바라봤을까?

드골은 나폴레옹 전쟁을 전후하여 유럽의 전통적 강대국이었던 프랑스의 지위가 2차 대전을 통해 추락하게 된 현실을 안타까워했다. 더욱이 국제질서 운영에 대한 유럽의 헤게모니는 미국과 소련이라는 두 개의 강대국으로 자연스럽게 이전되어 '헤게모니의 탈 유럽화'현상은 특히 프랑스로 하여금 고립감을 느끼게 만들었다. 왜냐하면 프랑스는 전통적으로 미국이나 영연방국가들과의 관계를 중시해 왔던 영국, 그리고 패전국의 입장에서 미국에 의존할 수밖에 없었던 독일과는 전혀 다른 입장에 처해 있었기 때문이다. 따라서 프랑스의 핵무장은 미국과 소련의 양극체제 속에서 프랑스만이 유럽의 정체성을 유지, 고수하며 다른 대륙의 강대국들과 경쟁하며 존재하는 유럽 유일의 강대국이라는 시각에서 출발했다고 볼 수 있다.[42]

또한 드골은 기본적으로 2차 대전 말기 얄타협정에 의한 미·소의 영향권을 부정했다. 유럽의 국경은 얄타협정에 의한 초강대국이 만든 인위적인 것이 아니고, 원래 지리에 의해 정립된 국경이라고 보았기 때문이다. 또한 그는 미국은 유럽의 딸이라고 하면서 미국을 유럽으로부터 멀리하려고 했고, 반면, 소련은 결국 이데올로기가 끝나면[43] 다시 유럽의 일원이 될 것이므로 유럽은 대서양에서 우랄까지 연결되는 것으로 생각했다.[44] 그렇지만 영국은 기본적으로 앵글로·색슨의 일원이며, 대서양 주의에 충실한 국가로 생각했다.[45]

그래서 유럽을 재건하는 데 있어서 비유럽적인 실체가 들어가는 것을 기본적으로 반대했기 때문에 당연히 영국도 대서양 세력과 그 영향권에 편입된다면 유럽적인 실체를 상실할 것으로 믿었다.[46]

이와 관련하여 드골 정부 당시 외상이었던 쿠브 드 뮈르빌Maurice Couve de Murville[47]이 밝힌 프랑스 중심의 유럽의 유럽 건설에 관한 회고내용은 시사하는 바가 크다.

"첫째, 프랑스는 유럽의 정치적 연합을 그리고 있었다. 프랑스에 대해서 자신을 확인할 수 있고, 국제적 행동을 정의할 수 있고, 그리고 스스로 내린 결정들을 고수할 수 있는 유럽을 원했다. 그것이 바로 독립적 유럽을 의미했다.

둘째, 프랑스의 국가적 독립이다. 비록 프랑스가 국가적 독립의 정책만을 고수할 때 고립의 가능성도 있을 것으로 예상했으나, 그렇다고 프랑스가 대서양 동맹체에서 존속한다면 비록 유럽의 안보와 균형을 일시적으로 유지할 수 있을지라도 궁극적으로 국가적 종속을 초래할 것이며, 경제에 있어서도 달러 체제에 편입되어 경제 주권이 손상될 것으로 보았다.

셋째, 유럽의 미래를 건설하는 전체의 개념이었다. 만일, 유럽이 대서양 중심주의에 고착할 경우에 그것은 유럽대륙의 영원한 분단이 될 것이며, 이것은 세계의 분단으로 이어질 것으로 보았다. 따라서 드골적인 유럽의 개념에 따라서 독립을 확보하는 것이 최선의 정책이라고 생각했다.

요컨대 미국에 의해 오도되지 않고, 그리고 소련에 의해 침수되지 않기 위해서 유럽은 그 자신의 생활방식을 보유해야 한다. 그래서 유럽 대륙은 강력한 전체의 목소리인 유럽의 그것을 반영시키고, 과거에 담당했던 주체적 역할을 다시 담당해야 한다. 그 역할은 문명과 인류를 위해서 비교할 수 없을 만큼 중요했으며, 오늘날 제3세계의 국민들을 위해서도 그러하다."[48]

마지막으로 드골의 개인적인 정치 경험이다. 2차 대전 당시 자유 프랑스가 힘이 없어 드골이 겪어야 했던 무기력함과 수모가 핵 개발에 주요 요인으로 작용했다. 나치가 프랑스를 점령한 이후, 드골은 자유 프랑스의 지도자로서 런던에 자신의 사령부를 설치하고 2차 대전을 치룬 자신의 경험에서, 약화된 프랑스가 영미 관계 ―처칠과 루즈벨트 간의 전시戰時의 밀접한 연계― 에 종속된 상태에서 생기는 치욕감을 느꼈다. 결국 드골은 이런 쓰라린 경험을 통해 프랑스가 대서양 동맹Atlantic Alliance에서 영국과 동등한 지위를 성취하여 영·미 세력의 지배체제에서 프랑스를 해방시켜야 한다는 필요성에서 기인했다고 볼 수 있다.[49]

아울러 드골은 2차 대전의 승전국으로서 패전국의 사후처리를 논의하는 자리인 1945년 2월의 얄타Yalta회담과 7월의 포츠담회담에 제외된 것을 프랑스와 프랑스 국민들을 무시한 매우 수치스러운 사건이라 여겼다. 이 경험 또한 뼈에 사무쳤는지 이후 드골은 '얄타는 없다Fin de Yalta'로 요약할 수 있는 자주외교정책을 폈다.[50] 특히, 1956년 수에즈 위기[51] 발생 당시 영국의 배신, 그리고 미국과 소련이 주축이 된 두 개의 거대 블록의 세계질서는 앞으로는 달라져야 한다는 자신의 신념을 관철시키기 위해 노력했다.

따라서 미·소 초강대국의 양극체제에서 벗어나 힘 있는 프랑스가 주도하는 유럽의 유럽 건설을 위해서는 반드시 국제사회에서의 국력과 지위를 상징하는 핵 보유가 필수였던 것이다.

이런 역사 인식과 정치 경험을 갖고 있었던 드골은 1958년 재집권하자, 전후 유럽을 재건하고자 필사적으로 노력했다. 프랑스가 역사적으로 누렸던 영광과 위대함을 회복하고, 파괴된 유럽을 재건하는 과정에서 프랑스가 유럽에서 단연 서열 1위를 하는데 초점을 맞추면서 유럽을 미·소 초강대국의 헤게모니에서 벗어난 제3의 세력으로 키우려 했다. 여기서 당연히 프랑스의 역할은 유럽의 정체성과 정치가 살아 있는 유럽대륙을 건설하는데 주도적이어야 했다. 이른바 미국 주도의 대서양주의에 도전하는 프랑스 주도의 유럽중심주의였다.

그러나 당시 프랑스의 상황은 드골이 생각하는 만큼 녹록치 않았다. 나토 가입 이후 독자 전략을 펼칠 여지가 줄어들었고, 수평적 동등한 동맹 파트너간의 관계를 재정립하려는 노력이 새롭게 필요한 처지에 있었기 때문이다.

이러한 맥락에서 1958년 9월, 드골은 미국과 영국에 대하여 세계 운영을 위한 삼두지도체제troika[52]를 제의했다. 드골은 회고록에 다음과 같이 적었다.

"나는 나토가 더 이상 프랑스 방위의 필요성을 충족시키지 못하고 있다고 선언하면서 나토 회원 문제를 제기한 것이다. 진정한 집단방위 기구란, 북대서양 지구에만 국한 될 것이 아니라 세계적인 것이어야 하며, 프랑스가 떠맡을 안보와 책임은 범세계적이며, 프랑스는 동맹의 정치적이고 전략적 결정에 참여해야 할 것이라고 지적했다. 지금까지 나토의 모든 결정들은 실제로 미국이 영국과 개별 협의를 거친 후 단독으로 정해왔다. 더구나 유럽의 핵무기가 앵글로·색슨족에게만 독점되는 상태는 가까운 장래에 끝나게 될 것이므로 프랑스가 나토의 정상에 한 자리를 차지한다는 것은 더욱 타당한 일인 것이다."[53]

즉, 미국·영국·프랑스로 구성되는 삼두지도체제의 중심에서 프랑스가 세계문제에 대한 공동정책을 수립하고, 주요 정치, 군사 전략의 결정에 관해 프랑스가 참가하는 것은 물론, 나토의 핵무기에 대한 공동 관리, 핵 관련 비밀정보 및 연합통제권의 소유를 주장한 것이다.[54]

이 제안을 한 드골의 궁극적인 목적은 현행 나토로 대표되는 지역안보체제에서는 프랑스가 미국에게 종속될 수밖에 없는 상황을 직시하여 나토로부터 독립하여 새로운 유럽질서를 프랑스가 주도하고, 그 안에서의 '프랑스의 위대함'을 추구하는 것이었다. 당연히 이때 프랑스 자체 핵전력 확보는 필수적이었다.

그러나 두 나라의 회답은 '거부'였다. 나토와 유엔 등 기구에서 미국과 유럽의 상호 이익을 조정하고 있는데, 프랑스만을 위해 일부러 특정 국가가 중심이 되어 국제문제를 해결한다고 할 필요가 없다는 것이었다.[55]

또 만일 미국이 드골의 요구를 수용한다면 미국법[56]과 나토의 범위를 초월하게 될 것이며, 동시에 그것은 나토의 지휘와 통제에 대한 미국적 원칙을 위반하는 것이 될 것이었다.[57]

위와 같이 드골은 자체 핵무기 개발을 염두에 두고 미국을 상대로 대서양동맹 하 동등한 동맹 파트너십을 요구해 왔던 게 사실이다. 하지만 미국의 대유럽정책은 드골의 기대에 미치지 못하고 만족스럽지 못하자, 이제 본격적으로 핵무기 개발에 박차를 가하면서 나토와 거리두기 전략을 추진한다.

1959년 3월, 드골은 나토의 통합지휘구조에서 대서양함대를 분리, 공군방위와 프랑스 공중감시 권한을 프랑스의 국가 통제로 환수했고, 1963년 6월 해협 및 대서양 함대의 통제권을 나토로부터 환수했다. 가장 중요한 결정은 1966년 2월에 내려졌는데, 드골은 모든 프랑스군을 나토의 연합통제체제에서 철수시키고, 프랑스 내 모든 해외 기지의 철수, 혹은 이들에 대한 프랑스의 통제권을 요구했다. 1966년 7월 1일, 프랑스는 나토의 군사조직에서 모든 대표들을 철수시켰고, 마지막으로 1967년 4월 1일, 미국 및 캐나다의 전 기지는 프랑스에서 철수했다. 프랑스가 모든 군사주권을 회복한 것이었다.[58]

이와 같은 나토로부터 거리두기 전략을 통해 드골은 세 가지 목표를 추구했다. 첫째로 군사적으로 프랑스의 자주성을 재확립하고, 둘째로 미국 및 소련과 나란히 핵

보유국으로서의 프랑스의 새로운 역할을 주장한 것이며, 셋째로 미국과 약속한 모든 자동적인 개입으로부터 프랑스를 벗어나게 함으로써 프랑스의 이익이 걸려있지 않은 전쟁에 마지못해 연루되는 일이 없도록 함으로써 자신의 운명에 대한 주도권을 프랑스에게 돌려주는 것이었다.[59] 어떻게 보면 드골에게 있어 핵무기는 단순한 군사적 수단일 뿐만 아니라 다시 강대국의 서열에 올라설 수 있는 정치적 수단의 의미가 더 강했던 것이다.[60]

그러나 여기서 잠시 생각해 보자. 과연 이런 드골의 독자적 핵억지력과 프랑스 중심의 유럽의 유럽 건설을 둘러싼 미국과의 힘겨루기를 보고 과연 드골은 반미주의자였다고 단정지을 수 있을까.

여기서 주목할 점은 드골이 핵 개발과 나토로부터 군사적 주권을 회복하는 과정에서 정치적 동맹의 틀 만큼은 깨트리지 않으려 많은 노력을 기울였다는 사실이다. 오히려 동맹의 정치적 연대를 강화하기 위해 많은 노력을 기울였다. 예를 들어 드골은 1960년 U-2 정찰기 사건[61]이나 쿠바 미사일 사건 발생 시 미국의 정책과 입장을 강력히 지지했다. 또한 드골은 나토의 공중정찰시스템에 계속 참여했고, 나토의 정치기구인 북대서양위원회North Atlantic Council로부터는 공식적으로 탈퇴하지 않았다. 또한 군사위원회와의 연락은 지속했고, 나토의 군사기술 및 육·해·공 전략회의에도 참여했다. 1969년 4월 드골은 퇴임 직전, 나토에 잔류하기로 결정했다.[62]

요컨대 드골은 국제적 세력균형과 힘의 논리, 이해관계가 지배하는 국제관계를 정확히 꿰뚫고, 당시 프랑스의 국가적 자원과 능력, 상황과 기회를 최대한 이용한 현실주의적이고, 실용적인 전략을 구사하면서 ① 독자적인 핵억지력, ② 세계에 대한 프랑스의 자주와 위대함, 프랑스를 중심으로 한 유럽의 유럽건설을 위해 핵개발을 했다.[63]

#2 드골은 어떻게 핵을 개발하여 활용했나?

일러두기: 이 부분은 주로 『드골의 외교정책론』(허만 지음, 집문당, 1997년)과 『핵무기의 정치』 (Andrew Futter 지음, 고봉준 옮김, 명인문화사, 2016년), 『핵무기와 국제정치』(안준호 지음, 열린 책들, 2011년), 논문 ① 문지영, 「프랑스 원자력 산업의 형성과 성장, 1945-1969」, 프랑스사연구 36, 2017년, ② 오경환, 「약자에서 강자에게로(du faible au fort): 냉전시기 프랑스 핵개발과 핵전략, 1945-1968」, 사총, 2017년을 참고하여 작성한 것임을 밝힌다.

① 드골 재집권 이전의 핵개발 과정

프랑스의 핵개발은 다른 나라와 비교해서 몇 가지 특징이 있었다.

첫째, 프랑스에서의 핵개발은 외부의 개입 없이 독자적인 기술 개발로만 수직적 계열화[64]를 이루었다. 따라서 더욱 복잡한 정치·경제적 함의를 내포하고 있었다고 볼 수 있다.

둘째, 프랑스의 핵개발은 핵의 무기화가 전시戰時나 패권경쟁이 아닌, 국내·국제 정치의 역학관계 안에서 이루어진 하나의 사례라고 말할 수 있다. 다시 말해 패권 국가가 아닌 소위 2급second tier 강국으로서의 지위에서 이뤄졌다는 점에서 다각적인 해석을 가능하게 했다.

셋째, 프랑스는 핵 확산nuclear proliferation의 첫 사례일 뿐 아니라 이후의 핵 확산의 중요한 선례가 되었다.[65]

주로 민간이 주도하는 미국, 영국, 독일의 원자력 체제와 달리 국가주의Etatisme, 중앙집권주의Centralisme, 민족주의Nationalisme의 3대 요소가 긴밀하게 결합된 것이 프랑스만의 독특한 핵개발 스타일이라 말할 수 있는데,[66] 앞으로 프랑스 핵개발이 어떻게 개발되었는지 위 세 가지 키워드를 염두에 두고 살펴보기로 하자.

사실 프랑스의 핵개발은 1930년대 말로부터 거슬러 올라간다. 프레데릭 졸리오 퀴리[67]라는 걸출한 학자가 일련의 핵분열이 연쇄반응을 일으켜 상당한 에너지를 방출한다는 점을 규명한 이래, 1940년 6월, 독일과의 휴전협정과 비시정부의 수립으로 원자력 연구프로젝트를 더 이상 진행할 수 없는 상황이 되자, 졸리오 퀴리를 제외한 한스 폰 할반Hans von Halban 등 주요 과학자는 중수重水, 원자로의 감속재로 사용됨[68]와 국립과학연구센터CNRS명의로 된 2건의 원자로와 1건의 원자폭탄 관련 특허증을 가지고 영국으로 피신[69]했지만, 독일이 영국을 폭격하기 시작하면서 이들은 다시 캐나다로 옮겨가야만 했다.

　　한편, 파리에 남아 레지스탕스에 가담한 졸리오 퀴리는 합성방사성원소 응용개발에 뛰어드는 등 원자력 연구프로젝트를 비밀리에 이어갔다. 또 런던에서 자유 프랑스를 이끌던 드골 역시 국내외 과학자들과 비밀리에 접촉하면서 전후 프랑스 원자력 개발프로그램의 청사진을 마련해 갔다.[70]

　　1944년 8월 25일, 드골을 수반으로 하는 공화국 임시정부 수립으로 핵무기 개발을 위한 원자력 연구의 물꼬가 트이기 시작했다. 1945년 8월, 히로시마와 나가사키에 원자폭탄 투하 이후 당시 도시재건부장관 라울 도트리Raoul Dautry는 드골에게 원자력이 재건과 국방에 중요하다는 점을 피력했고, 이에 드골은 도트리와 당시 기초과학 연구기관인 '국립과학연구센터CNRS' 총책임자였던 졸리오 퀴리에게 원자력 산업의 조직화 임무를 맡겼다.

　　1945년 10월 18일, 원자력 위원회CEA, commissariat à l'energie atomique가 창설되면서 졸리오 퀴리는 과학기술 최고위원에, 도트리는 행정 및 재정을 총책임질 청장에 임명되었다. CEA의 창설 목적은 과학, 산업, 그리고 국방의 다방면에 걸쳐 원자력 이용을 위한 과학 기술 연구를 시행하는 것이었다.[71] CEA의 집행부 구조가 최고위원인 과학자와 총괄 관리자인 행정가에 의해 관리되는 체제를 취했다는 점에서 CEA는 과학과 정치의 결합이 낳은 산물로 볼 수 있다. 이어서 기존의 전력산업을 국유화하고 프랑스 전력공사EDF를 창설, 중앙집권적 전력생산 개발체제를 갖춤으로써 프랑스는

향후 전력 생산의 원자력화를 위한 발판까지 마련했다.[72]

여기서 전후 프랑스 원자력 산업의 역사에서 드골의 압도적인 위업에 가려 제대로 평가받지 못한 제4공화국의 역할과 성취에 주목할 필요가 있다.[73] 즉, 1946년 1월, 드골 사임 이후 제4공화국은 핵무기가 국가안보와 국제적 지위를 보장해 주는 효과적 수단이 될 것이라는 판단 아래, 원자력 위원회를 중심으로 군사용 원자력 개발에 박차를 가했다.[74]

하지만 미국은 1946년 8월, 맥마흔 법McMahon Act을 통해 미국 핵 관련 기술의 유출을 엄격하게 금지했다. 하지만 영국만큼은 이 법에서 상당한 예외를 인정받아 맨해튼 프로젝트에도 직접적으로 참여했지만, 프랑스는 핵 원료가 제한된 상태에서 자체 기술로만 핵 개발을 진행해야만 했다. 하지만 이런 불리한 환경 속에서도 프랑스는 1948년 최초의 연구용 원자로인 ZOE[75]를 파리 근교인 샤티용에서 설계·제작했다. 그해 12월 15일, 원자로는 완성되었고, 임계에 이르는 연쇄 반응을 일으키는 데 성공했다. 1949년에는 르보쉐Le Bouchet에 소규모 플루토늄 추출 시설을 설립해 플루토늄 재처리 연구를 시작했다. 1952년 원자력위원회는 원자력 발전 5개년 계획을 의회에 제출했지만, 공산당 등의 반대로 계획안은 통과하지 못했다. 대신 의회는 마르쿨 Marcoule에 플루토늄 생산 시설을 허용했다.[76] 마침내 1956년에는 천연우라늄을 연료로 하는 가스흑연로 G1에서 첫 플루토늄을 생산하는 쾌거를 이뤘다. 이것은 상업적인 에너지 생산이 불가능한 중수로였지만, 프랑스가 자체 역량으로 핵 발전에 성공했다는 것뿐 아니라 잠재적으로 군사적 활용이 가능한 중수로 건설에 성공했다는 것을 의미했다. 나아가 졸리오 퀴리를 비롯한 원자력위원회의 과학자 집단은 그간의 과학적 성과를 모두 공개함으로써 미국의 핵 독점정책에 도전했다.[77]

하지만 공산주의자였던 졸리오 퀴리를 둘러싼 정치적 논쟁으로 인해 결국 1950년, 원자력 위원회 위원장에 저명한 물리학자인 프랑시스 페렝Francis Perrin이 새 위원장으로 교체되었다. 이는 중요한 구조적·기술적 변화를 의미했다. 왜냐하면 졸리오 퀴리가 가진 과학적·정치적 권위가 없는 페렝 입장에서는 원자력위원회에 대한 관료적인 통제를 강화할 수밖에 없었기 때문이다. 페렝은 1951년에 이르러 초기 원자력 위원회를 주

도했던 과학자들을 대부분 기술관료와 프랑스 전력회사_{EDF} 관계자로 대체시켰다.[78]

특히, 원자력 위원회에서 발언권을 높인 산업 관료, 즉 원자력 에너지부 장관으로 새로 임명된 가이야르_{Félix Gaillard}와 원자력 위원회 사무총장인 레스코_{René Lescop}는 핵분열 물질의 지속적인 생산이 핵원료 수급 문제를 해결할 수 있고, 군사적 전용의 가능성도 배제하지 않는다는 입장을 표명했다.[79]

결국 1950년대 초반의 원자력 위원회는 결국 과학연구와 행정정치의 이원화된, 나아가 후자가 전자를 통제하는 위계적 구조를 가지게 되었다. 다시 말해 졸리오 퀴리 시대의 위원회가 강력한 전문가주의_{expertism}을 바탕으로 한 학술 연구 조직의 성격이 강했다면 1951년 이후의 위원회는 전형적인 국가 주도의 지식 생산기관으로 변모하게 된 것이다. 이런 현상은 아이러니컬하게도, 발전분야의 주도권과 기술적 독립성을 유지할 수 없는 상황에서의 원자력위원회의 존재의의가 핵무기의 개발 쪽으로 향하게 되는 요인으로 작용했다고 볼 수 있다.[80]

하지만 제4공화국이 프랑스의 핵개발로 방향을 결정지은 동기는 여러 가지가 있을 수 있겠지만, 그 중에 하나가 바로 1950년대 미국 주도의 패권과 프랑스라는 국가 사이의 내재된 갈등이 가장 극적으로 표출된 유럽방위공동체 EDC, European Defence Community 를 둘러싼 논쟁이었다.[81]

1950년 9월, 당시 수상이었던 플레벵_{René Pléven}은 미국이 주도하는 독일의 재무장 계획을 나치군의 부활이라고 보면서 독일과 이탈리아, 벨기에, 네덜란드, 룩셈부르크가 참여하는'유럽군 창설 계획_{Pléven Plan}'을 발표했다. 유럽군 창설은 이를 군사적으로 보완하면서 독일의 영향력을 견제하면서도 유럽 전체 안에 포섭하려는 프랑스의 전략이었다.[82]

최초 미국은 유럽군 구상에 회의적이었으나, 6·25전쟁의 지속과 중국의 참전 등 냉전이 격화되면서 유럽군 구상을 적극적으로 지지하게 되는데 이 과정에서 유럽군 구상은 유럽 방위 공동체로 바뀌게 된다. 유럽 방위 공동체를 최초로 주장한 것이 프랑스인 것을 고려해 보면 프랑스가 의회 비준 작업에 많은 어려움이 있었던 것을 이해하기 어려울지 모르지만 프랑스 피네Antoine Pinay 정부는 1952년 5월 조약에 서명하고 의회의 비준을 받기 위한 정치적 작업에 착수했다. 그러나 결국 1954년 8월에 부결되고 만다.[83]

부결의 원인은 여러 가지가 있겠지만, 다음의 세 가지로 요약할 수 있다.

첫째, 조약의 조인과 비준 과정에서 벌어진 끝없는 정권 교체는 실패의 중요한 원인이었다. 조약을 제안한 플레벵 내각에서 조약을 결국 비준하지 못한 망데스프랑스Pierre MendésFrance내각까지 4년 동안 일곱 번의 정권 교체가 있었으며, 그때마다 조약에 대한 정권의 태도가 바뀌었다.

둘째, 더 근본적인 원인으로 역시 군과 주권, 나아가 식민지가 맺고 있는 복잡한 관계였다. 즉 프랑스군을 유럽 방위 공동체에 종속시켜 군사적 선택의 자유가 제한되는 상황을 만드는 것이 과연 현명한 선택일까? 마침 1954년 봄, 디엔 비엔 푸Dien Bien Phu에서의 궤멸적인 패배와 북아프리카에서의 알제리 긴장고조로 이런 공포는 더욱 가중되었다. 따라서 당시 프랑스 정치의 핵심적인 문제는 집단 방위가 아니라 수상 메이어René Mayer가 지적한대로 프랑스인이 어느 정도의 초국가성을 받아들일 수 있는가의 문제였다.[84]

마지막으로 유럽 방위 공동체가 갖는 전략적 결점을 들 수 있다. 우선 유럽 방위 공동체가 일종의 국제 민주주의 체제로서 최고 사령부나 유럽 공통정부 없이 군사적 결정을 일관되고 신속하게 내릴 수 있는지 여부다. 다음은 과연 미국의 핵우산에서 벗어나 재래식 무기 중심의 체제로 유럽 방위가 가능하겠냐는 문제였다. 프랑스 핵 개발의 핵심적인 과학자였던 골드쉬미트Bertand Goldschmidt는 이 시기 프랑스를 "무기력함이 세계에 널리 알려졌고, 영국에 의해 버려지고, 나토에 의해 제한되고, 미국에 의해 거부되고, 소련에 위협받으면서 갑자기, 그리고 극도로 고립된 채 알제리 전쟁의 가장 어려운 시기로 진입하고 있었다"고 요약했다.[85]

이런 상황에서 흥미로운 점은 제4공화국을 통틀어 가장 좌파적인 정권이었던 망데스프랑스정권이 결국 유럽방위공동체가 부결된 직후 핵의 무기화에 착수했다는 것이다. 국가의 자주권을 위해 핵무기가 필수적이라고 인식한 피에르 망데스프랑스 총리는 1954년 미국과 소련의 핵실험 중단을 설득하는 데 실패한 데다, 디엔비엔푸 전투에서 프랑스군이 패배하자 원자탄 제조를 촉구하기 시작했다.[86]

1954년 11월, 망데스프랑스는 원자력 위원회의 과학자들과 핵폭발에 관한 브리핑을 갖고, 12월 26일 핵폭탄 생산을 결정하는 내각회의를 가졌다.[87] 그렇게 의회에서 토론되지도 국민투표에 부쳐지지도 않은 상태로 극비리에 군사용 원자력 프로그램이 결정되었던 것이다.[88] 물론 이 결정이 프랑스 핵무장의 결정적 순간이라고 하기는 어렵지만, 그럼에도 불구하고 결론적으로 국제관계의 변화, 바로 디엔비엔푸 전투에서의 참패, 북아프리카에서의 알제리 전쟁 개시, 마지막으로 무엇보다도 유럽 방위 공동체의 실패가 핵능력의 부재와 복잡한 방식으로 연결되어 있었던 것은 분명했다.[89]

한편, 프랑스 핵개발에 있어서 대내적 요인 못지않게 대외적 요인들도 중요한 변수로 작용했다. 1953년 12월, 아이젠하워 미국 대통령이 유엔 총회에서 행한 평화를 위한 원자력Atoms for peace 선언[90]이나 1956년 7월에 발생한 수에즈 위기Crise de Suez는 프랑스 더 나아가 다른 유럽 국가의 원자력 에너지 정책 방향에 전환점이 되었다. 특히, 평화를 위한 원자력Atoms for peace선언은 미국의 핵 주도권을 계속 유지하기 위한 새로운 방침의 일환이었다. 이후 이 선언은 국제 원자력 기구IAEA[91]와 유럽 원자력 공동체EURATOM[92]의 창설에도 영향을 주었다.[93]

이에 따라 미국은 원자력의 비군사적 응용을 촉진하기 위해 대내적으로는 핵관련 정보에 대한 접근 범위의 확대 및 원자력 장비의 사유화를 인정했으며, 대외적으로는 원자력 정보교환 및 관련 장비 수출, 그리고 핵물질 반출과 수출도 허용했다. 특히, 그동안 미국이 엄격히 제한해왔던 농축우라늄 수출은 프랑스 같은 원자력 보유국이 독자적으로 우라늄 농축 능력을 확보할 필요를 줄여 궁극적으로 미국 의존도를 높이는 효과가 있을 것으로 기대되었다.[94]

또한 수에즈 위기로 인해 프랑스뿐만 아니라 유럽도 에너지 수급의 어려움에 봉착했기 때문에 석유가 아닌 새로운 에너지 정책 수립이 긴급한 과제로 떠올랐다. 당시 프랑스의 석유 에너지 의존율이 22% 이상을 차지한 데다, 수입된 석유의 90%가 중동산이었기 때문이다.[95] 이런 이유로 당시 위기의 에너지 문제를 해결할 수 있는 거의 유일한 돌파구가 바로 유럽 원자력 공동체[96]이었다고 할 수 있다. 1957년 3월 25일 프랑스·서독·이탈리아·벨기에·네덜란드·룩셈부르크 6개국이 서명한 로마 조약에 따라 마침내 유럽 원자력 산업 촉진을 위한 공동의 토대가 마련되었다.[97]

비록 유럽 원자력 공동체의 비준 과정에서 프랑스는 독자적 핵 무기화 계획을 예외로 했으며, 유럽 원자력 공동체는 핵의 평화적 이용에 국한되어 있었지만, 유럽 원자력 공동체와 같은 프로젝트가 프랑스가 두 정책 목표, 즉 핵 개발rayonnement과 지역 안보협력rapprochement을 동시에 완수하는 효과를 가져왔다는 의견도 있다.[98]

정리하면, 2차 대전 전후부터 드골이 재집권 전까지 프랑스의 핵 개발 자체가 양날의 칼이 될 수밖에 없었다. 핵 개발은 양극화된 세계 체제 속에서 주권의 독립성을 유지하기 위한 방편임과 동시에 더 이상 단일 국가의 국방 정책만으로는 유지할 수 없는 지역 안보를 구축하는데 장애가 되는 정책이 될 수 있기 때문이었다. 따라서 드골의 프랑스 핵 개발 및 전략은 이런 정치적 한계 속에서 핵개발과 안보협력을 동시에 충족시켜야 하는 한계 안에서 구상되어야 했다.[99]

② 드골 재집권 후의 핵 개발

1958년 6월, 드골의 정계 복귀는 프랑스 핵개발 및 원자력 산업 프로그램의 향방에 중요한 전환점이 되었으며, 핵무기 개발프로그램도 크게 진척되는 계기가 되었다. 이미 1958년 4월 11일, 당시 수상이었던 가이야는 최초의 핵폭탄 제조와 실험을 명령했다. 우선 드골은 이 명령을 다시 확인하고, 원자력위원회의 정부 측 사무총장이었던 기요마Pierre Guillaumat를 국방부 장관으로 임명하면서 핵무기 개발 노선을 분명히 했으며, 뒤이어 뷔살레와 크레펭Jean Crépin, 에유레Charles Ailleret 장군 등의 군부 인사들로 하여금 원자력 위원회의 군사 분야를 장악하게 했다.[100]

여기서 흥미로운 점은 1946년부터 1960년까지 프랑스 핵무기 개발 관련 여론조사 결과이다. 여론조사는 1946년, 1955년, 1956년, 1957년, 1960년(총5회)에 실시됐는데, 1946년은 찬성이 56%, 1955년은 찬성이 33%, 1956년은 찬성이 27%, 1957년은 찬성이 41%, 1960년은 찬성이 67%였다. 여론조사 결과에 알 수 있듯이 제4공화국을 전후한 드골의 집권과 1958년 재집권 시기에 프랑스인들의 핵무기 개발에 대한 지지도가 훨씬 높았음을 알 수 있다. 이런 여론에 힘입은 드골에게 있어 국가 주권의 상징인 핵무기 개발은 당위적 과제였다.[101]

프랑스 정부는 우라늄을 프랑스 남동부, 드롬 주 남서부의 도시인 피에르라트의 군수공장에서 농축하기로 결정했다. 왜냐하면 군사용이건 민간용이건 원자력의 순환을 통제하기 위해서는 적절한 원료를 생산할 수 있어야 하기 때문이었다. 사실 이것은 원자폭탄 H를 위한 준비나 다름없었다. 이를 위해 산업복합체는 2%, 6%, 25%, 그리고 고농축 90%의 서로 다른 비율의 농축우라늄을 생산할 수 있어야 했는데, 90% 고농축 원료는 오로지 핵무기 제조에 이용되었다.[102]

1960년 2월 13일, 드디어 미국과 영국, 소련이 핵실험 금지를 논의하던 중에 미국의 반대에도 불구하고 드골은 독자적 핵 억지력을 통해 핵무기 보유국이 함부로 핵을 사용하지 못하도록 하겠다는 '핵 억지력'의 명분을 내세워 알제리의 사하라 사막에서 최초의 원자폭탄 A(암호명 Gerboise bleue) 실험을 성공시키며 핵 확산의 길

을 열었다.[103]

이제 세계 4위의 핵무기 보유국의 반열에 오른 프랑스는 1960년 12월 8일 법을 통해 원자력 위원회에 원자력 추진 잠수함의 무기와 엔진 제작의 책임을 부여했다.[104] 이 과정에서 원자력 프로그램에 대해 의사결정권을 가진 주요 행위자들은 전후 드골주의자와 공산주의자들에서 사회당원, 급진당원, 우파로까지 확대되었다. 냉전이라는 특수 상황에서의 불협화음에도 불구하고, 당시 프랑스 과학자, 민족주의자, 친원자력 세력 사이에는 긴밀한 연대가 이뤄졌는데, 이들을 묶어주는 유일한 연결 고리는 바로 '레지스탕스'였다.[105]

1966년, 프랑스 원자력 위원회는 수소 핵폭탄 개발을 위해 물리학자 라울 도트리Raoul Dautry를 책임자로 선정했다. 그가 이끄는 팀은 역시 텔러울람 방식에 의한 리튬과 중수를 원료로 사용하는 방법을 택했다. 프랑스는 수소 핵폭탄 실험을 하기 위해 원료 물질인 중수를 노르웨이에서 151톤, 미국에서 168톤을 사들였다.

2년 후인 1968년 8월 24일, 프랑스는 수소 핵폭탄 실험에 성공한 다섯 번째 국가가 되었다. 네 번째 국가는 이보다 1년 앞서 개발한 중국이었다. 카노푸Canopus라고 명명된 이 수소 핵폭탄 실험은 태평양의 프랑스령 폴리네시아 판가타우파 산호섬 위 6백 미터 상공에서 실시되었으며 그 위력은 2.6메가톤이었다고 한다.[106]

이렇게 핵실험에 성공했다고 해서 이를 실용화할 수 있는 기술을 바로 얻는 것은 아니었다. 드골은 투발수단으로 다쏘Dassault에서 개발한 미라주 IV를 선택했다.[107] 이후 미라주 폭격기를 대체할 수 있는 탄도 미사일개발에 착수하여 1971년에 성공을 거뒀다.

드골은 또한 1960년 핵잠수함 건조에 착수하여 1967년 3월 최초의 핵잠수함 르 르두타블Le Redoubtable의 취항에 성공한다. 그리고 이 핵잠수함에는 잠수함 발사 탄도 미사일SLBM을 탑재할 수 있게 되었다. 1971년에 실전 배치된 르두타블에는 사거리 2,500~3,000킬로미터에 500킬로톤의 핵탄두[108]가 장착된 16대의 탄도미사일이 탑재

되었다. 이러한 해군력의 성장이 의미하는 바는 컸다. 이전 미국이 주도하는 대서양 함대의 일원에 불과했던 프랑스의 해군력이 독자적인 핵억지력을 가진 독립적 방위력을 가지게 된 것이며, 지휘권 또한 독자적으로 행사하게 된 것이다.[109]

한편, 1967년은 원자력 위원회의 위상에 큰 변화가 있었던 해이기도 했다. 새롭게 떠오른 그룹이 바로 국립행정학교 출신의 경제부 및 재정부의 예산국과 재무감독국의 대표들이었다. 이는 프랑스 원자력 및 핵개발 중심세력이 기술자techniciens시대에서 경제전문가économistes 시대로 넘어가는 것을 의미했다. 그 해에 프랑스는 독자적으로 잠수함용 원자로를 개발해 첫 핵잠수함을 진수하는 성과를 거뒀지만, 이러한 인적구성의 변화는 드골 집권 이후 원자력위원회를 중심으로 하는 원자력 드골주의 Gaullisme nucléaire의 종말을 상징하는 것이었다.[110]

③ 드골의 핵전략

그럼 이렇게 어렵게 핵을 개발하게 된 드골은 핵을 어떻게 활용했을까.

전반적인 드골의 핵전략 구상은 앞에서 살펴보았듯이 1951년부터 1954년 사이에 발표한 군사독트린에 기초하고 있다. 특히, 드골은 1959년 9월 16일, 국방대학을 시찰하고 '국가 방위'라는 주제로 연설을 했는데, 프랑스의 핵무기 보유와 타격력에 대한 중요한 메시지를 남겼다.

"프랑스의 방위는 프랑스인의 손으로 이루어져야 한다. 프랑스의 방위는 경우에 따라서는 다른 나라의 방위와 상호 연관되어 있다. 그러나 우리는 자체의 문제와 관련하여 프랑스가 그 자신에 의해서 자신의 힘으로 독자적인 방법으로 스스로를 방위해야 한다는 것이 절대 필요한 것이다. …군은 실제 전쟁터에서 스스로 국가의 운명을 책임질 때에만 국가와 군대의 이름으로 그 권위와 위엄과 특권을 향유할 수 있는 것이다. …우리는 앞으로 수년 후에 우리 자신의 이익에 따라 행동할 수 있는 군대, 즉 어느 시점이나 어느 지점에서도 출격할 준비

가 되어 있는 공격력을 보유해야만 한다. 이 공격력의 핵심은 핵무기다.[111]"

이 연설은 프랑스 군의 핵 타격 교리를 천명한 것으로 유명한데, 드골이 의도했던 핵전략은 나중에 여러 형태로 수정되지만, 최초엔 공격지향적인 타격력의 개념에서 차후엔 핵억지력la force de dissuasion 개념으로 전환되었다. 최초의 공격지향적인 타격력 개념은 다음과 같다. 즉, 행동을 나올 모든 잠재적 침략자를 그들의 군사기구 뿐만 아니라 살아 있는 그들의 실체, 도시 또한 경제 중심지들을 목표로 한 핵보복 위협을 통해서 파괴 및 좌절시키는 데 있었다.[112]

프랑스군 내에서 최고의 핵 전략가로 알려진 에유레[113]장군이 1962년부터 육군참모총장으로 재직하면서 드골의 타격 교리를 실현했다. 특히, 대륙간 탄도 미사일 체제를 개발함으로써 '전방위전략stratégie de tous azimuts' 타격교리를 통해 모든 방향에서 오는 잠재적 위협으로부터 프랑스를 보호하고자 했다. 이에 따라 에유레는 핵공격 전체를 관장하는 FNSForces Nucléaire Stratégiques를 설립하고, 미라주 IV/A 전략폭격기를 중심으로 한 최초의 핵공격 전략을 수립했다. 그의 "전방위전략" 타격 교리는 대단위 지상군의 작전이 실패할 경우에도 즉각적인 핵보복을 수행한다는 독트린을 갖고 있는 동시에 프랑스의 핵무기 사용범위가 소련만을 대상으로 하지 않는다는, 즉 프랑스 식민지에서의 활용을 포함한 다양한 전술적 적용을 의미하는 것이기도 했다. 이러한 드골의 독트린은 미국이 1961년에 발표한 점진적 보복을 목표로 했던 유연반응전략과 충돌을 피할 수 없었다.[114]

여기서 잠깐 케네디의 유연반응전략이 나오게 된 배경을 보자. 사실 유연반응전략은 케네디 정부가 전임 아이젠하워 정부가 지나치게 핵무기에 의존한 것은 효과적이지 못하다고 비판하면서 채택하게 되었다. 최초 아이젠하워 정부의 미국 핵전략인 대량보복전략은 전력 균형이 무너져 가는 서유럽지역에서 소련의 재래식 공격에 대비하여 핵무기에 의한 보복을 핵심으로 삼고 있었다. 그러나 1950년대 말의 시점에서 대량보복전략의 효율성에 대한 의문이 커져갔다. 대량보복이 어떤 전술적 선택도 배제한 극단적인 전략이었기 때문이었다. 따라서 유연반응전략은 미국의 무력 사용이 무모하지 않을 것이라고 인지한다면 상대도 미국에 대해 유연하게 응대할 것이라는 기대에서 나온 전략이었다. 즉 힘을 상응하는 단계별로 사용함으로써 전략핵무기 사용을 예방할 수 있다는 논리에 기반하고 있었다.[115]

하지만 프랑스 입장에서 이러한 미국의 전략변화는 심각한 함의를 지닐 수밖에 없었다. 이미 '대량보복전략' 하에서도 자신들에 대한 공격이 미국의 보복을 이끌어 내리라는 확신을 갖지 못했던 프랑스는 케네디의 유연반응전략에 독자적인 핵능력 강화로 대응할 수밖에 없었다. 특히, 에유레 등이 주창한 '인구 전체에 대한 공격,' 즉 대도시countercity 전략은 프랑스 판 '대량 보복 전략'의 부활이었다고 할 수 있다.[116] 남은 문제는 "대량보복"전략이 가지고 있는 근본적인 전술적 한계를 어떻게 극복하느냐는 것이었다. 따라서 프랑스는 대對 도시 전략을 기초로 다양한 전술적 핵무기를 통한 대 병력counterforce 전술을 가미하고자 했다. 1970년대의 프랑스 핵무기 확장은 주로 이 전술핵의 확산과 관련이 있었다.[117]

하지만 에유레의 공격 지향적인 타격력의 개념은 후임 참모총장으로 임명된 푸케 Fourquet 장군에 의해 핵 억지력dissuasion nucléaire의 개념으로 전환되었다. 다시 말해 전방위 전략적 관점을 버리고,'동측에서 오는 위협'을 예상하여 전술핵무기에 있어서 적의 의도를 시험하는 방안, 침략에 저항하는 적의 의도를 표시하는 방안 그리고 필요 시 전략핵까지 상승하는 방안 등을 수립했다.[118]

사실 이러한 핵억지력 개념은 갈루아 장군의 자조적인 표현대로 "가장 비관적인 추산으로 프랑스의 핵폭격은 러시아의 10개 시 정도를 파괴할 수 있을 뿐이다. 하지만 프랑스는 러시아의 10개 시에 걸맞는 보상이라고 할 수 없다."[119] 라는 인식에서 출발했다. 하지만, 이러한 핵무기가 갖는 이 비보상적noncompensational이고 비대칭적인 파괴력의 보유 자체가 전략적인 효과를 갖는다는 점에 착안한'억지교리'는 냉전시기 핵 보유의 정당화 수단이기도 했다.[120]

위 내용을 이해하기 위해 여기서 잠깐 당시 러시아에 비해 프랑스의 핵무기의 파괴력의 한계인 비보상적이고 비대칭적인 상황과 상호확증파괴MAD, mutual assured destruction와의 상관관계에 대해 알아 볼 필요가 있다.

상호확증파괴는 핵 군비 경쟁의 안정성이 핵공격에 대한 상호 취약성을 통해 달성될 수 있다고 주장하는 이론이다. 쉽게 말해 다른 핵무장 국가를 공격하는 것이 자살적이기 때문에 공격을 감행하지 않게 되는 상황이다. 따라서 상호확증파괴 상황에서 억지는 거부(상대방 핵시설에 대한 선제공격을 통해 상대방을 무장해제 시키고 방어를 통해 상대방 반격의 피해를 제한)보다는 징벌(기습 선제공격에 이어지는 보복공격 능력을 의미하며 인구 밀집 지역을 목표로 할 수 있다)의 위협을 통해 달성된다. 그러므로 역설적이게도 상호확증파괴 이론에 따르면 안정을 보장하기 위한 최선의 방법은 양 측이 확실히 핵공격에 취약하도록 만드는 것이다.[121] 프리드먼Lawrence Freedman의 설명처럼,

"상호확증파괴 이론의 기본 전제는 가까운 미래에 공격이 방어에 우위를 점하게 될 것이라는 것이다. 따라서 상대방이 강력한 파괴를 자행하지 못하게 방지하기 위해 할 수 있는 유일한 일은 보복을 위협하는 것이었다. … 어느 한 쪽의 방어를 증진하기 위한 조치가 안보를 증진시키지 못하고 단지 상대방의 공격력 증진을 초래하는 상황에서 도출된 군비통제를 위한 교훈은 일단 양 측이 방어 증진을 위한 노력을 멈추면 현 수준에서 안정을 도모할 수 있다는 것이었다.[122]"

상호확증파괴 개념은 도덕적 측면에서 공격을 받아왔던 것도 사실이다. 다시 말해 그것은 어떻게 한 국가의 인구 전체를 핵공격의 위협에 취약하게 만드는 정책에 의존할 수 있는가 라는 점이다. 기본적으로 그에 대한 대답의 일부는 전략적이고 일부는 실질적인 것이다. 왜냐하면 어떤 특별한 핵무기의 가치는 점점 더 제한적이 될 수밖에 없고, 대규모 핵공격에 대한 신뢰할 수 있는 방어수단이 현재로서는 없으므로 핵공격에의 취약성은 이론적으로는 군비경쟁의 제한을 용이하게 할 수 있

기 때문이다.[123]

따라서 상호확증파괴를 통한 핵억지가 작동하기 위해서는 핵보복의 위협이 반드시 신뢰할 수 있는 것이어야 한다. 즉 국가는 적으로부터의'날벼락'같은 1차 공격을 견뎌낼 수 있어야 하고, 이어서 적에게 자국이 반격하여 감내할 수 없는 수준의 피해를 가할 것이라는 확신을 주어야 한다. 이 두 가지가 모두 가능하다는 점을 적에게 확신시키지 못하면 핵억지는 기본적으로 흔들리게 된다. 따라서 핵능력은 항상 반격이 가능할 수 있도록 설계되어야 한다. 이것이 여러 국가들이 다양한 운반수단을 채택하고, 또한 1차 공격에 상대적으로 덜 취약한 핵추진탄도미사일잠수함SSBN이 핵억지 태세의 필수적인 역할을 하는 이유이다. 이러한 맥락에서 핵억지의 논리는 핵무기를 사용하는 상황에 처하지 않기 위해서 핵무기를 사용할 능력과 의지가 있다는 점을 확신시키기 위해 모든 노력을 기울여야 한다는 것이다.[124]

일찍이 드골은 핵억지에 관해 다음과 같이 말했다.

"십년 안에 우리는 8,000만 명의 러시아인을 죽일 수 있는 능력을 갖게 된다. 8억 명의 프랑스인을 죽일 수 있는 능력이 있다 하더라도 8,000만 명의 러시아인을 죽일 수 있는 국가를 가볍게 공격할 수는 없다고 나는 진정으로 믿는다. 8억 명의 프랑스 인이 있다는 전제하에.[125]"

이러한 점을 고려했을 때, 당시 프랑스의 핵전략은 비록 소련에 비해서는 수준이 많이 떨어져 있었지만, 제한된 범위에서의 상호확증파괴 개념[126]을 적용한 핵억지 전략이었다고 볼 수 있다.

한편, 푸케의 핵전략은 1969년-1973년 사이에 국방장관을 지낸 미셸 드브레에 의해서 부분적으로 수정되면서 지속되었다. 1972년 국방백서에 실린 이 수정안은 정교하지만 약간 모호한 표현으로 되어 있다. 즉, 억지력의 우선권이 국가적 성역에 먼저 부여되지만 억지력 작동은 서유럽이든 또는 프랑스 주변지역에서든 적용된다는 것이다. 그 중요 부분을 인용하면 다음과 같다.

"억지력은 전적으로 프랑스의 것이다. …핵위협은 공유되지 않는다. …만일 억지력이 우리의 사활적인 국익만을 보호하는데 대비된다면 사활적 이익의 제한은 반드시 불투명해질 것이다. 프랑스는 국경을 초월하는 이해관계의 틀 속에 존재한다. 프랑스는 고립되어 있지 않다. 서유럽은 유럽의 안보의 견고하고도 결정적인 요소를 구성하고 있는 프랑스의 전략을 간접적으로 혜택을 받을 수 있다. 우리의 국가이익은 우리의 영토와 그 주변 지역 내에 존재한다. 억지력의 전략은 이러한 지역까지 포괄한다."[127]

약간의 모호성이 있기는 하지만, 프랑스의 억지력은 기본적으로 프랑스 국방과 안보 속에서 국가 이익을 챙기는 동시에 유럽의 안보에 영향력을 끼치는 데까지 관심을 갖는 것을 의미했다. 또한 억지력은 전략핵 군사력에 기초한 안보의 완전한 독립과 비非교전 상태의 선택을 지향하는 것을 의미했다.[128]

여기서 프랑스 전략전문가인 데이비드 요스트David S. Yost의 프랑스의 핵억지력에 관한 문제 제기를 살펴볼 필요가 있다. 전략핵을 통한 억지력을 개발하고 유지하는 것은 드골의 정치적 의지로 표현된다. 그러나 과연 중간급의 국가로 분류되는 프랑스가 잠재적 공격, 현재적 공격, 또는 국가적 위기에 처해서 핵무기를 사용할 의지가 있느냐, 즉, 프랑스의 정치·군사지도자들이 신뢰성을 어떻게 확보하느냐에 있는 것이다. 다시 말해 프랑스의 지도자가 필요시 또는 소련의 핵공격 시 그의 위협을 실질적으로 행동화할 수 있느냐'하는 점이다.

그러나 『드골의 외교정책론』의 저자 허만은 요스트의 논평은 핵무기를 실질적으로 사용하느냐, 안 하느냐 하는 문제 그 자체가 큰 의미가 없다는 의견이다. 왜냐하면 핵 억지력 보유를 통해서 잠재적 또는 현재적 공격에 미리 대비하며, 국방과 안보를 확보하는데 그 궁극적 가치가 있기 때문이다.

결론적으로 드골의 핵억지력 전략은 일차적으로 프랑스의 국방과 안보에 절대적으로 필요했고, 나아가 '프랑스 중심의 유럽의 유럽 건설'이라는 국가목표를 달성하

는데 매우 중요한 일종의 지렛대 또는 경우에 따라서는 위협수단으로써 이용되었다는 것이다.[129]

마지막으로 간과해서는 안 될 점은 드골과 마찬가지로 오늘의 프랑스의 전략들은 비례적 억지력을 유지하면서도 나토의 핵우산을 완전히 벗어나지 않았던 이중전략을 추구하여 왔다는 것이다. 이러한 이중전략은 지역적으로 유럽의 안보를 – 냉전시기의 안보 또는 탈냉전시기의 안보이든 – 먼저 위태로운 상황으로 몰아넣지 않음으로써 프랑스의 안보가 확보될 수 있다는 신중성에 근거한 것이라고 볼 수 있다.[130]

이런 맥락에서 다음 글이 드골의 핵전략은 국가전략의 큰 틀에서 활용되었다는 점을 이해하는데 도움이 되리라 생각된다.

> *"나의 목적은 대서양 동맹으로부터 프랑스를 탈퇴시키는 것이 아니다. 왜냐하면 대서양 동맹이야말로 최후의 억지를 위해 유지해야 하는 것이라고 생각하기 때문이다. 그러나 미국이 통제권을 가진 나토의 통합구조로부터 벗어나는 것은 필요하다. 또한 나의 목적은 동유럽 국가들, 특히 러시아와 관계를 발전시켜 데탕트에서 앙탕트로, 그리고 협조관계로 나아가는 것이다. 때가 무르익으면 중국과도 그러할 것이다. 또한 프랑스의 핵능력을 확보하여, 치명적인 보복을 감수하지 않고서는 프랑스를 공격하지 못하도록 하는 것이 나의 목적이다."[131]*

그럼 드골 이후 프랑스의 핵정책은 어떻게 진행되어 왔을까.

2008년 당시, 사르코지Nicolas Sarkozy 대통령은 비행기로 운반할 수 있는 핵무기 숫자의 감축을 선언[132]한 바 있지만, 그 이후 프랑스 내에서 핵폐기에 대한 내부적 논쟁은 거의 없다. 사실상 영국의 경우와는 달리, 핵이슈는 거의 금기 사항이어서 공개적으로 토론이 되지 않는다.[133] 프랑스 관료들은 2008년 12월에 파리에서 시작된 핵무기의 완전 폐기를 추구하는 세계운동인 글로벌 제로Global Zero[134] 의제에 특별히 침묵을 지켜왔고, 당시 사르코지 정부는 핵폐기에 대한 2009년 오바마 대통령의 프

라하 연설에 매우 신중한 반응을 보였다.[135] 쥬르네Venance Journé가 지적하듯,

"핵제로nuclear zero를 향한 압력에 대한 프랑스정부의 반응은 핵억지가 핵확산에 대응하는 최선의 방식이며 가까운 장래에 프랑스 안보의 핵심으로 유지될 것이라는 것이었다.[136]"

이처럼 50년이 지나 국제체제에 많은 구조적 변화가 발생했음에도 불구하고 프랑스는 여전히 핵무기가 오늘날 자국안보와 방위정책에 불가결한 요소라고 믿고 있다. 이와 같은 맥락으로 2013년에 올랑드Francois Holland 대통령은 다음과 같이 말했다.

"세계적인 안보위협이 유럽대륙에서 유일한 핵보유국인 프랑스에 핵무기가 불가결한 것으로 만들었다. …핵무기는 모든 위협에 대한 보호를 제공하고 세계무대에서 큰 역할을 수행할 수 있게 하는 억지력이다.[137]"

특히, 핵무기는 만약 유럽에서 새롭게 중요한 위협이 출현할 때 또는 대량살상무기로 무장한 다른 국가로부터의 협박이나 강요를 방지하기 위해 필수적인 보험으로 인식되었다.[138]

정리하면, 1996년 이래 지난 20여 년 간 프랑스는 현대화와 합리화라는 이중정책을 추진하면서 모든 지상발사 핵미사일을 해체했고, 잠수함 전력도 5척에서 4척으로 축소하는 등 일시적으로 핵전력을 감축하는 움직임을 보였지만, 이런 현상은 핵폐기[139]로 향하는 진전이기보다 효율과 재정 절감을 위한 것으로 보인다.[140] 따라서 테트라이스의 지적처럼, 장기적으로 프랑스의 핵정책은 향후 20~25년간 신중, 보수주의 및 절제의 경로를 따를 것으로 보인다.[141]

1   송대성, 『우리도 핵을 갖자』, 기파랑, 2016년, p.24. p.4. 이와 관련하여 미국 케네디 대통령은 1961 년 9월 25일에 열린 유엔총회에서 다음과 같은 연설을 통해 군축운동의 본질을 포착한 것을 보였다. "오늘날 지구 위의 모든 생물체는 지구에서 살 수 없게 될 날에 대해 고민해야만 한다. 모든 남성, 여성, 어린이들이 가장 가는 실에 매달려서 사고나 오인 또는 광기에 의해 언제든 끊어질 수 있는 다모클레스의 핵검 (nuclear sword of Damocles, 시러큐스 왕인 디오니소스가 왕의 영화를 질시하는 다모클레스를 왕좌에 앉히고 머리 위에 머리카락 하나로 칼을 매달아 놓아 왕에게는 항상 위험이 따름을 가르쳤다는 고사에서 유래하여 늘 따라다니는 위험을 강조함 역자 주) 아래에서 살고 있다. 이런 전쟁 무기는 그것이 우리를 파멸시키기 전에 반드시 근절되어야만 한다. JFK on nuclear weapons and nonproliferation, proliferation Analysis, Carnegie Endowment for International Peace (17 November 2003), http://Carnegieendowment,org/2003/11/7/jfk-on- nuclear-weapons-and-nonproliferation/3zcu?reloadFlag=1. Andrew Futter 지음. 고봉준 옮김, 『핵무기의 정치』, 명인문화사, 2016년, p.282. 재인용.

2   시리아 작전의 예는 다음과 같다. 첫째, 치밀하고 정확한 사전정보 획득 및 분석, 둘째, 실제 공격하기 전 철저한 사전모의훈련, 셋째, 사전에 시리아의 방공망 시스템 마비, 넷째, 군사작전 전·후 동맹국 특히 미국의 협조와 지원, 다섯째, 철저한 핀 포인트 작전으로 민간인 희생 최소화 등이다. 송대성, 위의 책, 2016년, pp.71-73.

3   송대성, 위의 책, 2016년, p.59-60. p.62. p.68. p.72.

4   2005년 미국의 전 대통령 클린턴(Bill Clinton)은 "모든 사람들이 비난하고 있는 1981년 이스라엘의 오시라크 공격을 회고하면서, 사담 후세인의 핵개발을 막은 대단히 잘한 일이었다"고 주장했다. "Transcript: Interview at the World Economic Forum in Davos"(http://www.clintonfoundation.org/news-media/012705-cf-ee-cgi-usa-che-ts-interview-at-the-world-economic-forum). The Clinton Foundation. 27 January 2005. Retrieved 13 March 2012. Viewable on Video (https://www.youtube.com/watch?v=) on YouTube at 27:38. 송대성, 위의 책, 2016년, p.61. 각주 26) 재인용.

5   일반적으로 수에즈 위기는 나토를 균열시킨 대표적 사건으로 중동에 대한 유럽의 주도권이 사라지고, 미국과 소련 등 초강대국의 시대가 본격적으로 도래하는 상징적 사건으로 알려져 있다. 또한 미국정부가 유사시 그들의 핵무기 체계를 유럽인들의 이익을 위해 사용하지 않을 것이라는 것을 증명하는 사건이기도 했다. 김진호, 「아데나워와 수에즈 위기: 공동시장과 핵주권 확보 그리고 드골주의를 중심으로」, 역사학보, 2015년, p.301; (Campbell 2005,80), 김진호, 위의 논문, 2015년, p.310.

6   전재성, 앞의 논문, 2003년, p.67.

7   샤를 드골 지음, 심상필 옮김, 위의 책, 2013년, p.12.

8   조성연, 「샤를 드골의 위대한 프랑스와 앙드레 말로」, 프랑스문화예술연구 74, 2020, pp.105-106.

9   억지란 상대에게 그가 행하려고 하는 행위에 수반되는 비용이나 위험이 예상되는 이익 보다 훨씬 크다는 것을 제시하거나 혹은 상대방에게 예상되는 이익이 비용과 위험 보다 훨씬 작다는 것을 설득하여 적이 군사적 행동을 실천에 옮기지 못하도록 하는 것이다. 김일수 · 유호근, 「미국의 국가안보와 핵억지 전략의 변화: 트루먼트럼프 행정부까지」, 세계지역연구논총 제37집 4호, 2019년, p.9.

10   세이건(Scott Sagan)은 핵무기 획득에 대해 세 개의 '모델'을 제시했는데, ① 안보모델, ② 국내정치 모델, ③ 규범 모델이다. ① 안보모델은 국가가 국가안보적 이유 때문에 핵무기를 제조하고 보유한다는 것이다. 이런 주장은 정확히 현실주의 이론적 전통에 부합한다. ② 국내정치 모델은 국가는 국가안보에 대한 위협과는 상관없이 특정한 국내정치적, 관료적 이유 때문에 핵무기를 제조하고 보유한다는 것이다. 이런 사례는 한 국가 내에서 어떤 정당이나 이익집단이 인기 또는 선거 상의 목적으로 핵이슈를 활용하는 경우에 해당된다. ③ 규범 모델은 국가의 위신과 국가정체성과 관련된 특별한 가치를 가지고 있다고 여겨지기 때문에 핵무기가 추구되고 보유된다는 것이다. 다시 말해 핵무기는 국력, 근대성과 연관되고 심지어 '강대국(great power)'지위도 제공한다. Andrew Futter 지음. 고봉준 옮김, 『핵무기의 정치』, 명인문화사, 2016년, p.81. 드골이 핵무기를 갖고자 한 첫 번째 동기는 안보모델이었고, 두 번째 동기는 규범 모델이라고 볼 수 있다.(저자 의견)

11   허만, 『드골의 외교정책론』, 집문당, 1997년, pp.200-201. 이와 관련하여 도응조는 레이몽 아롱 (Raymond Aron)의 저서인 『클라우제비츠: 전쟁의 철학자(1983)』를 인용하여 핵시대의 평화를 다음과 같이 설명했다. "아롱에게 있어서 핵시대의 평화는 외교 또는 전략이라는 어음이나 수표를 지급한 상태였다. 이러한 증서가 부도가 날 수 있다는 가능성을 생각하지 않을 수 없었다. 즉, 어음이나 수표가 지급되지 않고 계속 신용가치를 가질 수 있을 가능성에 의문을 제기했다. 물론, 아롱의 시대에 구축된 국제시스템 속에서 강대국들 자신들끼리 핵 군사력의 사용을 시험하지 않았다. 그러나 분명히 위험이 상존했다. 그래서 아롱은 다음과 같이 질문했다. 「이러한 국가 간의 시스템이 마치 일부 좋은 상품 속에서 건전한 기초가

없는 금융시스템의 추상적 관념과 정확히 일치한다고 생각해야 하는가? 만일 비교를 한다면 기본 상품의 부재가 영구적인 인플레이션을 부양하고, 다른 케이스로서, 영구적인 전쟁과 무정부상태를 부양한다고 말할 수 없는가?」 Raymond Aron, Clausewitz: Philosopher of War (1983), p.317. 도웅조, 『20세기 위대한 현자, 레이몽 아롱의 전쟁 그리고 전략사상』, 연경문화사, 2021년, p.158.재인용.

12 드골이 종전 후 정권에서 사임한 1946년부터 재집권한 1958년까지의 기간을 말함.

13 샤를 드골, 심상필 옮김, 『드골, 희망의 기억』, 은행나무, 2013년, pp.312-313.

14 제임스 E. 도거티, 로버트 L. 팔츠그라프 지음, 이수형 옮김, 『미국외교정책사』, 한울아카데미, 1997년, p.180.

15 허만, 앞의 책, 1997년, p.198.

16 최초 프랑스가 제안한 유럽방위공동체안(案) 관련, 프랑스 피네(Antoine Pinay) 정부는 1952년 5월 조약에 서명하고, 의회의 비준을 받기 위한 정치적 작업에 착수했지만, 1954년 8월 30일 결국 부결되고 만다. 오경환, 「약자에서 강자에게로 : 냉전 시기 프랑스 핵개발과 핵전략, 1945-1968」,2017년, p.263. 나중에 기술하겠지만, 프랑스 4공화국이 유럽 방위 공통체에 관한 의회 비준이 부결된 원인 중 하나는 핵이 없이 재래식 무기 중심의 방위 체제로 유럽 방위가 가능하겠냐는 인식도 작용했다.

17 André Eshet, "Aspects Stratégigues de la politique étrangére gaullienne", in Elie Bornari et Saul Friedländer, p.76. 허만, 위의 책, 1997년, p.198. 재인용.

18 허만, 앞의 책, 1997년, p.198.

19 아이젠하워 정부 당시 구상한 미국의 새로운 국방전략으로 1954년 1월 12일 덜레스가 최소한의 비용으로 기본적 혹은 그 이상의 안보를 유지해야 한다는 연설에서 제기되었다. 뉴룩은 핵무기에 기반한 대량보복(Massive Retaliation) 전략과 더불어 구체화되었다. 국방과 재정적인 자원은 조화를 이루어야 한다는 것이다. 국방비의 효율적 사용 및 핵무기를 사용한 핵억제력에 최대한 의존해 동구권으로부터의 잠재적인 위협을 막는다는 것이 기본적 골자였다. 뉴룩의 구상에 의해 공군력은 매우 중요해 졌는데 ICBM (대륙간 탄도미사일)이 개발되지 않은 당시 핵무기를 공중으로 수송할 초음속 제트기 전력 및 B-52 등 장거리 폭격기의 중요성이 대두되었다. 뉴룩전략은 공군력과 핵억제력에 의존해 재래전력의 감소에도 동일한 전력을 유지할 수 있도록 효율적인 방위를 구사해야 된다는 목표를 가지고 있었다.(Chapman 2009,8), 김진호, 「아데나워와 수에즈 위기: 공동시장과 핵주권 확보 그리고 드골주의를 중심으로」, 역사학보, 2015년, p.317. 각주 35) 재인용.

20 1952년 5월, 국무장관이 되기 전에 덜레스는 '보복과 해방'이라는 두 가지 테마의 소논문을 준비했다. 그는 미국은 일차적으로 미공군력과 핵무기 우위에 바탕을 둔 군사전략을 채택해야 한다고 제안했다. 왜냐하면 재래식 병력에 있어서 소련의 우위는 미국이 보유한 기술공학적 이점으로 상쇄할 수 있기 때문이다. 이것은 아이젠하워 행정부가 핵무기에 대한 의존도를 증가시켜 재래식 무기와 방위비 지출을 절감시켰다. 즉, 6·25전쟁의 막바지에 20개 사단이었던 육군의 규모를 1957년까지 14개 사단규모로 축소시키는 것을 가능케 했다. 아울러 보복이란 개념은 미국의 중대한 이익을 포함하여 어떠한 무기도 사용할 수 있다는 입장이고, 해방개념은 폭력사용을 제외한, 다른 수단으로 소련에 대한 공세적 입장을 취하는 노력을 의미했다. 그러나 결과론적으로 해방개념은 압도적인 군사력 사용을 공언할 정도의 중요성을 갖고 있는 국가들 대상으로는 성공할 수 없었고, 당시 국내정치적 맥락에 대한 반응이자, 엄격하게 방어적이고 반작용적인 정책에서 적의 취약성에 대한 능동적인 압력의 정책으로 전환할 인지된 필요성에 대한 표현으로 볼 수 있다. 제임스 E. 도거티(James E. Dougherty)·로버트 L. 팔츠그라프(Robert L. Pfaltzgraff, Jr.) 지음, 이수형 옮김, 앞의 책, 1997년, p.146-148.

21 전재성, 앞의 논문, 2003년, p.77.

22 미국 정부는 뉴룩 전략의 일환으로 1955년에서 1963년에 걸쳐 서유럽에 핵 중거리탄도미사일(IRBM)을 배치하기 시작했다. 서독은 1955년, 이탈리아는 1957년, 터키는 1959년, 네덜란드와 그리스는 1960년, 벨기는 1963년이다. 미국은 프랑스에 핵을 배치하려는 계획도 있었으나, 결국 1958년 드골의 재집권 이후 드골주의의 등장으로 무산되었다.(Lundestad 2005, p.67-68). 김진호, 위의 논문, 2015년, p.317. 각주 36) 재인용.

23 문지영, 「드골의 대미외교정책」, 프랑스사연구 16, 2007년, p.173.

24 샤를 드골 지음, 심상필 옮김, 앞의 책, 2013년, pp.322-323.

25   드골은 아이젠하워대통령을 다음과 같이 평가했다. "아이젠하워 장군은 2차 대전 당시 연합군총사령관
으로 있을 때, 내가 존경했던 사람이었다. 그는 높은 양식을 가진 인물로서 무슨 일이든 신중히 숙고한 다
음에야 결심을 했으며, 어떤 결정을 내리려면 반드시 사전에 담당고문들과 상의했다. 그는 현명한 사람이
었으며, 위험한 투기를 싫어하여 어떤 사태가 과속으로 진행된다고 생각하면 언제나 브레이크를 걸었다.
그는 언제나 충돌을 피하고 위기에서 벗어나려는 조정자이기도 했다. 무릇 국가원수란 자기의 직권을 지배
하는 방향으로 행사하기 마련이고, 막대한 권력을 쥐고 있으면 대중의 인기를 의식하는데도 말이다. 그렇
다고 그는 박력없이 신중하기만 하지는 않았고, 가끔 강경한 태도도 취했다. 샤를 드골 지음, 심상필 옮김,
앞의 책, 2013년, pp.324-325.

26   샤를 드골 지음, 심상필 옮김, 앞의 책, 2013년, pp.331-332.

27   샤를 드골 지음, 심상필 옮김, 위의 책, 2013년, pp.331-333.

28   도응조는 레이몽 아롱 (Raymond Aron)이 유연반응전략을 가장 먼저 제기한 인물이었다고 주장했다. 그
근거로 아롱은 핵 시대에 전쟁은 더욱 정치적인 것이 될 것으로 봤는데, 그 이유는 승리라는 개념이 더 과
거의 승리 개념과 같지 않고, 손실의 문제가 결정적이며, 다양한 형태의 전쟁을 생각해야 하고, 이러한 다
양함에 어떻게 준비하고 그 군대가 행정적으로 어느 정도 수준까지 분리될 수 있느냐는 문제가 나타나기
때문이라는 것이다. Joël Mouric, "Citizen Clausewitz: Aron's Clausewitz in Defense of Political
Freedom." Jese Colen and Elisabeth Dutartre-Michaut eds. The Companion to Raymond
Aron, New York: Palgrave Macmillan, 2015, p.80. 도응조, 「레이몽 아롱 『평화와 전쟁』 속의 "전
략과 외교" 개념, 그리고 오늘날 국제관계 속에서의 함의」, 「전략연구」 통권 제82호, 2020년. p.232.
재인용.

29   핵전력이 절대 우위였던 미국의 위상이 추락하고 영국, 프랑스 등의 핵 보유가 현실화된 상황에서 미국
의 국방전략은 전략핵전력(strategic nuclear force), 전술핵전력(tactical nuclear force), 전역핵전력
(theater nuclear force), 재래전력(conventional force) 등을 종합적으로 사용할 것이 요구되었다. Dan
Wilson,"NATO and the First-Use of Nuclear Weapons", in Carl C. Hodge, ed., NATO for a New
Century: Atlanticism and European Security (Westport, 2002), p.138,
전략핵은 대도시나 공업지대를 직접 타격할 수 있는 일반적인 핵무기이다. 전술핵은 국지전에서 사용되는
핵으로 전세역전용으로 사용된다. 전역핵은 전술핵보다 더 소형화된 핵으로 국지전이 전면적으로 확대를
막고 작전지역내 2차 피해를 최소화하는 전력을 말한다. 재래전력은 핵전력을 제외한 모든 무기체계를 의
미한다. 유연반응전략은 핵의 용도를 다변화해 적재적소에 융통성 있게 사용하도록 하고 작전체계를 단
일화해 보다 효과적인 대응을 하려는 케네디의 국방전략이었다. 김진호, 「영국의 ANF(Atlantic Nuclear
Force) 구상과 서독 1963-1965, 한국서양사학회, 2013년, p.8. 각주 10) 재인용.

30   전재성, 앞의 논문, 2003년, p.78.

31   김영준, 「미국·프랑스의 외교적 갈등에 대한 원인 고찰」, 유럽연구, 2003년, p.268.

32   드골은 케네디 대통령을 다음과 같이 평가했다. "인간으로서의 그의 가치, 연령, 야심은 충분히 방대한
희망을 불어넣어 줄 수 있는 위인이었다. 그는 마치 거대한 날개를 펄럭이며 정상(頂上)에 오르는 새처럼
드높이 솟아오르려고 도약대 위에 서 있는 것처럼 보였다. (중략) 케네디 대통령은 만일 암살당하지만 않았
더라면, 그 시대에 그의 이미지를 새겨 놓을 수 있는 시간과 수단을 갖췄을 것이다." 샤를 드골 지음, 심상
필 옮김 2013년, p.397. p.389.

33   샤를 드골 지음, 심상필 옮김, 앞의 책, 2013년, pp.395-396.

34   Robert S. McNarama, "Speech to NATO Council, Athens, May 5, 1962," in Philip Bobbit /
Lawrence Freedman / Gregory F. Treverton, eds., U.S. Nuclear Strategy: A Reader(Houndmills, 1989),
pp.205-222. 김진호, 앞의 논문, 2013년, p.10. 재인용.

35   갈루아 장군은 프랑스의 <원자탄의 아버지>라 불리기도 한다. 안준호 지음, 『핵무기와 국제정치』, 열
린책들, 2011년, p.141.

36   Anthony D'Amato, International Law and Political Reality: Collected Paper Volume One
(Hague, 1995), p.238. 김진호, 위의 논문, 2013년, p.10. 재인용.

37   이 MLF는 당초 미국이 중심이 되어 추진한 유럽 나토군의 핵공유 프로그램을 말한다. 미국은 프랑스의
핵개발에 대응하고 핵 헤게모니를 유지하기 위해 아이젠하워 때부터 나토군이 핵을 운용하는 핵공유 프로
그램을 추진하려 했다. 케네디가 유연반응전략을 추진하면서 나토군의 핵공유에 대한 케네디의 의지는 더
욱 가속화되었다. 이에 대해 프랑스의 드골 정부는 MLF가 유럽의 핵주권을 침해하는 행위이며 서독의 핵

접근권 보장은 매우 위험한 시도가 될 수 있다는 측면에서 격렬히 반대했다. 그러나 서독의 아데나워는 드골주의에 편승하면서도 서독정부가 핵접근권을 가져야 하며, 핵무기도 보유해 운용해야 한다는 입장을 가지고 있었기 때문에 MLF에 대해 긍정적 입장을 보였다.(Dijk, etal, eds. 2008. 602). 김진호, 「아데나워와 수에즈 위기: 공동시장과 핵주권 확보 그리고 드골주의를 중심으로」, 역사학보, 2015년, p.324. 각주 52) 재인용.

38 Bulletin of the Atomic Scientists, September 1964, p.13, Forum: The multilateral Force: An Appraisal; 김진호, 「영국의 ANF(Atlantic Nuclear Force) 구상과 서독 1963-1965, 한국서양사학회, 2013년, p.11. 재인용.

39 전재성, 앞의 논문, 2003년, p.78.

40 Charles de Gaulle, Lettres, Notes et Carnets Tome 1. 1905-1918, Paris, Editions Plon, 1980, pp. 67-75. 조성연, 앞의 논문, 2020, p.102 각주 3) 재인용.

41 Maurice Va sse, La grandeur. Politique étrangére du général de Gaulle 1958-1969, Paris, Fayard, 1998. p.24. 조성연, 위의 논문, 2020, p.102 각주 4) 재인용

42 김영준, 「미국 · 프랑스의 외교적 갈등에 대한 원인 고찰」, 유럽연구 17, 2003년, pp.265-266.

43 드골 역시 평생 소련이 아니라 러시아에 대해 관심을 가졌다. 그에게 있어서 민족은 이데올로기에 앞서는 것이었다. 이데올로기는 결국 민족적 지배에 소용되는 하나의 수단에 불과한 것이었다. 알렉상드르 뒤발스타라, 변광배 · 김웅권 옮김, 『말로와 드골』, 연암서가, 2014년, p.30. 주석 22) 재인용. ; 드골은 '프랑스는 일시에 모든 것이고, 프랑스는 좌익도 우익도 아니다'라고 생각했다. 자연스럽게 프랑스인들은 항상 그렇듯이 그들 속에서 다양한 경향을 느끼고 있으며 프랑스를 일부분의 이름으로써 대표할 수 있다고 주장하는 것은 용서받을 수 없는 국가적 과오라고 주장했다. 허만, 앞의 책, 1997년, pp.56.-57.

44 허만, 앞의 책, 1997년, p.95. p.103.

45 드골은 "영국이 아무런 제약 조건없이 유럽 대륙에 정박할 준비가 되어 있지 않으므로 미국의 트로이 목마다"라고까지 혹평했다. Charles Zorgbibe, Histoire de la Construction européenne, pp.71-81; 허만, 앞의 책, 1997년, p.118. 재인용.

46 허만, 앞의 책, 1997년, p.111.

47 Maurice Couve Murville, Une Politique Etrangére, 1958-1969 (Paris: Plon,1971), pp.348-349. 드골 정부에서 최장기 외무장관으로 재직하면서 드골의 외교정책의 산파적 역할을 담당했다. 뷔르빌과 허만과의 인터뷰(1994년 10월 25일)에서 그는 미 · 소의 영향권을 경계했고, 유럽이 그들의 영향권에 편입되어 분단되었다는 것을 상기시켰다. 뷔르빌은 드골을 국제정치 속에서 국가이익을 창출하고 이를 유지하려는 가장 충실한 실용주의 지도자로 평가하면서 동시에 마키아벨리스트류의 지도자가 아님을 역설했다. 허만, 위의 책, p.112. 10) 각주 재인용 : 드골은 뷔르빌을 다음과 같이 평가했다. "쿠브 드 뷔르빌 외상은 타고난 재능이 있었다. 복잡 미묘하게 얽히고설킨 문제들 속에서 그는 곧바로 요점과 액세서리를 구별했다. 상대방이 계산에 의해 임의로 모호하고 애매하게 만든 것에 대해서도 그는 분명하고 정확하게 인식했다. 그는 경험이 많았다. 사람들을 많이 다뤘고, 많은 문제를 능숙하게 처리했다. 그는 매사에 자신이 있었다. 내가 부탁한 그 각료 자리에 오래 머무를 것이라고 확신하고 있었다. 그는 예의범절이 바른 사람이었다. 대인관계에 능란하고 상대방의 이야기를 들을 줄 알며 관찰하며 노트도 하다가, 적당한 때에 자기 입장을 권위 있게 표현하고는 절대로 그 자리에서 양보하지 않았다. 그에게는 신념이 있었다. 프랑스가 일등국의 위치에 있어야 한다는 생각으로, 나와 함께 프랑스를 그 자리에 올려놓겠노라 결심한 바 있으며, 그에게는 이 세상에서 이 일을 위한 것 이외에는 다른 어떤 일도 문제가 되지 않았다. 이 일을 우리는 광대한 유럽 땅에서 추진하려는 것이다." 샤를 드골, 심상필 옮김, 앞의 책, 2013년, p.264.

48 허만, 앞의 책, 1997년, pp.112-113.

49 제임스 E. 도거티, 로버트 L. 팔츠그라프 지음, 이수형 옮김, 앞의 책, 1997년, p.179.

50 Jacques Dalloz, La France et le monde depuis 1945, Paris, Arman Colin, 2004, p.149;조성연, 「샤를 드골의 위대한 프랑스와 앙드레 말로」, 프랑스문화예술연구, 2020, p.105. 재인용.

51 프랑스는 일찍이 1869년부터 10년 동안 수에즈 운하를 이집트와 공동으로 개발해 운영하고 있었다. 2차 대전 중 운영권은 강대국의 이권 다툼의 대상이 될 수밖에 없었고, 1956년 7월에는 이집트 나세르(Gamal Abdel Nasser) 대통령의 수에즈 운하 국유화 선언으로 국제 사회가 다시 한 번 소용돌이쳤다. 이집트가

이스라엘의 모든 선박의 수에즈 운하 통과를 금지한 것이 계기가 되어 이스라엘과 이집트 사이에 전쟁이 일어났다. 프랑스는 이스라엘 편을 들어 전쟁에서 큰 승리를 거두었으나, 전쟁 후 국제 정치면에서 심각한 타격을 입었다. 중동의 이권만을 챙기는 미국의 중립적인 태도로 프랑스는 수에즈 운하의 운영권을 완전히 포기할 수밖에 없었다. 이 때 드골은 더 이상 미국에 의존해서는 안 된다고 결심하고 국제사회에서 강대국이 되기 위해서는 핵무기를 반드시 보유해야 한다고 생각했다. 안준호 지음, 『핵무기와 국제정치』, 열린책들, 2011년, pp.139-140.드골은 회고록에 다음과 같이 소회를 밝혔다. "수에즈 운하 사태 당시에 런던과 파리가 나세르를 공격하기 위해 연합군을 파견했는데, 이 작전에 참가했던 프랑스군은 계급과 병과를 막론하고 영국군의 명령 하에 움직이게 됐고, 또 영국군은 미국과 소련의 독촉에 따라 군대를 철수하지 않을 수 없었다. 프랑스군도 자기의 입장을 발표할 겨를도 없이 영국군을 따라 철군하는 사태가 벌어졌었다." 샤를 드골 지음, 심상필 옮김, 앞의 책, 2013년, p.21.

52   드골이 제안한 삼두지도체제는 나토 소속이 아닌 별도의 조직을 의미했다. A. W. Porte, Europe Between the Superpowers: The Enduring Balance, 2nd edition(New Haven: Yale University Press, 1986), pp.232-233; 안병억, 「1960년대 초 유럽주의와 대서양주의 : 드골의 '유럽' 대 미국의 '유럽'」, 한국유럽학회, 2008년, p.108. 각주 18) 재인용.

53   샤를 드골, 심상필 옮김, 앞의 책, 2013년, p.314.

54   전재성, 앞의 논문, 2003년, pp.77-78.

55   Derek W. Urwin, The Community of Europe: A History of European Integration Since 1945, 2nd edition (London: Longman, 1995), p.124. 안병억, 「1960년대 초 유럽주의와 대서양주의 : 드골의 '유럽' 대 미국의 '유럽'」, 한국유럽학회, 2008년, p.108. 각주 20) 재인용.

56   1946년 8월, 미국 의회가 핵무기 독점을 위해 핵무기와 관련된 핵물질과 핵정보, 기술의 다른 나라 이전을 금지하는 맥마흔 법(McMahon Act)을 제정했다. 문지영, 「프랑스 원자력 산업의 형성과 성장, 1945-1969」, 프랑스사연구, 2017, p.105.

57   문지영, 앞의 논문, 2007년, p.173.

58   전재성, 앞의 논문, 2003년, p.78.

59   알렉상드르 뒤발 스탈라, 변광배 · 김웅권 옮김, 앞의 책, 2014년, pp.321-322.

60   Arthur Schlesinger, A Thousand Day: John F. Kennedy in the White House (Boton: Houghton Mifflin Company, 1965), pp.842-866; 안병억, 앞의 논문, 2008년, p.111. 재인용.

61   1960년 5월 1일, 미국의 고성능 정찰기 록히드 U-2 기가 정보수집을 목적으로 최고도를 유지하며 소련 영공을 침범했다가 소련의 방공망에 걸려 우랄산맥 스베르들롭스크 시 상공 약 70,000피트(21,336m) 지점에서 소련군의 S-75 미사일에 맞아 격추된 사건을 말한다. 조종사 게리 파워즈는 낙하산으로 탈출했으며, 소련군에 생포되었다. 체포된 게리 파워즈는 비행목적이 스파이행위였다는 사실을 자백했다. 소련의 발표에 대해 미국도 이 사실을 인정하고 지난 4년에 걸쳐 같은 목적으로 비행했다고 밝혔다. 사건이 그해 5월 16일부터 5년 만에 열리기로 되어 있던 미국 · 영국 · 소련 · 프랑스 등 동서수뇌회의 직전에 일어났기 때문에, 소련 제1서기장 흐루쇼프는 미국에 대해 스파이 비행행위 중단에 관한 약속, 진상규명 및 사과, 책임자 처벌을 요구함과 동시에, 만일 미국 측에서 이를 수락하지 않는다면 회의를 시작할 수 없다고 주장했다. 결국 수뇌회담은 열리지 못했고, 동서의 긴장관계는 한층 더 심각해졌다. 네이버 지식백과, 21세기 정치학 대사전 / 시사상식사전, 검색일 (2022. 2.24).

62   전재성, 앞의 논문, 2003년, pp.79-80.

63   문지영, 앞의 논문, 2007년, pp.187-188.

64   수직적 계열화는 원료의 생산과 가공, 원자로의 원천기술, 재처리 기술, 폐기 기술 전체를 의미한다. 오경환, 「약자에서 강자에게로(du faible au fort): 냉전시기 프랑스 핵개발과 핵전략,1945-1968」 사총, 2017, p.253. 각주 3) 재인용.

65   John Hopkins & Weixing Hu, ed., Strategic Views from the Second Tier: The Nuclear Weapons Policies of France, Britain, and China, New Brunswick: Transaction Publishers,1995. 오경환, 위의 논문, 2017, p.253. 재인용.

66   문지영, 『프랑스 원자력 산업의 형성과 성장, 1945-1969』, 프랑스사연구 36, 2017년, p.96.

67 물리학자이자 화학학자인 졸리오-퀴리는 마리 퀴리의 딸이자 아내인 이렌느와 1935년 노벨화학상을 공동 수상했다. 동시대의 다수의 과학자와 마찬가지로 좌파진영에서 주로 활동했다. 1934년 사회당에 입당한 그는 1936년부터 스페인 내전을 둘러싼 당과의 입장차이로 탈당했다. 핵의 무기화를 경고하는 1939년 아인슈타인-스질라드 서한(Einstein-Szilàrd letter)의 서명자였으며, 그 후 1942년에 공산당 입당 후 레지스탕스 운동에 앞장섰다. 1958년 사망할 때까지 그는 충실한 공산당원으로 남았다. 문지영, 위의 논문, 2017, p.97. 각주 2) 재인용; 오경환, 위의 논문, 2017, p.256. 각주12).

68 프랑시스 페랭은 우라늄의 임계 질량을 계산했으며, 가속 중성자의 속도를 줄일 수 있는 감속재 없이 천연 우라늄만으로는 연쇄 반응을 일으키기 어렵다는 것을 밝혔다. 그래서 한스 폰 할반(Hans von Halban) 등 주요 과학자들은 중수의 필요성을 느끼고, 노르웨이의 베모르크 중수 공장에서 중수를 구하려고 했으나, 이미 독일이 생산된 중수 전부를 구입하려고 한다는 사실을 알게 되었다. 그들은 독일군에 넘어가면 전쟁 무기로 사용될 가능성이 있는 것을 노르웨이에 설득했고, 1940년 4월 재고량 전부인 188리터를 비밀리에 영국을 경유하여 구입할 수 있었다. 안준호 지음, 『핵무기와 국제정치』, 열린책들, 2011년, p.138.

69 Paul Reuss, L'époque de l'éJoliot-Curie et l'énergie atomique (Paris: Harmattan, 2003), p.29 ; 문지영, 앞의 논문, 2017, p.101.

70 문지영, 앞의 논문, 2017, p.101.

71 CEA, Rapport d'activité du CEA du 1er janvier 1946 au 31 décembre 1950 (Paris: Imprimerie Nationale, 1952), pp.7-8. 문지영, 위의 논문, 2017, pp.102-103. 재인용.

72 초기 CEA는 총리가 주재하는 7명의 '원자력에너지위원회'와 과학자 9명으로 구성된 '과학위원회'를 중심으로 운영되었으며, 예산은 재정부가 담당했다. 당시 CEA가 핵무기 개발연구에 얼마나 큰 비중을 뒀는지는 첫 모집한 175명의 과학자와 엔지니어 중 75명이 우라늄 광석 연구 및 개발을 담당했다는 점에서 엿볼 수 있다. CEA, Rapport d'activité du CEA du 1er janvier 1946 au 31 décembre 1950. p.24. 문지영, 위의 논문, 2017, p.97. p.103. 재인용.

73 나아가 레이몽 아롱 (Raymond Aron)은 프랑스의 제4공화국에 대해 비록 그것이 약체였지만, 상당한 공헌을 했다고 주장했다. 첫째, 인도차이나에서의 분쟁을 종결(1954년 제네바 합의를 통해 베트남의 독립을 인정)한 것이었고, 둘째, 미래의 유럽연합인 유럽석탄철강공동체(ECSC) 창설을 주도했고, 셋째, 나토 동맹에 가입한 것이었다. 도응조, 『20세기 위대한 현자, 레이몽 아롱의 전쟁 그리고 전략 사상』, 연경문화사, 2021년, p.294.

74 문지영, 위의 논문, 2017, p.97.

75 ZOE는 '제로에너지(Zéro énergie)', '산화우라늄(Oxyde d'uranium)', '중수(Eau lourde)'의 첫 글자를 따서 만든 이름으로 나중에 중수로 1호를 의미하는 EL 1(Eau lourde n°1)으로 불리게 된다. 코바르스키가 제작한 이 원자로는 캐나다의 ZEEP 원자로를 본 딴 것이었다. 이후 ZOE는 1976년 3월에 완전히 멈췄고, 현재 그곳은 <원자박물관(Musée de l'Atome>으로 사용되고 있다. 문지영, 앞의 논문, 2017, p.105 각주 19).

76 안준호 지음, 앞의 책, 2011년, p.139.

77 Lawrence Scheinman, Atomic Energy policy in France under the Fourth Republic, Princeton: Princton University Press, 1965, p.39. 초기 원자력 위원회의 활동에 관한 가장 중요한 자료는 위원회가 발간한 보고서, 즉 Rapport Annuel (Paris : L'Edition Artistique, 1954-60)과 Rapport d'Activ-ité du Commissariat à l Energie Atomique du 1er Janvier 1946 à 31 décembre 1950 (Paris : Imprimerie Nationale, 1952)이다. 오경환, 앞의 논문, 2017,pp.256-257.재인용.

78 James Jasper, Nuclear Politics: Energy and the state in the United States, Sweden and France, Princeton: Princeton University Press, 1990, p.75-6. 오경환, 앞의 논문, 2017,p.257.재인용.

79 오경환, 위의 논문, 2017,p.258.

80 핵트(Gabrielle Hecht)는 이 경과를 기술 정치체제(technopolitical regime)라는 키워드로 설명한 바 있다. Hect, The Radiance of France: Nuclear power and national identity after World War II , Cambridge: MIT press, 1998, pp.75-8. 오경환, 위의 논문, 2017,p.260.재인용.

81 유럽방위조약에 관한 당대의 입장은 레너(Daniel Lerner)와 아롱(Raymond Aron)의 La Querelle de la EDC (Paris : Armand Colin, 1956)에 잘 정리되어 있다. 오경환, 위의 논문, 2017,p.262.재인용.

82 William Hitchcock, France Restored: Cold war diplomacy and the quest for leadership in Europe, 1944-1954, Chapel Hill: North Carolina University Press,1998, pp.170-1.오경환, 위의 논문, 2017,p.262.재인용. 이와 관련, 레이몽 아롱 (Raymond Aron)은 "당시 유럽군 창설은 근본적으로 실질적인 군대를 창설하기보다는 단순히 독일의 위협을 저지하기 위한 목적으로 구상되었다. …… 그러나 독일의 재무장은 불가피하다. 우리가 그것을 찬성하건 반대하건 그건 큰 문제가 아니다. 유럽방위공동체를 지지하는지, 아니면 독일군의 나토 편입을 지지하는지가 문제일 뿐이다. 나는 오히려 두 번째 안을 지지하는 편이었다"라고 말했다. 장루이 미시카, 도미니크 볼통과의 대담, 박정자 옮김, 『자유주의자 레이몽 아롱』, 기파랑, 2021년, p.238. p.240.

83 오경환, 위의 논문, 2017, pp.262-263.

84 René Mayer, "Réfléxion sur le Supranational", La Revue de Paris (December,1954), p.14. 오경환, 위의 논문, 2017, pp.263-264.재인용. 드골도 희망의 회고록에서 "…유럽방위공동체가 체결되었는데 – 만일 최후 순간 국민의 분노가 없었더라면 이 조약은 실현되었을 것이다 – 이 조약의 내용은 프랑스로 하여금 자국 군대를 갖지 못하게 하며 패전국인 독일, 이탈리아 등의 군대와 혼합편성시키고, - 영국은 자기 계산이 따로 있어서 이 혼합체에 끼지 않기로 결정했다 – 이 무국적 혼성군의 지휘권은 미국이 갖도록 한다는 것이다."는 점을 지적하면서 대서양 동맹이라는 이름으로 프랑스를 앵글로색슨의 헤게모니(覇權) 밑에 둘려는 점을 비난했다. 샤를 드골 지음, 심상필 옮김, 『드골, 희망의 기억』, 은행나무, 2013년, pp.20-21.

85 Bertand Goldschmidt, The Atomic Complex, p. 137. 오경환, 위의 논문, 2017, p.265.재인용.

86 Cédric Grimoult, Sciences et politique en France, de Descartes la révolte des chercheurs, p.228. 문지영, 앞의 논문, 2017, p.107. 재인용.

87 Georges Soutou,"La Politique nucléaire de Pierre Mendés France," Relations Internationales 59(1989). 오경환, 위의 논문, 2017,p.265.재인용.

88 이때, 공산당의 영향을 받은 CEA의 직원 665명이 모든 군사용 원자력 개발에 반대하는 청원서에 서명하는 소동이 벌어지기도 했다. Nicolas Vimar, "La France devient puissance nucléaire", Nouvelle Revue d'Histoire, n° 82(janvier-février 2016), pp.48-51. 문지영, 위의 논문, 2017, p.108. 재인용.

89 오경환, 위의 논문, 2017, pp.265-266.

90 아이젠하워 미국대통령이 제안한 프로그램으로 민수용 원자력 기술을 세계에 제공하겠다는 계획. Andrew Futter 지음, 고봉준 옮김, 『핵무기의 정치』, 명인문화사, 2016년, p.364.

91 IAEA는 1957년 7월 29일 원자력을 군사적 목적으로 이용하는 것을 막고, 평화적인 목적의 이용을 장려하기 위해 설립된 국제연합 산하 독립기구로, 본부는 오스트리아 빈에 있다. 문지영, 앞의 논문, 2017, p.112. 각주 43) 재인용.

92 유럽 원자력 공동체(Euratom: European Atomic Energy Community)는 1957년 3월 25일, 로마조약을 통해 결성되어 1958년 1월 1일부로 발효되었다. 원자력에너지 연구 및 안전기준 설정, 원자력 에너지의 평화적 이용을 비롯한 원자력 에너지 관련 분야에서 활동하고 있는 국제 조직으로 초기 가맹국은 벨기에, 프랑스, 독일, 이탈리아, 룩셈부르크, 네덜란드 등 총 6개국이었다. 소재지는 벨기에 브뤼셀이다. 출처: 네이버 기관단체사전(종합)(검색일: 2021년 6월15일).

93 문지영, 앞의 논문, 2017, p.112..

94 이관수 외, 「원전 체제의 형성, 1940-1970: 미·영·프·독의 경우를 중심으로」, 『서양사연구』 55집 (2016), p.21. 문지영, 앞의 논문, 2017, p.112. 재인용.

95 Henri 갸두두, Euratom, Nécessité vitale et urgente pour la France et pour l'Europe (Lausanne: Revue Economique et Sociale, 1957), pp.6,9. 문지영, 앞의 논문, 2017, p.112. 재인용.

96 EURATOM의 주된 목적은 유럽의 에너지 자원 부족에 대처하기 위해 원자력 산업의 개발을 공동으로 추진하려는 것이다. 이를 위해 회원국들은 산업의 동력원이 되는 핵물질 공동 관리 및 원자력발전의 과학적 지식과 기술의 교환, 그리고 회원국의 공동 출자로 핵물질을 생산하는 원자력 공장 건설 등에 상호 합의했다. 문지영, 앞의 논문, 2017, p.113.

97   문지영, 위의 논문, 2017, p.113.

98   Cho,"EURATOM : Bridging 'Rapprochement' and 'Radiance' of France in the Postwar, Journal of International and Area Studies 20(2014), pp.51-65; Sceinman, Atomic Energy Policy,pp.185-6. 오경환, 앞의 논문, 2017, p.266. 각주 35).

99   오경환, 위의 논문, 2017, p.266.

100   오경환, 위의 논문, 2017, pp.269-270.

101   Jean-Francois Picard (et al.), Les francais et l'énergie, p.16. 문지영, 앞의 논문, 2017, p.114. 재인용.

102   MarieJosé Lovérini, L'Atome de la recherche à l'industrie: le Commissariat à l'Energie Atomique, pp.41-41. 프랑스의 핵실험은 1960년부터 1996년까지 시행되었다. 1960년부터 1966년까지는 알제리에서, 1966년부터 1996년까지는 프랑스령 폴리네시아에서 핵실험을 이어갔다. 1996년 9월 24일, 지하에서 행해지는 실험을 제외한 모든 핵실험을 금지한 '핵실험금지조약'에 서명했고, 1998년 4월 6일, 프랑스 의회는 더 이상 핵실험을 하지 않을 것이라는 조약을 비준했다. 문지영, 위의 논문, 2017, p.115. 재인용.

103   MarieJosé Lovérini, 위의 논문, p.56. 첫 번째 핵실험 성공 이후 1960년 4월 1일(Gerboise blanche)과 12월 27일(Gerboise rouge), 그리고 1961년 4월 25일(Gerboise verte)의 세 번에 걸친 핵실험에 모두 성공했다. 문지영, 위의 논문, 2017, p.115. 재인용.

104   MarieJosé Lovérini, 위의 논문, p.57; 문지영, 위의 논문, 2017, p.115. 재인용. 핵무기 개발의 급성장과 아울러 프랑스는 1968년 8월, 첫 수소폭탄 실험에 성공한 후 다수의 핵탄두를 제조하고, 원폭 투하 폭격기 편대 및 핵탄두 장착 미사일 대대를 창설했으며, 핵미사일을 장착한 잠수함(Le Redoutable) 3척을 건조하기에 이르렀다. 이외에도 드골은 콩코드(Concorde) 초음속기의 개발, 컬러 TV 기술개발, 컴퓨터 생산계획 등의 여러 과학기술적 혁신을 달성했다. 문지영, 「드골의 대미외교정책, 1958-1969」, p.185.

105   문지영, 위의 논문, 2017, p.116.

106   안준호 지음, 앞의 책, 2011년, p.141.

107   이후 1967년에 이르면 62대의 60킬로톤의 핵폭탄을 운반할 수 있는 미라주 폭격기 62대가 핵억지력을 유지하게 된다. 전재성, 앞의 논문, 2003년, p.91. 각주 22) 재인용.

108   프랑스의 핵탄두 보유수는 1964년 4개, 1965년 32개, 1966년 36개. 전재성, 앞의 논문, 2003년, p.85.

109   전재성, 앞의 논문, 2003년, p.91. 프랑스는 현재 억지력(force de dissuasion)의 일환으로 핵전력을 두 축으로 운용하고 있다. 프랑스는 4척의 핵추진탄도미사일잠수함(SSBN)을 보유하고 있고, 공중발사순항미사일(ALCM)을 장착한 다수의 전투기와 폭격기를 운용하는데, 그 중 일부는 항공모함에 배치될 수 있다. 프랑스는 1996년까지 약간의 핵탄두 장착이 가능한 지상발사탄도미사일을 보유하고 있었다. Andrew Futter 지음, 고봉준 옮김, 『핵무기의 정치』, 명인문화사, 2016년, pp.66-67.

110   Philippe Simonnot, Les Nucléocrates, p.19. 문지영, 위의 논문, 2017, p.119. 재인용.

111   샤를 드골 지음, 심상필 옮김, 앞의 책, 2013년, pp.316-317.

112   허만, 위의 책, 1997년, p.197. p.202.

113   에유레는 프랑스의 대표적인 공대(工大)인 에콜 폴리테크닉 출신으로 포병장교로 임관, 주로 기술병과와 특수병과에 근무했다. 오경환, 앞의 논문, 2017, p.271.

114   허만, 위의 책, 1997년, pp.202-203.; 오경환, 앞의 논문, 2017, p.271.

115   김일수 · 유호근, 「미국의 국가안보와 핵억지 전략의 변화 : 트루먼트럼프 행정부까지」, 세계지역연구논총 제37집 4호, 2019년, p.16.

116   Lothar Ruehl, La Politique Militaire de la Ve République, Paris : FNSP, 1976, Chs. 9 & 10. 오경

환, 앞의 논문, 2017, p.273; 참고로 1964년 1월 14일의 법령은 대통령에게 핵무기를 발사할 수 있는 유일한 권한을 부여했다. 양진아, 「미테랑 대통령과 골리즘 – 나토정책을 중심으로-」,연세대학교 대학원 정치학과 석사학위 논문, 2002년, p.12.

117   오경환, 앞의 논문, 2017, p.273.

118   David S. Yost, La France de la sécurité européenne (Paris : Presses Universitaires de France, 1984), p.28. 허만, 위의 책, 1997년, p.203. 재인용. 비핀 나랑(Vipin Narang)교수는 프랑스는 1960년 이후 소련군과 바르샤바 조약 군대의 우월한 재래식 전력의 위협에 대비하여 '비대칭적 단계별 확대태세(asymmetric escalation postures)'라는 핵전략을 채택했다고 주장했다. France since 1960 and Pakistan since 1998 have both adopted asymmetric escalation postures. During the Cold War, French forces faced a conventionally superior, nuclear-armed proximate threat in the Soviet Union. In order to deter the Warsaw Pact's superior conventional forces, and seized with the fear that it would be left alone to face the Red Army, France threatened first use of nuclear weapons against Soviet forces and strategic targets should they breach Western Europe. Vipin Narang, Nuclear Strategies of Emerging Nuclear Powers: North Korea and Iran, Copyright # 2015 The Elliott School of International Affairs The Washington Quarterly • 38:1 p. 79. http://dx.doi.org/10.1080/0163660X.2015.1038175

119   Bill Gunston, Bomber of the West, New York: Charles Scribner's and Sons, 1973, p.105. 오경환, 앞의 논문, 2017, pp.271-272. 재인용. 중국의 마오쩌둥도 비슷한 생각을 얘기한 바 있다. "원자폭탄은 두려워할 필요가 없다. 중국은 인구가 매우 많다. 중국 사람들은 폭탄으로 완전히 제거될 수 없다. 만약 어떤 사람이 원자폭탄을 투하할 수 있다면 나도 할 수 있다. 1,000만 또는 2,000만 명의 죽음을 두려워할 것이 아니다. ……" David Halberstam, The coldest winter: America and the Korean War(London:Pan Macmillan Ltd, 2009),p.355. Andrew Futter 지음, 고봉준 옮김, 『핵무기의 정치』, 명인문화사, 2016년, p.130. 재인용

120   오경환, 앞의 논문, 2017, p.272.

121   Andrew Futter 지음, 고봉준 옮김, 앞의 책, 2016년, pp.114-116.

122   Lawrence Freedman, The evolution of nuclear strategy (Basingstoke:Palgrave Macmillan, 2003),p.245. Andrew Futter 지음, 고봉준 옮김, 앞의 책, 2016년, p.116. 재인용.

123   Andrew Futter 지음, 고봉준 옮김, 앞의 책, 2016년, p.116.

124   Andrew Futter 지음, 고봉준 옮김, 위의 책, 2016년, p.117.

125   Serge Gadal, Forces Aériennes Stratégiques: Histoire des deux premiéres composantes de la dissuasion nucléaire francaise, Paris: Economica, 2009, p.86. 오경환, 앞의 논문, 2017, pp.271-272. 재인용. 중국의 마오쩌둥도 비슷한 생각을 얘기한 바 있다. "원자폭탄은 두려워할 필요가 없다. 중국은 인구가 매우 많다. 중국 사람들은 폭탄으로 완전히 제거될 수 없다. 만약 어떤 사람이 원자폭탄을 투하할 수 있다면 나도 할 수 있다. 1,000만 또는 2,000만 명의 죽음을 두려워할 것이 아니다. ……", 재미있는 사실은 마오쩌둥이 1946년 인도 총리 네루를 만났을 때는 "중국인구가 얼만데"라며 미국의 원자폭탄을 '종이호랑이'로 비유했을 정도로 미국의 핵 위협을 대수롭지 않게 생각했다는 것이다. 그가 이렇게 생각한 이유는 제국주의자들이 다른 국가를 지배하기를 원한다면 핵무기 사용의 모험으로는 정치적 통제의 달성 목표를 지원하지 못할 것으로 보았기 때문이다. 모두 파괴가 아닌 통제가 핵심이기 때문이다. 그러나 마오쩌둥도 나중에 핵억지의 가치를 이해하면서 그리고 미국, 소련의 압박과 핵 위협에 대응하기 위해서, 또한 중국 지도자들에 의한 지속적인 압력으로 인해서 핵 프로그램을 채택하게 된다. 물론 그의 핵무기에 대한 생각이 중국의 방위정책을 지배했지만, 또 한편으로 핵 세력 국가로서 중국의 정책의 변화를 가져왔다고 할 수 있다. Guang Zhang Shu, "Between 'Paper' and 'Real Tigers' : Mao's View of Nuclear Weapons," John Gaddis, Philip Gordon, Ernest May, and Jonathan Rosenberg(eds.), Cold War Statesmen Confront the Bomb : Nuclear Diplomacy Since 1945 (London:Oxford University Press,1999) 참조. 도응조, 『20세기 위대한 현자, 레이몽 아롱의 전쟁 그리고 전략사상』, 연경문화사, 2021년, p.170. 각주 166번 재인용.
또한 중국은 2010년 국방백서에서 선제불사용(NFU : no first use) 원칙을 반영했고, 핵전력의 탄두와 운반체의 분리를 통해 핵억지를 위한 절대적인 최소의 전력으로 인식되는 수준을 유지해 오는 등 다른 P5 (NPT의 승인된 핵보유국, 미국 · 러시아 · 영국 · 프랑스 · 중국) 핵무기 보유국가와는 약간 다른 핵철학을 채택해 왔다. David Halberstam, The coldest winter: America and the Korean War(London:Pan Macmillan Ltd, 2009),p.355. Andrew Futter 지음, 고봉준 옮김, 『핵무기의 정치』, 명인문화사, 2016년, p.130. 재인용. p.161. p.357.

126　상호확증파괴(MAD) 개념이 핵시대 국제관계의 기반이라고 주장할 수 있지만, 특히 다음과 같은 세가지 논쟁점에 주목할 필요가 있다. 첫째, 합리성이다. 전통적 핵억지와 MAD는 모든 행위자가 합리적이라는 가정을 기반으로 한다. 즉 그들은 자살적인 1차 공격을 감행하는 결정을 내리지 않아야 한다. 그러나, 실제로는 어떤 행위자가 합리적이지 않을 수 있고, 특정 상황에서는 합리적이지 않은 방식으로 행동할 수도 있다. 둘째, 우발적 사고이다. 신뢰할 수 있는 제2차 공격을 확보하기 위해서는 일정량의 핵무기가 비상경계태세에 있어야 한다. 이것은 결국 오산이나 사고의 가능성을 높이게 하는 문제가 있다. 셋째, MAD는 공격에 대한 취약성에 의존하기 때문에 많은 이들에게 도덕적으로 옳지 않은 것으로 인식된다. 소규모 핵공격조차도 대량의 살상자를 발생시킬 것임을 고려할 때, 핵공격에 대해 방어의 노력을 기울이지 않는 것이 어떻게 정당화될 수 있을 것인가? 라는 것이 문제이다. Andrew Futter 지음, 고봉준 옮김, 위의 책, 2016년, pp.117-118.

127　Livre Blanc sur la défense nationale, tome 1, 1973, pp.8-9, David S. Yost, 위의 책, p.30.재인용. 허만, 위의 책, 1997년, p.204. 재인용.

128　허만, 앞의 책, 1997년, p.204.

129　David S. Yost, 앞의 책, p.88. 참조, 허만, 위의 책, 1997년, p.204. 재인용. 이런 맥락에서 레이몽 아롱(Raymond Aron)도 다음과 같이 의문을 제기했다. "핵무기가 파멸적 본성을 가지고 있다고 해서 핵보유소국이 핵보유대국을 억지할 수 있다는 개념이 정당화될 것인가? 얼핏 보면 그러하다. 확실히 특정 및 몇몇 상황아래에서는 그 피해정도의 차이에도 불구하고 소국이 대국을 억지할 수 있다. 그렇다고 이 개념을 결코 절대화시켜서는 안 된다. 소국은 상대 강국에게 상처 정도는 입힐지라도 죽음조차도 불사하겠다는 것을 적에게 확신시켜야만 한다. 약소국이 시도하는 이 같은 게임이 침략군이 갖는 통상적 위험부담일 수는 없는 것이 바로 이와 같은 성질의 억지(deterrence)가 갖는 합리성의 한계이다. 소국의 억지를 어디까지 믿어주어야 하며 대국이 구사하는 위험부담이란 것은 어떤 것일까? 더욱 프랑스가 선제 핵공격을 당하지 않고도 모스크바를 향해 핵 공격을 감행할 대통령이 과연 프랑스에 있을 수 있단 말인가?" 이는 아마도 아롱이 프랑스가 갖는 핵전략이 너무 추상적인 생각에 의한 것이고, 또한 그것이 그럴듯하게 받아들여진 데에 대한 우려에서 나온 경고인 듯하다. 또 아롱은 만일의 핵전쟁시 프랑스가 할 수 있는 제2차 핵공격 감행능력에 대해서도 지극히 회의적이었다. 이창조, 「평화와 전쟁 (레이몽 아롱의 이론을 중심으로)」, 평화연구 제7권 제1호, 1988년, p.91.

130　허만, 앞의 책, 1997년, pp.205-206.

131　De Gaulle((1971), Berstein(1989), p.161; 전재성, 「프랑스 드골 대통령의 자주외교 연구」, 신진교수지원연구, 2003년, p.76.-77. 재인용.

132　2008년 현재, 프랑스는 핵무기 특수 부대를 보유하고 있다. 이 <격파 부대 force de frappe> 는 육군, 해군, 공군에서 활약하고 있다. 2008년 3월, 사르코지 대통령은 핵무기 특수 부대가 가지고 있는 핵무기 수를 3백 기 이하로 줄이겠다고 발표했다. 안준호 지음, 『핵무기와 국제정치』, 열린책들, 2011년, p.142.

133　Venance Journe, "France's nuclear stance : independence, unilateralism, and adaptation," chapter in Catherine McArdle Kelleher and Judith Reppy(eds.), 'Getting to zero': the path to nuclear disarmament (Stanford:Stanford University Press, 2011), p.140. Andrew Futter 지음, 고봉준 옮김, 앞의 책, 2016년, p.160. 재인용.

134　이 캠페인은 장기적 과제로 네 단계의 완전 핵군축 계획을 제시했다. 1단계 (2010~2013) : 미국과 러시아가 양국 핵탄두를 500개까지 감축하는 조약체결, 2단계 (2014~2018) : 미국과 러시아가 양국 핵탄두를 500개까지 감축하고, 다른 모든 핵무장 국가는 보유고 동결, 3단계 (2019~2023) : 다자적 글로벌 제로 조약과 그 실행기구에 대한 협상, 4단계 (2024~2030) : 2030년까지 완전하고 검증가능하게 모든 핵무기 폐기. Andrew Futter 지음, 고봉준 옮김, 앞의 책, 2016년, p.295.

135　JeanLoup Samaan and David Gompert, "French nuclear weapons, Eurodeterrence and NATO," Contemporary Security Policy, 30:3 (2009), p.486. Andrew Futter 지음, 고봉준 옮김, 위의 책, 2016년, p.160. 재인용.

136　Venance Journe, "France's nuclear stance : independence, unilateralism, and adaptation," chapter in Catherine McArdle Kelleher and Judith Reppy(eds.), 'Getting to zero': the path to nuclear disarmament (Stanford:Stanford University Press, 2011), p.124. Andrew Futter 지음, 고봉준 옮김, 앞의 책, 2016년, p.160. 재인용.

137　Jamey Keaten, "France affirms nuclear arms despite military cuts,"Associated Press , .

Andrew Futter 지음, 고봉준 옮김, 앞의 책, 2016년, p.159. 재인용.

138   Bruno Tertrais, "The last to disarm? The future of France's nuclear weapons," The Nonpro-liferation Review, 14:2(2007), p.253. Andrew Futter 지음, 고봉준 옮김, 위의 책, 2016년, p.159. 재인용.

139   Andrew Futter는 그의 저서 『핵무기의 정치』에서 글로벌 제로와 핵군축을 위한 진전에 6가지 장애물을 소개했다. 다시 말해 핵폐기로 가는 길에 남아있는 도전이 매우 많다는 것이다. 첫째, 누가 먼저 움직일 것인가의 문제, 둘째, 만들지 못하도록 할 수 없다. 셋째, 검증 및 신뢰 문제, 넷째, 잠재적 핵능력 문제, 다섯째, 버리고 싶어 하지 않는 문제, 여섯째, 핵무기 없이 세계가 더 불안해질 가능성의 문제. Andrew Futter 지음, 고봉준 옮김, 앞의 책, 2016년, pp.297-298.

140   Venance Journe, "France's nuclear stance : independence, unilateralism, and adaptation," chapter in Catherine McArdle Kelleher and Judith Reppy(eds.), 'Getting to zero': the path to nuclear disarmament (Stanford:Stanford University Press, 2011), p.133. Andrew Futter 지음, 고봉준 옮김, 위의 책, 2016년, p.160. 재인용.

141   Bruno Tertrais, "The last to disarm? The future of France's nuclear weapons," The Nonprolifer-ation Review, 14:2(2007), p.270. Andrew Futter 지음, 고봉준 옮김, 위의 책, 2016년, p.160. 재인용.

제3장
경제·국토 개발편

드골은 어떻게 경제를 부흥시켰나

드골이 군인이면서 정치가로서 정치·외교·군사면에서 탁월한 능력을 발휘하여 위대한 프랑스를 건설한 면은 널리 알려져 있으나, 1960년대 프랑스 경제를 획기적으로 발전시킨 것에 대해서는 널리 알려져 있지 않다. 그러나 드골이 온 몸을 다해 추진한 경제와 국토개발정책의 결과를 알게 되면 감탄을 금치 못할 정도다. 왜냐하면 그 어느 경제학자보다도 그의 사상과 철학이 심오하고 통찰력이 있으며, 실질적으로 정책을 추진함에 있어, 과거와 현재, 그리고 미래를 연결하여 계획성 있게, 그리고 대담하게 고안하고 직접 하나하나 실현시켜 성과를 냄으로써 프랑스의 안정과 번영의 초석을 세웠기 때문이다.

드골은 정치와 경제는 마치 삶과 행동이 그러하듯이 서로 밀접한 관계를 갖고 있다고 보았고, 정치적인 효율성과 계획은 바로 경제적인 능력과 희망에 연계되어 있다고 믿었기 때문에 정치와 함께 경제문제를 항상 최대한 우선시하는 관심사였다.

"…내가 프랑스를 이끌고 나가면서 나라가 조용하건, 폭풍우에 휩싸였건, 경제와 사회문제는 내가 제일 앞에 내세운 관심사였다. 국사를 맡고 있는 동안, 사람들과의 회담, 시찰, 연설 등에서 거의 반수 이상이 그 문제를 다루기 위함이었다. 이것은 여담이지만, 사람들이 드골에게 경제문제를 등한시한다고 집요하게 비난하고 있을 때, 나는 그것을 언제나 우스꽝스럽게 생각했다.[1]"

드골이 1958년 정권 인수를 위해 마티뇽(수상관저)에 들어가서 업무를 파악해보니 정부의 모든 부서가 일제히 파산 직전에 있었다. 1958년의 예산은 112억 프랑의 적자를 냈고, 외국에 진 부채는 30억 달러를 넘었는데, 그중 반은 일 년 내에 갚아야 하는 단기부채였다. 무역수지 균형에서, 수출에 의한 외환 수입은 수입의 75%에 불과했다. 외화 보유라고는 금으로 환산한 6억 3천만 달러, 외화는 5주 치 수입량을 감당할 수 있는 정도의 가치밖에 되지 못했다. 외국에서 얻을 수 있는 모든 차관은 이전 정부가 이미 모두 소진시켰기 때문에 완전히 불가능하게 되었다.

드골은 당시를 "우리에게는 기적이냐 파산이냐의 두 가지 밖에 다른 선택이 있을 수 없었다"고 회고했다.[2]

재정과 화폐의 안정, 무역의 자유화가 경제회복의 열쇠다.

그렇다면 당시 드골은 어떤 생각을 하고 있었을까.

" …그러면 내가 프랑스를 이끌어 나가는 데 있어서 정치의 요구에 부합하기 위해, 우리가 해야 할 경제적인 노력을 어떠한 방향으로 이끌어야 할 것인가? 출발점과 진행 과정에서 내가 갖고 있는 자산은 다름 아닌 양식에 의한 건전한 생각과 판단이다. 우리나라는 국내 자체의 자원만으로 모든 것을 해결해 나갈 수 없으며, 그렇다고 외국과 어떤 관계를 가지려면 그 산업이 시대에 뒤떨어지지 않아야 한다. 즉 경쟁의 시대에서 경쟁할 수 있어야 한다. 과학과 기술의 시대에서 연구를 증진시켜야 한다. 그러나 더 많이 생산하기 위해, 외국과의 교역에서 더욱 유리한 조건을 가질 수 있도록 해야 한다. 공장에서 제조하고 농토에서 수확하는 모든 것들의 끊임없는 개선-창의력에 의한-을 위해, 우리나라는 시의적절하게 근본적인 변혁을 추진해야 한다.[3]"

그럼 드골은 어떤 정책으로 프랑스 경제재기에 성공할 수 있었을까? 결론부터 말하자면, 국민의 지지를 바탕으로 한 '재정과 화폐의 안정, 무역의 자유화' 등의 개혁정책이었다고 할 수 있다.

이러한 개혁정책[4]에 따라 당시 사회분야별 한림원, 재무감사원, 국가위원회, 대학 및 공인회계사와 은행, 산업계에서 선출된 대단히 유능한 인물로 구성된 위원회가 구성됐는데, 최초 위원장은 자크 뤼에프[5]였다. 이 위원회에서는 일명 뤼에프 플랜[6]

이라고 일컫는 계획안을 만들었는데, 기존의 프랑스 경제 활동과 재정 정책을 완전히 뒤엎는 계획이었다. 드골은 이 계획을 전체적으로 합리적이고 적극적이면서도 동시에 대담하고 야심적인 면이 있다고 평가하면서 수락했다.[7]

이 계획의 주요 내용을 드골의 회고록에서 찾아보면 다음과 같다.[8]

① 인플레이션을 중지시키는 정책이다. 인플레이션은 일종의 마약으로 사회를 죽음으로 서서히 이끌어 간다. 이 병을 고치기 위해 국가의 지출을 줄이고, 수입을 늘렸다. 이렇게 하여 우선 1959년부터는, 예산에서의 적자를 화폐의 발행으로 메우지 않도록 했다. 다음에는 국내 소비를 순간적이나마 줄여서 국민소득 가운데서 지나친 부분이 소모되지 못하도록 하고 반대로 저축을 높이기로 했다. 저축은 투자의 모태母胎이다. 또한 국내 생산을 수출로 돌리도록 했다. 이러한 방향으로 취해진 일련의 대책은 심하다고 불릴 정도로 엄격했다. 예를 들어 공무원 봉급인상은 4퍼센트로 제한시키고, 각종 국가의 보조금을 삭감하며, 퇴역 군인의 연금 지급도 일시적으로 중지했다. 동시에 법인세와 고소득자, 포도주·알코올류 및 담배에 더 큰 세금을 부과했다. 가스·전기·교통 요금 등을 인상하되, 이러한 부담이 가난한 사람들에게 미치지 않게끔 최저임금과 가족수당은 각각 4퍼센트와 10퍼센트 씩 인상했으며, 노인 연금에 즉시 5,200프랑을 더 얹어서 지급했다.

② 화폐에 관한 정책이다. 기본적으로 화폐는 경제 건강의 지표이며, 신용의 조건으로서, 그 가치의 확고성은 저축을 조성, 보장하고, 기업가 정신을 장려하며 사회 발전에 기여하고 국제무대에서 영향력을 발휘하게끔 한다. 만일 화폐의 가치가 흔들리면, 인플레이션이 번지고, 낭비를 유도하고, 약진을 저해하며 결국 사회적인 혼란을 일으킨다. 이것은 국가의 독립까지 흔들리게 한다.[9]

사실 1914년까지 이른바 나폴레옹 금화를 사용해 왔는데, 그때 이래 11번에 걸쳐 프랑의 가치가 절하되었다. 우리의 목표 중의 목표는 프랑의 가치를 안정된 기준 위에 고정시킴으로써, 생산품의 가격이 세계시장에서 경쟁을 할 수 있게끔 정하는 것이었다. 그리하여 17.5퍼센트의 환율인상을 권고하게 되었다. 그러나 여기서부터 프랑스의 화폐는 변치 않는 가치를 갖도록 해야 하며, 프랑스 국내에서 뿐만 아니라 외국에서도 프랑 가치의 안정성을 인정하도록 하는 것이다.[10] 이리하여 프랑화는 외국화폐와 교환될 수 있게 되었다. 다시 말하자면 다른 나라들의 외화와 자유롭게 매매될 수 있도록 하는 것이다. 그 밖에도 가치의 저하가 우리의 시련을 표현했듯이 구舊프랑이 가치 하락의 상징적 표현이었기 때문에 신용할 만한 신新 프랑을 발행했는데, 신 프랑은 구 프랑의 100분의 1의 가치를 가지며, 앞으로는 모든 장부와 새로 발행된 화폐는 신 프랑으로 기록되도록 했다.

③ 무역의 자유화이다. 이것은 하나의 혁명이라고도 할 수 있었다. 이 계획안의 기본은 100년 전부터 실시해 오던 보호주의에서 프랑스를 해방시키자는 것이기 때문이다. 그동안은 보호주의라는 성벽의 뒤에서 대전 전에 엄청난 재산을 긁어모으면서 다른 나라에 예속됨이 없이 자신의 경제생활을 영위할 수 있었지만, 지금 사정은 달랐다. 현재의 시스템은 프랑스를 고립시키고 잠들게 하는 것이며, 극히 평범한 상태를 유지시키는 것이었다. 관세에 의한 장벽, 모든 종류의 수입 제한 또는 금지 등은 공업, 농업 및 상업을 무기력하게 만들 뿐이었다. 이와 반대로 경쟁하도록 하면 동시에 모험과 자극을 느끼게 함과 동시에 경제의 시설, 기업가 정신 및 경영방법을 생산성의 요구에 적응시킬 것이며, 외부로의 진출을 성공의 기준으로 삼을 것이었다.

하지만 모든 개혁에는 비판과 불만·불평이 있는 법이었고, 드골은 회고록에 비판의 물결을 다음과 같이 표현했다.

"…공동 이익은 개인의 이익에 우선한다는 생각이 없는 이 반대자들은 국민에게 부과된 희생이 무조건 옳지 못하다고만 주장했다. 이러한 전반적인 불평에서 시작하여, 각 기구는 각 기구대로 이번 결정이 특히 자기들에게 해를 주는 것이라고 들고 일어났다. 기업주들은 공업에 부과된 세금을 비난하고, 이 세금을 감축시키기 위해 국가지출을 줄이라고 요구했다. 중소기업체들은 무역의 자유화에 반대하고 나섰는데 그들에 의하면 많은 수의 기업체들

이 외국과의 경쟁을 할 수 없는 형편이라고 했다. 중견 간부와 자영업자들은 그들의 외적外的으로 나타난 부富의 표시를 소득세의 계산에 넣는 것이 부당하다고 했다. 상업계의 대변인들은 뤼에프 플랜이 소비자의 구매력을 감소시키는 것이라고 비난했다. 노동조합은 고용인들의 생활수준이 낮아진다고 했으며, 그들은 또한 이번 환율 인상으로 물가가 상승하여 긴축재정에 따라 경제가 침체되고 생활고가 늘어난다고 했다. 농민 단체들은 농산물 가격과 물가지수의 연계에 종지부를 찍을 수 없다고 주장하며, 이 연결을 없앰으로써 농민소득과 다른 부분의 소득의 일치성 원칙을 침범한다고 떠들었다. 상이용사회는 순간적이나마 전쟁의 생존자들에게 주던 연금을 일시 중지한다는 데 격분했다.[11]"

그렇지만 드골은 이 중대한 시기에 정부가 결정한 바를 많은 비난에도 불구하고 냉정하게 실천에 옮겼다. 이미 드골은 주역周易에서 말하는 소위 '혁언삼취유부革言三就有孚'[12]라는 뜻을 이미 알고 있었던 것은 아닐까. 다시 말해 아무리 비난이 심하더라도 여러 번 성공하면 더 이상 문제가 되지 않는 법이다.

그런데 실제로 뤼에프 플랜이 시작된 지 6개월이 지났을 때, 피부로 느끼던 초창기의 경제 침체는 사라지고 경제가 다시 활발해졌다. 실업자도 줄었고, 노동시간도 늘었다. 1959년 6월 30일자로 7퍼센트나 8퍼센트로 예상했던 물가 인상은 3퍼센트선에서 멎었다. 수출도 그 전례 없는 비약적 발전을 했다. 그 해의 첫 6개월 동안 외자는 9억 달러가 들어와 외채外債 6억 달러를 상환하고도 외화 보유고는 15억 달러에 달했다. 프랑스 증시의 거래지수도 2배로 늘었다. 그래서 드골은 국민에게 "순풍順風이 분다." 라고 말할 수 있었다.[13]

그런데 당시 이른바 전문가라는 사람들 중 다수가 안정과 번영, 이 두 현상은 양립할 수 없다고 주장했었다. 그렇지만 드골은 이런 여세를 몰아 1959년 말부터 그 후 3년간 엄청난 성장 속에서 안정을 유지했던 것이다. 다음은 드골이 회고록에 적은 내용이다.

"국민생산의 증가는 1959년 후반기에 3퍼센트 증가했고, 1960년에는 7.9퍼센트, 1961년에는 4.6퍼센트, 1962년에는 6.8퍼센트 증가했다. 연평균 공업생산은 5.4퍼센트 씩 증가했고, 농업생산은 5퍼센트를 능가했다고 할 수 있었다. 안정도 또한 놀랄만하다. 국가 예산은 균형을 유지했고, 경상수지도 달이 갈수록 흑자를 냈으며, 1962년 외화와 금 보유고는 40억 달러를 초과하고, 단기 및 중기 외채는 기한 내에 완전히 상환되었다. 소매와 도매가격의 인상은 3.5퍼센트를 넘지 않았다. 이에 따라 프랑스인의 생활수준은 실질적으로 매년 4퍼센트가 넘게 올랐으며, 반면에 실업자 수는 모든 노동인구의 0.5퍼센트로 떨어졌다. 동시에 소비안락한 생활이라고 하자도 봉급인상에 따라 증가했는데, 은행에 저축된 예금은 1958년에 신 프랑으로 30억이 늘었고, 1959년, 1960년에는 45억, 1961년에는 50억, 1962년에는 60억 프랑이나 되었다. 민간투자는 매년 10퍼센트 이상이나 증가했으며, 국가에 의해 경제발전사업에 투자된 액수는 적어도 총 국가지출의 절반을 차지했다. 이렇게 프랑스는 발전을 위한 변화를 추진할 수 있는 기초를 튼튼히 다질 수 있었다. 이 이상 더 분명한 성공이 어디 있겠는가?[14]

드골은 어떻게 국토를 개발 했나

드골의 국토개발정책은 또 다른 경제회복 정책의 이름이었다. 프랑스 파리IV소르본대학교 지리학과 명예교수였던 폴 클라발Paul Claval은 드골에게 있어 국토정책은 지도 위에 그리는 부질없는 꿈이 아니라 프랑스인들의 명예와 그들이 누려야 하는 존경에 대한 숙고에서 비롯된 것이라고 말했다. 인간집단은 공동 운명의 연속성을 상기하기 위하여 과거의 흔적이 새겨진 환경을 가져야만 충분히 자기성취를 할 수 있다. 또한 장소를 불문하고 건강, 교육, 노동, 여가, 운동에 대해 접근할 수 있는 정의가 실현되는 환경에서만, 그리고 이미 조성되어 있는 환경 속에 들어 있음으로써 미래가 미소짓는 환경에서 자기 성취가 가능하다. 그래서 드골은 프랑스인들을 위하여 프랑스 국토를 개발하였다고 주장하면서 드골의 국토개발의 요체를 다음 세

가지로 요약했다.[15]

① 오늘, 어제 그리고 내일의 프랑스인들을 위한 국토개발정책이다.

드골은 오늘을 사는 프랑스인들에 대한 존경의 표현은 그들에게 최대한 좋은 삶의 조건을 보장하고, 자아개발을 가능하게 하며, 그들이 조국에 모든 기회를 주도록 하는 것이라고 생각했다.

따라서 드골은 정부가 실시하는 교육정책(중등교육의 보편화, 대학교육에 대한 대규모 노력 등)에 매우 관심을 보였으며, 그래서 그는 의무교육 연한을 14세에서 16세로 연장함으로써 모든 국민의 지식수준을 한 단계 높였다. 가장 낙후한 지역의 보건 시스템까지 근대화하는 것을 추진했다. 모든 사람에게 평등한 기회를 부여하는 것은 통신망 개선, 고속도로 네트워크 구축, 철도망 연계강화, 국내 항공노선 발달로 가능해졌다. 또 파리 교외 라 데팡스와 여러 개의 누벨 빌(신도시)을 입안한 것도 드골 정부였다.

드골은 앙드레 말로가 추진했던 문화유산 사업과 병행해서 프랑스인들이 그들의 아버지, 할아버지 등 선조들을 얼마나 존중해야 하는지를 상기시키는 역사적 연속성을 추구하면서 국토정책을 추진했다. 드골은 1962년부터 파리의 마레지구에서 시작하여 사를라Sarlat·시농Chinon[16] 등 점점 더 많은 지방 도시들을 지원했다.

특히, 드골은 다음 세대를 위해 준비를 했다(보건과 교육이 대표적임). 후손들은 우리보다 훨씬 나은 환경에서 살 권리가 있다고 생각했고, 정책결정자들이 생산성 향상을 위해서 환경을 파괴하지 말아야 한다는 신념이 있었다. 미래를 준비하는 것, 이것은 또한 프랑스가 지속적으로 더 많은 인구를 유지하게 하는 것이었다. 한 예로 드골은 1946년부터 1963년까지 이어진 출산초과현상이 지속되기를 희망했다.[17]

② 프랑스가 가진 잠재력을 발전시키는 국토개발정책이다.

과학과 기술연구의 중요성을 누구보다도 잘 알고 있었던 드골은 연구 없이는 프랑스가 실질적이고 전략적인 독립을 하지 못할 것으로 보았다. 그래서 1958년부터는 이 사업을 총괄하는 위원회가 창설되었는데, 예를 들면 '총무국'과 '원로위원회'가 그것이다. 1958년부터 1962년 사이 무려 750억 프랑의 예산을 여기에 투자했다.[18] 드골은 회고록에 다음과 같이 연구개발의 중요성을 피력했다.

> " …내가 사인하고, 공포한 예산 가운데 개발비 지출은 항상 일반 지출을 능가했다. 이른바 '최첨단 구역'이라는 기초과학연구, 원자, 항공, 우주, 컴퓨터 등도 문제가 되는데, 그 까닭은 이것을 위한 연구실 또는 제조과정으로부터 모든 발전을 위한 자극이 확산되기 때문이다. 나는 이런 것들의 발전과정을 주시하며 이 사업에 필요한 지원을 위해 수차에 걸쳐 직접 개입하고, 이 기관들을 방문하며 그 기관장과 면담하고 그들의 이야기를 듣기도 했다.[19]"

에너지는 국가안보와도 직결되어있는 산업경쟁력의 기초이자 국민 경제 및 국토개발의 혈류다. 따라서 풍부한 에너지원의 개발이 필수적이다. 그러나 프랑스에는 에너지자원이 그렇게 많지 않은 점에 유의하여 드골은 원자력이란 첨단과학을 적극적으로 개발했는데, 특히 전력분야에서 국제경쟁력을 강화시킬 수 있었던 것은 난립되어 있었던 전력산업체를 부문별로 전문화시켰기 때문이다. 예컨대, 원자로 제작회사는 프라마톰, 터빈발전기제작은 알스톰, 핵연료는 프라제마, 폐기물처분은 고준위인 경우 코제마, 저준위인 경우 앙그라 등으로 계열화하여 전력회사인 프랑스전력공사로 하여금 값싼 양질의 전력을 공급할 수 있게 한 것이다. 이러한 적극적인 원전사업은 프랑스 국내산업화의 원동력을 제공하여 위대한 프랑스의 재건을 실현시키는데 큰 역할을 했다.

이 결과, 오늘날 프랑스는 원전 비중이 71%로 세계에서 가장 높으며, 저렴한 발전원가를 최대한 활용, 1989년 기준 유럽 여러 나라에 429억kWh의 전력에너지를 수출함으로써 25억불의 판매수익을 남긴 바 있다.[20] 또한 포브스Forbes 역시 "프랑스는 원자력 덕분에 세계의 청정에너지 선도국이지만, 독일은 (에너지전환과정에서) 가장 더러운 갈탄을 포함한 화석연료 의존을 유지하고 있다."고 했다.[21]

또한 국가전략적인 차원에서 우주공학 역시 원자력 연구만큼이나 중요했다. 알제리의 남부 아마기르Hammaguir에 발사대를 설치했으며, 드골의 제안으로 남미 프랑스령 기아나Guyane 북부에 있는 위성발사기지인 쿠루(Kourou)에 국립우주연구소 설치를 결정했다. 적도와 가까워 로켓 발사가 쉬웠기 때문이다.

아울러 드골은 교통부문을 강화해야 한다는 것을 확신했다. 시속 400km에서 500km의 속력을 낼 수 있는 항공기를 연구하던 엔지니어 베르텡Bertain의 제안에 매우 관심을 가졌다. 그래서 콩코드Concorde를 고안하기 위해 카라벨Caravelle을 만든 쉬드 아비아시옹Sud Aviation과 영국의 브리티시 에어로스페이스British Aerospace의 협력을 장려했다. 결국 최초의 초음속 여객기 콩코드Concorde는 1969년 첫 비행을 하게 되었는데, 이 계획을 입안한 것도 드골이었다. 특히, 미국의 보잉과 함께 세계 항공기 제작의 양대 산맥인 에어버스Airbus를 설계해 키운 것도 드골이었다.

마지막으로 드골은 프랑스가 선두에 머무르기 위해서는 프랑스 국토개발정책이 프랑스가 보유한 모든 자원을 잘 활용해야 한다고 생각했으며, 이러한 의지는 농업, 섬유산업과 제철업, 전자산업, 관광정책에 있어서까지 드러났다. 예를 들어 탈산업화 타격을 받은 섬유산업지역을 지원해야 했으며, 기술변화와 원료조달의 변화로 인해 재구조 또는 폐업의 위기에 처한 제철업에 새로운 기초를 마련해야 했다. 1958년에서 1970년까지 됭케르크Dunkerque 공장을 건설하고 근대화하는 데 필요한 재정지원에서 절대적 역할을 했다. 또한 드골은 1960년대 중반 전자산업 역시 주시하면서 관광정책에 있어서도 그의 의지를 드러냈다. 랑그도크루시용Languedoc-Roussillon과 아키텐Aquitaine지방의 해수욕장, 알프스Alpes와 피레네Pyrénées의 스키장 개발이 그 예다.[22]

③ 모든 사회집단이 정치적 의사표현을 하도록 하는 국토개발정책이다.
드골은 강력한 지방분권화를 추진하여 프랑스 특유의 지역특성에 맞는 프로젝트를 선정하고 범정부차원에서 예산지원과 상시점검을 통하여 지역별 특성화 산업 육성 등 괄목할 성과도 거두었다.[23]

하지만 드골은 국토개발정책을 통해 또 하나의 위대한 프랑스를 재건하고 싶었다. 그게 바로 모든 사회집단이 정치적 의사표현을 하도록 하는 국토개발정책이었다. 어떤 면에서는 드골의 정책 추진 중 가장 창의적인 점으로서 저항 역시 만만치 않았다.

1962년 4월부터 수상을 했던 조르주 퐁피두는 드골이 프랑스 농촌지역이 지방의 정치적 단위로서 코뮌(주민자치제) 그리고 데파르트망(지방자치단체, 한국의 市·郡에 해당)에 매우 큰 애착을 가지고 있다는 것을 잘 알고 있었다. 하지만 코뮌을 통합하거나 여러 개의 데파르트망을 묶어서 레지옹(지방자치단체, 한국의 道와 비슷)을 만드는 것이 가져올 어려움을 알고 있었기 때문에 새로운 행정구역을 구획하는 작업이 매우 복잡해질 것을 염려했다. 결국 퐁피두는 드골이 원하는 방향으로 1964년의 지방분권법 작업을 수행했지만, 드골은 그 이상을 원했다.

하지만 이러한 국토정책은 수많은 저항을 낳았다. 좌파와 우파 모두에 포진해 있는 자코뱅주의자들과 중앙집권주의자, 정부 관료들, 지방정치세력(지역의원)의 저항이 그것이었다. 1960년대 드골, 퐁피두 등은 이러한 저항에 대항하는데 전력을 기울였으며, 정부는 이에 정면으로 맞서기보다는 우회하는 방법을 선호했다.

그러면서 드골은 자신이 정말 핵심적인 것은 실현하지 못하고 있다고 생각했다. 왜냐하면 드골이 꿈꾸었던 것 국토정책 중 하나는 모든 프랑스인들이 원하는 대로 자기개발을 하고, 원하는 곳에서 일하며, 자신의 능력과 의사에 의해 국가의 영속적인 능력을 동원하는 데 참여할 수 있는 수단을 주는 국토정책이었기 때문이다.

1968년 봄, 프랑스인들이 나라를 뒤흔드는 저항을 할 때 이것은 이들의 의견을 제대로 전달하는, 나라가 해야 하는 것들에 대한 그들의 의견을 표현하는 수단이 없었다는 것을 의미한다.[24] 다시 말해 드골이 꿈꾸었던 '모든 사회집단이 정치적 의사표현을 하도록 하는 국토개발정책'이 실현되었다면 하는 아쉬움을 드골은 갖고 있었던 것은 아닐까.

결론적으로 드골은 국력의 기본 수단 중 하나를 경제력과 국토개발로 보았다. 그는 프랑스는 19세기 제국주의 시대에 누렸던 영화를 가져다 주었던 도구들로는 20세기에 그가 추구하는 위대한 프랑스를 재건할 수 없다는 것과 그렇기 때문에 20세기는 경제력과 첨단기술이 있어야 강대국이 될 수 있음을 알고 있었다. 그래서 구시대적인 사고방식에서 벗어나지 못한 국민들과 정치인들의 반대에도 불구하고 경제회복 및 국토개발정책을 강조하며 경제강국들과 경쟁하는 것을 두려워하지 않았다. 사실 드골의 제5공화국 10년 동안 (1959-1969) 프랑스는 경제적으로 사회적으로 가장 중요한 발전을 이룩했으며, 그런 의미에서 1960년대부터 진정한 산업시대로 들어섰다고 할 수 있다. 드골은 외교·국방에도 귀신이었지만, 경제와 국토개발에도 귀신이었던 것이다.[25]

드골은 그의 저서인 '희망의 회고록 「경제」편'을 마무리하면서 다음과 같은 통찰력 있는 말을 남겼다.

"…1962년 2월 5일 나는 국민 앞에 그들이 이룩한 발전상을 상기시켰다."눈이 먼 편파주의자를 제하고 이 세상에 아무도 프랑스의 힘찬 발전을 부인할 사람은 없습니다. …지금은 경제 계획의 실천단계에 있는데 이것이 끝나는 날, 우리의 국력과 번영은 25퍼센트나 증가됩니다. 물론 이 모든 것에도 부족한 점과 실수도 있습니다. 그러나 우리는 아직 힘이 있습니다. 우리는 어떠한 세계가 우리를 둘러싸고 있는지를 잘 알고 있으며, 어떠한 사태가 우리 사업에 영향을 준다는 것도 잘 알고 있습니다. 지금 성공을 눈앞에 두고 있는 이때, 아름다운 진주를 발견했으나, 겁이 나서 바다 속에 다시 진주를 던져버렸던 어부를 우리는 흉내 낼 이유가 없습니다." 나는 진주를 버리지 않는다. 그러나 인간적이고 물질적인 현실과 맞서며 모든 것이 평탄치 않고 결정적으로 얻은 것은 없는 이 부문에서 우리가 어떤 결과를 얻든, 소수의 사람을 제하고는 아무도 만족하지 않는 이 부분에서, 나는 매일같이 다음을 느낄 수 있다. 경제는 인생처럼 하나의 투쟁이며, 이 투쟁에는 결정적인 승리란 없다는 것이다. 아우스터리츠 전투[26]의 승리와 같은 날에도 태양이 전장을 빛내주려 나타나지는 않는다.[27]"

1   샤를 드골, 심상필 옮김, 앞의 책, 2013년, pp.205-207.

2   샤를 드골, 심상필 옮김, 위의 책, 2013년, pp.214-215.

3   샤를 드골, 심상필 옮김, 앞의 책, 2013년, p.208.

4   당시 개혁정책은 '새로운 제도'(드골이 대통령으로 1959년 1월 8일에 엘리제궁에 자리 잡는)가 탄생할 때까지 법의 효력을 가진 정부령(令)에 의해 추진되었다. 샤를 드골, 심상필 옮김, 위의 책, 2013년, p.220.

5   Jacques Rueff (1896~1978), 프랑스의 경제학자, 에콜 폴리테크닉 출신으로 아카데미 프랑세즈의 회원이기도 함. 그는 드골 집권 당시 루이 아르망(Louis Armand)과 함께 뤼에프 플랜을 제출했고, 제5공화국은 이를 실행에 옮기면서 경제 전반의 균형을 잡고, 이른바 '안정 가운데 번영'을 성공시켰다. 샤를 드골, 심상필 옮김, 위의 책, 2013년, p.220. 각주 재인용.

6   레이몽 아롱(Raymond Aron)은 1981년 5월 프랑수아 미테랑 정권이 들어선 직후에도 뤼에프플랜은 아직도 유효하다고 강조하면서 공무원 증원을 포함한 사회당의 경기 부양 정책을 한마디로 민중 선동적(demagogic)이라고 힐난했다. 이와 관련하여 다음과 같은 말을 했다. "공무원을 늘린다는 것은 경제에 약간 활력을 주고 또 실업 증가를 다소 지연시키기는 하겠지만 결국 그것은 곧 참을 수 없는 대가를 지불하게 될 것이다. 18개월 동안 20만 명 이상의 공무원을 신규 채용함으로써 실업을 퇴치한다는 발상은 내게는 추악한 민중 선동의 방법인 것처럼 보인다. 20만 명의 공무원은 지금 당장은 별로 비싼 값이 들지 않겠지만 그 국고 부담은 해가 갈수록 점점 무거워 질 것이다. 일의 필요성에 따라 공무원 수를 늘려야지 실업 퇴치를 위해 그 수를 늘려서는 안 된다. 일은 적게 하고 돈은 더 많이 벌게 하는 방법이란 있을 수 없다." 장루이 미시카, 도미니크 볼통과의 대담, 박정자 옮김, 『자유주의자 레이몽 아롱』, 기파랑, 2021년, p.5. p.468. p.471. pp.285286.

7   샤를 드골, 심상필 옮김, 위의 책, 2013년, pp.220-221. p.224.

8   샤를 드골, 심상필 옮김, 위의 책, 2013년, pp.221-224.

9   샤를 드골, 심상필 옮김, 앞의 책, 2013년, p.211.

10 이 조치로 인해 '전(全) 직종 최저 임금 제도'를 제외한 모든 다른 지수의 연계 (프랑스에서는 한때 물가가 상승하면 봉급도 자동적으로 상승하도록 연계시켜 놓았었다.)를 모두 폐지하지 않을 수 없었다. 샤를 드골, 심상필 옮김, 위의 책, 2013년, p.223. 각주 재인용.

11 샤를 드골, 심상필 옮김, 앞의 책, 2013년, pp.228-229.

12 혁언(革言)은 혁명과 개혁에 대한 논의요 공약이다, 이런 혁언을 세 번 거듭 성취해야만 비로소 백성과 민중들의 신망이 쌓인다는 말이니, 그만큼 신중하게 결정하고 시간과 공을 들여야 성취할 수 있는 일이 혁명이요, 개혁이라는 의미다. 서대원, 『주역강의』, 을유문화사, 2008년, p.517.

13 샤를 드골, 심상필 옮김, 위의 책, 2013년, pp.230-231.

14 샤를 드골, 심상필 옮김, 앞의 책, 2013년, pp.232-233.

15 Paul Claval, 정옥주 옮김, 「샤를 드골(Charles De Gaulle)과 그의 국토정책」, 국토, 2005년, p.139. pp.137-138.

16 사를라(Sarlat)는 페리고르 지역의 관광도시로 구시가지의 골목풍경이 유명하다. 또한 시농(Chinon)은 프랑스 서부 상트르발드루아르 레지옹(Region) 앵드르에루아르 데파르트망(Department)에 있는 소도시로 15~16세기의 옛 가옥들과 로마네스크 양식의 많은 성당들이 남아 있으며, 기성복 제조 등의 공업이 성하다. 지식백과, 두산백과, http://www.doopedia.co.kr 검색일 (22.2.24).

17 Paul Claval, 정옥주 번역, 위의 논문, 2005년, p.137. 주섭일, 「드골, 프랑스 나치협력자 청산의 주역」, 내일을 여는 역사, 2007년, p.158.

18 샤를 드골, 심상필 옮김, 앞의 책, 2013년, p.240.

19 샤를 드골, 심상필 옮김, 위의 책, 2013년, p.211.

20 허윤래, 「드골 정신을 배우자」, 한국원자력산업회의 원자력산업, 1991년, pp.18-19.

21 「원전 버린 독일, 탄소배출 늘어」, 조선일보(2018.9.7.) ; 이언주, 『나는 왜 싸우는가』, 글통, 2019년, p.132. 재인용. p.121.

22 Paul Claval, 정옥주 번역, 앞의 논문, 2005년, pp.137-138.

23 정보연, 『군 출신 정치지도자의 갈등관리역량에 관한 연구』, 한국갈등관리연구 제1권 제2호, 2014년, p.270.

24 Paul Claval, 정옥주번역, 위의 논문, 2005년, pp.138-139.

25 양진아, 「미테랑 대통령과 골리즘 – 나토정책을 중심으로-」,연세대학교 대학원 정치학과 석사학위 논문, 2002년, pp.9-10.

26 Austerlitz, 체코 남동부, 남모라바 주 중부의 도시, 1805년 12월 2일에 나폴레옹 1세가 지휘하는 프랑스군이 이 지역에서 제정 러시아 황제 알렉산드르 1세와 오스트리아 황제 프란츠 2세의 연합군에 큰 승리를 거둠으로써 유럽의 제3차 대프랑스동맹을 와해시켰다. 샤를 드골, 심상필옮김, 위의 책, 2013년, p.250. 각주 재인용. 장루이 미시카, 도미니크 볼통과의 대담, 박정자 옮김, 『자유주의자 레이몽 아롱』, 기파랑, 2021년, p.323.

27 샤를 드골, 심상필 옮김, 위의 책, 2013년, p.250.

제4장
문 화 편

말로와 드골의 만남, 그리고 문화정책

평소 저자는 드골이 문학에는 무척 관심이 많고 조예가 깊어 여느 작가 못지않게 많은 글을 지었지만, 문화 분야에 대해서는 어떻게 생각하고 있었는지 자못 궁금했다. 왜냐하면 통상 군인, 정치가로서 문화에 대한 개념을 갖고 있기가 그리 쉽지는 않기 때문이다.

드골이 생각하는 문화를 알아보기 위해서 두 가지 테마에 주목하고자 한다. 첫째, 위대한 프랑스 재건을 위한 드골의 문화관, 둘째, 이를 실행하는데 결정적인 역할을 한 앙드레 말로와의 만남과 동행이다.

문화는 국가가 낳은 자식이다

조성연이 2020년에 발표한 논문집인 「샤를 드골의 위대한 프랑스와 앙드레 말로」 (출처 : 프랑스문화예술연구)의 내용을 통해 우리는 드골의 문학관을 엿볼 수 있다.

샤를 드골연구소가 1986년 개최한 학술대회 논문집 『드골과 말로De Gaulle et Malraux』와 샤를 드골 탄생 100주년 기념으로 1990년 개최한 국제학술대회 『드골과 그의 시대De Gaulle en son siècle』 논문집 중 제7권 『드골과 문화De Gaulle et la culture』에 수록된 담론, 수록된 논문, 그리고 토론자들의 의견을 종합하면, 다음과 같다.

첫째, 드골은 문학에 취미가 있었다. 그의 저서인 『Lettres, Notes et Carnet』에는 그가 문학가들과 주고받은 서신이 포함되어 있는데 드골은 책을 보낸 작가들에게 감사하거나 개인적인 감상을 표현하기도 했다.

둘째, 그는 평생 동안 글쓰기를 계속했는데 이는 단순한 감정토로의 수단이 아니라 그의 생각과 정치적 논의를 발전시키기 위해 필요했던 과정이자 단계였음이 저서인 『Mémoires de guerre』, 『Mémoires de l'espoir』, 『Lettres, Notes et Carnet』, 『Discours et Messages』 등을 통해 드러난다고 했다.

셋째, 드골은 문학 이외의 분야, 특히 음악, 건축과 시각예술에는 별다른 감수성이 없었던 것으로 보인다. 그러나 학술대회 참가자들은 드골이 한 나라의 문화는 그 나라를 빛내는 정신이라 생각해 국가와 문화는 밀접히 연계된 것이라 여겼다고 주장했다.

또한 참가자 피에르 로렝Pierre Laurent은 다음과 같이 주장했다.

"드골 장군이 사용했던 '위대함Grandeur'또는 '명성, 전파, 광휘Rayonnement'라는 단어는 문화정책분야이던 다른 분야이던, 우리가 생각하는 것과 다른 의미였다. …드골 장군에게 있어 문화는 과학연구, 기술, 기술교육 등을 모두 아우르는 개념이었다는 것이다. 실제로 드골 장군은 외무부의 기술, 과학, 문화외교 총괄국에 현대 문화와 관련된 모든 업무를 일임했는데, 이는 최첨단기술인 원자력, 우주개발, 정보통신 등의 과학분야 협업을 포함한 모든 것이었다.[1]

요컨대, 드골에게 문화란 미학적·예술적인 의미의 문화가 아니라 예술은 물론 역사·철학·전통·최첨단 과학기술까지 포함하는, 정신문화와 물질문화를 총괄하는 문명의 성격이 강하다고 할 수 있다. 또한 그는 문화는 국가가 낳은 자식과 같아 국가와 문화는 뗄 수 없는 불가분의 관계라 여겼다. 따라서 문화가 제 어미인 국가의 위대함과 명성을 적극적으로 전파하는 것은 지당한 것으로 보았다.[2]

이어서, 드골의 문화개념을 집약한 또 다른 내용이 있어 소개하고자 한다. 드골이 매우 심오한 비유를 들어 연설한 내용은 지금 보더라도 매우 큰 울림이 있기에 부족함이 없다 하겠다.

『드골과 문화』 학술대회에 참석한 자크 리고Jacque Rigaud는 드골이 1943년 10월 알제리에서 있었던 알리앙스 프랑세즈Alliance Francise 60주년 기념식 축사에서 언급한 '프랑스 사상'이 드골의 문화개념을 집약한다고 주장했다.[3]

"지금 우리가 겪고 있는 고통이 한참 지난 먼 훗날, 어떤 역사가가 프랑스를 깊은 심연으로 몰아넣은 비극적인 사건을 깊이 연구한다면 그는 나라의 희망인 항전이 최후의 방어벽 두 개의 모습으로 경사진 언덕에 버티고 서 있음을 확인할 수 있을 것이다. 이 중 하나는 부러진 검이며, 다른 하나는 프랑스 사상이다."[4]

여기서 주목하는 것은 드골이 프랑스 사상을 검劍과 동일한 전쟁 무기이자, 항전 수단, 그리고 국가의 희망으로 여겼다는 점이다. 통상적으로 '사상'의 사전적 의미는 생각, 의견, 사고 작용의 결과로 얻은 체계적인 의식의 내용으로, 이데올로기 또는 철학이라는 의미로 쓰이기도 한다. 따라서 한 나라의 사상은 해당 민족 집단의 사고나 생각, 통일된 판단 체계 혹은 의식이라 할 수 있다.

한편, 프랑스에서 '프랑스 사상'은 전통적으로 17~18세기 철학자들 및 사상가들과 그들이 쓴 저술을 지칭하는데, 프랑스 문학사에서는[5] 학문적 측면을 강조하여 16~17세기 도덕주의와 18세기 철학은 물론 이로부터 파생된 신학, 미학, 경제학, 정치학, 과학 등을 모두 포함하는 광의적 의미로 설명하기도 한다. 단, 특이한 점은 이 범주에 문학만을 다룬 작품은 포함하지 않는다는 점이다.

이러한 프랑스 사상은 제3공화국의 식민지 건설 시기인 1870-1914년 동안 새로운 뜻이 추가되었다고 한다.[6] 당시 프랑스는 보불전쟁으로 알자스·로렌 지역을 프러시아에 빼앗긴 후 반독감정과 민족주의가 팽배해지고 그 세력이 확대되던 시기였다.

따라서 국어인 프랑스어는 국가와 동일시되었고, 반독사상과 국가정체성을 강조하는 작품이 발표되었다.[7] 이러한 시대적 분위기에서 프랑스 사상은 프랑스의 정신, 프랑스의 탁월함, 탁월한 작품, 인물, 정신 등과 유사한 뜻으로 쓰이게 되었고 더불어 프랑스 문화 전파의 역할까지 부여받았다. 나아가 프랑스가 이룩한 모든 문명을 포함하는 뜻이 되어 문맥에 따라 '프랑스 예술' 혹은 '프랑스 기술(과학, 학문)'로 쓰이게 되었는데 식민지 확장기라는 시대 상황은 프랑스 사상을 당시에 팽배하던 실증주의의 관점에서 재해석하여 탁월한 프랑스의 지식, 문화와 문명을 식민국에 포교하는 것을 의미하게 되었다는 것이다.

즉, 제3공화국 시대에 '프랑스 사상'은 식민주의와 미개국에 선진 문명 전파, 그리고 공화국적 애국주의의 표상이라는 특징을 갖게 되어 오늘날까지 이르게 된 것이다.

이러한 '프랑스 사상'의 변천사를 살펴 볼 때, 드골이 사용한 '프랑스 사상'이 단순히 프랑스의 정신만을 의미하는 것은 아닌 듯하다. 이는 전 세계에 전파해야 할 자랑스러운 내 나라의 문화, 정신, 과학 등을 포함하는 광의적 의미의 문화라고 할 수 있을 것이다. 이런 관점에서 본다면 자크 리고의 지적은 매우 적절하다고 할 수 있다.[8]

앙드레 말로와의 첫 만남과 동행

드골과 앙드레 말로와의 첫 만남은 드골의 파리 입성 후인 1945년 7월 18일 수요일, 아침 11시에 이루어졌다. 드골을 만나기 전 앙드레 말로Andre Malraux[9]는 중국에서 일어나고 있는 사건에 착상한 『정복자』와 『인간의 조건』, 그 자신이 인도차이나에서 경험한 사건을 토대로 한 『왕도』, 스페인 내란을 무대로 그려진 『희망』, 그리고 2차 대전에서 얻은 착상에서 쓰여진 『알텐부르크의 호두나무』를 쓴 작가이자, 저널리즘 소설 창시자, 반파시스트, 레지스탕스, 전쟁에 참가했던 지식인(알자스·로렌 부대의 지휘관), 그리고 인권운동가로 대중에게 알려진 진보성향의 문학가였다.[10] 그는 "내 소설 중에서 최고의 소설은 바로 내 삶이다." 라고 단언했다.[11] 이런 그가 드골을 만나게 된 배경은 다음과 같다.

당시 드골의 비서실장이었던 가스통 팔레브스키Gaston Palewski[12]는 1945년 1월 25일, 프랑스 공산당의 레지스탕스 통합계획에 반대하는 민족해방운동MLN, Mouvement de Liberation nationale의 회의에 참석했다가 드골의 프랑스 자유전선France Libre을 열성적으로 옹호하는 앙드레 말로의 연설을 듣고 만남을 추진[13]했고, 처음엔 드골도 앙드레 말로가 공산주의자가 아닌가라고 하여 회의적이었으나, 이내 만남이 무르익어갔다.

1945년 3월, 앙드레 말로는 드골 장군의 최측근인 가스통 팔레브스키와 클로드 기 Claude Guy대위를 만난다. 이 자리에서 그들은 다양한 토의주제로 서로 생각을 공유했고, 특히 앙드레 말로는 그들로 하여금 자기가 드골 장군을 만나는 것이 가능하다는 판단을 하게끔 했다. 당시 앙드레 말로가 개진한 의견은 다음과 같다.

"1933년 이래로 나는 이렇게 말하고, 쓰고, 강변했다. 식민지 제국은 유럽 전쟁보다 오래 계속 되지 못할 거라고 말이다. …어떻게 인도차이나를 간수할 것인가를 내게 묻는다면, 나는 아무런 대책을 제시하지 않겠다. 왜냐하면 우리는 인도차이나를 간수하지 못할 것이기 때문이다. …인도차이나를 우방 지역으로 삼으려면 호찌민胡志明을 도와야 한다. 어려운 일이 겠지만, 영국이 네루를 도왔던 것보다 더 어렵지는 않을 것이다. 우리가 구원할 수 있는 모든 것은 일종의 문화 제국, 가치의 영역일 뿐이다. …지금 살아 있는 많은 프랑스인들은 곧 남아 있지 않게 될 것이지만, 프랑스는 여전히 남게 될 것이다. …나폴레옹 이래로 정보 수집 방법은 거의 변하지 않았다. 내 생각으로는 좀 더 정확하고 효율적인 방법이 있다. 여론조사인 갤럽 방식[14]이 그것이다. …내 생각으로는 우리가 공산주의자들의 신화, 그것도 다른 신화가 아니라 행동이라는 신화에 맞대응한다면, 국민들의 힘을 동원할 수 있을 겁니다. 드골 장군의 힘은 그의 행동, 그의 현재 행동에 있습니다."[15]

1945년 어느 여름 저녁, 드골의 비서 클로드 기가 다음과 같은 메시지를 가지고 앙드레 말로를 찾았다. "드골 장군이 전하기를, 프랑스의 이름으로 당신이 자기를 도울 수 있는지를 물어봐 달라."이에 대해 앙드레 말로는 자연스럽게 이렇게 답을 했다고 한다. "문제가 없습니다."[16]

그리고 1945년 7월 18일 수요일, 아침 11시에 두 인물은 만나게 된다.[17]

"우선 과거를…" 이것은 드골 장군이 앙드레 말로에게 건넨 첫마디이다. 드골 장군은 완곡한 표현이나 예의상의 표현을 사용하지 않은 채 단도직입적으로 공격했다. 화제는 앙드레 말로의 과거 정치 참여에 공산주의자들과 현재의 정치 상황에 맞춰졌다. 그리고 앙드레 말로는 공산주의자들에 대해 드골 장군에게 자신의 입장을 다음과 같이 강하게 전달했다.

"나는 붉은 군대에 의해 행해지고, 소련의 정치 경찰인 게페우Guépéou에 의해 지지되고 있는 프랑스 혁명을 믿지 않습니다. 내가 보기에 역사 분야에서 최근 20년 동안 가장 중요한 사건은 민족의 우선권입니다. 이는 민족주의와는 다른 것입니다. 우월성이 아니라 특수성입니다. 마르크스, 빅토르 위고, 미슐레는 유럽 합중국을 믿었습니다. 미슐레는 이렇게 썼습니다. '프랑스는 한 명의 개인이다.' 이 분야에서 선지자는 마르크스가 아니라 니체입니다. '20세기는 민족들 간의 전쟁의 시기가 될 것이다'라고 말한 니체 말입니다. …러시아의 국가國歌가 축가로 울려 퍼질 때, 난 거기에 있었습니다. 몇 주 전부터 프라우다pravda지에서 처음으로 이런 말을 읽을 수 있었습니다. '우리 소비에트 조국'이라는 말이 그것입니다. 모든 사람이 알아차렸습니다. 나 역시 모든 것은 마치 공산주의가 전 세계에서 러시아의 진리와 영광을 확실하게 만들기 위해 찾아낸 수단이라는 것을 이해했습니다. 성공할지도 모를 원리 또는 범슬라브주의를 말입니다."[18]

다음으로 정치상황에 대해 앙드레 말로는 무엇이 레지스탕스 운동의 문제점인지를 설명했다.

"내가 보기에 정치는 …국가의 창조와 국가를 위한 행동을 필요합니다. 국가가 없다면 모든 정치는 미래에 속하게 되고, 윤리가 될 것입니다. 정당은 여러 목표를 가지고 있습니다. 레지스탕스 운동은 하나의 목표를 가지고 있습니다. 프랑스를 해방시키는 데 기여한다는 목표가 그것입니다. 전체적으로 보면 레지스탕스 대원들은 자유주의적 애국자들입니다. 자유주의는 하나의 정치 현실이 아니라 감정입니다. 그리고 이 감정은 여러 정당에 있을 수 있습니다. 하지만 누가 이 감정을 부추깁니까? 국민해방운동MNL 총회에서 나는 레지스탕스 운동의 현재 비극이 바로 그 점에 있다는 것을 알아차렸습니다. 국민해방운동 위원회 구성원들은 공산주의에 반대하지 않습니다. 그들 중 50%가 경제이론으로서의 공산주의를 선호합니다. 그들은 공산주의자들에 반대합니다. 더 정확하게 말하자면 프랑스 공산주의 안에 있는 소련식 공산주의에 반대합니다. …속지 마시오. 프랑스는 더 이상 혁명을 원하지 않습니다. 혁명의 시간은 과거의 것입니다. 연내에 프랑스의 모든 에너지 자원과 은행이 국영화될 것입니다. 좌파를 위해서가 아니라 프랑스를 위해서입니다. 우파는 국가를 지원하는 일에 서두르지 않습니다. 좌파는 너무 급합니다.[19]"

드골 장군은 지식인들에 대한 얘기로 대화를 마쳤다. "지식인들은 어디에 있지요?" 앙드레 말로가 이에 대해 대답을 했다.

"레지스탕스 운동을 통해 역사적 낭만주의에 도달한 지식인들이 있습니다. 그리고 이 시기에는 그들의 수가 아주 많습니다. 레지스탕스 운동을 통해서건, 아니면 혼자서건, 어쨌든 그들이 도달한 혁명적 낭만주의는 정치적 행동과 연극을 혼동하는 것[20]입니다. …18세기 이래로 프랑스에는 '민감한 영혼들'의 학파가 있습니다. 게다가 이 학파에서는 여성 문인들이 지속적인 역할을 맡고 있습니다. … 문학 영역에는 민감한 영혼들로 가득 차 있고, 이 민감한 영혼들을 가진 자들은 착한 미개인들과 같습니다. 프랑스 정치는 볼테르에서 빅토르 위고에 이르는 작가들을 기꺼이 내세웠습니다. 그들은 드레퓌스 사건에서 중요한 역할을 수행했습니다. 그들은 인민전선[21] 때 그 역할을 재발견했다고 생각합니다. 벌써 이 인민전선은 필요 이상으로 그들 작가들을 이용했습니다. …하지만 1936년 이래로 행동을 요구했던 이들 지식인들은 과연 무엇을 했습니까? …청원. …현재 그들은 당신의 말을 듣지 않습니다."

분명 앙드레 말로는 아이러니컬했다. 하지만 그는 다음과 같은 사실을 단언했을 뿐이었다. 즉 모든 좌파 인텔리겐치아가 드골 장군에 반대한다. 그리고 자기가 드골 장군 옆에 있으면 자기에게도 반대의 화살이 날아올 것이라는 점이 그것이었다. 그리고 이런 반대는 아마 끝까지 지속될 것이다. 중단 없이. 그들 많은 지식인들을 위해 심각하게 혹은 의식적으로 속으면서, 하지만 자신들의 잘못은 결코 인정하지 않으면서 말이다.

앙드레 말로를 좌파의 보증으로 여기는 사람들에게 드골 장군은 이렇게 답을 했다.

"어떤 보증입니까? 내가 보증이 필요합니까? 자유 프랑스, 프랑스 레지스탕스, 프랑스 국민연합RPF, 내가 지도하는 공화국 수호를 위한 연합에 대해 나는 다음과 같은 사실을 강조합니다. '프랑스는 우파도 좌파도 아니다. 프랑스는 모든 프랑스 인들이다.[22]"

어쨌든 만남은 끝났다. 한 시간이 지났다. 앙드레 말로는 감정을 실어, "진짜 레지스탕스 대원 3분의 2를 잃었습니다."라고 말했다. 이에 대해 드골 장군은 슬프게, "잘 압니다. 나는…."이라고 대답했다. 앙드레 말로는 그때 드골 장군이 다음과 같은 말을 덧붙이고자 했을 것이라고 생각했다. "당신 역시 당신의 사람들을 잃게 될 것이란 걸 난 잘 알고 있소.", "다시 찾은 파리에서 뭐가 가장 인상적이었던가요?" 그러자 앙드레 말로는 이렇게 대답했다. "거짓이죠…. [23]

드골과 첫 만남에서 프랑스에 대한 무조건적 헌신을 언급한 말로는 이후 드골 장군의 생각과 드골주의의 주장을 가장 잘 이해하고 있다는 평판을 받았다. 후일 1975년의 인터뷰에서 앙드레 말로는 개인 활동을 통한 정의사회구현 운동의 한계를 느꼈고, 전쟁을 겪으며 국가의 소중함과 중요성, 그리고 국가를 통한 실천행위가 효율적임을 깨달았다고 고백했다. 즉 전쟁을 겪은 앙드레 말로에게 조국인 프랑스가 가장 중요한 가치이자 새로운 이념이 되었듯이 드골과 그가 통치하는 프랑스 또한 앙드레

말로의 새로운 헌신의 대상이 되었던 것이다.[24]

앙드레 말로를 연구한 자닌 모수라바우Janine MossuzLavau의 주장은 당시 말로의 정치와 문화세계를 이해하는데 자못 의미가 크다. 프랑스 국민연합 시절 그의 연설 문 주요 논지가 '프랑스는 죽었지만, 드골 장군과 드골주의의 인도로 존재할 수 있 다'라고 하며, 이는 프랑스의 소명이 속박에서 인류를 해방한 프랑스 혁명이나 기 독교 선교처럼, 박애정신으로 전 세계를 이끄는 것인데 '죽은 프랑스'는 전쟁으로 쇠약해져 제 역할을 못하는 프랑스를 의미한다고 하였다. 또한 말로는 드골주의를 현대에 환생한 프랑스 혁명 정신으로 여겨 이를 민중적, 애국적, 선도적이라고 주 장했고 샤를 드골은 사망한 프랑스를 소생시켜 본래의 모습을 되찾게 할 단 한 명 의 영웅이라 여겼기에 그에게 있어 프랑스와 드골은 같은 중요성을 가진다고 하였 다. 또한 말로는 진정한 프랑스의 임무가 모든 이의 희망이자 박애정신을 가진 '제 3대륙Le Troisieme continent'을 만드는 것이라고 주장했는데, 모수라바우는 이 '제3대 륙'의 의미는 인류 문명의 가치를 계승하고자 하는 국가들이 힘을 합쳐 미소로 양 분되어 대결하는 냉전시대의 세상에서 이들을 견제하고 힘의 균형을 이룰 수 있는 집단을 가리키는 것이라고 설명했다. 그리고 프랑스는 소중한 인류의 가치와 문명 을 수호하는 선구자로 여타 국가들이 미소의 위성국이 되지 않도록 보호하는 사명 을 띠고 있다고 했다.[25]

따라서 당시 프랑스 연맹Union francaise[26]은 프랑스와 아프리카 식민지의 연합이 아 닌 각각의 다양성을 존중하는 현대의 박애주의적인 연맹이며, 이를 유럽 국가들까지 포함하는 연맹으로 확대하자는 것이었다.

그리고 이 개념을 1948년에는 '지구 문명Civilisation planétaire'으로 확장, 유럽과 미 대 륙의 연대를 주장하기도 했다.

이렇게 유려한 문구와 은유법으로 무장한 프랑스 국민연합 선전부장 앙드레 말로 의 주장이 사실은 민족주의자이며 반공산주의자인 드골의 정치적 주장과 다르지 않 음을 쉽게 알 수 있었다. 다시 말해 드골이 위대한 프랑스를 정치적인 화법으로 설명 했다면 앙드레 말로는 박애주의, 문화 예술, 그리고 가치계승에 방점을 찍어 같은 주 장을 하고 있었던 것이다.[27]

말로와 드골의 동행은 크게 두 시기로 나뉜다. 첫 번째는 1945년 첫 만남 이후 프랑스 국민연합이 휴지기에 들어가는 1955년까지, 일명 사막을 같이 횡단하는 동행이고,[28] 두 번째 기간은 드골의 정계복귀 후인 1958년부터 말로가 문화부장관직을 사임하는 1969년까지, 일명 위대한 프랑스의 문화예술과 정책을 같이 추구한 동행이다. 무려 25년이 넘는 세월이었다.

앙드레 말로와 사막을 횡단하다

1946년 1월 20일, 프랑스의 이익보다는 자신의 작은 이익을 우선시하면서 조그만 내부 싸움에 빠져 만족하는 정치 계급에 대해 불신을 나타내는 가운데 드골은 임시정부 수반을 사임했다. 하지만, 드골 장군은 신속하게 국사로 되돌아올 것이라 확신하고 있었다.

"나는 내 인생에서 적어도 하나의 정치적인 실수를 했다. 1946년 1월의 나의 사임 …나는 프랑스인들이 매우 신속하게 나를 다시 부르리라 생각하고 있었던 것이다."[29]

이렇게 해서 앙드레 말로가 에드몽 미슐레의 말을 빌려 대중화시켰듯이 사막의 횡단이 시작되었다. 기나긴 5년 동안 드골 장군과 앙드레 말로는 아마 낙담했겠지만 희망을 버리지 않은 채 다른 일을 할 시간을 갖게 된다. 그것은 바로 집필과 여행이었다.

두 사람 모두 자신들의 상대적인 조용한 상황을 글을 쓰는데 이용했다.

"그때 나는 라 부아스리La Boisserie[30]에 살면서 완전히 은둔해 있었고 내 가족이나 마을 사람들의 방문만을 받았고, 다만 가끔 파리로 가서 매우 적은 수의 방문객들을 맞이하는 것을 받아들였다. …1952년부터 1958년까지 나는 정치적인 일에 개입하지 않고 나의 「전쟁 회

고록』을 집필하는데 6년을 사용할 생각이었지만, 기형적인 체제는 조만간 심각한 국민적 위기에 봉착하리라 의심하지 않고 있었다.[31]"

드골은 『전쟁 회고록』 제1권을 1954년에, 제2권은 1956년에, 제3권은 1959년에 출간했다. 그는 앙드레 말로에게 일부 대목을 읽어주고 그의 의견을 알아보았다.

"그가 나에게 읽어준 것은 질이 아주 대단한 것이다. 용어와 장르의 고전적 의미에서 어쩌면 약간 너무 문학적이다. 하지만 약간 너무 레츠Retz적인[32] 측면은 주제의 지극히 흥미있는 시사성에 의해 균형이 잡히고 있다."

한편 앙드레 말로는 예술에 대한 자신의 3부작을 계속 집필했는데, 1947년에 나온 『상상의 박물관Le musée imaginaire』, 1948년에 출간한 『예술의 창조La création artistique』 그리고 1950년에 나온 『절대의 화폐La monnaie de l'absolu』를 하나로 묶어 나중에 『침묵의 소리Les voix du silence』라는 제목으로 출간했다. "사람들이 종교 속에 있듯이 나는 예술 속에 있다."라고 앙드레 말로는 단언했다.[33]

두 사람은 또한 여행도 했다. 앙드레 말로는 그리스·이집트·이란·뉴욕으로 떠났다. 한편 드골 장군은 긴 일주—周여행을 시도했다. 드골이 미국을 두 번째 방문할 때인 1945년에 트루먼 대통령이 제공한 비행기 다코타Dakota를 타고 1953년 3월에 아프리카다카르·니아메·바마코·레오폴드빌(킨샤사)를, 그리고 10월에는 인도양마다가스카르·레위니옹·코모로·지부티·아디스아바바를 방문한다. 8월부터 9월까지 드골 장군은 부인을 동반하고 가봉·앤틸리스 제도 그리고 태평양의 프랑스 영토들타이티 섬·뉴헤브리디스 제도·뉴칼레도니아 섬을 방문했다. 1957년 3월에 드골은 사하라를 여행했다. 이 여러 해 동안, 활동을 하지 않는다는 것이 두 사람에게는 자주 힘겹게 느껴졌지만, 곧 점차로 드골장군은 정치 제도가 무너지고 있는 프랑스에서 유일한 의지처로 등장하게 되었다.[34]

1958년 5월 13일, 알제에서 폭동이 일어났을 때, 앙드레 말로는 베네치아에 있었다. 그는 신속히 파리에 돌아와 드골 장군을 만났다. 그 자리에서 드골은 몇 마디 말로 이미 자신의 해법을 제시하고 있었다.

"근본적인 문제는 …프랑스인들이 프랑스를 재건하고자 하는가, 아니면 잠자기를 원하는지 아는 것입니다. 나는 그들 없이는 프랑스를 만들지 않을 것입니다. …국가를 다시 만들고, 통화를 안정시키며, 식민주의를 청산하는 게 중요합니다. 국가다운 하나의 국가를 만드는 것은 헌법다운 하나의 헌법을 만드는 것을 의미합니다. 따라서 보통선거는 모든 권력의 근원입니다. 행정부와 입법부는 실질적으로 분리되고, 정부는 의회에 대해 책임을 지는 것입니다. 통화를 안정시키는 것은 쉽지 않을 것입니다. 하지만 국가가 연속성과 확고한 의지만 있다면, 다시 말해 국가가 제대로 된 국가라면, 사람들이 말하는 것보다는 어렵지 않을 것입니다. 식민지문제는 …제국을 이루고 있는 모든 사람들에게 식민지는 끝났다고 말해야 합니다.[35]"

앙드레 말로는 드골과의 이 대담으로부터 다음과 같은 결론을 이끌어 냈다. "그가 언제나 자신 안에 지니고 있었던 위대한 고독, 그 고독을 협상을 위해서뿐만 아니라 그토록 오랜 세월 동안 그를 강박관념처럼 따라다녔던 프랑스의 운명을 위해서 버렸다."

드골은 앙드레 말로를 배웅하면서 이렇게 털어놓았다. "내가 죽기 전에 프랑스의 젊음을 다시 볼 수만 있다면, 그 미래의 모습은…" 앙드레 말로는 이렇게 결론을 내렸다. "어조는 아마 프랑스 해방만큼 중요한 의미를 띠고 있었던 것 같다."[36] 앙드레 말로에게 프랑스와 드골 장군에게 바치는 봉사의 시간이 다시 울렸다. "내 귀중한 연구는 끝났다!"

문화 예술과 위대한 프랑스 정책

1958년 정계에 복귀한 드골은 프랑스의 위대함을 되찾기 위한 행보를 시작한다. 특히, 그가 제4공화국의 실책이라 여긴 대對 유럽 정책, 미국에 대한 자주 프랑스 정책, 식민지인 알제리 독립문제가 주요 사안이었으며, 여기에 경제 안정 또한 포함되었다. 프랑스의 내실을 기하기 위한 정책 중에는 문화와 관련된 부분도 있었는데, 바로 문화부를 창설하고 문인 앙드레 말로를 장관으로 기용한 것이다. 문화부 창설의 의미와 드골의 위대한 프랑스 정책 사이에서 어떤 의미가 있는가?[37]

사실, 앙드레 말로는 드골에 의해 문화부장관에 임명될 때 문화를 발견한 게 아니었다. 이미 1930년대부터 예술의 역할과 문화의 중요성에 대한 그의 깊은 사유는 풍요롭고 농밀했다.

"예술은 도피가 아니라 소유를 통해서 인간들로 하여금 그들의 인간의 조건으로부터 벗어나게 해주는 기능으로 살아간다. 모든 예술은 운명을 소유하는 수단이다. 문화유산은 인간들이 존중해야 할 작품들 전체를 말하는 게 아니라 그들이 살아가도록 도와주는 작품들 전체를 말한다. ···예술의 모든 운명, 문화라는 낱말 속에 인간들이 집어넣은 것의 모든 운명은 단 하나의 관념으로 요약된다. 즉, 운명을 의식으로 변모시키는 것이다.[38]

1959년 2월, 앙드레 말로는 문화부장관으로 임무를 시작하면서 위와 같은 생각들을 토대로 문화부의 사명을 직접 작성했다.

"프랑스를 선두로 하여 전 인류의 주요 작품을 가능한 한 많은 국민들이 이용할 수 있도록 하며, 우리 문화유산을 최대한 많은 국민들에게 알리고, 예술 창작 활동을 지원한다."

이 사명에는 앙드레 말로의 문화정책이념이 고스란히 담겨있는데 바로 '문화 민주화Democratisation de la culture'였다. 그의 문학작품과 예술론에서 드러나듯 앙드레 말로는 예술창작활동이 운명에 굴복하지 않고 초월하는 인간예술가의 행위라고 여겼고, 이렇게 탄생한 예술품을 통해 드러나는 창조성은 신의 그것과 비교할 만한 것으로 초인超人인 예술가의 영원함을 드러내는 표식이라고 하였다. 그리고 예술품에는 창작자가 전하고자 하는 의미를 전달하는 신비한 힘이 있어 인간은 예술품을 통해 창작자와 교감을 할 수 있다. 그런 의미에서 예술과 문화는 시공간을 초월하여 창작자와 접속할 수 있는 매개체인 동시에 그것을 통해 또 다른 창작활동이 가능하게 하는 영감의 원천이 된다는 것이다.[39]

하지만 운명을 의식으로 변모시키기 위해서는, 다시 말해 예술의 초시간성을 통해 죽음을 벗어나기 위해서는 각자에게 문화에 접근할 수 있는 수단을 제공해야 했다. 1959년 11월과 12월, 앙드레 말로는 하원의원과 상원의원들 앞에서 행한 첫 발언에서부터 문화원을 통한 자신의 야심을 분명히 했다.

"민주주의란 말이 아무리 고상하고 아무리 진부하다 할지라도, 단 하나의 민주적 문화만이 중요하며 그것은 매우 단순한 어떤 것을 의미합니다. 그것이 의미하는 것은 프랑스의 각 도道에서 우리가 파리에서 시도하고 있는 것을 보급하게 될 이 문화원들을 통해서 열여섯 살 된 아이라면 누구든, 아무리 가난할지라도, 민족의 유산과 인류 정신의 영광과 진정으로 접촉할 수 있어야 한다는 것입니다. …경계는 어디에 있는가? 교육부는 가르친다. 우리가 해야 할 일은 눈앞에 드러나게 하는 것이다. 단순화시켜 말하면, …알라신을 알게 하는 것은 대학이 할 일이지만, 그의 연극들을 사랑하게 만드는 것은 그것들을 연출하는 사람들만이 할 일이다. 우리의 작업은 인류의 천재들, 특히 프랑스의 천재들을 좋아하게 만드는 것이지, 그들을 알게 하는 것이 아니다. 지식은 대학의 것이다. 반면에 사랑은 아마 우리의 것이리라. …제3공화국이 교육을 위해 했던 것을 문화를 위해 하는 것이다. 프랑스의 모든 아이는 알파벳을 배울 권리가 있는 것처럼 그림·연극·영화를 접할 권리가 있다."[40]

앙드레 말로의 문화부에서의 10년은 결정적이었다. 이 시기에 문화부는 앙드레 말로라는 인물을 넘어서 영속할 수 있는 확고한 기반을 마련했다. 그 기간 동안 큰 방향들이 그려졌을 뿐 아니라 행정적인 설비들도 갖추어져 그 다음 시기에 효율성을 나타냈다. 예를 들어 옛 기념물들의 복구를 위한 법률 프로그램들, 프랑스 문화 자산들의 명세 목록의 확립, 예술가들의 신분 보장 시작, 음악 정책의 주도, 문화 제도들의 지역화 추진 시작, 상속세를 대신해 국가에 예술작품의 기증을 허가하는 법 제정 그리고 특히 앙드레 말로 정책의 중심축인 문화원들을 들 수 있었다.[41]

무엇보다도 앙드레 말로의 진정한 성공은 모든 사람들을 위해 '상상의 박물관'을 실현시킨 것[42]이었다. 이 상상의 박물관의 배경에는 앙드레 말로의 특유의 문화관이 있었다. 앞에서 잠깐 언급했지만 기존의 문화정책가들이 교육을 통해 예술을 이해하도록 유도한 것에 반해 앙드레 말로는 예술품을 직접 조우하는 순간 관객은 일종의 전기적 쇼크같은 충격을 받아 마치 첫 눈에 반한 것처럼 예술품에 매료되고 예술에 대한 호기심이 생긴다고 여겼다. 그래서 관객은 예술의 매력에 빠져 예술과 문화를 향유하게 된다고 믿었다. 그리고 이 방법이 교육을 통해 예술에 접근하는 것보다 훨씬 더 효율적이라 생각했다. 또한 앙드레 말로는 당시에 일부 계층에 한정되어 있던 예술 감상을 좀 더 많은 사람들이 누리도록 하는 고급 문화의 개방이자 예술품 감상의 확대를 목적으로 하는 문화 민주화에 관심이 많았다. 이러한 생각을 바탕으로 그는 드골 정부의 각료시절인 1945년, 파리의 루브르 박물관에 있는 명화의 복제품을 제작, 지방 박물관에 전시하여 프랑스 국민들에게 예술작품 감상의 기회를 제공할 것을 제안했다. 『상상의 박물관』에서 그는 세계의 여러 박물관에 소장된 거장들의 작품을 한 곳에 모아 (실제로는 예술품을 찍은 사진 복제본을 이용하여) 임의로 가상의 예술품 전시관을 구성할 것을 제안했는데, 이를 통해 앙드레 말로는 프랑스 제5공화국의 가장 훌륭하고 지속적인 성공작들 가운데 하나를 낳을 수 있었다.[43]

1961년 12월 30일, 드골은 여타의 다른 장관이 하나의 법률안 설명을 했다고 해서 결코 받은 적이 없는 그런 편지를 앙드레 말로에게 썼다.

"당신이 위대한 역사적 기념물들의 복원에 관해 국회에서 한 연설을 읽어보았는데 매우 감동을 받았습니다. 물론 거기엔 뛰어난 사상, 훌륭한 스타일, 번득이는 행동이 있을 뿐 아니라 하나의 정치가 있는데, 바로 정치는 그런 식이 되어야 했습니다. 감사합니다." [44]

세기의 거인 드골과의 마지막 대화

1964년~1965년, 겨울 동안 앙드레 말로는 건강이 좋지 않았다. 신경쇠약에 빠진 그는 은둔생활에 들어갔다. 그의 아내 마들렌과의 관계는 점점 더 어려워졌다. 드골 장군은 지극히 섬세한 배려를 하여 1965년 6월부터 8월까지 그가 회복할 수 있도록 그를 아시아에 사절로 파견했다. 1965년 중국으로 장기간 멀리 떠나는 여행으로 시작된 치료를 받아들인 이후로 1966년에는 실질적으로 청사에 나타나는 것을 멈추었다. 문화부 청사에 나타나지 않은 이와 같은 부재가 있었다고 해서, 그의 주치의 루이 베르타냐 박사가 상기했듯 "그의 정신의 빛, 놀라운 그 빛이 결코 흔들린 적이 없었다"[45]는 점을 망각해서는 안될 것이다.

1966년 1월 8일, 드골은 앙드레 말로에게 이렇게 편지를 썼다.

"바람이 강하게 불거나 약하게 불거나, 파도가 높게 일거나 낮게 일거나, 나는 운명이 우리 둘 모두를 함께 태운 배에 당신이 경이롭고도 충실한 동반자로 있는 것을 봅니다.[46]"

1966년 봄, 앙드레 말로는 그의 아내 마들렌과 결별했다.[47] 결국 그는 글쓰기 덕분에 다시 일어섰다. 그가 중국으로 여행하는 여객선에서 쓰기 시작한 『반反 회고록』이 그를 그 자신으로부터 구해 주었다. 그것은 1967년 9월에 출간되었다. 그

책은 베스트셀러가 되어 크게 성공을 거두었고 그 사실은 앙드레 말로의 위안이 되어주었다.

드골과 앙드레 말로의 마지막 만남은 1969년 12월 11일 목요일에 이뤄졌다. 앙드레 말로가 콜롱베의 드골 집에 도착하자, 드골은 점심 식사 전에 앙드레 말로를 자신의 사무실로 데리고 가 35분 동안 대화를 나누었다. 이 드골과의 마지막 대화 내용을 앙드레 말로는 돌아오는 기차에서 메모했는데(타자기로 31페이지에 해당되는 분량이었음), 이렇게 집필이 시작된 『쓰러지는 떡갈나무』라는 책은 결국 드골 장군이 죽고 4개월이 지난 1971년 3월 17일에 출간된다.[48]

세기의 거인인 이 두 영혼의 마지막 대화가 궁금하지 않은가! 대화의 주제는 1)프랑스와의 계약, 2)민족적 야망, 3)위대함, 4)카리스마, 5)죽음, 6)레지스탕스 운동, 7)희망 등으로 요약된다.

단번에 드골 장군은 대화 주제를 자신이 대통령직을 사임한 이유들로 끌고 갔다.

"내가 물러났을 때, 나이가 아마 역할을 했을 겁니다. 가능한 일입니다. 하지만 당신도 이해하듯이, 나는 프랑스와 계약을 맺고 있었습니다. 이것은 잘될 수도, 잘못될 수도 있었으며 프랑스는 나와 함께하고 있었습니다. 프랑스는 항독 운동 기간 내내 나와 함께하고 있었죠. …계약은 파기되었습니다. 더 이상 필요가 없습니다. 그 계약은 중대한 것이었습니다. 왜냐하면 그것은 형태가 없었기 때문이죠. 그것은 형태를 가진 적이 없었습니다. 나는 상속권도 없이, 국민투표도 없이, 아무 것도 없이 프랑스의 방위와 운명을 책임지도록 움직이게 되었죠. 나는 프랑스의 말없는 명령적인 호소에 응했습니다.[49]"

왜 프랑스 국민과 계약을 맺었다고 하지 않고 굳이 프랑스와 계약을 맺었다고 했을까. 이 말은 매우 의미심장하다. 이 말은 곧 드골은 조국 프랑스를 위해 몸과 마음을 바치도록 운명지워져 있었음을 스스로 강조한 것으로 이해된다.

다음으로 앙드레 말로는 그럼 어떤 순간에 프랑스와의 균열을 느꼈는지 알기 위해 그에게 이렇게 질문했다. "장군께서는 1968년 5월(학생 시위 및 노동조합 파업)에 아니면 그보다 빨리 1965년 대통령 재선출(대통령선거 2차 결선투표에서 55%의 찬성표로 재선됨)될 때 계약이 파기되었다고 판단했습니까?" 그러자 드골 장군은 이렇게 대답했다.

"그보다 훨씬 이전입니다. 그래서 나는 조르주 퐁피두를 붙들었습니다.[50] …프랑스인들은 이제 민족적인 야망이 없습니다. 그들은 프랑스를 위해 더 이상 아무것도 하고 싶지 않아요. 나는 그들을 깃발들로 즐겁게 해주었습니다. 나는 그들이 무언가를 기다리면서 참아내도록 했는데, 그게 프랑스가 아니고 무엇이겠습니까?[51]"

드골은 그가 신뢰를 다시 받는 방식이었던 국민투표에 대해 다시 언급했다.

"당신도 아시다시피, 참여(국민투표), 나는 그것을 국민을 다시 일깨우고, 국민이 자신의 존재를 자각하게 하고, 국민을 구하는 방법이라고 생각했습니다! 하지만 국민은 이미 선택해 버렸습니다.[52]"

앙드레 말로는 이에 대해 더 많이 알고 싶어 했다. "장군께서는 왜 지역들의 문제와 같은 부수적인 문제들 때문에 물러나셨습니까? 터무니없는 부조리함 때문입니까?" 드골 장군은 "터무니없는 부조리함 때문이죠." 라고 털어놓았다.[53]

앙드레 말로 앞에서 드골 장군은 자신의 비관론을 드러냈다.

"우리가 원했던 것, 그 위대함은 끝났습니다. …오! 프랑스는 아직도 세계를 놀라게 할 수 있습니다. 하지만 보다 나중의 일이죠. …국회의원들은 행동을 마비시킬 수 있지만, 그것을 결정할 수는 없습니다. 프랑스는 의회주의에 대항해 다시 일어났습니다. 프랑스는 의회주의

로 몰려들 것이고, 의회주의는 내가 장갑차들을 받아들이도록 시도했을 때처럼 지혜롭게 프랑스를 방어하겠죠! …모든 위대한 구상은 장기적 구상입니다. 나는 미국이 강대한 힘에도 불구하고 장기적 정책을 갖고 있다고 생각하지 않습니다. …그리고 프랑스는 구상 같은 것이 전혀 없습니다. …내가 죽을 때, 우선 당신은 정당들과 이것들의 불행한 체제가 다시 나타나는 것을 보게 될 것입니다만 그것들은 결국 서로 포용할 것입니다.[54]"

하지만 드골은 자신의 차이를 분명히 드러내고자 하며 결단코 회유당하지 않겠다는 의도를 드러냈다.

"나는 나라가 문제될 때에만 침묵에서 벗어날 것입니다. 사람들이 알아야 할 것은—그리고 나는 당신을 믿습니다만—내가 현재 일어나고 있는 일과 무관하다는 것입니다. 그것은 나와는 아무 상관이 없습니다. 그것은 내가 원한 게 아니거든요. 그것은 다른 것입니다. 나는 그 누구도 비난하지 않고 싶어요. 누군가를 비난하는 것은 언제나 나약함을 의미합니다. 하지만 역사의 페이지는 넘겨졌습니다."[55]

이어서 앙드레 말로는 드골 장군이라는 인물이 불러일으키는 카리스마를 환기시켰다.

"예전에 저는 멀리까지 장군을 둘러싸고 있던 열광을 이해하고자 했습니다. 캐나다, 루마니아, 좋습니다! 그런데 엄밀하게 말해 라틴아메리카까지. 하지만 시라즈Shiraz, 이란의 옛 수도는? 이 사람들은 프랑스가 지도 위에 어디 있는지도 모를 것입니다. …그리고 그 어떤 선전도 작용하지 않았으며, 예컨대 흐루시초프 여행 때 커다란 역할을 했던 열정적인 선전도 작용하지 않았습니다. 나는 장군께서 그들에게 어떤 의미가 있는지 알고 싶었습니다. 어떤 사람들은 '황제 중의 황제Shah in Shah'라 외쳤고, 다른 사람들은 대사가 나에게 말한 바에 따르면 '루스템 만세Vive Roustem'와 같은 말을 외쳤는데, 이것은 우리 식으로 표현하면 '롤랑 만세! Vive Roland!'입니다. 그러니 장군은 그들의 영웅들 가운데 한 사람의 화신이었습니다. 헌데 저는 이것이 무엇을 의미하고자 하는지 알고 싶은 겁니다. 드골 장군을 갈채하는 이 사람들에게 그는 누구였는가 말입니다. 이란에서는 아니라 할지라도 프랑스에서 장군의 선임자는

그 어떤 정치인도 아니고 클레망소조차도 아닙니다. 그는 바로 빅토르 위고입니다!"[56]

그러자 드골은 위트있게 이렇게 대답했다.

"본질적으로, 당신도 아다시피, 나의 유일한 국제적 경쟁자는 땡땡[57]이죠! 우리는 커다란 자들이 우리를 소유하도록 내버려 두지 않는 작은 자들입니다. 사람들은 내 큰 키 때문에 이 것을 알아차리지 못합니다."

이렇게 하여 대화는 보다 내면적인 양상을 띠게 되었다. "죽음, 그게 무언지 아시 나요?"드골 장군이 물었다. 앙드레 말로가 대답했다.

"잠의 여신입니다. 나는 죽음 자체에 대해선 전혀 흥미를 느끼지 않습니다. 장군님도 마찬 가지죠. 우리는 죽임을 당한다는 것에 무심한 사람들에 속합니다. 하지만 죽음에 대한 관념, 그것은 나에게 진정한 형이상학적 문제, 즉 삶의 의미의 문제를 불가피하게 만듭니다. 사람 들은 고통 속에 있을 때와, 고통을 벗어난 상태에 있을 때 동일한 방식으로 죽지는 않을 것입 니다. …우리가 사랑했던 자들의 죽음이 남아 있습니다." [58]

그러자 드골 장군은 이렇게 결론을 내렸다.

"우리가 사랑했던 사람들의 죽음에 대해선 우리는 얼마의 시간이 지나면 설명할 수 없는 부드러움을 드러내면서 생각합니다." [59]

마침내 대화는 레지스탕스 운동을 주제로 하여 마감되고, 드골 장군은 자신의 투 쟁을 이렇게 회상했다.

"레지스탕스 운동은 가장 고상한 동기까지 여러 동기가 있습니다. 나는 내가 어떤 다 른 정치를 내세워 하나의 정치에 저항하지도 않았고, 보다 진지하게는 우리의 문명을 내세워

하나의 광적인 문명에 저항하지도 않았다는 것을 프랑스가 알고 있다고 생각합니다. 기독교 세계를 내세우지도 않았습니다. 나는 프랑스의 레지스탕스 운동 자체였습니다. 내가 모든 사람들을 맞이했다는 것을 사람들은 잊을 수 없을 것입니다. 그렇지 않았다면 나는 추방된 한 정당의 수장에 불과했을 것입니다. 불행한 자들은 내가 프랑스를 책임지려 한다고 비난합니다. 하지만 다른 무엇을 하겠습니까?" [60]

이 대화에 이어지는 점심 식사 동안에 특별한 형식을 띠지 않은 논의는 아쟁쿠르Azincourt에서 시작해 고양이, 『뤼 블라Ruy Blas』, 나폴레옹, 역사, 케네디, 인디라 간디, 여자를 거쳐 「모나리자」로 끝났다. 거실에서 커피 타임을 가졌다. 앙드레 말로는 말을 이었다.

"장군님은 다른 사람들이 프랑스인들에게 해 주지 못하는 하나의 선물을 해주었습니다. 그것은 다름 아닌 그들 안에 있는 가장 훌륭한 부분을 뽑아내는 것입니다. 희생을 정당화시키는 것은 아마 한 인간이 할 수 있는 가장 위대한 일일 것입니다. …장군님의 프랑스는 합리적인 영역에 결코 속한 적이 없었습니다. 십자군의 프랑스, 공화력 2년의 프랑스처럼 말입니다. 왜 우리가 장군님을 추종했겠습니까? 장군님은 우리가 결국은 아마 승리자가 될 것이라고 말하곤 했죠. 우리 또한 우리는 우선 죽을 것이라고 생각하곤 했습니다. … 드골주의가 하나의 민족주의가 되는 것을 막아주었던 것은 그것의 취약함입니다. 장군님의 힘은 장군님이 아무것도 가지지 않았다는 것에 기인했습니다. …장군님은 그 1940년 6월 18일에 혼자였고, 오늘도 혼자이십니다. 아마 마땅히 그렇게 되어야 했었을 것입니다." [61]

드골 장군은 이렇게 결론을 내렸다.

"프랑스인들은 언제나 특권에 대한 자신들의 욕망과 평등에 대한 취향 사이에서 해법을 찾는 데 어려움을 느껴 왔습니다. 하지만 이 모든 멋진 세계 한가운데서 나의 유일한 적, 즉 프랑스의 적은 돈이라는 것을 멈춘 적이 없었습니다. …파리 해방 때 정치집단은 나를 아마 추어로 간주했죠. 하지만 그들을 알고 있었던 나는 자신들이 말하는 게 무엇인지 알지 못하

는 그들의 무능력에 당황했습니다. 혁명? 유일한 혁명적 존재는 나였습니다! …중요한 것
은 …내가 말했던 것이 아니라 내가 가져다준 희망이었습니다. 내가 프랑스를 복원시킨 것
은 내가 프랑스 속에 세계의 희망을 다시 복원시켰기 때문입니다." [62]

대화는 끝났다. 자동차가 기다리고 있었다. 바르 쉬르 오브에서 기차를 타야 했다.
두 친구는 헤어졌다. 그들은 다시는 서로 보지 못하게 된다. 드골 장군은 앙드레 말로
에게 정치적 유언을 남겼다.

"내가 당신에게 말한 것을 기억하시오. 나는 나와 지금 벌어지고 있는 사태 사이엔 아무런
공통점이 없다는 것을 말하는 것입니다. …나는 프랑스에 대해서도, 프랑스를 위해 해야만
했던 것에 대해서도 별로 틀리지 않았습니다. …하지만 진지한 것은 우리가 프랑스의 운명
을 책임지고 있었는지 아는 것이었습니다. …나는 하나의 세계의 종말에 맞서 프랑스를 일
으켜 세우고자 했습니다." [63]

드골의 '천재적인 친구', 앙드레 말로!

샤를 드골과 앙드레 말로, 만일 그들이 그들 각자의 개성을 넘어 역사와 문학에
대한 심오한 지식을 갖지 못했더라면, 그들이 만나서 정립했던 것과 같은 인
간관계를 맺지 못했을지도 모를 일이다. 앙드레 말로와 샤를 드골의 어린 시절의 유
일한 공통점은 책과 역사에 대한 동일한 열정이었다. 후일 그들은 필연적으로 만나
게 되었고, 서로를 존중하게 되었다. 왜냐하면 그들의 우정의 시작에 언어, 즉 문학과
역사가 있었기 때문이다.[64]

어떤 사람들은 앙드레 말로가 드골에게 봉사하는 선택을 했다고 많이 비난했다.
그들은 그의 우정과 충실이 투쟁적 소설가와 반파시스트 투사로서의 영광을 고려할
때 길을 잘못 든 것이라고 간주했다. 하지만 그에게 드골장군을 위한 참여는 그의 투

쟁의 연속에 불과했다.

> **"(앙드레 말로가) 느끼고 방어하는 것과 같은 드골주의는 자유·형제애·권위라는 세 가지 요구에 부합한다. …그가 보기에 드골주의는 진정한 자유의 지배가 이루어지게 해 준다. … 그는 그것을 '자유를 위한 책임'으로 규정할 뿐 아니라 단 하나의 국민으로 통합되고 결집한 시민들의 …형제애로 규정한다. 끝으로 드골주의는 유일하게 개인들의 자유를 보장해 줄 수 있고 모든 에너지가 함께 향해야 할 이상을 구현시킬 수 있는 권위가 전면에 존재하는 그 현 전에 의해 특징지어진다. 자유로운 인간들의 형제애는 한 지도자의 영도 아래 위대한 목표 를 향해 전진한다. 그렇게 앙드레 말로에게 드골주의는 나타난다."** [65]

앙드레 말로 자신이 말한 것처럼 말로의 소설 중에서 최고의 소설은 바로 말로의 삶이었다. 그는 그의 소설 속에서 그리고 있는 인물들처럼 세계의 부조리와 인간의 운명을 맞서 행동으로 대처한 인물이었다. 비록 절망적인 것이라 하더라도 부정과 타락의 원천인 무질서와 싸우기 위해 우리가 해야 할 일은 행동하려는 노력이라는 것을 작품을 통해서, 그리고 치열했었던 천재적인 삶을 통해서 보여 주었다. 그가 맹목적인 우주와 불공정한 사회의 온갖 사악한 힘에 굴복하기를 거부하며 그에 반항하고, 쉴 새 없이 싸우는 인물들을 제시한 까닭은 오직 그것만이 삶에 의미와 존엄성을 부여해 주는 것으로 비쳐졌기 때문이었다. 그에게는 행동으로 옮겨지지 않는 사상은 비겁한 도피에 불과한 것이며, 행동화하려는 노력 속에서 인간은 인간으로서의 명예를 회복할 수 있을 것이라고 확신했다.[66]

1970년 9월 15일, 앙드레 말로는 드골에게 이렇게 편지를 썼다.

> **"당신을 도울 수 있는 영광을 누리게 되었던 것은 내 인생에 긍지였으며, 지금은 허무 앞 에서 더욱 더 그렇습니다."** [67]

그러면서 앙드레 말로는 미래가 드골 장군을 올바르게 평가할 것이라고 확신하면서 다음과 같이 썼다.

"모든 이들이 과거에 드골주의자였거나, 현재 드골주의자이거나, 아니면 앞으로 드골주의자가 될 것이다." [68]

"우리는 묘지보다 더 강력한 나무들이라는 거대한 종種 앞에서, 인간이 자신의 덧없는 손으로, 죽음을 면할 수 없는 정신으로, 할 수 있는 것을 시도했다 하리라.[69]"

– 앙드레 말로, 「쓰러지는 떡갈나무」 중에서 –

1 Pierre Laurent, in De Gaulle en son si cle, Tome VII, De Gaulle et la culture, Institut Charles de Gaulle, Edition Plon/ La Documentation Francaise, Paris, 1992, pp.163-164. 조성연, 「샤를 드골의 위대한 프랑스와 앙드레 말로」, 프랑스문화예술연구74, 2020,p.108. 재인용.

2 조성연, 위의 논문, 2020,pp.107-109.

3 Jacque Rigaud, <Le général de Gaulle et la culture>, in De Gaulle en son si cle, Tome VII, De Gaulle et la culture, Institut Charles de Gaulle, Edition Plon/ La Documentation Francaise, Paris, 1992, pp.21-22. 조성연, 위의 논문, 2020,p.109. 재인용.

4 Charles de Gaulle, < Discours prononcé à Alger à l'occasion du 60ème anniversaire de l'Alliance Francaise, 30 octobre 1943>, in Discours et Messages, Volume 1, Paris, Plon, 1970, p.301. 조성연, 앞의 논문, 2020, p.109. 재인용.

5 Paul Theveau, Pierre Charlot, <Avertissement>, in Histoire Pensée francaise, vol 2. Moyenàge au 16ème siécle, Paris, Ed. Roudil, 1977-1981, p.7. 조성연, 앞의 논문, 2020, p.110. 재인용.

6 Alain Dubosclard, <Les principes de l'action culturelle extérieure de la France aux tatsUnis au 20ème siécle : essai de définition>, in Entre Rayonnement et Réciprocité. Contribution à l'histoire de la diplomatie culturelle, Paris, Publication de la Sorbonne, 2002. 조성연, 앞의 논문, 2020, p.110. 재인용.

7 1873년 발표된 알퐁스 도데의 작품 「마지막 수업」을 생각하면 이해가 쉬울 것이다. 조성연, 앞의 논문, 2020, p.110. 각주 16) 재인용.

8 조성연, 앞의 논문, 2020, p.111.

9 앙드레 말로에게 지적으로 영향을 미친 주요 인물은 니체와 도스토옙스키이다. 앙드레 말로에 있어서 니체는 서구 사상으로의 안내자였는데, "그는 가치를 재발명했다"고 했다. 도스토옙스키 역시 아주 중요한 발견이었다. "우선 그에게는 절대적으로 중요한 문제를 제기하는 힘이 있다."고 했다. 추가적으로 쥘 미슐레(Jules Michelet, '프랑스는 하나의 인격'이라고 말한 첫 번째 사람이었다.)로부터는 역사에 대한 열정을 배웠고, 빅토르 위고 역시 앙드레 말로의 역사 감각에 커다란 영향을 줬다. "역사는 그 자체의 진리를 가지고 있고, 전설도 그 나름의 진리를 가지고 있다. 전설적 진리, 그것은 현실이라는 결과를 가진 발명이다. 역사와 전설은 하나의 동일한 목표를 가지고 있다. 일시적인 인간의 모습에 영원한 인간의 모습을 그리는 것이다." 알렉상드르 뒤발 스탈라, 변광배 · 김웅권 옮김, 『말로와 드골』, 연암서가, 2014년, pp.47-48.

10 조성연, 위의 논문, 2020, p.99. p.113.

11 레미 코페르, 장진영 옮김, 『앙드레 말로』, 이룸, 2001년, p.350.

12 원래 가스통 팔레브스키는 폴 레이노 (Paul Reynaud, 18781966, 우익 공화주의 정치인. 재무장관, 식민지장관, 법무장관을 거쳐 1940년 총리가 됨) 국회의원의 보좌관이었다. 나중에 드골 장군을 보필하는 참모가 되는데, 그가 1934년 12월 5일, 폴 레이노 의원과 함께 처음으로 드골 중령을 봤을 때, 회고내용이 매우 인상적이다. "폴 레이노가 서둘러 들어왔다. 나는 내 앞에 있는 키가 큰 장교를 보았다. 그는 굳은 얼굴을 하고 있었지만, 말을 시작하자마자 아주 차분하면서도 힘있는 인상을 주었다. 그는 표현의 선택과 간단한 문장의 선택에서 한마디도 불필요한 말을 하지 않았다. 그리고 말을 할 때마다 그는 자기 생각의 전체 모습과 독창성이 어디에 있는지를 보여주었다. 몇 분이 지났을 때 나는 부인할 수 없는 그의 뛰어남을 간파할 수 있었다. 그가 개진했던 생각에 대해 내가 국회차원에 속하는 약간의 설명을 했을 때 토론이 이루어졌다. 토론은 아주 진지했고, 아주 열정적이었다. …… 이 반나절이 나에게 있어서는 결정적이었다. 그도 그럴 것이 내가 공화국 내에서 그 당시에 가질 수 있었던 약간의 영향력이 있다면 나는 그것을 드골 중령을 위해 쓸 것이라고 속으로 생각했기 때문이다." Gaston Palewski, Mémoires d'action, 1924-1974, Plon,1988,p.22. 알렉상드르 뒤발 스탈라, 변광배 · 김웅권 옮김, 앞의 책, 2014년, pp.133-134. 재인용.

13 조성연, 위의 논문, 2020,p.111. 가스통 팔레브스키는 드골 장군의 측근이자 그 당시 대서양 공군을 지휘하고 있던 에두아르 코르니 글리옹 몰리니에에게 드골 장군과 앙드레 말로의 만남을 주선해 줄 것을 부탁했다. 실제로 에두아르 코르니글리옹 몰리니에는 앙드레 말로의 오랜 친구였다. 알렉상드르 뒤발 스탈라, 변광배 · 김웅권 옮김, 위의 책, 2014년, p.26.

14 갤럽은 그 당시 프랑스에는 알려지지 않았던 여론조사 기술을 발전시킨 미국 기자이자 통계학자였다. 알렉상드르 뒤발 스탈라, 변광배 · 김웅권 옮김, 위의 책, 2014년, p.27.

15   André Malraux, Antimémoires, in (Euvres complétes, Bibliothéque de la Pléiade, 1996, t. III, pp.86-88. 알렉상드르 뒤발 스탈라, 변광배 · 김웅권 옮김, 위의 책, 2014년, pp.27-28. 재인용.

16   알렉상드르 뒤발 스탈라, 변광배 · 김웅권 옮김, 앞의 책, 2014년, p.28.

17   레이몽 아롱은 드골과 말로의 첫 만남을 '괴테와 나폴레옹의 만남'과 비교되기도 한다고 했다. 장루이 미시카, 도미니크 볼통과의 대담, 박정자 옮김, 『자유주의자 레이몽 아롱』, 기파랑, 2021년, p.184.

18   알렉상드르 뒤발 스탈라, 변광배 · 김웅권 옮김, 위의 책, 2014년, pp.29-30.

19   드골 장군도 프랑스에서 공산주의 혁명이 발생하지 않으리라는 사실을 잘 알고 있었다. 알렉상드르 뒤발 스탈라, 변광배 · 김웅권 옮김, 앞의 책, 2014년, pp.30-31.

20   이와 관련, 박정자는 마르크스주의를 '지식인의 아편'(The Opium of the Intellectuals)'이라고 일축한 20세기 자유주의자 레이몽 아롱(1905-1983, 2차 대전 시 드골장군이 이끄는 자유프랑스위원회의 기관지 「자유프랑스」에서 편집장(주필)으로 활동했었음)이 무려 1955년에 좌파의 본질을 갈파한 말을 소개했다. "정직한 좌파는 머리가 나쁘고, 머리가 좋은 좌파는 정직하지 않다. 모순투성이인 사회주의의 본질을 모른다면 머리가 나쁜 것이고, 알고도 추종한다면 거짓말쟁이다." (『지식인의 아편』에서), 장루이 미시카, 도미니크 볼통과의 대담, 박정자 옮김, 『자유주의자 레이몽 아롱』, 2021년, 기파랑.

21   Front Populaire, 1936년 6월에 집권한 좌파 연합내각에 붙여진 이름. 이탈리아의 파시즘, 독일의 나치즘, 프랑스 극우 단체의 세력 신장에 위협을 느낀 공산당, 사회당, 급진당 등 세 좌파 정당은 연합전선을 펴서 집권에 성공했으나, 경제 정책의 실패로 1938년 4월에 다시 정권을 빼앗겼다. 장루이 미시카, 도미니크 볼통과의 대담, 박정자 옮김, 위의 책, 2021년, p.66.

22   Philippe de Gaulle, De Gaulle mon pére, entretiens avec Michel Tauriac, Plon, t. I .p.368. 알렉상드르 뒤발 스탈라, 변광배 · 김웅권 옮김, 위의 책, 2014년, p.32. 재인용.

23   알렉상드르 뒤발 스탈라, 변광배 · 김웅권 옮김, 앞의 책, 2014년, pp.31-32.

24   Frédéric J. Grover, <André Malraux milieu et formation>, in De Gaulle et Malraux, Institut de Charles de Gaulle , Paris, Ed. Plon, 1987, p.40. 조성연, 앞의 논문, 2020, p.114. 재인용. p.115.

25   Janine MossuzLavau, <André Malraux ministre : une nouvelle vision de la France, une idée certaine de la culture>, in Les Affaires culturelles au temps d'André Malraux,   1959-1969, Comité d'histoire du ministére de la Culture, Paris, La Documentation   francaise, 1996, p.20. 조성연, 위의 논문, 2020,p.115. 재인용.

26   프랑스 연맹 (Union francaise)은 제4공화국(1946-1958) 당시 프랑스 본토와 해외지역(DOM), 해외영토(TOM), 옛 식민지, 보호령 등으로 구성된 정치적 연합조직이다. 조성연, 위의 논문, 2020,p.115. 각주 25).

27   자닌 모수 라바우는 1949년 이후 프랑스 국민연합 선전부장 앙드레 말로의 등장이 드물어져 그가 주장한 제3대륙과 지구 문명 또한 구체적으로 발전하지 못하고 추상적인 관념으로 남았다고 분석하면서 나중에 제3대륙은 '제3노선(La Troisieme voie)'로 발전한다고 설명했다. 조성연, 앞의 논문, 2020, pp.115-116.

28   첫 만남 이후 약 5차례의 접견 후 1945년 11월 17일, 말로는 드골의 비서실에 채용되었다. 이어서 11월 21일에는 드골 정부의 각료가 되었다가 1946년 1월 드골이 사퇴하자, 그도 물러난다. 그리고 1947년 드골이 창당한 프랑스 국민연합(RPF, Rassemblement du peuple francais)의 핵심멤버가 되어 드골의 곁을 오랫동안 지키게 된다. 조성연, 위의 논문, 2020, pp.111-112.

29   Jean Lacouture, De Gaulle: Le politique, Le Seuil, 1984, p.249; 알렉상드르 뒤발 스탈라, 변광배 · 김웅권 옮김, 앞의 책, 2014년, p.234. 재인용.

30   파리에서 동북부 약 200킬로미터 거리에 있는 콜롱베 레 되 제글리즈(Colombey les deux véglises)라는 작은 마을에 있는 드골의 사저. 샤를 드골, 심상필 옮김, 앞의 책, 2013년, p.28.

31   Charles de Gaulle, Mémoires d'espoir, Plon, 1970, pp.19-21. 알렉상드르 뒤발 스탈라, 변광배 · 김웅권 옮김, 앞의 책, 2014년, p.246. 재인용.

32   장 레츠(Jean Retz): 17세기 프랑스의 정치가 · 회상록 작가로 1648년 '바리케이드의 날' 지도자로 유명하다. 저서로 『회상록(Mémoires)(전3권, 1717)이 있다. - 역주, 알렉상드르 뒤발 스탈라, 변광배 · 김웅

권 옮김, 위의 책, 2014년, p.247. 재인용.

33 알렉상드르 뒤발 스탈라, 변광배 · 김웅권 옮김, 위의 책, 2014년, pp.246-247.

34 알렉상드르 뒤발 스탈라, 변광배 · 김웅권 옮김, 앞의 책, 2014년, pp.248-249.

35 André Malraux, Antimémoires, in (Euvres complétes, Bibliothéque de la Pléiade, 1996, t. III, p.106. 알렉상드르 뒤발 스탈라, 변광배 · 김웅권 옮김, 앞의 책, 2014년, p254. 재인용.

36 앙드레 말로, 『반(反)회고록(Antimémoires)』, 앞의 책, p.108. 레몽 투르누(Raymond Tournoux)는 다른 진술을 제시한다. "내가 살아생전에 프랑스의 젊은이들이 내가 그들에게 거는 모든 장래성을 실현시키는 것을 볼 수 있다면, 나는 이것이 이 나라에게는 프랑스 해방보다 더 중요하다고 생각할 것입니다. 그때는 내가 샹젤리제 거리를 내려갔던 1944년의 그날은 나한테 더 이상 중요하지 않을 것입니다." 『장군의 비극(La tragédie du Général)』, 플롱(Plon), 1967, p.290에서 인용. 알렉상드르 뒤발 스탈라, 변광배 · 김웅권 옮김, 위의 책, 2014년, p255. 재인용.

37 조성연, 위의 논문, 2020, p.107.

38 Commune, n°37, septembre, 1936. 알렉상드르 뒤발 스탈라, 변광배 · 김웅권 옮김, 위의 책, 2014년, p.285. 재인용. 생전에 앙드레 말로는 운명, 다시 말해 "인간의 조건"과 싸우는 반운명의 세계를 진선미의 3각 구도로 펼쳐냈다. 그의 지적(知的) 여정에서 진(眞)에 대한 관심은 다분히 사유에 대한 사유의 유희를 담아내는 철학보다는 종교에 대한 탐구로 나타났다. 그가 운명으로부터 해방과 절대 진리를 추구하는 종교에 얼마나 관심을 보였는지를 말년의 한 인터뷰가 증언하고 있다. 그는 "종교의 명상 수준이 철학의 명상 수준보다 무한히 더 심층적인 방식으로 개발된 무엇"이라고 말하고 있다. 다음은 선(善)의 차원에서 보면 말로는 역사의 현장에서 지속적으로 민중을 위해 싸우면서, 역사를 변화시키려 노력했다. 아울러 세계의 운명을 변화시킨 역사적 인물들, 즉 영웅들에 지대한 관심을 보였다. 마지막으로 미(美)에 대한 그의 관심은 그가 창조한 작품들과 예술 평론서들로 나타났다. 요컨대, 말로가 펼쳐낸 반운명의 3각 구도는 소설(예술) 속에서 그대로 드러난다. 인물들의 비전속에 심층적으로 자리 잡은 구도적(求道的) 열정은 진을, 그들의 역사적 참여는 선을, 그리고 이 두 차원을 작품으로 뒷받침하는 소설 미학은 미를 구현하고 있기 때문이다. 한마디로 앙드레 말로의 예술이론은 변모의 이론이다. 에파헌 blog, 앙드레 말로의 <상상의 박물관>과 예술관, 2009. 5. 24. 검색일 (2022.2.26.).

39 조성연, 앞의 논문, 2020,p.117.

40 알렉상드르 뒤발 스탈라, 변광배 · 김웅권 옮김, 앞의 책, 2014년, pp.286-287.

41 알렉상드르 뒤발 스탈라, 변광배 · 김웅권 옮김, 위의 책, 2014년, p.304. 국가에 예술작품의 기증을 허가하는 법 제정은 박물관들로 하여금 전례 없는 풍요를 가져다주게 해 주었다. 열다섯 개의 위대한 역사적 기념물들 (베르사유 · 루브르 · 앵발리드 등)이 복원되었다.

42 알렉상드르 뒤발 스탈라, 변광배 · 김웅권 옮김, 위의 책, 2014년, p.305.

43 조성연, 앞의 논문, 2020,p.118.

44 알렉상드르 뒤발 스탈라, 변광배 · 김웅권 옮김, 앞의 책, 2014년, p.306.

45 Louis Bertagna, "Il a vécu jusqu'à sa mort", in La Nouvelle Revue francaise, n°295, juillet, 1977, p.114. 알렉상드르 뒤발 스탈라, 변광배 · 김웅권 옮김, 위의 책, 2014년, p298. 재인용.

46 알렉상드르 뒤발 스탈라, 변광배 · 김웅권 옮김, 위의 책, 2014년, p.361.

47 1965년 7월 26일, 앙드레 말로가 아시아를 여행하는 동안, 드골은 엘리제 궁에 마들렌 말로를 점심 식사에 초대하는 세심한 배려를 한다. 그는 그녀가 장관의 공식적 이동에 함께 하지 못하고 멀어져 있을 때 그녀에게 관심을 보여 자신의 존경을 나타내고자 한 것이다. 알렉상드르 뒤발 스탈라, 변광배 · 김웅권 옮김, 앞의 책, 2014년, p298. 각주 26) 재인용.

48 알렉상드르 뒤발 스탈라, 변광배 · 김웅권 옮김, 위의 책, 2014년, p350.

49 André Malraux, Antimémoires, in (Euvres complétes, Bibliothéque de la Pléiade, 1996, t. III, p.578. 알렉상드르 뒤발 스탈라, 변광배 · 김웅권 옮김, 위의 책, 2014년, p.343. 재인용.

50 André Malraux, 앞의 책, 1996, t. III, p.580. 알렉상드르 뒤발 스탈라, 변광배 · 김웅권 옮김, 위의 책,

2014년, p.344. 재인용. 조르주 퐁피두는 1962년 4월 15일에 총리로 임명된다! 이와 같은 응대를 통해 이해해야 할 점은 드골이 프랑스를 위한 자신의 위대한 꿈을 추구할 것이 아니라, 내각의 일들을 관리하기를 프랑스인들이 기대하고 있다는 것을 장군이 아마 이해했으리라는 사실이다. 알렉상드르 뒤발 스탈라, 변광배 · 김웅권 옮김, 위의 책, 2014년, p.309. 각주 3).

51   André Malraux, 위의 책, 1996, t. III, p.579. 알렉상드르 뒤발 스탈라, 변광배 · 김웅권 옮김, 위의 책, 2014년, p.344. 재인용.

52   André Malraux, 위의 책, 1996, t. III, p.581. 알렉상드르 뒤발 스탈라, 변광배 · 김웅권 옮김, 위의 책, 2014년, p.344. 재인용.

53   André Malraux, 위의 책, 1996, t. III, p.582. 알렉상드르 뒤발 스탈라, 변광배 · 김웅권 옮김, 위의 책, 2014년, p.344. 재인용.

54   André Malraux, 위의 책, 1996, t. III, p.586. 알렉상드르 뒤발 스탈라, 변광배 · 김웅권 옮김, 앞의 책, 2014년, p.345. 재인용.

55   André Malraux, 앞의 책, 1996, t. III, p.588. 알렉상드르 뒤발 스탈라, 변광배 · 김웅권 옮김, 위의 책, 2014년, p.345. 재인용.

56   André Malraux, 위의 책, 1996, t. III, pp.590-591. 알렉상드르 뒤발 스탈라, 변광배 · 김웅권 옮김, 앞의 책, 2014년, p.346. 재인용. 1881년, 빅토르 위고(18021885)의 80세 되던 해, 생애가 얼마 남지 않았음을 실감한 위고는 8월 31일에 유언장을 썼다. "신과 영혼, 책임감. 이 세 가지 사상만 있으면 충분하다. 적어도 내겐 충분했다. 그것이 진정한 종교이다. 나는 그 속에서 살아왔고, 그 속에서 죽을 것이다. 진리와 광명, 정의, 양심, 그것이 바로 신이다. 가난한 사람들 앞으로 4만 프랑의 돈을 남긴다. 극빈자들의 관 만드는 재료를 사는데 쓰이길 바란다. … 내 육신의 눈은 감길 것이나 영혼의 눈은 언제까지나 열려 있을 것이다. 교회의 기도를 거부한다. 바라는 것은 영혼으로부터 나오는 단 한 사람의 기도이다.", 지식백과, 글 박중서, 「빅토르 마리 위고」, 인물세계사, 검색일(2022.2.26).

57   Tintin : 벨기에의 만화 작가 에르제의 세계적인 인기연재 장편만화 『땡땡의 모험(Les Adventures de Tintin)의 주인공. 알렉상드르 뒤발 스탈라, 변광배 · 김웅권 옮김, 위의 책, 2014년, p.346.

58   André Malraux, 앞의 책, 1996, t. III, pp.595-596. 알렉상드르 뒤발 스탈라, 변광배 · 김웅권 옮김, 위의 책, 2014년, pp.346-347. 재인용.

59   André Malraux, 위의 책, 1996, t. III, p.596. 알렉상드르 뒤발 스탈라, 변광배 · 김웅권 옮김, 위의 책, 2014년, p.347. 재인용.

60   André Malraux, 위의 책, 1996, t. III, p.601. 알렉상드르 뒤발 스탈라, 변광배 · 김웅권 옮김, 앞의 책, 2014년, p.347. 재인용.

61   André Malraux, 앞의 책, 1996, t. III, pp.630-631. 알렉상드르 뒤발 스탈라, 변광배 · 김웅권 옮김, 위의 책, 2014년, p.349. 재인용.

62   André Malraux, 위의 책, 1996, t. III, pp.637-645. 알렉상드르 뒤발 스탈라, 변광배 · 김웅권 옮김, 위의 책, 2014년, p.349. 재인용.

63   André Malraux, 위의 책, 1996, t. III, pp.656-657. 알렉상드르 뒤발 스탈라, 변광배 · 김웅권 옮김, 앞의 책, 2014년, p.350. 재인용.

64   알렉상드르 뒤발 스탈라, 변광배 · 김웅권 옮김, 위의 책, 2014년, pp.48-49.

65   알렉상드르 뒤발 스탈라, 변광배 · 김웅권 옮김, 위의 책, 2014년, p.371.

66   레미 코페르, 장진영옮김, 『앙드레 말로』, 이룸, 2001년, p.351.

67   알렉상드르 뒤발 스탈라, 변광배 · 김웅권 옮김, 위의 책, 2014년, p.361.

68   필리프 라트, 윤미연 옮김, 『드골 평전』, 바움, 2002년, p.571.

69   알렉상드르 뒤발 스탈라, 변광배 · 김웅권 옮김, 앞의 책, 2014년, p.339.

제5장
리더십편

※ 일러두기 : 리더십편은 저자가 2005년에 출간한 『21C의 힘 탁월한 리더십 드골』 (한성출판기획, 글fh
리아 출판)의 내용을 토대로 전면 개정했음을 밝힌다.

Chapter 1. 리더십은 가치와 시대정신으로부터!

드골 리더십의 등장

어떤 위대한 일도 위대한 인물이 없으면 성취될 수 없다. 그리고 사람은 누구나 위대해지고자 노력만 하면 위대한 인물이 될 수 있다.

과연 영웅[1]이 시대를 만들까? 시대가 영웅을 만들까? 이 질문의 답은 항상 '알이 먼저냐, 닭이 먼저냐'와 비슷하다. 일찍이 톨스토이는 『전쟁과 평화』에서 "나폴레옹은 왜 수백만 사람들의 인간적인 감성과 상식을 거부해 가면서 사람들을 살육했는가?"라고 자문하고는 스스로 이렇게 대답했다. "그 전쟁은 단지 일어나지 않을 수 없었기 때문에 일어났다." 즉, 이전의 모든 역사가 그 전쟁을 미리 결정짓고 있었다는 것이다. 다시 말해 영웅이란 '역사의 노예'다.[2]

이러한 역사 결정론에 반해, 역사가 어떤 특정한 개인에 의해 영위되어 왔다는 주장도 있다. 만약 드골이 1차 대전에서 가장 치열했다던 베르됭 전투에서 죽었다면, 1940년 육군 507 기갑연대장(대령) 시절에 독일이 프랑스를 침공하지 않았다면, 알제리 전쟁이 조속히 해결되었다면 드골에 의한 위대한 프랑스 재건이 가능했을까. 대답은 NO다. 1940년 드골이 육군 대령 시절에 독일이 프랑스를 침공하지 않았다면, 또 나치 독일에 프랑스가 패배하지 않았다면, 자유 프랑스의 드골은 없었을 것이다. 또 알제리 전쟁이 조속히 해결되었다면 드골은 초야에 묻혀 회고록을 마무리하면서 생을 마감했을 수도 있었다.

그런데 중요한 것은 현대 대중민주주의 시대에서도 사람들은 영웅을 필요로 하는가 하는 점이다. 분명한 사실은 프랑스 국민의 기억 속에서 드골은 불멸의 영웅 나폴레옹마저 저만치 따돌리고 지난 1980년부터 프랑스 위인 열전에서 부동의 1위를 고수하고 있다는 것이다.[3] 더욱 놀라운 것은 지난 2005년 4월에 공중파를 타고 방송된, '모든 시대에 걸쳐 가장 위대한 프랑스인 100인'에 대한 설문 조사에서 역사 속 인물인 드골이 현역 정치인들은 물론이거니와 유명 대중스타들을 모두 제치고 단연 1위를 차지했다는 사실이다.[4]

그렇다면 드골은 과연 영웅과 시대와의 관계를 어떻게 생각했을까? 아마도 역사 결정론만은 아닌 듯하다. 드골은 1921년 2월, 생시르 육군사관학교 역사학 교수로 임명됐는데 그에게 주어진 임무는 프랑스 혁명에서 1918년 1차 대전 종전까지의 프랑스군의 역사를 가르치는 것이었다. 다음은 네로Néro 장군의 증언이다.

"1921년에 생시르에서 우리들은 세 명의 역사 교수를 만났다. …하지만 우리들에게 가장 인상 깊었던 교수는 드골이었다. 그의 강의 하나하나는 이렇게 말하자면 하나의 사건이었다. …물론 대大 강의실에 들어올 때 그만이 군화를 신고 옆에 칼을 찬 것은 아니었다. 하지만 이 모든 것이 오직 그에게서만 장엄하고 매혹적이었다. …거구에 등이 약간 구부러지고, 긴 목을 꽉 조이는 빳빳한 깃을 올린 채 그는 두 시간동안 아무런 메모도 없이 강의를 했다. 그는 우리를 압도했다. …그가 학생들에게 일으킨 반향이 너무나도 커 얼마 지나지 않아 강의실 첫 줄에 이 학교의 장교들, 고급장교들, 그리고 나중에는 장군들까지 앉아 있는 것을 볼 수 있었다! …말하자면 이것은 모든 연령과 모든 계급에 대해 드골 대위의 대단한 영향력을 보여주는 것이었다."[5]

그가 한 강의에서 장차 드골 자신이 1940년 영국으로 망명하여 나치와 비시정부에 거부하고 대항하는 상황의 전조前兆를 보였던 내용을 보면 드골은 역사결정론보다는 개인이 가진 소수의 자유의지를 더 소중히 여긴 것으로 생각된다.

"역사는 운명론을 가르치지 않습니다. 소수의 자유의지를 가진 사람들이 결정론을 깨부수고, 새로운 길을 여는 순간은 옵니다.[6] 사람들은 자신이 받을만한 만큼의 역사를 갖게 됩니다. 여러분이 불행을 한탄하고 최악의 순간이 다가오고 있다는 공포를 느낄 때 사람들은

당신에게 말할 것입니다. '이것이 역사의 법칙이다. 이것이 진화 의지다.'그들은 이러한 것들을 매우 명쾌하게 설명할 것입니다. 일어나십시오, 제군. 영리한 비겁함에 대항하십시오. 이는 멍청한 것보다 더 나쁜 것입니다. 이는 성령에 반하는 범죄입니다." [7]

계속해서 드골은 위대한 인물에 대해 말한다.

"어떤 위대한 일도 위대한 인물이 없으면 성취될 수 없다. 그리고 사람은 누구나 위대해지고자 노력만 하면 위대한 인물이 될 수 있다." [8]

이 말은 영웅은 시대가 부여한 목적을 위해서 존재함과 동시에 누구나 영웅이 되고자 노력한다면 시대가 그에게 기회를 준다는 의미일 것이다.

리더십을 발휘하기 위해서는 리더, 조직과 조직원, 그리고 조직의 목표가 있어야 한다. 이중에서 제일 중요한 것은 당연히 리더다. 그럼 드골이 말하는 위대한 인물이 발휘하는 리더십의 출발은 어디서부터일까. 리더십은 리더 자신이 조직의 존재가치와 그의 사명을 찾는 것에서부터 출발한다고 생각한다.

흥미로운 점은 드골은 자신의 운명에 대한 자각을 다름 아닌 자신의 이름에서 찾아냈다. '프랑스의 샤를(샤를 드골이라는 이름 자체가 샤를마뉴Charlemagene 대제와 프랑스의 옛 이름인 골Gaul을 연상시킴)'[9]이라는 의미를 가졌다는 사실은 결코 우연이 아니라고 생각했다.

요컨대 드골은 언젠가 프랑스가 시련에 처했을 때, 그 시련을 극복할 것이라는 것, 또 내 생애의 관심사는 언젠가 프랑스를 위해 뭔가 특별한 봉사를 하는 것, 그리고 그 기회를 반드시 가질 것이라는 점을 의심하지 않았다.[10]

드골의 야심찬 꿈은 프랑스의 운명을 자신의 운명과 동일시하는 것으로, 이러한 자기암시는 결국 프랑스의 영광을 위해 지도자의 길을 걷게 하는 큰 밑거름이 됐다.

이러한 확신, 즉 신념의 마력은 무서운 것이다. 신념은 끊임없는 자기 암시를 통해 기적을 낳게 한다. 하지만 이러한 자기 암시도 한 개인의 희망과 소원까지 누가 결정해 주지 않는다. 다시 말해 당신의 대망은 당신 스스로 결정해야 한다는 것으로 자기의 존재 의의와 사명을 깨닫고 대망을 품는 데서 신념이 만들어진다는 것이다.

그렇다면 리더가 가져야 하는 이러한 존재가치와 사명이 현 시대와 어떻게 어우러져야 하는가. 드골의 말 중에는 '시대'라는 말이 많이 나온다. 그는 그만큼 시대라는 개념에 민감하면서도 중요하다고 생각했다. 한 예를 보자.

"한 정치가가 단호하고도 집요한 성격을 지니고 있고, 국민들로부터 절대적인 지지를 받고 있으며, 외국과의 동맹 체제를 유지하고 있다손 치더라도 만약 자기 시대가 요구하는 바를 정확히 파악하지 못한다면 그는 실패할 것이다." [11]

여기서 시대라 함은 흔히 말하는 시대정신Zeitgeist[12]이 아닐까. 드골의 탁월함은 바로 이 시대정신을 읽는 힘이 대단했다는 데 있다. 비유컨대 나무만 보다가 전체 숲을 보지 못하는 우愚를 범하지 않았고, 드골에게 있어 숲은 바로 시대정신이었다.

드골은 국가원수로서 두 번에 걸쳐 스스로 사임했다. 한 번은 2차 대전 후 임시정부 수반직에서, 또 한 번은 1969년 대통령직에서였다. 이유는 '드골의 시대'가 끝났기 때문이다. 프랑스가 시련에 처했을 때 드골 자신이 위대한 프랑스 국가를 재건하기 위해 국민들을 하나로 이끌어 위기를 극복하는 그런 시대 말이다. 2차 대전 후 드골은 다시 돌아온 파벌과 분열의 정치체제에 대해 다음과 같이 회고했다.

"…일단 위기에서 벗어나자 예전에 갖고 있던 특권의식, 주장의 요구, 야심, 그리고 비건설적인 경쟁 등이 다시 우리 국민 사이에 나타났다. 마치 그들이 얼마 전에 당한 불행을 잊기

라도 한 듯이 …여기서 반드시 말해두어야 할 것은 국민들마저도 체제를 반대하는 소리가 거의 없었다는 사실이다. …나는 그들의 꼭두각시나 보조역할은 절대로 하지 않겠다는 속셈이다. 이렇게 함으로써 나는 상처를 입지 않고 떠날 수 있을 것이다. 때가 오면 다시 한 번 나라의 구원자가 될 수도 있는 것이다." [13]

드골은 파벌의 정당정치를 매우 싫어했다. 왜냐하면 오랜 세월 동안 프랑스의 각 정당들이 국가를 위해 봉사하기보다는 정치를 이용하여 자신들의 이익을 챙기는 습관에 젖어 있었기 때문이다. 다시 말해 프랑스의 불행은 정당이 존재한다는 것에서 온 것이 아니라, 정당이 퇴폐한 제도를 이용하여 공권력을 남용했다는 것이다.[14] 일례로 1946년부터 1958년까지 크고 작은 정당이 난립한 정치권이 극도의 분열상을 보여 17명의 총리와 24차례의 내각이 교체된다. 오죽했으면 루즈벨트 대통령은 드골에게 "프랑스는 수상이 너무 자주 바뀌어서 그들 중 내가 기억하는 이름은 한 사람도 없습니다"[15]라고 했을까.

정권의 약체화로 프랑스 4공화국의 식민지 정책은 표류했고, 1954년 디엔비엔푸 전투에서 치욕적인 패배로 전쟁을 포기하면서 인도차이나에서 전면적으로 철수를 하고 만다. 게다가 같은 해 11월부터는 알제리 민족해방전선FLN과 전쟁이 시작되면서 1958년에 이르러서는 국가 재정도 극도로 열악해졌다. 알제리 전쟁의 기약 없는 소모전과 자조적 체념에 빠진 프랑스는 뇌신경이 마비된 채 자율신경만으로 살아 숨쉬는 상황이었다.

파벌 정당정치에 넌더리가 난 프랑스 국민들은 마침내 12년 동안 깊은 침묵을 지킨 드골을 가만두지 않았다. 이제는 시대와 역사의 요청으로 다시 나설 때가 되었다며 드골을 부른 것이다. 드골 또한 생각했다.

"…나 자신이 국가를 위한 선택된 도구처럼 느껴졌다. 1940년 6월 18일, 드골은 단신으로, 거의 무명의 인물로, 영원한 조국의 명예와 넋을 구하기 위해 그 부름에 응답하여 프랑스의 운명을 책임졌었다. 1958년 5월, 국가의 재난이 초래될 내분이 일어나기 바로 직전, 이

른바 책임을 다하고 있다는 정치체제가 완전히 붕괴되려는 찰나, 이미 알려진 인물로서 그러나 수단이라고는 정통성 하나만 가졌을 뿐인 드골은 또 다시 프랑스의 운명을 맡으려는 것이다." [16]

이렇게 생각한 드골은 시대가 부르는 사명을 깨닫고 주 무대에 나설 것을 결심한다. 사람이 나설 때와 물러설 때를 아는 것처럼 아름다운 모습이 또 있을까. 모든 것에 앞서 조국에 대한 시적 이념의 소유자인 드골은 어린 시절부터 간절히 바란 신념의 마력이 현실로 다가옴을 느꼈으리라. 바로 프랑스가 어려움에 처했을 때 반드시 조국을 위해 봉사할 기회가 오리라 믿었던 그 마력 말이다.

1958년 5월, 드골은 기자회견에서 "조국 프랑스가 나에게 봉사할 기회를 준다면 합법적으로 권좌에 다시 올라 정권을 책임질 준비가 되어 있으며, 67세라는 나이에 독재자의 길을 택하지는 않겠다."고 선언했다.

고향인 콜롱베로 가서 국가와 국민의 정식 부름을 기다리면서 드골은 다시 한 번 위대한 그 무엇을 위해 일하기로 결심한다. 현명한 프랑스와 프랑스 국민은 다시 국력과 기회를 낭비하지 않게 해달라고 하면서 드골에게 대권을 부여한다.

마키아벨리는 '위대한 지도자의 행위를 보면 그들이 모두 운명으로부터는 기회밖에 얻은 것이 없다' [17]고 말했듯이 위대한 인물이 되고자 노력했던 드골에게 위대한 프랑스를 위해 위대한 일을 할 수 있도록 시대는 기회를 준 것이다.

지도자는 우선 사상가이어야 한다.

지도자는 반드시 자기만의 가치와 논리가 있는 사상가이어야 한다. 여기서 말하는 가치와 논리는 물론 역사, 군사, 정치, 외교, 경제, 철학, 문학 등을 통해서 체질화된 사상을 말한다. 또한 현실에 바탕을 둔 다수의 사람에게 비전과 공감과 이익이 있는 가치여야 한다.

모든 조직에는 그 나름대로의 어떤 가치가 있고, 존재 목적이 있다. 지도자라면 이 점을 통찰하여 반드시 자기만의 가치와 논리가 있는 사상가이어야 한다. 물론 여기서 말하는 가치와 논리는 역사, 군사, 정치, 외교, 경제, 문화, 철학, 문학 등 다방면의 지식과 사유를 통해서 체질화된 사상을 말하는데, 현실에 바탕을 둔 다수의 사람에게 비전과 공감과 이익이 있는 가치여야 한다. 왜냐하면 가치에서 나오는 내적인 힘은 조직의 구성원들에게 힘과 자신감을 부여하기 때문이다. 또 공유된 가치는 도덕적인 용기와 자신감을 길러 주어 어떤 일시적인 위기 이면을 꿰뚫어 볼 수 있는 힘과 일시적인 유행에도 흔들리지 않는 정체감正體感, identity을 부여한다. 그래서 조직의 가치를 이해하고 구성원들과 함께 가치를 공유한다는 것은 불확실성의 바다에서 표류하는 사람들에게 닻을 제시하는 것과 같은 것이다.

드골은 국가지도자로서 이 점에 매우 충실했는데, 그의 『전쟁회고록』의 첫머리는 다음과 같은 유명한 구절로 시작된다.

"일생동안 나는 프랑스에 대한 어떤 생각을 간직해왔다. 감정뿐만 아니라 이성도 나에게 그것을 불러 넣는다. 나의 마음속에 있는 정서적인 그 어떤 것이 자연스럽게 프랑스를 동화 속의 공주나 벽화에 그려진 마돈나로, 즉 어떤 탁월하고 유례없는 운명에 바쳐진 것으로 그린다. 나는 본능적으로 신이 더할 나위 없는 성공을 위해 또는 본보기가 되는 불행을 위해 프랑스를 창조했다는 인상을 받는다. 따라서 나는 프랑스의 행위나 몸짓이 보잘 것 없다는 평판을 얻을 때, 그것은 조국의 진수가 아니라 프랑스인들의 과오로 돌려야 할 어떤 이치에 맞지 않는 비정상 상태 탓이라는 느낌을 받는다. 하지만 또한, 적극적으로 생각해 보면 나는 다음과 같은 확신을 얻는다. 즉 프랑스는 선두에 나설 때에만 진정으로 그 자신일 수 있고, 원대한 기획들만이 프랑스 국민이 그 자신 속에 지니고 있는 분열의 요소들을 억제할 수 있으며, 나아가 지금 그대로의 여러 나라들 중에서 지금 그대로의 우리나라가 치명적인 위험을 무릅쓰고 목표를 높이 두고 의연하게 서야만 한다는 것이다. 즉, 내가 보기에, 위대성이 없는 프랑스는 프랑스가 아니다." [18]

위에서 말하는 드골의 '프랑스에 대한 어떤 생각'은 크게 두 가지로 나누어 생각할 수 있다. 하나는 앞에서도 언급되었지만, 프랑스 자체를 공주나 성모 마리아 같은 이미지로 여겼다는 점과 또 하나는 결국 드골이 전개한 정치적인 주장, 즉 골리즘[19]으로 나타난다는 것이다. 골리즘은 드골을 이해하기 위해 매우 중요한 개념인데, 이것을 알아보기 전에 잠깐 매우 흥미로운 '드골의 프랑스 사랑에 관한 표현'이 있어 소개한다.

데이비드 쉰브룬David Schoenbrun의 표현에 의하면, 프랑스에 대한 드골의 사랑은 그렇게도 열렬했음으로 그 사랑은 프랑스를 국가여인the nationwoman으로 변모시켰는데, 그 여인에 대해 그는 깊은 감각적인 사랑의 감정까지를 품고 있었다. 그러나 그 여인은 항상 그에게 성실한 것은 아니었다.

"제4공화국은 그의 눈에는 바람난 여자였는데, …그 여인은 '병영의 색정광'으로 10여년의 방종한 정치적 환락생활 동안 매 4~5개월마다 수상을 갈아치우고, 권력 때문에 길게 줄지어 선 열렬한 구혼자들을 차례로 녹초로 만들어 내던져 버렸다." [20]

그러나 드골은 그 여자가 본질적으로 고귀한 품성의 귀부인임을 의심치 않았다. 그 여자는 어울리지 않는 구혼자들의 열정에 희생이 되었었지만, 고통과 고뇌의 세월을 보낸 뒤에까지도 자신의 일부 장점들을 아직도 보유하고 있음에 틀림없었다. 드골이 이 타락한 여인을 위해서 하고자 한 것은 먼저 그의 튼튼한 두 팔로 저들 부패한 구혼자들로부터 그 여인을 구하고, 다음으로 그의 승화된 사랑을 통해 그 여자를 고양시켜 그 여자가 한 때 그러한 적이 있었던 대로의 고귀한 여인의 상태로 되돌리는 것이었다. 그의 생애의 거의 마지막에 앙드레 말로와 가졌던 마지막 대화에서 드골은 술회했다.

"프랑스는 기독교의 영혼이었다. 오늘날에는 유럽 문명의 영혼이라고 할까. 나는 원래의 위치로 그 여자를 되돌리기 위해 내가 할 수 있는 모든 일을 다 하였다." [21]

드골이 프랑스를 고귀하고 사랑스러운 여인으로 생각하여 그녀를 위해 헌신했다는 비유가 사실이냐 아니냐를 떠나서 궁극적으로 조국 프랑스에 대한 열정의 다른 표현으로 받아들인다면 재미있는 비유가 아닐 수 없다.

다음은 『골리즘』의 저자인 자크 블로크 모랑쥬Jacque Block Morhaege가 정의한 골리즘을 보자. 그는 "골리즘은 확실히 어떤 교리나 원칙은 아니다. 그러나 그것은 정치의 자세나 그 방식 또는 행동의 규율 속에 나타나는 것임에 틀림없다. 요컨대 골리즘은 국민적 자부심이라고 말할 수 있다." 라고 정의했다.[22] 모랑쥬의 견해에 따르면, 골리즘은 드골 자신의 정치적 이념과 방식 또는 행동 양식으로 볼 수 있다. 골리즘에는 다음과 같은 세 가지 특징이 있다.

첫째, 위대한 프랑스를 재현하는 것이다. 드골은 프랑스가 2차 대전 이전까지 누려왔던 강국의 지위를 회복하여 예전의 위대한 프랑스를 재현하고자 했다. 물론 이러한 것은 꼭 국토의 규모, 인구 수, 군사력이 아니라 역사 속에서 구현된 가치를 통해 이루어져야 한다고 믿었다. 이 때 프랑스는 세계무대에서 특별한 임무를 갖고 국제체제에 도전하면서 자국의 우월한 위치를 차지하는 것이었다. 다시 말해 2차 대전 이후 초강대국 미·소 양극체제라는 현실 속에서 프랑스의 위대성을 회복하는 방법은 이 냉전 구도에 휘말리지 않고 민족국가로써 자국의 행동반경을 최대한 확보하려 했다. 따라서 골리즘은 전통적인 주권국가라는 개념을 토대로 발전한 것이었다.[23]

둘째, 국가의 독자성 확보이다. 국가가 위대해진다는 것은 자유와 독립국가의 범위 내에서 가능하다고 보았다. 드골에게 있어 국가는 인간이 구성할 수 있는 가장 고귀한 공동체였고, 세계의 평화는 자기나라의 힘과 함께 다른 국가들의 협조를 바탕으로 얻을 수 있는 것이었다. 그래서 드골의 독자성은 남의 나라를 공격하거나 독재적이지 않았고, 주권국가들의 정체성을 인정하여 각 국가의 조직적인 협력을 중요시했던 것이다. 실제로 그는 전후 독일과의 화해를 추구했고, 소련과 동유럽 국가들은 물론 라틴 아메리카 국가들과 아랍 국가들에게도 개방적인 태도를 보였다. 드골은 국가의 독자성에 대한 생각을 다음과 같이 설명했다.

"…독자성이란 확실히 고립도 아니고 편협한 민족주의도 아니다. 대서양 동맹 같은 동맹에 참여할 수 있는 국가는 독립성을 유지할 수 있다. 공동시장 같은 경제공동체나 통합 유럽처럼 정치 공동체에 참여할 수 있는 국가는 독자성을 지킬 수 있다. 독자적이라는 것은 무엇이든 간에 외부의 뜻대로 하지 않는다는 의미이며, 결정과 행동의 자유를 수호하고 우리 스스로 원했던 것 외에는 다른 협정을 체결하지 않고, 체결한 협정을 잘 알고 거기에 동의하는 것을 뜻한다." [24]

셋째, 국가의 능력 발전이다. 드골은 국가의 능력에 병행되는 발전이 없다면 위대성도 국가의 독자성도 있을 수 없다고 보았다. 그런데 이 국력은 시대에 따라 다양한 형태로 발전되어 왔던 게 사실이다. 드골이 추구한 국력의 수단은 경제력과 군사력[25]이었다. 20세기는 경제력과 첨단 기술이 있어야 하고, 특히 핵개발을 통한 군사력 배양으로 프랑스의 위대성을 회복하려고 했다.

결론적으로 골리즘은 드골의 정치적 이념과 행동양식으로서 프랑스의 위대성을 되찾는데 궁극적 목적이 있었다.

골리즘의 예(例)로는 어떤 것이 있을까.

첫째, 드골은 당시 초강대국 미·소 가운데 어느 한쪽 진영에 속하지 않으면 발붙일 곳이 없던 상황에서 어느 편에도 붙지 않고, 프랑스를 중심으로 한 '대서양에서 우랄까지' 라는 대(大) 유럽적 비전을 제시하면서 협소한 개념의 서유럽공동체의 한계를 극복하고자 했다.

둘째, 드골은 과감하게 알제리 등 프랑스 식민지 국가들에게 독립을 부여하여 보편성, 개방성, 세계성과 연결되는 개방적 민족주의를 추진했다.

좀 더 구체적으로 설명하면, 개방적 민족주의는 정의와 자유를 위하여 세계 속에서 프랑스의 사명을 강조하는 것이다. 정의와 자유에 대한 그의 개념은 어떤 특정한 국가나 민족만이 향유하는 것이 아니라 강대국이든, 약소국이든, 또는 저개발 국가든 모두가 함께 향유해야 할 공통적인 역사적인 가치로 받아들여진다. 따라서 드골의 외교정책에 있어서 독립의 개념과 함께 정의와 자유란 개념이 매우 소중하게 적용되었다.[26]

따라서 드골은 '좌도 우도 아니고, 또한 중도도 아니다. 드골은 그 위를 걷는다'고 자기 자신을 평가하면서 초연한 입장에서 한편으로 군부 및 극우세력을 견제하고, 다른 한편으로는 공산주의 세력의 진출을 억제했다.[27]

요컨대, 드골에게 프랑스는 살아 움직이는 인격체인 동시에 모든 세속적인 가치관과 정치적인 편향을 넘어서 있는 어떤 영구적이고 나눌 수 없는 실체로써 영광 없는 프랑스는 프랑스가 아니었다.[28] 이러한 드골의 프랑스라는 본질과 가치의 이해에 대한 신념은 거의 신앙 수준으로 제2차 대전과 알제리 사태로 인한 불리한 여건 속에서도 프랑스를 존속시키고 프랑스를 위대한 국가로 만든 지도자가 되는 결정적인 요인으로 작용했다.

역사의식이 결여된 지도자는 큰 업적을 남길 수 없다.

역사의식은 하루아침에 생기지 않는다. 자신의 생애 순간순간의 경험으로부터 진지한 자기성찰과 역사에 대한 끊임없는 공부와 사색이 동시에 이루어져야 하기 때문이다.

과연 역사란 무엇인가. 이기윤李基潤은 자신의 저서 『별』(2006년, 북@북스)에서 '역사란 무엇인가'라고 질문하고 이렇게 설명했다.

"역사란 민족이나 국가 단위에서 운위되는 것도 당연한 것이지만 한 개인의 삶의 씨줄과 날줄이 역사가 되어야 하는 것도 당위라는 사실을 알았다. 그래서 한 개인의 삶의 뿌리와 한 집단의 역사는 내용과 형식의 관계에 있다는 소박한 깨달음에 다다르게 되었다. 나아가 거대한 역사의 형식 속에서 그 핏줄로 살아 숨 쉬는 개개인의 뿌리를 더듬어 보는 것이 역사 이해의 첫걸음이라는 사실도 알게 되었다. …우리는 역사를 엮어 가는 씨줄과 날줄을 바로 실재實在와 당위當爲라 할 수 있을 것이며, 그 주체는 바로 개인과 집단이라고 할 것이다. … (특히) 전쟁은 민족이나 집단의 생존을 좌우하는 계기가 되어 왔다는 것이 엄연한 역사적 사실이기에, 전쟁은 결국 생존을 위한 역사의식의 뿌리가 되었다고 할 수 있는 것이다. 그리고 전쟁에 대한 인식은 전쟁 그 자체에 있는 것이 아니라, 전쟁은 막아야 하며, 전쟁이 일어난다면 반드시 이겨야 한다는 당위론적 귀결 이외에는 아무것도 의미가 없다는 것이다. … (전쟁은) 최선의 결과가 아니면 역사는 존재할 수 없다는 처절한 역사의식이 충무공으로 하여금 그 위태로운 바다를 떠날 수 없게 했던 것이다." [29]

그러면서 이기윤은 개인적으로 '역사와 개인'이라는 화두를 던진 실질적인 단초가 된 개인 생도생활의 일화를 소개했는데 흥미로워 소개한다.

"때는 1973년, 사관학교 첫 학기였다. 1973년은 박정희 정권이 유신을 선포한 지 얼마 되지 않은 때여서 사회의 전반적인 분위기가 매우 딱딱하게 느껴지던 시절이었다. 그런 시절에 내가 다닌 육군사관학교의 분위기도 예외는 아니었다. 이러한 분위기는 대학의 교과과정에도 그것이 여실히 반영되었다. 소위 '한국적 민주주의'라는 유신 체제의 지표를 완성하는 데 그 초점이 맞추어졌던 것이다. …한편, 각 대학에서는 국사를 일반교양 필수과목으로 채택했다. 이런 프로그램의 일환으로 육군사관학교에서는 정규 학점에 반영된 국사과목 외에 상당 학점 과목으로 '충무공'이 있었다. 이 과목은 일주일에 두 시간의 교육과정으로 설치되었고, 1학년 전 생도를 대상으로 토요일 오전 8시에서 10시 사이에 강의가 있었다. …바로 그 시간에 나는 '역사와 개인'이라는 화두를 최초로 생각하게 되었던 것이다. 충무공 과목을 담당했던 교관은 조원홍 대위였다. 그는 육사 제25기생으로서 서울대학교를 막 졸업하고 처음 강단에 선 신출내기 교관이면서도 당시 1학년 생도들에게 무서운 선배였다. 그런데 토요일은 무슨 요일이었던가? 매주 금요일 야간부터 시작되는 소위 내무검사 준비는 1학년 생도들에게는 무엇에 비길 수 없는 제1의 과제였다. 그것도 으레 토요일 기상 이후까지도 지속되기 일쑤여서 토요일 오전 일과가 끝나기 전까지는 긴장의 연속이었다. 그런 긴장감에 휩싸여 있다가 교수부 강의실에 앉으면 졸음이 몰려오기 시작하는데, 그것은 그야말로 적군처럼 기습해 오는 것이었다. 그래서 그 토요일 오전 강의시간에 1학년 생도가 눈꺼풀을 추켜올리기란 지구를 들어올리기보다 더 힘든 일이었다. 따라서 강의를 듣는 1학년 생도의 절반은 졸음에 빠져 있는 상태였다. 생도들의 본의 아닌 이런 무기력상태는 패기만만한 젊은 교관의 열강과는 사뭇 대조적인 풍경을 이루고 있었다. 그러나 육사의 신임 교관이 그런 생도들의 태도를 그대로 두고 볼 리 만무했다. "전 생도! 일어섯!"이라는 교관의 호령에 반쯤 눈을 뜬 생도들은 뒤뚱뒤뚱 일어섰고, 연이어 들리는 "모두, 제자리에 엎드렷!"하는 구령에 강의용 책상이 우당탕거리는 소리와 함께 일어섰다 엎드렸다를 반복하는 것이었다. 이마에 땀이 맺히기 시작하면 다시 강의는 계속되었는데, 엄숙했던 그 순간의 분위기는 지속되기가 어려웠다. 그러한 가운데서도 조원홍 대위의 열강은 쉬지 않고 이어졌고, 그 중에서도 한 대목이 나를 사로잡았다. "야, 이 놈들아! 충무공을 앞에 두고 졸다니, 양심이 있는 것이냐, 없는 것이냐? 나는 난중일기를 읽을 때 무릎을 꿇지 않고 읽은 적이 한 번도 없다, 이놈들아!" 교육목적상 과장을 한 말이라고는 전혀 생각할 수 없는 얼음장처럼 차고 맑은 말이었다. 아니 청천벽력 같은 소리였다." [30]

저자는 위에서 설명한 이기윤의 『역사와 역사인식』, 그리고 『충무공』관련 일화를 보면서 조원홍 교관의 다소 돈키호테적인 교수법이었지만, 역사의 주체로서 한 개인이 역사적 인물(개인)을 닮아가려고 노력하는 그 사실만으로도 얼마나 행복하고 감사한 일인가라는 생각이 들었다. 그러면서 전쟁을 역사 의식의 뿌리로서 역사의 씨줄과 날줄인 실재와 당위를 오롯이 담고 있는 하나의 대표적인 예로 들었는데, 매우 의미 있는 비유가 아닐 수 없다. 또 이러한 개인 개인의 역사의식이 모여 집단의 역사의식이 모인다면 또 하나의 미래를 창조할 수 있는 오늘의 준비가 되기에 그 역사적 의미가 있다고 생각한다.

여기서 문득 의문이 드는 게 과연 개인과 집단의 올바른 공통된 역사의식은 무엇인가? 또 그런 공통된 역사의식을 갖는 게 가능한 것인가? 나는 단군의 홍익인간 사상이 인류의 보편적이고 올바른 공통된 역사의식이 될 수 있다고 생각한다. 즉 널리 인간을 이롭게 한다는 숭고한 사상을 역사의식 관점에서 풀어 설명한다면, 역사의식은 과거에 이 땅에서 살았던 인간으로부터 오늘 이 시대를 사는 인간은 물론이고 앞으로 살아갈 인간의 삶까지 진정으로 뜨겁게 사랑하고 이롭게 하는 인간애가 아닐까. 인간애가 있기 때문에 전쟁을 막아야 한다는 당위가 있고, 인간애에 반하는 세력이 전쟁을 일으키는 역사적인 사실 앞에서 반드시 그 전쟁에서 승리하여 다시 인간애를 실현시켜야 한다는 당위 또한 생기는 것이다.

그러나 이러한 역사의식은 개인별·집단별 다양하겠지만, 하루아침에 생기지 않는다. 개인(집단도 마찬가지)의 생애 순간순간의 경험으로부터 진지한 자기성찰과 역사에 대한 끊임없는 공부와 사색이 동시에 이루어져야 하기 때문이다.

그래서 마키아벨리는 『발디키나 지방 주민의 통치 방법에 대하여』에서 '역사는 우리의 행위를 이끄는 인도자이며, 특히 지도자에게는 스승이다'라고 했다.[31] 하늘 아래 새로운 것은 없다. 인간 사회에는 여전히 같은 것을 생각하고 같은 것을 바라는 인간이 살아왔으며, 사회구조가 바뀌더라도 누군가가 이끌고 누군가는 팔로어follower 역할을 하고 있는 것이다. 그러나 유념할 것은 바로 진지한 자기성찰과 역사에 대한 공부와 사색을 바탕으로 하지 않는 역사의식은 무익하면서도 위험하다는 것이다.

서두가 길어졌는데, 그럼 드골의 역사의식에 대해 알아보자. 드골은 청년장교시절부터 남달리 프랑스 역사와 전쟁에 심취했고, 이런 점은 그의 인격과 역사의식 형성에 매우 중요한 역할을 했다. 드골은 『칼날』[32]이라는 저서에서 프랑스 역사와 전쟁관에 대해 다음과 같이 썼다.

"프랑스는 무력을 행사함으로써 형성되었고, 우리의 조상들은 브레뉘Brennus, 서기 390년에 로마를 점령했던 Gaulois인의 수장의 칼과 함께 역사 속으로 파묻혀버렸다. 프랑스 제국이 붕괴된 후 조국이 다시 시작하게 된 것은 클로비스Clovis의 무력 덕분이다. 프랑스 군대는 세상을 파괴하기도 했지만, 이를 재건하기도 했다. 영광과 수치로 점철된 프랑스의 역사는 바로 인간들의 역사이다. …전쟁은 많은 나라를 멸망시키고, 많은 나라를 탄생시킨다. 전쟁은 멈춘 뒤에도 다음 전쟁까지 국가의 생존에 그늘을 드리운다."[33]

드골은 프랑스 역사로부터 몇 가지 중요한 교훈을 얻었다.

첫째, 위대한 프랑스를 추구하는 것이다. 그래서 큰 기획, 큰 야망을 갖지 못한 군대는 의미가 없고, 오늘날의 프랑스는 루이 14세 또는 나폴레옹 1세 때처럼 거대한 국가는 아니지만 위대성을 갖고 있다는 것이다.[34]

둘째, 민족국가에 대한 최고의 충성심이다. 프랑스는 민족과 국가와 분리되어 유지될 수 없다. 민족은 역사적 실체로 등장한다. 민족은 국가가 정당하고 강력하며, 그 지위를 보장할 때 완성된다. 분열되지 않는 민족은 우주에서 과거, 현재, 미래를 연결해 나간다. 또 국가는 효과 있는 공권력을 보유해야 한다. 그러기 위해선 정통성을 가져야 하고, 그래서 국가적 통합성을 담보할 수 있어야 하며, 독립적이고 자유로워야 한다. 따라서 국가의 정통성, 국가의 제도들 및 국가의 기능보다 더 중요한 것은 존재하지 않는다.[35]

셋째, 국가 원수는 프랑스 최고의 그리고 영원한 국익을 보장해야 하고, 제도들의 안정을 기해야 하며, 외교정책을 수행함에 있어 지속성을 유지해야 하기 때문에 그의 기능과 행동은 큰 폭을 가져야 하고, 상황을 초월해야 한다. 드골에게 있어 민족주의가 단순히 국민감정의 표현이 아니라 프랑스의 전全 역사를 병합하고 프랑스 민족

주의의 다양한 경향을 결집하는 종합적綜合的 민족주의로 나타났다.[36]

넷째, 자연적 국경을 통일하고자 하는 야망이라고 할 수 있다. 나폴레옹 1세 치하에서는 전 유럽을 지배하려는 야망, 제3공화국 하에서는 대독對獨 복수의 야망을 오랫동안 품었다. 그리고 1940년의 대재앙 이후 프랑스는 파리를 해방시켜야 한다는 야망을 품었다.[37]

마지막으로, 검劍과 그 역할의 중요성이다. 마키아벨리는 『피렌체 공화국의 앞날에 대한 메디치가의 질문에 답하여』에서 '역사에 남을 만한 국가는 아무리 훌륭한 지도자를 가졌더라도 반드시 두 가지 기초 위에서 각종 정책을 시행해야 성공한다. 그것은 정의와 힘이다. 정의는 국내에 적을 만들지 않기 위해서 필요하고, 힘은 국외의 적으로부터 나라를 지키기 위해서 필요하다'[38]고 했다. 이에 대해 드골은 한마디로 압축하여 말했다.

"칼이 없는 정의는 쉽사리 조롱당한다.[39]"

어느 민족이든 무장을 해제할 경우 아무 의미가 없다. 정의正義마저 그렇게 된다고 믿었다. 평화를 위해서는 전쟁을 준비하라는 로마 격언도 있지만, 결국 평화의 열쇠를 쥐고 있는 것은 힘이다. 원래 무장한 나라는 무장하지 않고 말로만 떠벌리는 나라보다 훨씬 안정적이고 실질적으로 국민의 생명과 재산을 지킬 수 있다. 또 자유와 정의가 없는 평화는 지상의 지옥과 같은 것이다.

그래서 드골은 사실상 군인 정신, 군사전략을 인류 재산의 가장 중요한 부분[40]으로 인식하게 되면서 인간 정신의 유산인 역사에 취미를 갖지 않았거나 접해 보지 못하고 성공한 지도자가 과연 몇이나 있었는가 물어본다. 알렉산더 대왕의 승리 뒤에는 항상 아리스토텔레스가 있었다는 것이다.[41]

요컨대, 드골의 역사의식은 다음과 같다. 이미 작성된 문서가 아닌 앞으로 이어져가는 것이며, 이미 다 이루어진 행동이 아닌 많은 가능성의 과정이다. 즉, 역사는 정지된 것도, 봉쇄된 것도 아니라는 것. 따라서 드골은 상황에 따라가는 운명론자가 아닌, 역사 속으로 뛰어 들어가 상황을 변경시키고 인생의 중대한 순간에 있어 스스로 길을 열어나갈 수 있는 자만이 진정한 역사의식을 가진 의지주의자라고 확신했다.[42]

이런 드골의 역사의식은 후일 닉슨으로부터 다른 삶들이 단지 그날그날의 사건들에 관심을 두는 데 반해 드골은 미래에 대한 통찰을 통해 역사의 위대한 흐름을 파악하려 했다는 극찬을 받게 되는 요인으로 작용했다.

어쩌면 지금 우리가 누리고 있는 이 평화는 수많은 인간들의 내면의 야수와 싸워 얻은 평화이며, 만일 평화를 쟁취하고 유지한 미덕들이 상실되면 그 승리도 한낱 덧없는 것에 지나지 않을 것이다.

2차 대전 당시 영관급 독일군 지휘관으로 독일 육군의 거의 모든 주요 전역에 참전했던 한스 폰 루크Hans von Luck[43]는 그의 회고록에서 '전쟁과 자유, 독재자와 평화'에 관한 매우 통찰력 있는 말을 세계의 젊은이들에게 남겼다.

"…나는 두 개의 체제 속에서 세월을 보낸 포로였다. 프로이센 시대에는 당시의 전통에 따라 교육을 받았고, 나치 체제에서는 충성 맹세를 통해 지도부에 순응했다. 그랬기에 히틀러는 나와 같은 장교들과 장군단을 더 쉽게 기만하고 악용할 수 있었다. 그 대가로 나는 수많은 동료들과 함께 5년간 소련 포로수용소 생활을 해야 했다. 독일의 직업 군인으로 나는 장군들, 장교들과 함께 전쟁에 대한 연대책임을 져야 한다. 충분히 인정한다. …나는 세상의 젊은이들이 다시는 추악한 권력자에 의해 불행해지기를 원하지 않는다. …민주국가의 국민은 자유를 지키기 위해서라면, 참혹하더라도 일정 기간의 전쟁을 통해 독재자를 축출해야 한다는 데 동의하고 있다. …우리 민주주의 국가의 국민은 어떤 이유에서도 그러한 독재자와 폭군을 절대로 믿어서는 안 되며, 맹목적으로 그들을 추종해서도 안 된다는 사실을 반드시 깨달아야 한다." [44]

회고록 에필로그에서 그는 "자신과 타인의 죄를 잊는 것은 좋은 일이다. 하지만 매우 어렵다. 타인의 죄를 용서하는 것은 더 좋은 일이다. 스스로 속죄하고 서로 화해하는 것이 최고의 상책."이라고 말했다.[45]

이렇듯 자유 없는 평화, 혹은 정의 없는 자유가 무슨 가치가 있겠는가. 북한을 보면 쉽게 이해하리라. 말로는 민주주의 인민공화국이니, 자주니, 민족이니 떠벌리면서 북한 주민을 김일성, 김정일, 김정은 사유물로 취급하고 억압하며 탄압하면서 70년 넘게 그들의 꼭두각시 노릇을 하게끔 만드는 작태를 보라! 자유 없는 거짓된 평화, 정의 없는 거짓된 자유가 얼마나 비인간적이고, 얼마나 수많은 사람들에게 말할 수 없는 고통과 무서움을 주는가![46] 그러나 그들이 북한 주민들의 행동이나 말이나 생각들을 속속들이 파헤친다 해도 결국엔 인간의 마음속까지 변질시키고 공략할 수는 없을 것이다. 왜냐하면 인간의 마음은 누구도 어떻게 할 수 없는 신비로움 그 자체이기 때문이다.[47]

드골은 장 오뷔르탕[48]에게 1937년 11월 13일자 편지에 다음과 같이 쓰면서 전체주의에 대한 명백한 반대의사를 표명하였다.

"자유의 죽음을 대가로 치르는 사회적 균형을 어떻게 받아들일 수 있는가?[49]"

그에게 있어서 파시즘은 조국 프랑스의 적일뿐만 아니라 또한 그의 교양, 그의 전통, 그의 확신의 적이기도 했던 것이다.

국가관이 투철해야 국가지도자 노릇을 할 수 있다

국가관이 투철하지 못한 지도자와 정치인들, 정부와 국회에 의해 행해진 잘못의 결과를 국가의 잘못으로 돌려서는 안 된다.

박정희 대통령은 일찍이 "순수한 동포 민족, 천혜의 금수강산, 무비無比의 고유문화를 지녔으면서, 알맞은 국토, 알맞은 인구, 알맞은 자원을 가지고도 단 한번 국가다운 국가를 세워보지 못하였음이 오늘까지의 우리 역사이다." [50] 라고 강조하면서 이제 우리는 과연 무엇을 어떻게 하여야 할 것인가라는 국가와 민족과 국민 앞에 화두話頭를 던졌다. 결국 이 화두는 한 국가지도자에 의해 한韓민족을 가난의 역사에서 벗어나게 하는 원동력이 되었다. 한 국가지도자의 국가관이 얼마나 국가와 민족, 국민의 흥망을 좌우하는지 가늠하는 매우 중요한 요소임을 알 수 있다.

그러면 드골의 국가관은 무엇인가. 1958년 9월 4일, 파리 레퓌블리크 광장에서 드골은 프랑스 국민들에게 새로운 헌법이 규정한 국가의 정체政體를 발표한다. 이것은 제5공화국의 새로운 헌법을 만들어 국민투표로 국민들의 승인을 받기 전에 프랑스 국민들에게 소개하는 연설이었다. 이 상징적인 연설을 통해 결국 9월 28일에 실시한 제5공화국 헌법 개정안이 국민투표에서 79.2%라는 압도적인 찬성으로 통과된다. 이 연설 내용은 드골이 생각하는 국가관을 이해하기에 충분하다.

"…국가는 효과적으로 운영되어야 합니다. 이 나라가 위임하는 자들, 그리고 그 합법성에 생명을 부여하는 신념에 동의하는 사람들에 의해, 한 명의 절대적 국가지도자가 존재해야 합니다. 정치적 싸움을 넘어서서, 시민들에 의해 선택된 사람, 제도들의 합법적인 기능을 보장할 책임을 맡고, 주권 국민의 판단에 호소할 권리를 가지고, 극단적인 위기의 경우에는 프랑스의 독립성, 명예, 통합성, 그리고 공화국의 안녕을 책임지는 국가의 절대적 지도자가 존재해야 합니다.

정부가 존재해야 합니다. 통치하기 위해 이루어진 하나의 정부, 우리가 시간과 가능성을 맡기는 정부, 그 임무 외에 다른 것에 관심을 돌리지 않는, 그것으로서 이 나라 국민의 동의를 얻을 자격이 있는 그런 정부가 존재해야 합니다.

의회가 존재해야 합니다. 국가의 정치적 의지를 대표하고, 법을 가결하고, 그 자체의 임무

에서 벗어나려고 하지 않고 행정부를 통제할 수 있는 하나의 의회가 존재해야 합니다. 정부와 의회는 서로 분리된 상태에서 서로 협력해야 합니다. 그들의 책임에 있어서 분리되어야하며, 따라서 정부의 구성원은 의회의 구성원이 될 수 없고 역으로 의회의 구성원은 정부의 구성원이 될 수 없는[51], 그런 정부와 의회가 되어야 합니다. 그것이 바로 권력의 형태가 갖추어야 하는 안정된 구조입니다. 그 나머지는 사람들의 몫일 것입니다."[52]

드골은 국가라는 것이 프랑스의 단합과 나라의 지상 이익 및 정책적 통일성을 도모하는 하나의 수단이 되려면 정부는 국회에 의해, 즉 정당에 의해 구성되어서는 안 된다고 생각했다.[53] 또한 국가와 국민을 대표하는 국회는 국가 방위에 얼마나 기여했는가에 의해서 평가받아야 한다고 생각했다. 그래서 오랜 세월 프랑스에 봉사하기보다는 자신들의 이익을 챙기는 습관에 젖어 있고, 말을 위한 잔치만 하는 정당과 국회의원을 경멸했고, 제4공화국이 타락한 근원이 바로 정당정치라고 생각했다.[54] 제1차 대전 이후 제2차 대전에 이르는 시기에 프랑스가 보였던 극심한 파벌정치와 이에 따른 쇠락의 모습에 환멸을 느꼈다는 것은 앞서 밝힌 바 있다. 다시 말해 드골은 국민들에게 머리가 있는 국가, 하나의 정부, 균형과 권위를 가진 국가를 선택할 것인가. 과거에 머무를 것인가를 선택[55]하도록 했던 것이다.

그래서 드골은 국민 전체가 선출한 국가원수가 강력한 행정부[56]와 더불어 정책을 결정, 운영해야 된다고 확신했다. 어떻게 1875년에서 1940년 사이 100여 회나 정권이 바뀔 수 있단 말인가. 그동안 프랑스의 쇠락은 정치의 불안과 국가 지도자의 리더십 부재가 원인이라 본 것이다. 실제로 드골은 대통령 재임기간에, 간선으로 선출했던 대통령을 1962년 10월 28일, 직접 선출하자고 국민투표를 붙였고 유효투표의 62.5%의 동의표를 얻어 대통령 직선제로 바꿨다.

드골의 국가관을 요약하면, 국가관이 투철하지 못한 지도자와 정치인들, 정부와 국회에 의해 행해진 잘못의 결과를 국가의 잘못으로 돌려서는 안 된다. 그리고 국가는 민족의 정통성, 즉 민족의 정치적·경제적 독립을 보장해야 한다. 그러나 여기서 유의할 점은 국가는 순수하게 민족과 국민에 봉사하기 위해 존재하는 것이지, 국가가 국가를 위해 존재하는 무솔리니적 국가관이 되어서는 안 된다는 것이다. 다시 말해 무솔리니처럼 민족이 국가에 종속되는 것이 아니라, 국가는 민족적 힘을 세우는 데 책임을 지고 있어야 한다. 프랑스는 국가를 통해서만 존재해 왔고, 국가에 의해서만 유지 될 수 있을 뿐이다.[57]

이와 같은 드골의 국가관은 국내 정치 문제뿐만 아니라 국제 외교정책과 그 목표를 결정하는 데 중요한 기초가 되었고, 특히 드골의 특유의 국가적 야망인 프랑스의 영광과 위대성을 지켜 주는데 크게 기여했을 뿐만 아니라 외교정책의 목표를 국가전략과 전술적 차원에서 달성케 하는 데도 큰 활력소 역할을 하였다.[58]

여기서 우리도 국가관에 대해 진지하게 되돌아볼 시기가 됐다. 드디어 우리 대한민국이 2021년 7월 2일부로 유엔무역개발협의회UNCTAD가 인정한 선진국지위를 얻게 되었다. 이런 자랑스러운 대한민국을 과연 우리는 어떻게 생각하고 있는지 말이다. 설령 잘못된 과거사가 있더라도 그것을 운영한 조직과 지도자의 책임이었지, 대한민국 국가 자체에 책임을 돌려서는 안 된다고 생각한다. 현재 살고 있는 우리 국민은 시간이 지나면 다 사라진다. 하지만 대한민국은 국민의 주권과 자유와 정의의 대표이며, 반 만년의 역사와 함께 앞으로 영원히 이 땅을 지켜 나갈 국민의 희망이기 때문이다.

Chapter 2. 리더십은 늘 놀랄 준비를 하는 것이다.

자신의 그릇을 자각하고 크게 만들어라

드골은 자신이 타고난 지도자적 자질 외에도 스스로 역사의 한 페이지를 장식할 위대한 큰 그릇이 될 존재로 자각하고 있었기에 커다란 위업을 성취할 수 있었다.

샤를 드골의 키는 196센티미터였다. 그는 큰 키만큼 별명도 많았다. '아스파라거스'나 '2야드'는 키 때문에 생긴 별명이고, 남과 논쟁을 벌이기 좋아하여 붙여진 별명은 '장닭', 신분에 어울리지 않게 거창한 전략과 역사를 들먹이는 버릇 때문에 생긴 '사령관' 등이 그 예였다. 또한 항상 큰 키로 인해 상급생도의 놀림의 대상이 되었는데, 생시르 육군사관학교 생도 시절 키에 관한 일화 한 가지를 소개한다.

한번은 상급생도가 드골의 키를 보며 "사관학교는 천정이 너무 낮아 너 같은 큰 키가 들어앉을 수 없으니 너를 가게에 가서 두 동강을 내야겠는데 어떻게 할래?"라고 놀려대자, 잠깐 두 눈을 깜박거리던 드골은 서슴지 않고 대답했다. "좋습니다. 곧 가서 두 동강을 내오겠습니다. 그런데 선배님, (두 동강 내면) 제 애국심은 어디에 붙여야겠습니까? 국가가 위기 시 제 애국심을 가슴에 붙여 놓으면 발이 없어 나가지 못하고, 발에 붙여 놓으면 눈이 없어 나가지 못하니 도대체 어떻게 하면 좋겠습니까?"라고 답변하자, 이에 약이 바짝 오른 상급생도는 "도대체 너는 어떤 놈이냐?"라고 했을 때 드골은 "저요? 전 프랑스인입니다."라고 대답했다고 한다.[59] 이렇듯 생도시절부터 드골의 자존감은 보통 사람의 수준이 아닌 건 틀림없었다.

여기서 드골이 생시르 육군사관학교를 지원하여 군인이 된 동기를 알아보면 많은 생각을 하게 만든다. 아들인 필리프[60]가 열 살 때 아버지 드골에게 왜 군인이 되었느냐고 질문했을 때 답변이다.

"그때는 전쟁(1차 대전)이 준비되고 있었으며, 프랑스 군대는 위대했기 때문이다.[61] 그리고 매우 자유로운, 즉 정신적인 자유와 실질적으로 유연성이 부여되는 직업이기 때문이다."[62]

위의 내용은 군인뿐만 아니라 훗날 정치가로서의 드골을 이해하는데 매우 중요한 의미가 내포되어 있다고 생각한다. 드골이 말한 '정신적인 자유와 실질적인 유연성이 부여'된다는 의미는 위대한 프랑스와 프랑스 군대를 위해서는 어떠한 권위, 위선, 어리석음 등에 구속이나 현혹되지 말고, 자유롭게 맞서야 한다는 당위를 용기 있게 밀고 나가게 만들었던 드골의 자유로운 영혼이 아니었을까. 그러기 때문에 드골은 이러한 용기 있는 자유로운 영혼을 갖고 1940년, 1958년 프랑스가 가장 어둡고, 혼란한 시절에 국민으로부터 권력을 위임받아 위대한 프랑스를 재건할 수 있었다고 본다.

그럼 이런 드골의 특유의 정신세계와 인격, 행동 양식은 어떻게 형성됐을까. 크게 세 가지로 구분해 볼 수 있다. 첫째, 선조들과 부모로부터 물려받은 영향이고, 둘째, 당시 프랑스의 국내외 시대적 상황, 셋째, 드골 자신의 운명에 대한 신념과 야망이다.

첫째, 선조들과 부모로부터 물려받은 영향이다. 5형제 중 셋째였던 샤를 드골[63]은 1890년 11월 22일 릴Lille에서 태어났다. 그의 집안은 화목했으며, 그의 가문은 문무 文武양면에서 수백 년 이상의 전통이 있었고, 학자이든 군인이든 간에 거의 모든 조상이 열렬한 애국지사들이었다. 드골은 이러한 조상들의 이야기를 들으면서 성장했다. 샤를 드골의 할아버지와 할머니는 모두 작가이자 역사가였다. 그들의 저술 작업은 조국 프랑스의 역사에 특별한 관심을 보였고, 일세를 풍미했던 과거의 영웅들에게 깊은 존경심을 나타냈다. 어린 드골이 즐겨 읽은 책들도 바로 그러한 것들이었다.[64]

아버지 쪽은 법복 귀족의 후예인 지식인 가문이었다.(변호사, 법관, 파리와 디종의 시 의회 의원들이 다수 배출되었다.) 특히, 아버지 앙리 드골은 철학, 문학, 전통을 중시하고, 프랑스의 존엄성이라는 감정에 철저했으며, 엄격한 가톨릭 신자임과 동시에 확실한 군주제 예찬자였다. 그는 그랑제콜 준비반을 담당했던 보지라르 가街에 있던 무염시태無染始胎, 원죄 없이 잉태되신 성모학교의 선생이었다. 그는 학생들로부터 실력을 인정받고 존경을 받았다. 또한 그는 자식들에게 문학적, 역사적, 철학적 소양과 어느 정도의 자유 정신을 물려주었다.[65]

특히 군대 시절 보불전쟁 시 프로이센에 대항해 용감히 싸웠던 자기의 무용담을 어린 샤를에게 몇 번이고 들려주었다. 또한 1871년 마침내 프랑스가 프로이센군에게 항복해야만 했을 때 그가 느낀 굴욕감이 어떠했는지도 들려주었다. 그는 가끔 자식

들을 데리고 전쟁 중에 자기가 부상을 입었던 파리의 전적지를 찾기도 했다.[66]

요컨대 아버지 앙리 드골은 역사와 정치에 대한 사색과 통찰력, 보수적인 철학을 동시에 함양한 인물이었으며, 과거를 망각하지 않으려는 이성을 지니고 전통을 지키려한 투사이자 존경받는 교사였다. 드골이 40명의 군왕에 의해 통치되어 온 프랑스 역사에 정통한 역사적 교양을 쌓고, 그러한 정통왕조주의를 찬양하는 성향을 지니게 된 것은 그의 아버지 때문이었다.[67]

샤를 드골의 어머니 쪽은 북부에서 여러 세대를 이어 온 산업인의 가문이었다.(플랑드르에서 보방 요새의 축조에 가담했고, 이어 레이스 산업, 종교 의복업에 종사했으며, 나중에는 담배에 관계된 업종에 종사했다.)[68] 어머니 잔 마리 역시 조국의 명예에 깊은 관심을 쏟았다. 그녀는 1871년 프랑스의 항복 소식에 접했을 때 너무나 슬픈 나머지 그만 엉엉 울어 버렸다는 이야기를 자식들에게 들려주곤 했다.[69]

어머니로부터 습작 능력과 성찰하는 습관을 물려받은 드골은 어릴 때부터 배운 소크라테스와 플라톤에 익숙했고, 이런 철학 분야를 탐구하면서 창의적인 글을 쓰려고 노력을 했다. 열다섯 살 때, 1930년대를 배경으로 한 '독일 원정'이야기를 쓰면서 드골은 자연스럽게 자기 자신을 프랑스군의 수장인 '드골 장군'으로 묘사했다.[70]

드골 가정은 당시 프랑스의 대부분의 중류 가정들과는 달리, 하인이나 가정교사 따위를 두지 않았다. 따라서 많은 시간을 가족과 함께 보낼 수 있었기에 부모와 자식 간의 관계는 한층 두터웠으며, 세대 간의 영향력은 그만큼 강하게 이어졌다.[71]

아울러 드골이 태어난 곳의 풍토 또한 중요했다. 프랑스 역사를 통틀어 위대한 인물들 중에서 북부 출신은 찾아보기 힘들고 드골이 활동하던 당시의 정치가들 가운데 북부 출신은 거의 없었다고 한다. 드골이 태어난 곳은 북부 지방의 오래된 도시 릴로, 드골은 프랑스 정계에서 열렬히 선호하던 남부의 댄디즘[72]과 거리가 먼, 궁정이나 성 같은 상류사회의 문화와 거리가 먼 프랑스 북부의 중산층 가정에서 유년시절의 대부분을 보냈다. 이곳 사람들은 이 세계의 진정한 행복은 집단 전체의 질서 속에서 얻을 수 있다는 관념을 가지고 있었다. 따라서 유년기의 드골이 이 도시에서 습득한 이러한 관념들을 어른이 되어서까지 자신의 행동규범으로 삼게 된 것은 의심의 여지가 없다.

제조업과 직물 생산 등을 통해 거대 산업 도시가 된 릴은 새 시대의 중심지가 되었어도, 가톨릭적이고, 서민적인 성향, 실용적이고 단순명료한 사고방식과 노동을 중시하는 가치 풍조, 현실주의적 풍토가 남아 있었고, 이는 드골이 장차 자신의 명료한 사상을 구축하는 데 초석이 되었다.[73] '북부 사람'을 자처했던 드골에게 있어서 이것들은 "출생 장소뿐만 아니라 하나의 윤리, 하나의 교육방식"[74]을 보여주는 것과 동시에 다음과 같은 자기 집안에 뿌리를 둔 기본 가치에 충실했던 것이다. '감정의 조절, 물질적인 것에 대한 약간의 경멸, 노력과 노동의 의미와 사회적 의무에 대한 자' 등이 그것이었다.[75]

둘째, 당시 프랑스의 국내외 시대적 상황이다. 1890년대 당시의 시대적 상황은 1870년 보불전쟁프로이센·프랑스 전쟁에 패한 후 독일에 대해 복수를 하자는 분위기였고, 그 당시 생시르 육군사관학교는 프랑스의 명문학교였으며, 프랑스 군대는 그 당시 절정의 명성을 구가하고 있었다. 드골도 회고록에 "내가 군에 입대했을 때 프랑스군은 세계에서 가장 우수한 군대였다."[76] 라고 썼을 정도였다. 드골이 8세 때에 파쇼다 사건(1898년)[77]과 드레퓌스 사건(1898년)[78]이 발생했고, 15세 때는 정교분리政教分離사건, 24세 때에는 제1차 대전에 참전하게 된다.[79]

언제 어느 시대든 군인이라는 직업은 보수적인 시각에서 볼 때 명예로운 직업으로 평가된다. 더욱이 드골이 청소년 시절에 프랑스 군대는 독일과의 전투 또는 영국과의 경쟁관계를 감수하면서 첨단과학과 기술 발전의 실험장으로 식민지를 획득하고 국토를 확장하기 위한 강력한 도구이기도 했다. 따라서 그 당시 프랑스에서 군인이 된다는 것은 자기 위치에서 두각을 드러내고 싶어 하는 사람에게 확실한 결실을 안겨다 주는 직업, 입신양명을 꿈꾸는 젊은이들에게 실현 가능성이 가장 높은 직업 중 하나였다.[80]

셋째, 드골 자신의 운명에 대한 신념과 야망이다. 어떻게 보면 가장 중요한 사항으로 드골은 자신의 운명이 프랑스 역사의 한 페이지를 장식할 위대한 부름을 받은 존재로 자각하고 있었다는 것이다. 드골은 회고록에 인생에 있어 이러한 자신의 신념을 다음과 같이 적었다.

"청소년기에 그것이 역사이든 공공생활이든 간에 프랑스에 관계된 모든 것은 그 어떤 것보다 더 내 관심을 끌었다. 세기 초에 전쟁의 발발 전조가 있었다. 내 유년 시에 나는 겁도 없이 이 전쟁이라는 미지의 모험을 상상하고 반기기도 했다는 것을 고백해야 할 것이다. 요컨대 나는 프랑스가 그 시련을 극복할 것이라는 것, 또한 내 생애의 관심사는 언젠가 이 나라에 뭔가 특별한 봉사를 하는 것, 그리고 그 기회를 가질 것이라는 점을 의심하지 않았다." [81]

이 얼마나 멋진 말인가! 이러한 신념을 통해 드골은 자신이 타고난 지도자적 자질 외에도 스스로 역사의 한 페이지를 장식할 위대한 큰 그릇이 될 존재로 자각하고 있었기에 위대한 프랑스 재건이라는 위업을 성취할 수 있었으리라.

이렇게 일찍감치 드골은 역사를 통해 위대한 프랑스의 재건이 드골 자신에게 부여된 사명으로 깨닫고, 이 고귀한 사명을 실현하는 길은 위대한 프랑스군을 통해 이룰 수 있다고 믿어, 1910년 생시르 육군사관학교에 지원하여 입학한다.

그는 빠르게 동료 생도들 사이에서 두각을 나타냈다. '입교 후 계속 발전을 했고 수많은 재주와 에너지, 열의, 열광을 가졌고, 지휘와 결정에서 탁월하여 틀림없이 훌륭한 장교가 될 것임.'이라는 평가를 받으면서 221명의 생도 중 13등으로 졸업한 샤를 드골은 소위로 임관을 한다. 그리고 보병을 선택했다. 그리고 보병을 선택한 이유를 이렇게 말했다. "보병이 가장 군인답기 때문이었다. 내가 죽는다면 그게 전쟁터였으면 좋겠다." 아마도 전쟁이 임박한 것을 느끼면서 그는 최전선에 있게 될 것임을 짐작했을 수도 있다. [82]

이미지를 앞세워라

이미지는 이미 주어진 상으로 다가가기 때문에 논쟁과 분열을 불식시키고 사람들을 하나로 묶는다. 왜냐하면 사람들은 사물의 피상적인 외양에 쉽게 감명을 받기 때문이다. 때문에 이미지 전략은 커다란 조직의 성패를 좌우하는 인식의 틀로 자리 잡은 지 오래됐다.

앙드레 프로서드가 드골을 평가한 말 중에 이런 말이 있다.

"그는 어느 날 우리를 불명예로부터 건졌고, 독재와 내전으로부터 우리를 구해 주었으며, 박탈당한 민족들에게 우정과 자신감을 심어 줬다. 그는 프랑스를 프랑스 자신의 이미지와 화해시켰고, 우리가 자유의 뜻을 가르쳐 준 민족들의 해방을 지연시키는 부끄러움으로부터 구해주었다.[83]"

여기서 주목할 것은 드골이 프랑스를 프랑스 자신의 이미지와 화해시켰다는 부분이다. 과연 드골이 생각하는 이미지는 무엇이었을까? 어떻게 프랑스를 프랑스 자신의 이미지와 화해시켰을까?

우선 이미지의 사전적 의미를 보면 "마음속에 떠오르는 사물에 대한 감각적인 영상이나 심상"이다. 예를 들어 영국의 처칠 수상은 승리의 V자, 맥아더 장군은 검정 선글라스에 파이프 담배를 문 채 작전을 지휘하는 모습 등이 그 이미지에 해당될 것이다.

어떤 측면에서 보면 이미지는 말보다 더 효과적일 수 있다. 말을 사용한다는 것은 자칫 엇나가기 십상이고, 상대가 오해하는 경우도 비일비재하다. 하지만 이미지는 이미 주어진 상像으로 다가가기 때문에 논쟁과 분열을 불식시키고 사람들을 하나로 묶는다. 왜냐하면 사람들은 사물의 피상적인 외양에 쉽게 감명을 받기 때문이다. 그래서 이미지 전략이 조직의 성패에 커다랗게 좌우되는 인식틀로 자리 잡은 지 오래되었다. 물론 여기서 말하는 이미지는 자신의 가치관, 기대, 신념, 판단에 부합하는 확증적인 정보만을 선택적으로 인지하는 '확증적 편향'[84]과는 구별되어야 할 것이다.

그렇다면 드골의 이미지는 무엇일까? 큰 키나 오뚝한 코만큼이나 프랑스의 강한 자존심, 6월 18일[85]의 사나이, 자유 프랑스의 지도자 드골 장군, 알제리 전쟁을 종식시킨 자, 그리고 무엇보다도 '거부refus의 사나이'가 아닐까. 패배와 명예의 포기에 대한 거부, 1945년 이후 초강대국 미·소 패권주의에 대한 거부, 분열을 조장하는 정당들의 독점체제에 대한 거부[86] 말이다.

일찍부터 드골은 이미지가 권력과 권위의 핵심적 도구로써 중요한 역할을 한다고 믿고 있었다. 이처럼 권위[87]에 대한 이미지 획득은 곧 지도자로서의 위신을 인식하는 계기가 된다. 위신이란 무엇인가. 드골은 위신에 대해 "권위가 있고 신망을 받는 것"[88]이라고 말하면서 위신을 세우지 않고서는 권위가 설 수 없고, 거리감을 두지 않고서는 위신이 설 수 없다고 말했다. 왜냐하면 드골은 인간이란 존재는 자기가 너무 잘 알고 있는 사람을 존경하지 않듯이 어떤 영웅도 그의 시종侍從에겐 평범한 인간일뿐이라고 믿고 있었기 때문이다.[89]

그렇지만 드골은 이러한 위신도 바란다고 해서 생겨지는 것이 아니라 불러일으키는 느낌이라고 생각했다. 그래서인지 젊은 장교시절부터 이미지와 권위에 대한 많은 연구와 함께 그 중요성을 이미 몸으로 체득하고 있었다. 군에서 교관시절, 강의할 때는 언제나 정복차림에 흰 장갑을 끼는 습관을 고수했는데, 비록 겉모양새가 비실용적인 것이라고 할지라도 자신의 존재와 이미지의 중요성을 위해 작은 불편은 감수했던 것이다.[90]

그러나 이러한 위신도 사람의 마음을 완전히 사로잡을 수는 없는 법. 그래서 드골은 지도자에게는 개성이라는 게 있어야 한다고 생각했다. '개성'하면 사람들은 흔히 도덕적인 덕성이나 불굴의 의지를 연상한다. 그러나 드골이 뜻하는 개성이란 높은 이상과 의지 실현에 모든 것을 거는 정열이다. 이에 대해서 드골은 이렇게 말했다.

"지도자가 사람들의 위에 설 수 있는 것은 그의 개성으로부터 나오는 단호함과 역동성으로 국민까지도 움직이는 능력을 갖고 있기 때문이다. …지도자가 도전에 직면했을 때, 개성이 강한 지도자는 자기 내면 속으로 들어가 그 자신에게 모든 것을 건다. 그리고 국민들은 이러한 지도자의 '자신을 거는 정열' 때문에 위기를 당하여서도 그를 믿고 따르게 되는 것이다[91]"

1940년 6월 16일, 레이노 내각이 사임할 즈음, 드골이 당시 수상이었던 레노에 대한 인물평을 한 대목은 개성이 얼마나 중요한 의미인지를 다시 한 번 느끼게 한다.

"레이노는 지성을 갖춘 합리적인 인물이다. 상황인식도 정확하다. 앞을 내다보는 안목도 있다. 명예도 소중히 여긴다. 남은 것은 자신의 판단을 행동으로 옮기는 것이다. 모든 것이 불투명한 것처럼 보이고 주위가 생각을 달리하는 가운데 스스로의 판단에 따라 온몸으로 책임을 껴안으며 행동하는 게 문제다. 이것이 레이노에게는 없었다."[92]

그럼 드골이 프랑스를 프랑스 자신의 이미지와 화해시켰다는 의미를 알아보자. 어쩌면 진정한 의미의 드골 이미지는 바로 한 개인의 이미지를 조국 프랑스라는 큰 개념의 이미지로 승화시켰다는 점이다. 그래서 드골이 20세기 정치가 중 최초로 이미지의 중요성을 깨달은 인물로 평가받고 있는 것[93]은 아닐까. 조국 프랑스가 역경에 처했을 때, 즉 패배와 명예의 포기에 대한 거부, 프랑스를 저항과 투쟁의 프랑스와 화해시켰던 드골의 이미지가 하나의 사례가 될 것이다.

1940년 6월 16일, 레이노 내각이 사임한 후 나치 독일과 정전협정을 맺은 친나치 정권인 비시 정권을 보면서 드골은 전속부관 조프루아 드 쿠르셀과 영국 연락장교이자 윈스턴 처칠의 신임을 받는 에드워드 스피어스Edward Spears장군만을 동행하면서 영국으로 망명했다. 그러나 그는 가진 것이 아무것도 없었다. 즉, 아직 확실히 결정된 계획도 없이, 도움이 될 만한 직함도, 공식적인 사절 위임장도 없이 오직 프랑스의 명예를 구하기 위해서.[94] 이를 본 처칠은 자신의 회고록에 "작은 비행기에 자신과 프랑스의 명예를 싣고 왔다"고 썼다.[95]

망명하기 전 드골은 인간적인 드골로 잠시 돌아가게 된다. 드골은 브르타뉴Bretagne의 팽퐁Paimpont에서 임종을 앞둔 매우 허약해진 어머니를 만났다. 오늘의 드골이 되기까지 사랑과 성원을 주셨던 어머니와의 마지막 만남이었다. 평소 죽음이란 삶의 동반자이며 인생에서 한 번 지나가는 것[96]이라고 생각한 드골이었지만 이때의 심정은 어떠했을까. 어머니하면 다 간절하고 애틋한 마음이 있는 것은 동서고금 구분이 없으리라. 드골은 어머니께 작별 인사를 고했다. 그는 또 카랑테크Carantec에 들러 피난 중인 부인과 아이들을 만났다. 부인에게 자신은 먼저 런던으로 떠날 것이며, 후일 가족 모두 런던으로 돌아갈 준비를 하라고 했다.[97] 드골은 이때의 심정을 회고록에 다음과 같이 적었다.

"우리는 라로셸과 로슈포르의 상공을 날았다. 항내에는 독일군의 폭격으로 함선이 불타고 있었다. 또 나의 모친이 중태에 빠져 있는 팽퐁의 상공도 통과했다. 거기서 불타고 있는 군수품의 산더미로 삼림은 연기를 내고 있었다. 내 모습은 마치 혼자서 아무것도 갖지 않고 헤엄쳐서 대양을 건너려고 해변에 선 사나이 같이 비쳐졌다."[98]

드디어 역사적인 날이 밝았다. 1940년 6월 18일, 이 무명의 장군[99]은 역사적인 BBC 방송을 통해 사명감에 넘치는 어조로 "나 드골 장군은Moi, général de Gaulle…"이라고 자신을 3인칭으로 부르면서 '프랑스의 이름'으로 대국민 호소[100]를 시작했다.

다음은 1940년 6월 18일의 호소문을 위한 포스터 내용이다. 문구가 대단히 정제되어 있으면서도 울림이 있는 명문장들로 구성되어 있다.

모든 프랑스인들에게
프랑스는 전투에서 패배했습니다!

그러나 프랑스는 이 전쟁에서 패배하지는 않았습니다!

몇몇 위정자들이 두려움에 굴복하여 명예를 실추시키면서 항복함으로써 이 나라를 예속

상태에 넘기기도 했습니다. 그러나, 우리는 결코 패배하지 않았습니다!

우리는 아무것도 잃지 않았습니다. 왜냐하면 이 전쟁은 세계의 전쟁이기 때문입니다.

이 자유세계 속에, 거대한 세력들은 아직 자리를 잡지 않았습니다.

그러나, 언젠가, 이 세력들이 적을 분쇄시킬 것입니다.

바로 그날, 프랑스는 그 승리의 순간에 참여해 있어야 합니다!

그렇게 해야만 프랑스는 자유와 영광을 되찾을 수 있을 것입니다.

그것이 나의 목적, 나의 유일한 목적입니다!

그렇기 때문에 지금 나는 모든 프랑스인들에게 우리가 있어야 할 그곳에서 나와 함께

손을 잡고 행동과 희생과 희망으로 화합하자고 권유하는 것입니다.

우리의 조국은 지금 절체절명의 위기에 처해 있습니다.

우리의 조국을 구하기 위해 모두 함께 나가 싸웁시다!

프랑스 만세!

-드골 장군[101]

한 달 전까지만 하더라도 일개 무명의 49세의 육군 대령이었던 드골은 드골 장군이 되어 역사적인 6월 18일 BBC 방송을 통해 감히 프랑스의 이름으로 역사의 무대에 등장, 좌절과 패배의식의 프랑스로부터 저항과 투쟁의 프랑스의 이미지로 다가갔다.

즉, 독일에 의해 프랑스가 함락되면서 프랑스의 각 부문에서 책임을 지고 있는 자들이 프랑스를 헐값에 팔아넘기고 국가의 품위를 손상시키며 웃음거리로 만드는 동안 프랑스를 포기하지 않기 위해 물불을 가리지 않았던 드골은 스스로 이렇게 말했던 것이다. "어떠한 시련 속에서도 프랑스를 건설하려는 불굴의 신념은 드골 자신조차 더 이상 변화시킬 수 없는 하나의 태도를 갖게끔 했으며, 결국 그것은 아주 무거운 질곡인 동시에 강력한 내적 보호 구실을 해 주었다고."[102]

다음은 프랑스를 포용과 관용의 프랑스와 화해시켰던 이미지다.

1958년 9월, 프랑스·독일 간 화해의 외교정책 일환과 개인적인 우정을 돋보이게 하기 위해 드골은 고향인 콜롱베에서 아데나워를 맞이했다. 그 후 렝스 대성당의 성대한 예식을 통해 그를 한 나라의 수상으로 예우한다.

또한 처칠 수상이 가져온 그의 조상 말버러[103]의 흉상 아래서 화려하게 그를 맞이한 후, 영웅 클레망소의 동상 앞에서 '승리의 아버지'를 연주함으로써 처칠에게 경의를 표하게 했다.

이것은 2차 대전 기간에 간혹 일어났던 완강한 대접들을 불식시키는 정치적 행동들이었다. 게다가 1962년 쿠바사태 때, 소련제 미사일들을 쿠바에 배치한 것에 대한 사진 증거자료를 가지고 온 케네디 대통령의 개인 사절에게 드골은 "프랑스는 어떤 식으로든 미국의 편이 될 것"이라고 선언했다. 사진을 보기도 전에 이렇게 말한 이유는 기존의 반미주의자라는 인식을 단 한 번에 불식시키는 매우 효과적인 전략이었다.

이러한 이미지를 구현시키기 위해선 하나하나 세심한 것까지 주의가 필요하다. 1961년 4월, 군사쿠데타를 진압하기 위해 실시한 TV 대국민호소문 발표에서 군복차림으로 하여 프랑스 국민들에게 깊은 심금을 울리는 효과를 냄과 동시에, 그러한 연출이 최악의 시기에 보다 나은 시대를 갈망하는 프랑스의 국민적 결속을 가능케 했다.[104] 1968년 5월 25일 대국민연설[105]을 라디오로만 방송하기로 결정한 것(모든 이들이 TV 없는 거리로 라디오를 들고 몰려나왔기 때문) 등은 역사적 공간에서 모든 이들을 끌어당기기 위한 의사소통의 제스처, 이것이 바로 이미지로 평가받는 경우였다.[106]

드골이 이미지를 부여하고 활용했던 여러 예들 중에서도 압권이라 할 수 있는 것은 바로 1958년 9월 4일, 앙드레 말로가 기획한 드골의 새로운 헌법 소개를 위한 행사 기획이었다. 당시 드골은 행사날짜를 제2제정의 몰락과 공화국 선언의 상징적 날짜인 9월 4일로 선택했다. 앙드레 말로는 장소를 공화국이라는 뜻의 파리 한복판에 있는 레퓌블리크 광장으로 선택했다. 그는 국민연합RPF 시절처럼, 연설에서 드골보다 먼저 나왔다. 연단 높은 곳에 홀로 위치해 광장을 지배하면서 그는 되찾은 공화국을 찬양했다.

"우리에게 공화국이 무엇인지를 우리는 독일의 점령기간 동안 가장 잘 이해했습니다. … 공화국에 대한 기억은 우리에게 사는 즐거움의 기억이 아니었고, 각료 구성에 대한 기억은 더더욱 아니었습니다. 1848년의 몽상적인 것에 대한 기억도, 파리 코뮌의 돌출에 대한 기억도 아니었습니다. 그것은 우리에게 오늘날 여러분에게 그렇듯이, 또 언제나 프랑스에 그렇듯이, 혁명의회에 대한 기억이었고, 일정한 국민 전체가 자신의 역사적 운명을 향해 돌진했던 것에 대한 향수였습니다. 그것은 형제애였지만, 노력과 희망에서 형제애였습니다. 바로 이런 공화국 앞에서 정부 수반은 새로운 헌법안을 소개할 것입니다. 그 어느 누구도 프랑스인들 없이는 프랑스를 재건할 수 없으며, 공화국은 유배되었던 공화국의 희미한 목소리가 모든 프랑스인들에게 예전에 말했던 것을 외치고 있습니다. '나는 프랑스가 다시 되고자 한다.'라고 말입니다. 청동 공화국 프랑스를 위해 영광스러운 오래된 배의 대답을 들을지어다 여기는 파리. 명예와 조국. 다시 한 번 더 공화국과 역사와의 랑데부에서 여러분은 장군의 목소리를 듣게 될 것입니다." [107]

바로 그때 커다란 장막들이 열리더니 검은 DS 승용차가 들어오고 거기서 드골 장군이 나와 헌법안을 소개하기 위해 연단에 올랐다. 이렇게 앙드레 말로는 드골 장군이 극적으로 연단에 오르는 모습을 연출시킴으로써 드골의 이미지에 서사시적인 비약을 부여했다.[108] 그 결과, 1958년 9월 28일, 새로운 헌법은 프랑스인들의 압도적인 다수 (찬성 79.2%) 로 가결되었다.

"나는 '드골 장군'이 하나의 살아 있는 전설이 되어가고 있다는 점을 깨달았다. 그리고 프랑스 국민들이 그에 관해서 어떤 이미지를 형성했다는 것도 알게 되었다. …내가 연설을 하거나, 혹은 어떤 주요한 결정을 내리기 전에는 항상 스스로에게 자문해 보아야 한다. "이것은 드골에게, 그리고 그의 역할에 정당한 것인가?" [109]

역경이라는 것은 원래부터 없었다

우리에게 역경이라는 것은 원래부터 없었다. 역경은 마음먹기에 따라 기회가 될 수 있기 때문이다. 고로 역경이라는 마음이 생길 때 긍정적인 마음으로 열정을 유지하는 것이 가장 중요하다.

인생에는 순탄과 역경이 있다. 이것은 거역할 수 없는 진리다. 순탄할 때는 문제가 안 되지만 역경은 다르다. 역경의 순간을 어떻게 이겨내느냐가 지도자로 성공하느냐 실패하느냐의 관건이 된다.

우리 역사의 큰 획을 그은 인물을 살펴보자. 삼봉 정도전鄭道傳은 고려가 도저히 백성과 사직을 위한 나라가 될 수 없다고 판단하여, 역성혁명을 일으켰고 당대에 머물지 않고 천년 앞을 본 웅대한 계획을 세워, 조선경국전朝鮮經國典, 경제문감經濟文鑑 등을 지어 천하 만민을 위한 조선 건국을 추진했다. 정도전이라는 이름만 들어도 이를 갈던 태종 이방원조차 훗날 그가 지은 조선경국전이나 경제문감 등을 보고는 감탄사를 연발했다[110]고 하니, 정도전은 우리 민족사의 위대한 경세가經世家이자, 사상가였으며, 혁명가로 평가받을 만하다. 1375년(나이 33세), 친원배명親元排明정책을 반대하던 정도전은 전라도 나주에서 유배생활을 하게 되었는데 이때, 정도전은 당시 100년 넘게 지속되어 온 권문세가의 막대한 토지 문제에 대한 개혁의 필요성, 왜구와 홍건적의 침탈에 따른 강한 국방건설과 요동정벌의 꿈, 무엇보다도 중요한 민본주의, 민생주의에 관하여 깊은 깨달음과 준비의 시간을 보냈다. 그는 훗날 그의 저서인 『조선경국전』에 다음과 같이 적었다.[111]

"나라는 백성을 근본으로 삼고, 백성은 먹을 것을 하늘로 삼는다. …민심을 얻으면 민民은 군주에게 복종하지만, 민심을 얻지 못하면, 민은 군주를 버린다."

다음은 다산茶山 정약용丁若鏞의 글이다. 정민은 그의 저서 『다산선생 지식경영법』(2006년)에서 정약용을 다음과 같이 평가했다.

"그는 경전의 미묘한 뜻을 낱낱이 파헤친 걸출한 경학자經學者였고, 그 복잡한 예론禮論을 촌촌이 분석해낸 꼼꼼한 예학자禮學者였으며, 목민관의 행동지침을 정리해낸 탁월한 행정가였다. 아동교육에 큰 관심을 가져 실천적 대안을 제시한 교육학자이며, 지나간 역사를 손금 보듯 꿰고 있던 해박한 사학자였다. …그래서 나는 다산을 '세계의 정보를 필요에 따라, 요구에 맞게 정리해낼 줄 알았던 전방위적 지식 경영가'라고 부르겠다." [112]

계속해서 정민은 다산의 어려웠던 유배 생활의 의의를 다음과 같이 설명했다.

"…그가 20여 년 만에 자신의 성과를 들고 귀양지에서 서울로 돌아왔을 때, 당대의 학자들도 놀랐다. 놀라다 못해 경악했다. 그의 성과는 대부분 18년간의 강진 유배생활의 고초 속에서 이룩된 것이었다. 사람이 뜻을 세워 몰두하면 못할 일이 없다는 것을 그는 몸으로 실천해 보였다. 작업에 몰두하느라 방바닥에서 떼지 않았던 복사뼈에 세 번이나 구멍이 났다. 이와 머리카락도 다 빠졌다. 20년에 가까운 오랜 귀양살이는 다산 개인에게는 절망이었으나, 조선 학술계를 위해서는 벼락같이 쏟아진 축복이었다. 그는 냉철한 학자이기 전에 유머를 아는 따뜻한 인간이었다. 차기만 하고 따뜻함이 없었다면 결코 이 일을 해낼 수 없었을 것이다." [113]

이처럼 역사의 주도적인 인물은 역경의 순간들을 실의와 좌절로 보낸 것이 아니라 거듭나는 깨달음과 미래의 지도자, 그리고 역사의 큰 스승으로서 준비의 시간으로 보낸 점에 주목해야 한다.

드골은 1차 대전기간에 생애 첫 좌절을 맛보았다. 1914년 8월 2일, 23세가 된 샤를 드골은 보병 제33연대에 합류했다. 독일군은 벨기에를 침공하면서 공격을 개시했다. 8월 초부터 보병 제33연대는 벨기에 국경 쪽으로 이동하고 있었다. 이 연대는 뫼즈 Meuse를 방어할 임무를 띠고 있었다. 드골은 약간 겁을 먹은 채 전선으로 떠날 채비를 했다. 그의 편지에 다음과 같이 적었다.

"삶이 좀 더 강렬해 보였고, 사소한 것들도 두드러져 보였다. 모든 것이 정지된 것 같았다." [114]

8월 15일, 이른 아침에 벨기에 뫼즈의 디낭Dinant에서 첫 교전이 있었다. 아침 6시였다.

"2초 동안 몸이 흥분되었다. 목이 메었다. 그리고 그게 전부였다. 나는 커다란 만족감에 휩싸였다고 해야 할 것이다. 드디어! 그들을 본 것이다! … (사람들은) 더 신중해지기 시작했고, 농담을 지껄여 댔다. 이 농담은 전쟁 내내 이들 곁을 떠나지 않게 된다." [115]

하지만 한순간의 정적이 흐른 후에 철도 건널목 양편에 있는 참호에 매복해 있던 드골 중위가 이끄는 중대는 적의 일제사격을 받았다. 드골 중위는 자기 주위에서 병사들이 나뒹굴고, 부상당하고, 죽은 것을 목격했다.

"여전히 프랑스 포대의 공격은 없었다. 우리가 겁을 먹은 것은 아니었다. 차라리 분노가 치밀었다. 오! 하느님, 사격 일선에 배치되지 않게 해주소서! 비참한 상황이었다. 병사들은 싸울 수 없는 전쟁의 모든 비참함을 겪었다." [116]

드골의 중대가 반격할 차례였다. 이 중대는 적군이 디낭 다리를 넘어오는 것을 막기 위한 반격의 임무를 띠고 있었다.

"배낭을 메라! 착검!" 부대가 있는 곳으로 가기 위해서는 건널목을 통과해야 했다. 나는 걸어서 가기로 했다. 그리고 실제로 걸어서 건넜다! 그런데 이런! 맙소사! 왜 그렇게 다리가 떨리던지! …나는 외쳤다. '제1소대! 나와 함께 전진! 그리고 나는 앞으로 뛰어 나갔다. 이곳을 신속하게 빠져나가는 것이 적에게 공격할 시간을 주지 않고 우리가 성공할 수 있는 유일한 기회라는 생각을 했던 것이다. …그 순간 내가 둘로 쪼개지는 것 같은 인상을 받았다. 자동기계처럼 달려가는 나와 그것을 걱정스럽게 바라보는 또 하나의 나로 말이다. 다리 쪽에

서 20여 미터쯤 갔을 때 나는 종아리에 뭔가를 맞은 것처럼 발을 헛디뎠다. 나와 함께 있던 네 명의 병사들 또한 눈 깜짝할 사이에 넘어졌다. 나는 나뒹굴었고, 드부Debout 상사는 내 위로 꼬꾸라졌고, 그 자리에서 즉사했다! 그리고 약 30초 동안 내 주위로 총알이 우박처럼 쏟아지는 끔찍한 소리가 들렸다. 나는 도로에, 흉토胸土에, 앞뒤와 옆에서 총알이 박히는 소리를 들었다! 나는 또한 총알이 육중한 소리를 내며 시체에 박히고, 옆에서 나뒹굴고 있는 부상병의 살 속에 박히는 소리를 듣기도 했다. ⋯다리가 완전히 마비되고 굳어버린 나는 내 옆에 있는 병사들, 시체들 혹은 시체와 다름없는 병사들 사이를 빠져나와 계속 쏟아지는 총알 아래에서 길 위를 포복하고 있었다. ⋯포복하고 있는 동안 어떻게 내가 총알을 맞지 않았는지, 이것은 내 평생 풀지 못한 수수께끼로 남아 있다. [117]

드골 중위는 기적적으로 오른쪽 비골종아리뼈에만 총상을 입었고, 그로 인해 좌골 신경이 마비되는 데 그쳤다. 그는 파리로 이송되어 생조제프 병원에서 수술을 받았다. 그러고 나서 리옹에 있는 데 주네트 병원에서 요양했으며, 코냑Cognac에서 물리치료를 받았다.

1914년 10월, 그는 샹파뉴 전선에서 보병 제33연대에 다시 배치되었다. 샹파뉴에서는 몇 주 전부터 마른Marne전투[118]에서 프랑스군이 승리를 거둔 후, 프랑스군과 독일군이 참호 속에서 대치하고 있었다. 드골은 12월부터 33연대장의 부관으로 임명되었다. 1915년 1월 말에 드골은 훈장을 받았고, 2월 10일부로 임시 대위 계급장을 달았다.[119]

1915년 초, 프랑스군의 목적은 독일군을 위축시키기 위해 전선을 돌파하는 것이었다. 보병 제33연대는 아르곤 전선에서 임무를 수행했는데, 이 전투는 1차 대전동안 가장 치열했던 전투 가운데 하나로 제33연대의 절반에 해당하는 약 700여 명의 병사들이 전투를 할 수 없는 상태에 있을 정도였다. 3월에 드골은 이 전투에서 심각한 부상을 입고 마침내 후송되고 말았다. 상처가 병균에 감염되었고, 그 결과 팔목이 마비되고 심한 열이 있었던 것이다. 그는 6월에 다시 전선으로 복귀했고, 복귀한 부대는 엔Aisne지역에 주둔해 있던 옛 부대였다.[120]

1916년에 들어 결정적인 전투가 시작되었다. 바로 1차 대전 중 가장 치열한 전투였던 베르됭 전투La bataille de Verdun였다. 독일군의 공격은 1916년 2월 21일에 시작되었다. 보병 제33연대는 전투에 돌입했다. 드골은 제33연대 10중대장으로 임무를 수행하고 있었는데, 부도르 연대장은 드골에게 두오몽Douaumont 마을 서쪽 지역에 주둔해 있는 제110연대 주위 지역을 정찰하라는 특별지시를 했다.(두오몽은 전날 독일군이 기습해서 탈취한 요새의 남쪽에 있는 마을로 보병 제33연대는 제110연대와 임무 교대 예정이었음)

드골 대위는 적군의 경계 초소 너머까지 정찰을 감행했다. 정찰결과, 그는 그 지역에 프랑스 전선에 배치된 그 어떤 다른 부대와 연락이 닿지 않는 넓은 땅이 있다는 사실과, 그곳에는 일선에 참호, 교통호, 철조망 등이 전혀 설치되지 않았다는 사실, 그리고 마지막으로는 독일군의 공격이 임박했다는 사실을 보고했다. 그 때 부도르 연대장은 상급부대에 자기 연대의 불안한 상황과 두오몽 요새에 대한 직접적인 위협을 알렸다. 그럼에도 불구하고 3월 1일에서 2일 저녁 보병 제33연대는 제110연대와 임무교대를 했다.[121]

당시 부도르 연대장은 다음과 같이 증언했다.

"아침 6시 30분부터 우리 연대의 모든 주둔 지역에 대해, 3킬로미터 반경에 대해 끔찍한 중화기 공격이 시작되었다. 땅이 계속 울려댔으며, 지금까지 들어보지 못한 굉음이 울렸다. 앞뒤 모두 연락이 불가능했다. 통신은 끊겼고, 모든 연락병은 다 죽은 목숨이었다. …마지막 연락병이 부상당한 채 돌아와 나에게 이렇게 말했다. '독일군이 20미터 떨어진 곳에 있습니다.' 손에 권총을 들고 우리들은 어떤 희생을 치르고서라도 통로를 지킬 준비를 했다. 제10중대의 왼쪽에 있는 제12중대에 적의 화력이 집중되었다. 바로 그 때 아주 장엄한 장면을 목격할 수 있었다. 제10중대가 곧장 앞으로 나아가 마을을 차지하고 있는 수많은 적군 진영으로 돌진해서 총검과 개머리판으로 용감하게 육박전을 치르다 장렬히 전사하는 장면이 그

것이다. …제10중대는 드골 대위의 돌격명령에 따라 미친 듯이 돌진하면서 사방을 에워싼 적과 싸웠으며, 아까운 목숨을 희생시키면서 장렬하게 쓰러졌던 것이다." [122]

이 전투에서 드골 대위는 총검에 오른쪽 허벅지를 심하게 찔렸고, 옆에서 수류탄이 터졌다. 그는 기절했다. 프랑스 병사들에 있어서 그는 실종된 것이다. 드골 중대 180명의 병사들 중 37명만이 살아남았다.

후일 레지옹 도뇌르 훈장 표창장에는 이렇게 적혀 있었다.

"그의 중대가 끔찍한 공격을 당해 수많은 병사들이 죽어가고 있는 동안, 독일군이 사방에서 그의 중대를 포위하고 공격하는 동안, 이 중대를 지휘하고 지적, 도덕적으로 고귀한 가치를 가진 자로 명성이 자자했던 드골 대위는 부하들을 이끌고 격렬한 공격과 육박전을 감행했다. 이것은 그의 군인으로서의 명예라는 감정에 들어맞는 유일한 해결책이었다. 그는 그러는 와중에 쓰러졌다. 이 모든 점에서 그는 그 예를 찾아볼 수 없는 장교이다." [123]

정신이 들었을 때 드골 대위는 자기가 독일군의 포로가 되었다는 것을 알게 되었다. 그가 보기에 프랑스 장교에게 있어 이것은 모든 면에서 최악의 상황이었다.

"내 삶과 함께 끝나게 될 슬픔, 다시는 맛보지 못할 정도의 씁쓸한 슬픔이 그 순간 나를 사로잡았다. 행동에 필요한 여러 요소 중 하나임에도, 현재 우리가 보내고 있는 이 시간에 완전히, 그리고 돌이킬 수 없을 정도로 무용하다는 것, 더군다나 내가 현 상황에서 한 명의 인간으로, 한 명의 군인으로 그렇게 무용하다는 것, 이것은 상상할 수 있는 것 중 가장 잔인한 것이었다."

하지만 드골 대위는 계속 탈출을 시도했다. 그는 땅굴을 팠다. 독일군 복장으로 갈아입고 신분을 숨기기도 했다. 침대보로 밧줄을 꼬기도 했다. 더러운 빨래 사이에 몸을 숨기기도 했다. 다섯 번의 탈출 시도. 다섯 번의 실패. 드골 대위처럼 반복해서 탈

출을 시도한 경우가 유일한 것은 아니었지만, 아주 드문 경우였다.[124]

2년 8개월 동안 독일군의 포로생활에서 다섯 번이나 탈출을 시도하다가 체포되어 다뉴브강가의 잉골슈타트Ingolstadt, 독일 바이에른 주의 도시, 이곳에서 탈출에 성공한 사람은 한 명도 없었다고 한다로 후송되었다. 그러나 드골은 이러한 역경 속에서도 장차 위대한 지도자로 나아갈 자신을 훈련시킬 기회를 놓치지 않았다. 포로들에게 배포된 독일 신문을 통해 독일어를 공부했고, 전쟁의 흐름을 소상히 추적해 나갔으며, 포로 동료들과 더불어 전술과 군사 이론에 관한 논쟁을 벌이기도 했다. 그때 프랑스 공군의 일류 조종사였던 롤랑 가로Roland Garros에게서는 미래의 전쟁에서의 비행기가 발휘할 무서운 위력에 대해 들었고, 러시아의 장교로 후에 소련군 총참모장의 자리에까지 오른 미하일 투하체프스키로부터는 기계화전과 마르크스주의에 대해서 알게 되었다.[125]

그는 포로 생활 동안, 옷차림이라든가 몸 상태 등을 결코 소홀히 하지 않으면서 인간과 장교로서의 존엄성에 주의를 기울이기도 했다. 그 곳에는 프랑스, 영국, 러시아 국적의 장교 약 150여 명의 많은 사람들이 사는 곳이었지만, 드골 대위는 동료들에게 결코 발가벗은 모습을 드러내지 않았다. 그는 독일군 하급 장교들에게 그의 계급을 계속 상기시키면서 그에 걸맞은 예의를 갖추어 줄 것을 요구하기도 했다. "드골 장군은 그를 에워싸고 있는 자들에 대해 부정할 수 없는 영향력을 행사하곤 했다. …단순하고 또 종종 친숙한 외모로도 그는 어느 정도 거리를 유지할 줄 알았다. 모든 젊은 대위들은 그들끼리 말을 놓았다. 하지만 그 누구도 드골 대위와 말을 놓은 자는 없었다." [126]

1918년 11월 11일, 마침내 종전 협정이 조인되고. 전쟁이 끝났다.[127] 여기서 흥미로운 사실은 종전 즈음에 곧 찾아올 평화로운 군대와 4년간의 전쟁으로 지칠 대로 지친 조국, 그리고 전체적으로 만족스럽지 않은 평범한 미래만을 꿈꾸어야 했던 현실에서 드골은 그와는 어울리지 않지만, 자신의 전시戰時 경력의 기회를 놓쳐 버려 실패했다는 어조로 자책했다는 것이다. 드골 대위는 어머니에게 이렇게 편지를 썼다.

"어머니와 제가 느끼는 커다란 기쁨에, 제겐 이게 사실입니다만, 그 어느 때보다 더 씁쓸한 감정이 섞여듭니다. 조국에 더 나은 기여를 하지 못했다는 형용할 수 없는 후회도 그렇습니다. 평생… 이 후회의 감정이 저를 떠나지 않을 것 같습니다." [128]

그럼 드골은 이런 후회의 감정과 상실된 자존감을 어떻게 극복했을까?

드골은 다시 한 번 본인이 지닌 단호함과 불굴의 용기, 개인적인 의지를 통해 전쟁포로였기에 놓친 전쟁의 교훈을 인식하면서 잃어버린 시간을 회복할 준비를 한다. 즉 드골은 '군인다운 삶'을 되찾기 위해 전쟁포로에서 되돌아온 후 3개월 동안 생 멕상Saint Maixent에서 중대장 대상의 지휘관 숙련교육을 신청하여 교육을 받았다. 또한 그는 재정비 중이던 폴란드군의 예비 지휘관을 훈련시키기 위해 폴란드 지역에 배속시켜 줄 것을 자원하기도 했다.

당시 폴란드는 계속해서 분쟁 중이었던 볼셰비키화된 러시아에 맞서 자국의 존재감을 확고하게 보여주려고 노력하고 있었다. 평화조약을 위한 논의는 지지부진하고 있었고, 동맹국들은 서두르는 것 같지 않았다. 이런 상황에서 프랑스는 폴란드를 돕겠다고 나선 것이었다. 마침내 1919년 4월, 드골은 볼셰비키 적군赤軍 과 싸우기 위해 폴란드에 파견된 프랑스군 일원으로 전투에 참가할 기회를 갖게 됐다. 7월에 드골은 람베르토우Rambertow에 있는 보병학교 교관으로 임명됐다. 그는 빠르게 진급하여 교무 주임 교관이 되었다가 1920년 여름까지 고급장교과정 담당교관이 되었다. 폴란드 군대의 간부 양성의 기회도 생겨 폴란드군을 교육하는 교관 역할도 수행했다. [129]

하지만 폴란드의 상황은 복잡하게 전개되고 있었다. 최초 폴란드는 폴란드 국경 수비뿐만 아니라 오랜 숙적인 러시아에게도 피해를 줄 수 있는 국경 확장, 즉 우크라이나, 벨라루스, 리투아니아 쪽에 있는 영토를 복속시키고자 전력을 다하고 있었다.

1920년 5월 17일, 폴란드의 국가원수인 유제프 클레멘스 피우수트스키Józef Klemens Piłsudski[130] 장군은 우크라이나의 수도 키이우를 포위했고, 이에 러시아의 붉은 군대가 곧장 개입했다. 2개월 후에 러시아의 붉은 군대는 폴란드군을 바르샤바에서 60킬로미터까지 후퇴하게 했다. 폴란드 입장에서는 심각한 상황이었다. 7월 21일에 프랑스 정부는 막심 베이강 장군을 외교 임무 차 현지에 급파했다. 이 조치는 외교상의 조정이라는 명목 아래 이루어졌지만, 폴란드군이 비스툴Vistule을 되찾고 러시아군을 북쪽으로 몰아내려는 목적을 띠고 있었다.[131]

8월 중순에 피우수트스키 장군은 반격을 가했다. 비스툴Vistule 전투가 그것이다. 드골 대위는 폴란드군 진영에서 작전참모를 맡고 베르나르Berbard 장군을 보좌하며 전투부대의 배치에 관여했다. 마침내 러시아군이 프러시아 동쪽으로 퇴각했다. 상관들은 드골 대위의 폴란드 파견을 아주 높이 평가했다.

"균등한 여러 자질을 한데 모아놓은 장래가 촉망되는 장교, 위험 앞에서 단호하고 힘차고 냉정한 성격, 뛰어난 교양, 높은 사기를 가졌다는 평을 받고 있는 뛰어난 장교.", "완벽한 장교. 아주 드문 지성, 날카로운 정신, 뛰어난 동화력을 갖춘 노력파인 그는 모든 직책에 어울린다. …겸손하고, 완벽한 교육을 받은 드골 대위는 장래가 촉망된다고 할 수 있다. 그는 자기에게 유리한 모든 것을 가졌으며, 불리한 것 하나도 없다." [132]

드골 대위의 이러한 뼈를 깎는 노력을 기울여 마침내 자존감을 회복했던 모습은 괄목상대刮目相對[133]라는 고사성어를 연상케 한다. 그렇다. 중국 작가 루쉰魯迅, 1881~1936도 "희망이란 원래부터 있는 것이라고 보기도 어렵고 없는 것이라고 보기도 어렵다. 그것은 지상의 길과 같다. 원래 지상에는 길이 없었다. 걷는 사람이 많아지면 그것이 길이 된 것이다."[134]고 말했다. 이 말을 되새겨 보면 다음과 같은 말이 되지 않을까?

"우리에게 역경이라는 것은 원래부터 없었다. 역경은 마음먹기에 따라 기회가 될 수 있기 때문이다. 고로 역경이라는 마음이 생길 때 긍정적인 마음으로 열정을 유지하는 것이 가장 중요하다. 세월은 우리 얼굴에 주름살을 남기지만 열정을 포기했을 때는 영혼이 주름지게 된다고 하지 않던가![135]

말은 삼가되 할 때는 신중히 하라

글은 주석註釋이 필요할 수 있지만, 말은 주석이 필요 없다. 그러나 둘 다 표현되는 순간 다시 주워 담을 수 없다. 그래서 신중을 기해야 한다.

　침묵보다 더 권위를 고양시켜 주는 것은 없다. 그러나 그 침묵은 감추어진 신념과 결의가 드러나 보일 때만이 그 효력을 나타내는 것이며, 명실공히 강자의 상징이 되는 것이다.[136] 드골은 권위는 겉으로 어떤 모습을 보여주는가에 달려 있다고 생각했다. 그 가운데 하나가 지도자의 말╦인데, 때로는 말을 많이 할수록 천하게 보이고 책임지지 못할 사람은 보일 뿐만 아니라 후회할 말을 하게 될 가능성도 높다고 보았다.
　통솔의 기법에 속하겠지만, 지도자는 통솔하는 사람들이 알 수 없는 무언가를 늘 지니고 있음으로써 그들의 관심을 묶어두고 꼭 필요한 순간에 사용해서 놀라움의 효과를 얻을 수 있어야 한다. 이를 위해서는 말의 절제가 필요하다고 했다. 갈망과 두려움을 입 밖에 내는 것은 감정의 표출이며, 이는 행동을 위해 집중시켜야 하는 정신력을 약화시키기 때문이다.

　그렇다고 해서 드골이 화술의 중요성을 모르고 그 방면에 노력을 게을리 한 것은 아니었다. 오히려 젊은 장교 시절부터 강연이나 토의를 통해 언어 구사력, 표현력, 그리고 설득력을 체득화했다. 대위 시절 폴란드 군의 간부양성 교관으로 있을 때는 보병 소부대 전술을 강의하는 과정에서 자신의 강의 주제를 감동적인 철학적 고찰로 승화시키며 자유자재로 내용을 전개시켜 그의 강의를 듣기 위해 장군들이 그를 바르샤바로 초청할 정도였다.[137]

　그럼 동양고전에 나오는 내용을 잠깐 살펴보자. 제왕학의 교과서로 여겨져 온 『정관정요貞觀政要』에 나오는 당태종재위 626~649년의 말이다.

"다른 사람과 말한다는 것은 무척 어렵소. 일반 서민이라도 다른 사람과 말을 할 때 조금이라도 상대의 기분을 거스르는 말을 하면 상대는 그것을 기억하고 언젠가 반드시 보복을 하네. 하물며 만승의 군주가 신하와 말할 때는 조그마한 실언도 허락하지 않거늘. 가령 사소한 실언이라도 그 영향이 크므로, 서민의 실언과는 비교가 되지 않소. 나는 이 점을 항상 명심하고 있다오." [138]

우리는 살면서 얼마나 많은 말들을 그냥 흘려보내고 있을까. 기쁠 때의 말은 신의를 잃기 쉽고, 성났을 때의 말은 체모體貌를 잃기 쉽다고 했다. 그만큼 감정은 조절할 줄 알 때 빛나는 법이다. 그래서 지도자의 약속은 그 무엇과도 바꿀 수 없기에 신중에 신중을 기해야 한다. 아니면 말라는 식의 발언은 신뢰를 떨어뜨리는 결정적인 것이니 차라리 약속을 하지 마라. 글은 주석이 필요할 수 있지만, 말은 주석이 필요 없다. 그러나 둘 다 표현되는 순간 다시 주워 담을 수도 없다. 그래서 신중을 기해야 한다.

또 인인시언因人施言이라는 말이 있다. "어떤 사람인가 보고 말하라"는 속담이다. 상대를 설득하고 이해시키기 위해선 상대의 개성과 성격, 흥미, 능력, 기질, 처지를 알고 접근해야 한다는 뜻이다. 공자는 제자들의 기질과 천성에 근거하여 각기 다른 교육방식을 취했다고 한다. 다음은 이를 보여주는 좋은 예이다.

자로가 물었다. "좋은 말을 들으면 즉시 실행에 옮겨야 하나요?
공자 曰, 부모 형제가 살아 계신데 어찌 듣는 즉시 행동에 옮기느냐?
또 다른 제자 염유가 물었다. "좋은 말을 들으면 즉시 실행에 옮겨야 하나요?
공자 曰, 듣거든 즉시 행동으로 옮겨라.
공자가 각기 다른 대답을 하는 것을 보고 공서화公西華가 그 이유를 물었다.
공자 曰, 자로는 너무 적극적이기 때문에 실수가 많다. 그래서 부형父兄에게 물어본 다음에 행동하도록 억제를 한 것이다. 염유는 성격이 소극적이어서 자극을 준 것이다. [139]

드골은 대통령 시절 일 년에 두 번 내외신 기자, 각료, 고위 공무원, 외국 대상 등 1천여 명이 참석하는 정기회견[140]을 가졌다. 항상 사전에 질문에 대한 답변을 준비했는데, 그 이유는 자신의 한마디 한마디에 책임을 져야 하는 국가 지도자가 즉흥적으로 답변할 수 없다는 신념 때문이다. 그래서 기자회견에서 말할 내용을 직접 정리한 드골은 늘 준비한 것 이상으로 말하지 않았다고 한다. 또한 드골은 대통령 시절 수많은 연설을 했는데, 그 연설하는 모습을 자세히 보면 그의 다양한 얼굴표정, 청중을 향한 자연스러운 시선처리, 특히 운율에 맞는 그의 목소리 톤과 다양한 손짓 제스처, 연설성격에 맞는 복장, 연설문을 보고 읽는 느낌이 전혀 들지 않는 청중과 대화를 하듯이 이끌어 나가는 자신감 등은 듣는 이로 하여금 몰입과 감동을 함께 주는 탁월한 기술을 갖고 있음을 알 수 있다.

이런 신념을 충실히 지킨 것을 보여주는 좋은 예로, 1969년 닉슨 대통령이 취임 이후 프랑스를 방문했던 당시의 일화를 들 수 있을 것이다.

엘리제궁에서 베푼 만찬에서 드골 대통령이 환영연설을 했고, 닉슨을 비롯한 미국 측 일행은 그 연설에 적지 않게 감명을 받았다. 내용만이 아니라 절제된 표현, 정확한 단어 구사가 돋보였고, 그것도 원고 없이 즉흥연설로 했기 때문에 더욱 그랬던 모양이다.

만찬 분위기가 무르익자 닉슨의 보좌관 한 사람이 원고 없이 그렇게 길고 훌륭한 연설을 할 수 있는 데 대해 경의를 표했다. 그러자 드골은 "사실은 미리 써 놓은 연설을 외운 다음에 찢어 버린 겁니다. 그런데 처칠은 나와 똑같이 하면서 안 그런 척 하는 게 다를 뿐이지요." [141] 라고 답했다.

결국 지도자의 말에 국가 운명이 갈린다는 신념하에 신중하게 온 신경을 다 썼던 것이다. 이 때 드골의 나이는 79세였다.

생활 속의 부단한 수양이 중요하다.

일체의 순간순간 마음의 일어나고 사라짐을 언제나 바르게 관찰하면 죽음을 초월하는 지혜를 얻게 된다는 말처럼 드골은 언제나 그 기준이 바로 위대한 프랑스의 재건이었다

무한불성無汗不成이라는 말이 있다. 이 세상에는 땀을 흘리지 않고서는 어떤 것도 얻을 수 없다는 얘기다. 다 아는 간단한 말 같지만 되새겨 볼수록 가슴에 와 닿는 말이다.

대한민국 초대대통령을 지낸 이승만(1875~1965)의 청년 시절 일화를 잠시 살펴보자. 무한불성의 적합한 예가 아닐 수 없다.

1894년 갑오개혁으로 과거시험을 폐지한 조정이 신식학교를 세우고, 젊은이들로 하여금 외국어와 서양문물을 배우도록 장려하자, 이승만은 배재학당에 들어가 영어를 배우기 시작했다. 얼마나 머리가 좋았던지 "영어공부를 시작한 지 6개월밖에 되지 않았는데 영어선생이 되었다고 하여 사람들의 칭찬이 자자했다." [142]

배재학당을 2년 반쯤 다니고 1897년 졸업할 때는 영어 실력이 정부 고관·외국 외교관·선교사·학부형 등 800여 명의 하객 앞에서 '한국의 독립'이라는 제목으로 영어 연설을 했을 정도였다고 한다.

그런데 중요한 것은 그 다음이다. 그 후 구국운동을 하다 붙잡힌 이승만은 서소문 옆의 한성감옥에 갇혀 사형수의 형틀을 쓰고 있으면서도 영어 단어를 외워 "언제 죽을지도 모를 사람이 그런 공부를 해서 무엇에 쓰나" 하고 옆에서 물으면 "죽으면 못 쓰더라도 산 동안 할 건 해보아야지. 혹 쓰일 일이 있을지도 모르니까." 하고 태연히 대답했다고 한다. [143]

또한 스코틀랜드에 유학하여 영어가 능통했던 오스트리아 출신의 부인 프란체스카가 "프린스턴대학에서 박사학위를 받았지만, 남편은 늘 학생처럼 열심히 새(영어)단어를 외우며 꾸준히 공부했다. 나이 80이 넘을 때까지 남편은 계속 공부를 하며…" [144]라고 회고한 것을 보면 그야말로 평생 동안 자기개발을 위해 땀을 흘린 것을 알 수 있다. 정말 대단하지 않은가.

이렇게 지도자의 길을 걷겠다는 사람은 자기개발과 리더십 배양에 땀을 흘려야 한다. 특히, 국가와 사회, 조직 그리고 군대의 리더가 되고자 한다면 리더십을 진정으로 연구하고 배양해야 한다. 결코 다른 지름길은 없다. 하인츠 구데리안[145]은 "불량한 지휘관은 있어도 불량한 부대는 없다."는 말을 했던 것처럼 한 사람의 리더에 의해 그 조직의 성패가 나타난다는 것은 변함없는 진리다.

그럼 드골은 어떤 방식으로 리더십을 배양했을까? 드골의 리더십은 하루아침에 만들어진 것이 아니다. 육사 생도시절과 1차 대전 참전과 포로시절, 육사 역사학교수, 독서, 명상, 다수의 집필 등을 통해 각 상황들 속에서 판단력을 키우고 지휘관의 도道를 연마하는 수행자처럼 진정한 리더십 배양에 힘썼던 것이다. 어떤 영웅주의나 용맹성으로 남의 눈에 띄어서 진급하려는 그런 군 생활이 아니었다.

그렇다. 드골은 1차 대전 당시 그 용맹성을 발휘한 덕분에 독일군으로부터 용감한 군인으로서 훈장을 줘야 한다고 프랑스군에게 연락이 올 정도였으니까. 원래 훈장이란 가슴에 달고 뽐내는 것만이 전부가 아니다. 나 자신과 주위에서 진정으로 인정해 주는 것이 진정한 훈장이다. 일장공성만골고—將功成萬骨枯[146]라는 말이 있듯이 드골은 오직 공功이 장수에게만 돌아가는 것에 대한 경계를 이미 초급장교 때부터 체감하고 행동하지 않았을까.

그럼 드골이 생각하는 지휘관의 도道는 무엇인가. 드골의 깊은 사색의 결과물인 군사·정치의 리더십을 다룬 저서 『칼날The Edge of Sword』 에는 이런 내용이 적혀 있다.

"…군의 지도자는 상황을 고려할 수 있어야 한다. 행동은 상황 가운데 있는 사람들이다. …또한 상황, 여론, 주권자와 같은 개념을 참작할 수 있어야 한다. …행동하는 위인들은 항상 사색적이었다. 그들은 스스로 자신을 반성하는 능력을 고도로 지녔었다." [147]

아울러 드골은 '우발적인 일들에 대한 예리한 관찰'을 군사·정치지도자들의 가장 필요한 특질로 생각했다. 특히, 정치 지도자들의 경우, 그들은 여론을 지배해야만 권력을 잡고 유지할 수 있는데, 여론이란 쉽게 변하기 때문이다. 여론을 얻기 위해서는 계속적으로 바뀌는 상황에 대한 철저한 파악과 뛰어난 조종 및 적응의 기술을 가져야 한다고 주장했다.[148]

또 적을 물리치기는 쉬워도 공功을 자랑하지 않기는 어려운 법이다. 그런 점에서 드골은 진정한 군인이었다. 왜냐하면 전장에서 지휘하는 부대의 목표를 달성하기 위해 상황을 판단하는 고도의 직관력과 능력을 연마하는 것을 진정한 지휘관의 길로 보았고, 흔히 세상 사람들이 평가하는 겉모습에 일희일비해서는 안 된다고 생각했기 때문이다.

평소나 전투에 임해서나 조금도 다름없이 정신에 여유를 갖되 지나치게 긴장하지 말고 조금도 흐트러지지 말아야 한다는 자세, 그리고 고도의 반성의 습관이야말로 지휘관의 자질을 결정하는 것이다. 특히, 반성은 정신을 더욱 예리하게 갈아주며, 반성하는 습관을 갖기 위해서는 반성할 수 있는 시간을 확보하는 것 또한 중요하다. 일상에서 한걸음 뒤로 물러나서 자신이 현재 달성하고자 하는 사안의 전략적 가치를 따져 볼 수 있는 지도자, 모름지기 지도자라면 그렇게 해야 한다.

2차 대전 당시 '사막의 여우'라는 별명으로 유명한 독일의 롬멜은 이런 말을 남겼다. "우수한 지휘관이란 남보다 약간 앞을 내다보고 생각한다는 것뿐이다. 지휘관은 매일 아침 일찍 일어나 혼자 조용히 생각하면서 여러 가지 안건을 구상하는 습관을 반드시 길러야 한다. 잠이 부족하여도 아침 일찍 일어나 여러 가지 일을 생각하라."[149]고 말이다.

이어서 드골은 수색대대 대대장과 국방부에서 근무하는 동안 리더십 배양에 힘썼다. 1928년, 제19연대 1대대장으로 보직된 이래, 비교할 수 없는 엄격함과 분별력으로 부대장으로서의 역할을 훌륭히 수행했다. 특히, 드골을 무시하려는 의도에서 육군성의 비공식적인 후원을 등에 업고 전격적으로 진급한 한 장교를 감옥으로 보냈었다.(이것은 불꽃 튀는 싸움으로 번지게 되어, 페탱은 직접 육군성의 장관으로부터 드골을 구해내야 했다) 또한 지휘관으로서 탁월하게 지휘해, 전염병이 창궐한 후 군대 내의 피해 상황 조사를 나온 의회조사단까지 파리로 되돌아가 하원의원 연단에서 열정적으로 그를 칭찬할 정도였다. 1929년 10월 9일, 제19수색연대의 해단식이 진행될 때, 드골은 부대의 맨 앞에서 정치권력에게 자신의 생각을 거침없이 주장하기도 했다.

"어떤 강력한 의지를 만나게 될 그날, 그리고 스스로의 운명을 파악하게 될 그날 프랑스 군대는 새로운 혈기를 완전히 다시 시작할 준비가 되어 있습니다."

지휘관 드골, 그는 한 가지 책임을 맡았을 때 자신이 지성과 양심, 그리고 자신이 알고 있는 정보가 보여주는 진실에 준해 절대적인 책임을 지는 진실한 인간이 되었다. 그는 군부 내 실세들의 비위를 맞추는 일에는 전혀 관심이 없으며, 그들이 그에게 보내는 아첨에도 아무런 관심을 갖지 않았다. 자기가 맡은 직책들에게 합당한 의무가 따른다는 사실을 염두에 두고 그대로 행해야 했다. 그것이 바로 드골이 지휘관이라는 직책에 대해 가지고 있는 개념이었다.[150]

또한, 국방부에서 근무하면서 국방에 관한 많은 분야를 체험하는데, 정부와 군대를 지휘하는 정부 각료와 군 수뇌부들의 리더십과 자신의 리더십을 비교하면서 취약점을 보완했다.

"1932년부터 1937년까지, 14개 부문으로 구성된 내각 하에서, 나는 우리나라의 국

방과 관계된 제 부문들, 즉 정치, 기술, 행정의 연구적인 측면에 내 자신이 직접 관여되어 있다고 생각했다. …내가 해야 했던 일들, 내가 참관했던 회의들, 내가 관여했던 교섭들, 그것들을 통해 나는 우리나라의 가능성을 보았을 뿐만 아니라 우리 정부의 취약점 역시 볼 수 있었다." [151]

또한, 『미래의 군대』(1934년) 라는 저서를 통해 프랑스군이 나아갈 방향을 제시하면서 기존의 군 수뇌부, 즉 페탱[152], 베이강 등의 마지노선[153]에 의존하는 수동적인 방어체계에 대해 비판하고 나선다. 특히, 『미래의 군대』는 3편으로 구성되어 있는 것으로 프랑스군대의 신념, 프랑스군의 힘, 그리고 프랑스의 영광에 대해 서술한 전문 군사서적이다. 이 저서는 인원 10만 명으로 구성되는 기갑사단을 창설하여 프랑스 군대를 현대화하자는 매우 귀중한 예언서였다. 묘하게도 마지노선 완공된 시점과 이 책의 출간 시점이 일치한다. 뒤에 서술하겠지만, 이 책은 드골이 당시 총리였던 폴 레이노에게 정책구현을 호소하는 차원에서 보냈던 책이기도 했다. 그러나 이러한 구상은 보수주의자들로 가득한 프랑스 장군단에 의해 철저히 배격되었고,[154] 폴 레이노에 의해 법안까지 마련되어 제출되지만, 실패로 돌아간다.[155]

이 책에 관한 일화를 소개하면 이렇다. 프랑스 수뇌부는 일종의 경구 또는 위험한 생각으로 치부하여 이 책이 프랑스에서는 1,500부 밖에 팔리지 않았지만, 독일에서는 200부나 구입하여 주의 깊게 연구했다. 1934년, 프랑스의 언론인 바르스Philippe Barres는 히틀러의 기계화군 사령관인 휜라인Adolf Hühnlein장군을 방문한 적이 있었다. 기동작전에 대한 얘기를 나누다가 휜라인 장군이 불쑥 이런 질문을 했다. "그런데 귀국의 권위자는 이 기동작전에 관해서 어떤 생각을 갖고 있는가?" 바르스는 한동안 어안이 벙벙했다. 그도 그럴 것이 그는 드골의 이름을 들어본 적이 없었던 것이다. 재빨리 눈치 챈 휜라인은 이렇게 대신 답을 했다. "내 말은 귀국의 기동작전의 전문가 드골 대령을 말하는 것입니다.[156]"

드골은 1938년에 현시점이 국가적으로 아주 긴박한 비상시국임을 알리면서 『프랑스와 그 군대』(1938년)를 발간했다. 당시 드골의 상황인식은 다음과 같았다.

> **"독일군의 동적動的인 포석이 유럽 전토를 석권하고 있는 동안에 정적靜的인 군사조직을 온존하려고 하는 상층부의 어리석음, 우리나라를 엄습하려는 한 제국을 눈앞에 두고도 어리석은 게임만을 계속하고 있는 제도의 무분별함, 뮌헨 회담[157]에서 굴복을 환호로써 맞은 어리석음, 이러한 것들은 실제에 있어서 국민의 뿌리깊은 체념의 결과일 따름이었다. 이것은 나로서도 어떻게 할 수 없는 일이었다."**

1939년 8월 23일, 독·소 불가침조약[158]이 체결되자, 드골은 "아, 이번에는 진짜 전쟁이다. 이번 전쟁은 1차 대전보다 훨씬 더 어려운 전쟁이 될 것이다. 우리는 최악의 조건 속에서 전쟁을 해야 한다."고 탄식하며 507기갑연대장으로서 독일 기갑부대의 침공에 대비했다. 무공을 세우는 일보다 더 어려운 것이 주군에게 진언하는 일이라 했던가. 1939년 10월 29일, 드골은 시찰 나온 알베르 르브룅 대통령에게 이렇게 주장했다. 마지노선의 알자스 지역에 위치한 5개 대대로 구성된 기갑여단은 하는 일 없이 유사시에 요새에 주둔하고 있는 보병부대를 지원하는 예비대 역할로는 이 전쟁에서 이길 수 없다고.[159]

그러나 대통령은 반대로 독일군이 기갑부대를 운용하는 데는 이미 시기가 늦은 감이 있다고 일축한다. 이에 물러설 드골이 아니었다. 1940년 1월, 프랑스 각계 요인 80명에게 당시 프랑스 인구로는 전·후방을 동시에 지킬 수 없어 고도의 기동력을 갖춘 기갑부대를 강화할 것을 호소하는 '역동적인 기갑사단의 도래'라는 서한을 보냈다.

> **"이 시점에서 과거의 군의 전과에 만족한다면 방어전은 곧 재앙을 의미하게 될 것입니다. …공군과 육군의 즉각적이고 강력한 반격의 필요성, 즉 현대의 방어전에 있어서 필요불가결한 수단은 바로 이것입니다. … (당시의 프랑스 인구로는 무방비 상태에 놓여 있는 전방과 후방을 동시에 지킬 수 없었다) 과거의 전쟁은 전투에 직접 참가할 수 있는 많은 병력을 필요로 했습니다. 그러나 오늘날의 총력전에서는 작전을 수행할 수 있는 효율적인 병력이 필요**

합니다."160

하지만 대부분의 사람들은 드골의 주장을 외면하고 말았다.

1940년 5월 11일, 마침내 프랑스는 독일군 기갑부대의 공격에 밀려 제대로 된 전투도 치러보지 못한 채 저지에 실패하고 만다. 당황한 프랑스군 수뇌부는 드골 대령을 제4경기갑사단장으로 임명, 독일군의 파리 진출을 저지하기 위한 방어선 구축에 따른 역습작전을 맡긴다. 드골은 "전투는 그것이 대단히 참담한 것일지라도 군인에게서 군인다운 본질을 인출한다"는 말을 남긴 채 전장으로 나갔다.[161]

드골의 제4경기갑사단은 몽코르네(5월 17일), 크레시쉬르세르(5월 19일), 아브빌(5월 27일에서 5월 30일까지)에서 벌인 전투로 이름을 날렸다.

몽코르네Montcornet는 진격 중인 독일군의 기갑부대의 측방, 즉 북으로 돌진해 적의 후방과의 연결선을 차단하기 위한 교통의 요충지였다. 1940년 5월 17일 오전, 드골이 보유한 전력은 3과 1/2대대(90대)규모의 전차부대였으나, 그 이외의 지원부대는 매우 적었고, 보병도 아직 도착하지 않았다. 그러나 그는 시간을 허비하지 않기 위해 전차부대로 즉각적인 공세를 감행했다. 그의 공세는 운 좋게도 독일군의 허점인 몽코르네를 정확히 찔러 비교적 큰 전과를 올렸다. 몽코르네는 구데리안 19기갑군단의 참모부와 제1기갑사단 후위부대가 위치한 지역으로, 독일군은 이러한 대담한 측방공격을 전혀 예상하지 못했다. 그도 그럴 것이 이번 공세는 프랑스군의 통상적인 기갑부대의 운용방식과 전혀 달랐기 때문이었다.[162]

이 공격은 초기에 대단히 성공적이어서 프랑스 전차들은 독일군 전차들 사이로 돌진해 전차포로 그들을 유린했다. 프랑스 전차들이 몽코르네까지 접근하자 독일군은 큰 위기를 맞이하는 듯했다. 독일군 내에서 이를 처음 인지한 이는 뜻밖에도 제1기갑사단 군수참모 그라프 폰 킬만스에크Graf von Kielmansegg 대위였다. 위험을 직감한 킬만스에크는 즉시 공병들에게 지뢰 매설을 지시했고, 몇 문의 대전차포와 대공포와 함께 임시 방어진지를 구축했다. 그리고 정비간 막 끝난 몇 대의 전차를 확보해 전투에 투입했다. 마침내 프랑스군의 공세는 중지되었다. 오후가 되자, 독일군 제8비행대대의 일명 '하늘을 나는 포병' 슈투카들이 나타나 드골 부대를 폭격하기 시작했다. 이제는 프랑스군의 측방이 위협당하는 처지가 되었다. 그 사이에 독일군 제10기갑사단은 스톤Stonne지역을 후속부대에 인계하고 몽코르네 방면으로 신속히 기동했다.[163]

드골은 당시를 이렇게 회상했다. "우리는 엔 강변을 30km 남겨두고 무언가를 잃어버린 어린아이들처럼 우두커니 서 있었다."[164] 이제 드골에게 후퇴 이외에는 선택의 여지가 없었다.

흥미롭게도 당시의 두 명장名將은 전쟁이 종결되고 나서 몇 년 후에 자리를 함께 하게 되었다. 프랑스 대통령이 된 드골은 엘리제 궁으로 중부 나토군 총사령관이 된 그라프 폰 킬만스에크 장군을 초대했다. 이때 킬만스에크 장군은 당시 서부전역 중 몽코르네에서의 제4경기갑사단의 공세가 프랑스군의 유일한 시간적·공간적·방향 면에서 완벽한 역습[165]이었다고 말했다.

5월 19일, 드골은 몽코르네 서쪽으로 30km 떨어진 크레시쉬르세르방면으로 또다시 역습을 개시했다. 그러나 다시 독일군 공군의 폭격으로 인해 독일군의 좌측방을 위협하는 계획은 무산되었다. 제4경기갑사단은 이번에도 프랑스 공군의 지원을 전혀 받지 못했다. 훗날 드골은 자신의 공격 시간과 방향을 공군 측에 통보하지 않았다는 이유로 비난을 받았다. 이는 그의 군사이론 관련 문서들에서 부차적으로만 언급된 전차와 공군의 긴밀한 협조가 너무나 중요했음을 의미한다. 이것이 그의 이론과, 전차와 항공기를 '쌍둥이관계'로 표현한 구데리안 이론의 근본적인 차이점이었다. 그러나 순수하게 기술적으로만 보아도 프랑스군은 공군과 지상군의 긴밀한 합동작전이 사실상 불가능했다. 독일군과 달리 프랑스군은 공군과 지상군 간에 무전기는 물론 어떠한 연락체계도 구축하지 않았기 때문이었다.[166]

그러나 드골은 여기서 끝나지 않고, 다시 한 번 5월 28일부터 31일까지, 140대의 전차로 프랑스 북부와 벨기에에 갇혀 있는 제1부대의 포위망을 뚫기 위해 아브빌 Abbeville 남쪽에서 공격 작전을 수행했다. 이 작전은 결국 정부 각료로 입각하기 이전에 드골이 지휘한 마지막 군사 작전이었다.

이 공격 작전으로 아브빌을 되찾지는 못했지만, 독일군을 격퇴시켜 아브빌로 향하는 통로를 뚫기도 하는 등 커다란 전과를 올렸다. 물론 당시 독일군 격퇴는 드문 일이었다. 프랑스군에서는 제4경기갑사단을 표창하고, 5월 27일 드골을 임시적으로 장군으로 임명한다.[167]

프랑스군 총사령관으로 새로 임명된 막심 베이강은 5월 31일 드골에 대해 이렇게 말했다. "용기와 정력을 갖춘 이 놀랄 만한 드골 장군은 그의 사단을 이끌고 이미 적군이 확실히 진지를 구축한 아브빌 다리 교두보를 공격했습니다. 그는 독일의 저항을 뚫고 적의 전선을 넘어 14km나 전진했습니다. 이 와중에 수백 명의 독일군을 포로로 잡았고, 많은 양의 물자를 획득했습니다."[168]

드골은 이 전투로 정력적이며 대담한 지휘관이라는 평을 얻었으나, 때는 이미 늦어, 결국 군 수뇌부의 기갑사단 운용 미숙으로 반격에 실패하게 된다. 당시 집권층에 있는 정치인과 군 수뇌부들이 속수무책으로 쓰러져가는 가장 어려운 상황을 드골은 이렇게 회고했다.

"북에서 남으로 향하는 모든 도로에는 가엾은 피난민들의 행렬이 가득했다. 나는 거기서 무기를 잃은 여러 명의 병사들을 만났다. 그들은 며칠 전 독일군 전차의 공격을 받고 전멸당한 부대에 소속된 병사들이었다. 프랑스 병사들이 전장 이탈 중에 적의 기계화부대에 잡히면 적은 이들을 무장해제 시킨 후, 기동로를 막지 못하도록 최대한 신속히 남쪽으로 내쫓아 버렸다. 그들은 '우리는 너희들을 포로로 잡고 있을 시간이 없다'라고 외쳤다.[169] 패전으로

당황하는 주민들과 군사적 패배 앞에서, 그리고 적들의 건방지고 오만한 행동에 나는 끝없는 분노를 느꼈다. 아, 너무나 한심하다! 어떻게 전쟁 초반부터 이렇게 심각한 상황이 초래되었을까." [170]

한계에 이른 당시 폴 레이노 총리는 자기보다 강인한 정신을 가진 이들을 측근에 두고자 했다. 그는 혼자 버텨낼 힘이 없음을 느끼고, 그 사실을 자인했다. 물론 드골도 자신이 존경해 마지않았던 레이노 총리가 비록 최고의 인물이며 유일한 인물이긴 하지만, 당시의 상황을 타개할 수 있는 인물은 아니라는 사실을 분명히 알고 있었다. 드골은 6월 3일 폴 레이노 총리에게 단독직입적으로 다음과 같은 편지를 쓴다.

총리 각하.

우리는 심연의 끝에 있습니다. 그리고 각하는 등에 프랑스의 운명을 걸머지고 있습니다. 그러므로 저는 각하께 다음과 같은 사항에 대해 고려해주실 것을 청원하는 바입니다.

1. 우리의 첫 번째 패배의 원인은 프랑스 군대의 지휘권이 저의 군사이론을 적용시키기를 거부한 것과 제가 만든 군사이론을 오히려 적들이 활용하고 있다는 사실에서 발생한 것입니다.

2. 이 끔찍한 교훈을 얻은 후 유일하게 제 말에 귀를 기울이셨던 각하, 어떤 면에서는 각하가 제 말을 따랐고, 또한 그 사실이 알려졌기 때문에 각하는 진정한 지도자가 될 수 있었습니다.

…8. 만일 각하가 저를 국방부 차관으로 임명하기를 원하시지 않는다면, 적어도 저를 사령관으로 임명해주십시오. 그러나 각하의 4개 기갑사단들 중 하나의 기갑사단이 아니라 작전권을 완전하게 수행할 수 있는 군단 사령관의 직위를 요구하는 바입니다. …저는 기갑부대를 창안했으므로, 또한 그 부대를 지휘할 수 있기를 간절히 희망하는 바입니다.

이렇듯 대담한 표현에 폴 레이노 총리는 충격을 받았지만, 내색하지 않았다. 이제는 표면상의 지도자와 생각하고 행동하는 그 지도자 사이에서의 역할이 바뀌는 상황

을 내심 인정하면서, 레이노는 드골을 자기 곁으로 불러들였다.[171]

물론 드골은 1940년 6월 5일 레이노 내각에 국방차관으로 입각하기 전에는 군부의 몇 사람에게만 알려졌을 뿐, 파리 주재 미국 대사관과 미 국무부는 전혀 그의 존재를 알지 못했다고 한다. 입각한 바로 그 날, 주불 미국대사 불리트Bullitt는 다음과 같은 짧막한 전문을 보낸다. "2주일 전 그는 탱크 부대의 한 대령이었다. 그는 파리로 진격하는 독일군을 저지하는데 위대한 이니셔티브와 용기를 발휘했다. ···그는 엄격하고도 지적으로 보이는 젊은이다.[172]"

미국은 이미 프랑스의 존재를 높이 평가하지 않아 미국 대사를 본국으로 귀국시킨다. 1940년 6월 17일 런던으로 망명한 드골은 그 때의 심정을 이렇게 토로했다.

"나는 내심 하나의 삶이, 즉 아직까지 견고한 프랑스와 그와는 불가분의 관계에 놓인 군대의 틀 속에서 일체가 되어 살아온 나의 삶이 드디어 종말에 이르렀음을 느끼고 있었다. 나는 49세로 운명의 손에 의해 모든 계열 밖으로 내동댕이쳐진 인간으로서 새로운 모험 속으로 뛰어든 것이다." [173]

"새로운 모험이라···" 드골은 군인이라는 직업에 대해 이렇게 평한 적이 있다. "지성과 감성을 필요로 한다는 것, 그리고 매우 자유로운, 즉 정신적인 자유와 실질적인 유연성이 부여된다." 이런 군인의 삶에서 시련에 봉착한 국가의 부름을 받고 알 수 없는 미지의 삶으로 뛰어들 때의 심정은 어땠을까? 어린 시절 "조국 프랑스가 거대한 시련을 겪지 않으면 안 될 때, 내 인생의 보람은 조국 프랑스를 위해 몸을 바치는 데 있고 그 기회를 반드시 갖게 될 것" 이라는 오랜 신념이 비로소 실현되는 것을 느꼈을 것이다.

군 수뇌부와 집권층의 각료들이 속수무책으로 쓰러져가는 가장 어려운 상황에서 드디어 드골의 진가가 빛나기 시작했다. 드골이 냉정한 이성을 유지하면서 현 상황을 평가하고 해야 할 일이 무엇인지를 제대로 파악하여 과감하게 그 일을 실행할 수 있었던 것은 마치 나폴레옹이 "나는 결코 천재가 아니다. 내가 이렇게 신속히 결단을 내릴 수 있었던 것은 평소에 여러 가지 상황을 구상해 두었다가 필요에 따라 적용한 데 불과하다."라고 한 뜻을 그대로 행동으로 옮긴 결과다.

더욱 놀라운 것은 정치적 경험이나 명성이 전혀 없는 49세의 일개 육군 대령이 국방차관으로, 또 '자유 프랑스'를 이끄는 수반으로 당대 기라성 같은 정치가인 영국의 처칠 수상과 미국의 루즈벨트 대통령, 아이젠하워 원수, 소련의 스탈린 등과 어깨를 나란히 하기에 부족함이 없었다는 사실이다. "조국을 구하라는 부름을 받은 유일한 존재로서의 자기 확신과 깊은 사명감 외에는 아무것도 없었다."[174]는 드골의 말은 정치의 의미과 정치가의 역할을 이해하는데 있어 가장 탁월한 고전으로 평가받아 온 막스 베버의 저서 『직업으로서의 정치』의 한 문단을 생각나게 한다.

> *정치란 정열과 목측目測능력을 동시에 갖고서 단단한 널빤지에 강하게 또 천천히 구멍을 뚫는 일입니다. 만약 이 세상에서 몇 번이고 되풀이하면서도 불가능한 것을 잡으려고 하지 않았다면, 가능한 것도 달성하지 못하였을 것이라는 말은 참으로 전적으로 옳으며, 또 모든 역사적 경험은 그것을 증명하고 있습니다. 그러나 이 일을 할 수 있는 사람은 지도자일 수밖에 없으며, 그리고 지도자일 뿐만 아니라 또한 매우 단순한 의미에서 영웅일 수밖에 없습니다. 그리고 지도자도 영웅도 아닌 사람들이라 하더라도, 모든 희망이 깨져도 이겨낼 수 있는 확고한 용기로 자신을 무장하지 않으면 안 됩니다. 그것도, 지금 당장 해야 합니다. 그렇지 않으면, 그들은 오늘 가능한 일조차도 달성할 수 없을 것입니다. 자기가 제공하고자 하는 것에 비해서 세계가 자기 입장에서 볼 때 너무 어리석거나 너무 야비하더라도 이에 좌절하지 않을 것이라고 확신하는 사람, 그 어떤 일에 직면해서도 '그럼에도 불구하고(dennoch)!'라고 말할 수 있다고 확신하는 사람, 이런 사람만이 정치에의 '소명'을 갖고 있는 것입니다.*[175]

그렇다. 평화와 전쟁으로 끊임없이 교차되는 상황 속에서 일체의 순간순간 마음의 일어나고 사라짐을 언제나 바르게 관찰하면 죽음을 초월하는 지혜를 얻는 것처럼 드골은 평생 마음챙김mindfulness의 수양을 해 왔는데, 그 기준이 바로 위대한 프랑스의 재건이라는 소명召命이었던 것이다.

적당한 때를 기다려라

위대한 지도자는 자신의 관점과 견해를 종알종알 떠벌리지 않고 먼 식견과 생각으로 원대한 계략과 전략을 품고 있다가 시기가 무르익으면 행동을 개시하여 국민의 지지를 얻는다.

조화석습朝花夕拾이란 말이 있다. 직역을 하면 '아침 꽃을 저녁에 줍다.' 라는 뜻이다.[176] 때로는 어떤 상황을 즉각 즉각 대응하지 않고 꽃이 다 떨어진 저녁까지 기다린 다음 매듭짓는 것이 현명할 수 있다는 것이다.

위대한 지도자는 자신의 관점과 견해를 종알종알 떠벌리지 않고 먼 식견과 생각으로 원대한 계략과 전략을 품고 있다가 시기가 무르익으면 행동을 개시하여 국민의 지지를 얻는다. 일명경인一鳴驚人이란 말이 있는데, 한번 울었다 하면 사람을 놀라게 한다는 뜻으로 바로 이런 경우를 두고 하는 말이다.

『사기』에 나오는 내용으로 어떤 언덕 위에 새가 한 마리 둥지를 틀고 사는데, 3년 동안 날지도 울지도 않는 것은 그 의지가 굳건함이며, 날개를 크게 펼치기 위함이며, 민정을 관찰하기 위함[177]이라고 했다.

여기서 우리가 생각해 볼 것이 있다. 즉 사람에게는 일생을 두고 누구에게나 일을 할 수 있는 '때와 능력과 힘(에너지), 그리고 기회'가 정해져 있는 것 같다. 어떤 이는 젊었을 때 중요하지 않은 사소한 일로 정력을 낭비하여 장년기와 노년기를 힘들게 보내다가 보람 없이 생을 마감하는 경우가 있는가 하면, 어떤 이는 젊었을 때 건강과

체력과 능력을 고루 갖추면서 때를 기다리다가 장년기나 노년기에 마음껏 실력을 발휘하면서 인생을 당당하게 사는 경우가 있다. 달리 말하면 인생의 준비에 실패하면 실패를 준비하는 것과 같다. 드골의 생을 보면 이 말을 더욱 실감할 수 있다.

파리 해방을 맞아 드골은 임시정부의 주석 겸 국방장관이 되었으나, 연립여당의 내분으로 "…나는 그들의 꼭두각시나 보조역할을 절대로 하지 않겠다는 속셈이다. 이렇게 함으로써 나는 상처를 입지 않고 떠날 수 있을 것이다. 때가 오면 다시 한 번 나라의 구원자가 될 수도 있는 것이다. 전과 같이 다시 몸을 바친다든가 또는 내가 남긴 교훈으로…" [178] 라는 말과 함께 1946년 1월에 사임했다. 정계에서 은퇴한 그는 주로 향리인 콜롱베에서 회고록 집필과 명상으로 일관한다. 그것도 12년간이나.

1954년 프랑스군이 베트남의 디엔비엔푸 전투에서 항복하여 베트남에서 철수할 때도, 1954년 11월 알제리에서 전쟁이 발발할 때도, 1955년 5월 바르샤바 조약기구가 창설되고, 1956년 소련이 헝가리를 침공했을 때도 할 말은 많았을 것이다. 그러나 드골은 침묵한다. 왜냐하면 당시는 나설 때가 아니었기 때문이다.

콜롱베[179]에서 드골이 뼈저리게 느낀 일은 권력의 정상에서도 고독을 떨쳐 버릴 수가 없었지만, 권력이 없는 처지와 장소는 더욱 고독하다는 사실이었다. 그러나 그곳에 회한(悔恨)은 없었다. 드골은 그때의 심정을 다음과 같이 썼다.

"사람과 사건의 연속이 계속되는 혼란 속에서 고독은 나에게 하나의 유혹이었다. 그러나 이제는 고독이 나의 친구가 되었다. 역사와 처절하게 대면했던 사람에게 이 이상의 행복을 어디서 또 찾을 것인가?" [180]

이 때 드골의 야인 생활은 그의 정치적 감각과 지혜를 더욱 닦을 수 있는 계기가 되었다. 아데나워Konrad Adenauer까지도 기자들에게 말하기를 "콜롱베의 몇 년이 드골을 거대하게 만들었고, 마침내 서방세계 최고의 정치가로 키워낸 것이다." 이렇듯 위대

한 지도자는 으레 성공했을 때보다 자신의 실패에서 더 많은 것을 배운다.[181]

역사의 무게에 짓눌리고 시련에 무릎을 꿇어 영욕의 갈림길에 선 프랑스를 지켜보는 '겨울의 노인 드골', 풍상에 지친 이 은둔의 노인은 영원한 어둠의 발자국 소리를 들으나, 그 그림자 속에서 마지막 희망의 빛줄기를 찾는다. 프랑스의 영광의 빛줄기가 꼭 비칠 것을 의심하지 않은 드골은 그에게 남은 시간이 얼마 되지 않음을 안타까워하며 회고록을 썼다.

…그런데 새들의 지저귐이나 풀섶에 반짝이는 햇살이나, 나무덤불의 새싹 같은 것을 보면 문득 이런 생각이 든다. 생명은 땅 위에 나타나서부터 아직 한 번도 패배해본 일이 없는 전투를 벌여 왔던 것이라고. 그때 나는 은밀한 위안이 가슴속에 어리는 것을 느낀다. 모두가 항상 다시 시작되는 것이므로 내가 행한 일도 역시 내가 이 세상을 떠난 후에 조만간 새로운 열의가 솟아오르는 원천이 될 것이다. 나이를 먹어감에 따라 자연은 나에게 차차 친근한 것이 되며 자연의 예지叡智가 나를 찾아와서는 이렇게 위로해 주는 것이다.

"봄은 자연이 결코 진 적이 없는 생명을 위한 싸움의 시작이며, 여름에는 그의 것이 될 결실의 미래를 향한 절정이고, 가을은 풍요에 희열하는 그가 바람과 서리로 한숨 쉬나, 생명이 희망으로 위로하는 은둔이며, 겨울은 생명이 그의 가슴 위에 얼어붙어 죽음이 영원한 승자처럼 보이나, 새 생명의 숨은 고동이 들리는 어둠이다." 여러 시대에 침식되고, 비바람에 깎이고, 식물의 생육에 지쳐버리기는 했으나, 그래도 생물이 잇달아 생겨나기에 필요한 것은 무한정으로 산출해 나갈 마련이 갖추어져 있는 오랜 대지여! 역사에 압도되고, 여러 차례의 전쟁과 혁명으로 위대에서 쇠퇴로 쉼 없이 왕래하고, 세기에서 세기로 재생의 정기로써 회복되는 오랜 프랑스여! 시련에 지치고 기획으로부터 떠나서 영원한 추위가 다가오는 것을 느끼면서 어둠 속으로 희망의 엷은 빛이 살아 오르는 것을 피로할 줄 모르고 기다리고 있는 늙은이여!" [182]

어느덧 인생의 황혼기에 접어드는 67세라는 나이, 영원히 역사의 무대에서 사라지는 것은 아닌가 하는 시점에서 프랑스는 그에게 다시 기회를 주었다. 급변하는 국제 정세 속에서 이미 베트남 전쟁과 알제리 전쟁의 해법, 그리고 국제 및 국내정치에서 프랑스가 나아갈 방향을 세밀히 저울질한 상황에서 본능적으로 결단의 시기가 도래했음을 직감한 드골은 주저하지 않고 정계에 뛰어든 것이다. 1958년 5월, 알제리 군과 우익의 반정부 폭동으로 어지러운 상황에서 당시 대통령인 르네 코티로부터 정부 구성을 해 달라는 요청을 받는다. 역사의 무대에 재등장하게 되는 시기가 무르익은 것으로 판단, 드골은 행동을 개시한다. 독재자가 될 것이라는 비판론자들에게 "예순일곱의 나이에 내가 새삼스레 독재자의 이력을 시작할 거라고 생각하는가?" 라고 반문하면서 프랑스의 위대한 국가적 야심을 소생시키기 위해 다시 한 번 역사의 정면에 등장했던 것이다.

Chapter 3. 리더십은 보이지 않는 전략이다.

휘두를 칼 없이 나서지 마라

드골이 생각하는 국가의 힘은 대표적으로 군사력과 경제력을 꼽을 수 있었다. 하지만, 이것 이외에 드골이 생각하는 또 다른 국가의 힘이 있었다. 그것은 바로 '상황과 정책에 있어서 세력균형balance of power as a situation and a policy'이었다.

중국의 고구려사 왜곡이 한창 국가적 이슈가 된 적이 있었다. 고구려가 중국의 지방 정권이었으므로 북한 지역도 결국 중국의 영토였다는 논리다. 근년 들어서는'김치공정'까지 주장하고 있는 양상이다. 일찍이 중국 등 강대국들이 힘의 논리나 자국의 이익을 외면 또는 양보하면서까지 진실과 평화, 그리고 공존을 제대로 추구한 적이 있었던가. 새삼 국가는 힘이 있어야 한다는 말을 실감한다.

이러한 중국의 역사와 진실왜곡, 강대국의 힘의 논리하면 생각나는 책이 있다. 단재 신채호선생의 저서 『을지문덕전』(1908년)이다. 왜냐하면 이 책을 통해 역사도 국가의 힘뿐만 아니라 과거의 역사(영웅)를 그려서 미래의 역사(영웅)을 부르고자 하는 국민의 의지가 필요하다는 것을 절감했기 때문이다. 『을지문덕전』(단재 신채호 원저, 박기봉 편역, 비봉출판사, 2006년)을 편역한 박기봉은 머리말에 다음과 같이 적고 있다.

역사란 무엇인가? 그 답은 어쨌든, 역사를 구성하는 2대 요소는 역사적 사실Fact 의 존재와 그 사건의 기록Writing 일 것이다. 반만년의 역사를 자랑하는 우리에게, 설령 1천 4백 년 전에 요동遼東 땅을 지배했던 역사적 사실이 있었다고 하더라도 그에 관한 기록이 당시 우리의 경쟁 상대였던 저들에게만 있다면, 이 역사적 사실은 누구의 역사가 되는가? 우리에게 남은 것은 역사의 반 토막에 불과하니, 우리의 고대사가 소유권 분쟁에 휘말리는 것은 당연하지 않을까? 자신의 역사적 사실에 대한 기록조차 거의 없는 우리와, 자신의 역사뿐만 아니라 경쟁상대의 활동에 대한 기록까지 갖고 있는 저들 사이의 역사 소유권 분쟁에서 소설가나 드라마 작가들에 의한 허구의 이야기들은 별로 도움이 되지 않을 것이다.

이런 취약한 여건에서 마치 넓은 풀밭에 흩뿌려진 한 줌 구슬을 줍듯이 상대편 사료의 이곳저곳에 숨겨진 것들을 찾아내어 한 곳에 모아놓은 다음, 금싸라기 같은 우리의 역사적 사실들을 정성껏, 아름답고 원만圓滿하게, 그리고 논리정연하고 체계적으로 가공하여 상대방의 소유권 주장의 논거를 명쾌하게 분쇄하고 있는것이 바로 단재丹齋 신채호申采浩선생의 고대사 관련 저술들과「을지문덕전」,「연개소문전」등이라 생각한다.[183]

위와 같은 맥락에서 작가 김정산金井山도 그의 역사소설 『삼한지』의 '작가의 말' 중에서 다음과 같이 말했다.

앞사람이 살아간 별 같은 흔적을 더듬고, 민족사에서 훌륭한 족적을 남긴 선조를 찾아내어 영웅으로 받들고 섬기는 일은 뒷사람의 당연한 몫이자 민족 전체의 저력을 키우는 초석이며 지름길이다. 그 영웅의 그늘 아래에서 후대는 단결하고 또 성장한다. 어느 나라든 영웅은 모두 후대가 만든다. 그런 점에서 우리 선조들은 불행하고 우리도 불행하다. 반만년 역사를 자랑하면서도 우리에겐 영웅이 너무 없기 때문이다. 세상에서 유례가 드문 우리만의 수천 년 역사가 있다 한들 후대에 널리 회자되지 않는 역사란 무슨 의미가 있을 것인가.[184]

많이 공감 가는 내용이다. 저자는 그래서 역사를 구성하는 2대 요소Fact, Writing에 국가의 힘과 과거의 역사(영웅)를 그려서 미래의 역사(영웅)]을 부르고자 하는 국민의 의지를 추가하고 싶다. 다음은 일찍이 단재 신채호선생이 『을지문덕전』에서 강조했던 내용이다.

" …내 일찍이 고구려 대신 을지문덕乙支文德[185]의 역사를 읽다가 기운이 저절로 솟아나고 간담이 저절로 튀어 오르듯이 커짐을 깨닫지 못하고 하늘을 쳐다보며 큰 소리로 외쳤다. '그랬었던가, 정말 그러했던가. 우리의 민족성은 본래 이러했던가. 이처럼 위대한 인물의 위대한 공로와 업적은 옛날에도 비할 바 없었고, 지금에도 비할 바 없으니, 우리의 민족성이 강하고 용맹함이 과연 이러했던가.'했다."

그러면서 한국과 중국 간에 교섭이 있은 이래 가장 큰 전쟁인 살수에서의 승리를 극찬하면서 한민족정신의 진작振作과 국민들에게 영웅을 숭배하는 마음을 고취하고자 했다.

" …당시에 고구려가 비록 강대했으나, …언어도 다르고 그 풍속도 다른 수백 만 민족을 다스렸으며, 강약도 현저히 다르고 인구의 중과衆寡도 현저히 다른 중국 대륙의 나라를 잠식하여 공격하면 반드시 빼앗았고, 싸우면 반드시 이겼으며, 지키면 반드시 튼튼했으며, 편안할 때에는 서로 권하고 힘쓴 결과, 우리 한국과 중국 간에 교섭이 있은 이래 제일 큰 싸움 (즉, 살수 싸움) 에서의 승리의 명예가 전적으로 우리 민족에게 돌아왔었다. 그런데, 어찌하여 그후 역대 임금과 재상들은 전부 못된 종자들만 뿌려서, 우리는 본래 유약하고 말라비틀어진 민족이란 그릇된 사상으로써 민심을 미혹시키고 취하게 함으로써, 외국과 경쟁하려는 적극적인 사상을 극력 억누르고 꺾어버렸는가. …내 이제야 알겠구나! 그 나라 국민의 용맹함과 비겁함, 우수함과 용렬함은 전적으로 그 나라의 한 두 명 먼저 깨달은先覺 영웅이 자기 국민들을 고무하고 격려하는 지의 여부에 따라서 진보하기도 하고 퇴보하기도 하는 것이로다." [186]

사실 살수대첩은 우리가 국사 시간에 배운 바와 같이 100만 명 이상의 수나라 군대 중 30만 5천 명의 별동대를 지금의 청천강에서 섬멸시킨 대첩으로 알고 있지만, 실은 그 이상의 의미를 지니고 있다.

김광수(前 육사 전사학 교수)는 을지문덕 장군은 세계 전쟁사상 가장 철저한 섬멸전 승리를 기록한 장군으로 기억되어야 한다고 주장했다.

"…역사책을 읽을 때 우리는 책 속의 숫자를 그저 숫자로 받아들일 뿐 실제 그것이 얼마나 엄청난 사건인가를 실감하지 못하는 경우가 있다. 612년(영양왕 23년), 을지문덕의 용병으로 인해 수나라 30만 5천 명 별동대가 평양으로 공격해왔다가 그 중 2,700명만 목숨을 구해 요동으로 돌아갔다는 사실을 읽을 때 그것이 얼마나 압도적인 섬멸전인지를 잘 느끼지 못한다. 그것은 19세기 중반까지 단일 전역에서 이룬 최대의 섬멸전적 승리였다. 계산해 보면 수나라의 생존 병력은 전체 병력의 1%가 되지 못했다. 서양 고대의 최고의 섬멸전이라고 하는 칸나에 전투(BC 216년)[187]에서 한니발은 로마군 7만 명을 섬멸했을 뿐이다. 나폴레옹은 1812년, 45만 명의 프랑스군을 이끌고 러시아 원정을 단행했는데, 이 병력 중 12,000명이 프랑스에 살아 돌아왔다고 하니 약 3%만이 생존해왔다. 수치를 비교해본다면 을지문덕은 근대 이전 단일 전역에서 세계 역사상 가장 철저한 섬멸전적 승리를 달성한 장군이었다." [188]

결론적으로 살수대첩은 동·서양 전쟁사를 통틀어 19세기 중반까지 단일전역에서 가장 많은 전투원을 섬멸한 전투로, 칸나에 전투를 훨씬 능가하는 세계 최대의 섬멸전이었던 것이다. 이 전쟁이 바로 고구려와 수나라 사이에 벌어진 전쟁이었음을 우리는 자랑스럽게 생각해야 한다.

이와 관련해 최근 명지대 한명기 교수는 "수·당 백만대군 격파"는 국가자존심의 원천이라는 글을 발표[189]했다. 내용이 매우 흥미로운데, 결론은 조선 지식인들이 선망했던 고구려의 역량과 결기는 오늘의 우리에게도 여전히 절실하다는 것이다. 주요 내용을 잠깐 일별해 보자.

다음 일화는 조선 시대 학자이자 관료였던 최부崔溥,1454~1504가 남긴 『표해록漂海錄』의 1488년(성종19) 2월 17일 자에 실려 있는 기록으로 최부와 당시 명의 안찰어사按察御史가 나눴던 대화이다. 이것은 고구려가 수당의 백만 대군을 격퇴한 것이 당시 명나라 중국인에게 강렬한 인상을 남겼다는 사실과 중국인이 조선을 고구려의 후계자로 인식하고 있었던 사실 등을 명확히 보여준다.

"당신 나라에 무슨 장기가 있어서 수당隋唐의 군대를 능히 물리칠 수 있었습니까?"라고 묻기에 신은 "지모 있는 신하와 용맹한 장수들은 용병에 뛰어났고, 병졸들은 윗사람을 친애했기에 솔선하여 그들을 위해 죽었습니다. 그 때문에 고구려는 한 귀퉁이에 치우친 소국이었지만 천하의 백만 대군을 두 번이나 물리쳤던 것입니다"라고 말했습니다.

또한 한명기 교수는 조선은 '고구려의 후예'로 자처했고, 그래서 강국 고구려는 조선에 있어 자부심이었고, 본받아야 할 대상이었다고 주장했다.

예를 들어,
① 1395년(태조4), 명 태조 주원장이 조선이 보낸 표전表箋, 제후가 황제에게 보내는 문서문제를 트집 잡아 조선을 위협하자 이성계와 정도전을 중심으로 요동을 공격하여 명의 폭거를 응징하려는 시도가 있었고, 고구려의 고토인 요동을 언젠가는 되찾아야 한다고 생각했다.
② 과거시험 합격자들의 최종 면접시험殿試에 고구려가 수당을 물리쳐 천하의 강국으로 불릴 수 있었던 요인을 묻는 문제가 출제됐다.
③ 양성지梁誠之, 1415~1482는 고구려의 시조 동명왕은 물론 수나라의 침략을 물리친

영양왕嬰陽王을 기리는 사당을 세우라고 촉구했고, 명이 보내온 문서에 조선을 '너'라고 쓴 것에 통분하여 명을 상대로 시정해야 한다고 강하게 주장했다.

④ 숙종 이후 조선이 오랫동안 문약에 빠져 군사력이 쇠약해졌다는 반성이 제기되고, 살수대첩의 영웅 을지문덕에 대한 숭앙 사업이 이루어졌다.

그러나 중요한 것은 임진왜란과 병자호란 등을 통해 조선의 허약한 군사력과 경제력이 표출되자 명나라는 조선을 '고구려의 후예'이자 '만만찮은 나라'에서 '보잘것없는 약소국'으로 얕잡아보기 시작했다는 것이다.

요컨대 조선에게 고구려는 특별한 존재였다. 중국과 일본 사이에 끼인 데다 군사력이 미약하여 시련을 겪고 굴욕을 겪었던 그들에게 수당의 백만 대군과 맞섰던 고구려의 역량과 결기는 선망의 대상이자 자부심의 원천이었다.

지금도 마찬가지다. 중국이 힘이 부쩍 커지면서 전 세계를 향한 중국의 외교적 언사가 날로 거칠어지는 상황에서 국가 간의 관계에 있어 논리나 감정보다는 힘이 우선이라는 것을 더욱 절감하는 시기다. 따라서 고구려의 역량과 결기는 오늘의 우리에게도 여전히 절실하다는 한교수의 주장은 시사하는 바가 매우 크다.

그렇다면 드골은 어떤 휘두를 칼을 갖고 위대한 프랑스를 재건할 수 있었을까. 우선 드골은 국가전략을 수립하는 데 앞서 국가 간의 관계를 냉정히 분석했다. 국가 간의 관계에 있어서 논리와 감정은 현실에 비해 커다란 무게를 갖지 못한다고 생각하고, 중요한 것은 누가 무엇을 취할 수 있으며 그것을 지킬 수 있는가 하는 점이었다. 그는 국가전략을 달성하는 데 있어 그 수단을 어떤 외교적인 노력을 통한 조약보다도 우선 기본적으로 힘이 갖추어져 있을 때 가능하다고 보았다.

이미 드골은 1940년 자유 프랑스를 이끌 때, 메르스엘케비르의 비극을 통해 국가 간의 관계에서 힘의 중요성을 누구보다도 뼈저리게 느꼈다. 메르스엘케비르의 비극의 내용은 다음과 같다.

　실제로 파리가 나치 독일에 점령된 직후인 1940년 7월 3일, 당시 드골은 엉뚱하게
도 그것도 독일군이 아닌 처칠의 영국군에 의해 지중해의 메르스엘케비르MerselKébir,
알제리 오랑주에 있는 항구 도시로 프랑스 식민지의 주요 해군기지에 정박 중이던 2백여 척의 프랑스 함
대가 기습공격을 받아 1,200명이 넘는 해군이 몰살당한 사건을 알게 된다. 영국군이
프랑스 함대를 기습 공격한 이유는 나치의 괴뢰정권인 비시정부 관리 하의 프랑스 군
함들이 나치의 수중에 들어갈지도 모른다는 우려 때문이었다. 아무리 그렇다고 해도
드골은 프랑스 함대가 연합군에 의해 격침되었다는 사실에 고통과 노여움을 느끼지
않을 수 없었다. 그러나 당시 프랑스는 나치 독일로부터 점령된 지 한 달도 되지 않아
아무런 힘도 갖고 있지 않았기 때문에 전쟁을 계속 수행하기 위해선 영국의 동맹이
절실했고, 그러기 위해서는 그토록 처절하고도 비극적인 사태가 결국 최상의 상책일
수밖에 없었던 이유를 성명을 통해 프랑스인들을 설득할 수밖에 없었다.[190]

　이렇게 산전수전을 다 겪었던 드골은 국가의 힘을 무엇이라고 생각했었을까. 대
표적으로 군사력과 경제력을 꼽을 수 있다. 하지만, 이것들 이외에 소프트웨어 차
원에서 드골이 생각하는 또 다른 국가의 힘을 소개하면 바로 "상황과 정책에 있어
서 세력균형balance of power as a situation and a policy"으로, 이것은 국가가 가져야 할 힘
의 요소 중 하나이며 상황situation과 힘의 배분상태distribution of power를 고려하여 국
가가 우위에 서 있거나 국가통수권자에게 유리한 균형을 조성하는 전략적 정책이
라 말할 수 있다.

　저자가 내린 위와 같은 정의에 대한 근거는 크게 두 가지에 기인한다. 먼저, 클로
드Inis L. Claude라는 학자가 주장한 세력균형개념이다. 일반적으로 세력균형의 개념은
평형equilibrium 즉, 여러 개의 독립된 세력으로 구성되어 있는 체제에 있어서의 안정
성을 의미하지만, 클로드는 세력균형의 개념을 다음과 같이 분류했다.[191]

우선, 상황의 묘사로서의 세력균형balance of power as a description이다. 이는 특정한 시점에서의 국가들 혹은 국가 집단 간의 권력의 관계가 대략 동등하거나 한쪽으로 기울어져 있는 어떤 힘의 배분distribution of power상태를 묘사하는 것으로 프랑스의 정치가들에 있어서의 세력균형은 프랑스가 우위에 서 있는 세력균형을 의미한다. 다음은 정책으로서의 세력균형balance of power as a policy이다. 일반적으로 국가 간의 동등한 권력의 배분을 조성하는 정책으로 이해하지만, 때때로 많은 정치가들은 자신에게 유리한 균형을 조성하는 정책[192]이라고 주장했다.

위 정의에 대한 또 다른 근거는 드골이 저술한『칼날』에서 국가 간 힘의 속성과 세력균형에 대한 통찰력, 그리고 그의 역사의식에서 가장 선호했던 경험주의에서 흘러나오는'상황의 정치'를 들 수 있다. 드골의 저서『칼날』에 나오는 국가 간의 세력균형에 관한 내용을 요약하면 국제관계는 각 민족국가가 상대방의 희생으로 자국의 이익을 증가시키려는 충돌로 이어지는 것은 자연스러운 현상이고, 국가 간의 세력균형은 항상 변할 수 있으며, 국제사회에서 제일 중요한 것은 군사력, 힘, 전략, 용기라는 것이다.[193]

요약하면, 위 두 가지 근거를 토대로 드골이 생각하는 또 다른 국가의 힘은"상황situation과 힘의 배분상태distribution of power를 고려하여 국가가 우위에 서 있거나 또는 국가통수권자에게 유리한 균형을 조성하는 전략적 정책"으로 볼 수 있다.

이러한 드골의'상황과 정책에 있어서 세력균형'은 어떤 시기에 적용해야 할 까. 허만의 저서『드골의 외교정책론(1997년, 집문당)』에서 인용한 호프만 교수의 견해를 참고 할 만하겠다. 1973년 9월, 드골연구소에서 개최한 세미나에서 호프만 교수는 드골의 외교정책에서 교훈으로 도출한 원칙[194] 중 하나인 '국제정치의 게임의 목표에서 발생하는 두 가지 힘의 상황'을 제시했는데 시사하는 바가 크다. 우선, 한 국가가 원하는 것을 타국이 따르도록 유도하는 것이 국제정치에서 국가의 목표인데, 여기에는 두 가지 유형이 있다는 것이다.

하나는 힘의 위치에 있을 때와 다른 하나는 약체의 위치에 있을 때이다. 힘의 위치에 있다는 의미는 타 국가가 저항하는 상황보다 자신의 국가가 더 강한 위치에 있는 상황을 의미한다. 더 강한 위치에 있다는 의미는 반드시 객관적인 힘이 더 강하다는 의미가 아니다. 여기서 힘의 위치라는 것은 타 국가가 부러워하거나 또는 타 국가에게 장애물이 되는 특별한 수단을 소유하고 그것을 이용할 수 있다는 것을 의미한다. 한 국가가 이러한 수단을 가지고 있을 때에는 타 국가가 더욱 강력하다고 하더라도 이 국가는 힘의 위치에 있다고 보았다. 따라서 드골은 미국에 대한 공격의 정치, 강성의 정치를 자주 전개했는데, 그러한 사례가 바로 나토 군사기구에서 탈퇴할 때의 상황이었다. 다시 말해 드골은 나토 국가들의 어떤 상호의존성을 최대한 활용하면서도 프랑스의 군사주권을 되찾는 전략을 추진할 때 힘의 위치의 속성을 최대한 이용했던 것이다.[195]

또 다른 하나는 국가가 약체의 위치에 있을 때이다. 이 경우 드골은 어떠했던가? 드골의 대 소련 접근에서 그 사례를 찾을 수 있다. 소련에 대한 드골의 전술은 유연성, 설득외교 등이었던 것이다. 그의 '프랑스 중심의 유럽의 유럽건설'전략을 들여다보면, 결국 그의 외교가 성공하는 데는 미국과의 협력도 중요했지만, 소련과의 협력도 중요했다. 왜냐하면 그가 만들고자 했던 '프랑스 중심의 유럽 건설'의 지분 절반은 소련이 점유하고 있었기 때문이다. 이것은 역으로 소련이 유럽의 유럽을 실현하는데 중요한 장애물이 되었을 뿐만 아니라 드골이 소련에 대해서는 사용할 수 있었던 고유한 수단이 부족했다는 데 있었다. 따라서 드골의 약체의 위치에 있을 때의 전략은 프랑스와 러시아가 유럽대륙의 안보와 보호자 역할을 하게 될 통일된 유럽의 유럽은 한 쪽에서 미국인들과 또 다른 한 쪽에서 러시아인들과 함께 대치해 있는 분할된 유럽보다 장기적으로 모스크바에 더욱 이로울 것이라는 면을 소련에 설득하는 것이었다.[196]

요컨대 위와 같은 '상황과 정책에 있어서 세력균형'은 드골이 정책을 추진하는데 있어 목적과 수단을 균형되게 하고, 저항할 수 없는 것과 철회할 수 있는 것 등을 구분하는 현실적인 그의 사고와 행동의 전형적인 특징이었다고 볼 수 있다.[197]

그럼 드골이 1958년 재집권 후 알제리 독립을 결정하는 과정에서 '상황과 정책에 있어서 세력균형'을 적용한 사례를 알아보자.

첫째, 재집권 후 1958년 6월 4일, 드골이 알제리를 전격 방문하여 수도 알제의 중앙 광장에 몰려든 15만 군중 앞에서 "나는 당신들을 이해합니다."라고 외친 사례다. 드골은 이 말을 하면서 현지 프랑스인들의 환호를 받았다. 이 말의 뜻은 다분히 "모호한 수사修辭"로 지난 5월에 폭동을 일으킬 수밖에 없었던 심정에 공감하면서도 프랑스의 전반적인 여론을 드골이 프랑스령의 알제리로부터 점점 멀어지게 할 수도 있다는 이중적인 의미가 내포되어 있었다.[198]

당시 드골은 상황과 정책에 있어서 세력균형 판단을 어떻게 했을까. 계속되는 4공화국의 정치적 불안정에 따른 알제리 폭동(1958.5.13. ~ 6.2)과 드골의 재집권(6.1), 국회에서 국민투표에 회부된다는 조건의 헌법 개정안 가결(6.2) 등의 상황은 드골에게 힘이 실려져 유리하게 정치적 대변혁이 이뤄지고는 있었으나, 반면 국제적 탈식민지화에 대한 열망과 알제리 식민지측이 독립을 주장하는 상황의 힘도 만만치 않은 상황이었다. 힘이 균형이 비슷한 상황에서 프랑스에게 유리한 정책은 무엇이었나? 드골은 내심 '프랑스령 알제리'정책으로부터 벗어나는 것이 유리하다고 판단하였으나, 알제리에 주둔한 군부와 현지 프랑스인들의 거센 저항을 염려해 외부적인 표현을 모호한 수사로 대응했던 것이다.

둘째, 1959년 9월 16일, 알제리의 운명을 알제리인들의 자율결정에 맡기자는 대국민담화를 내놓았던 사례다. 첫째, 독립을 수반하는 분리이다. 둘째, 완전한 프랑스화이다. 이는 알제리인도 완전히 프랑스인이 되며, 정치·경제·사회면에서 똑같은 권리를 행사하고 프랑스 영토 어느 곳이든 그들이 원하는 곳에 살 수 있는 것을 뜻한다. 셋째, 프랑스 원조와 프랑스와 긴밀한 연합에 의존하는 "알제리인에 의한 알제리인의 정부"이다. 이것은 프랑스의 알제리 정책의 커다란 전환점이 되는 제안이었다.

당시 드골은 상황과 정책에 있어서 세력균형 판단을 어떻게 했을까. 그동안 드골은 알제리 문제를 북아프리카 문제와 연결시켜 자유로운 공동체를 구상하여 독립과 프랑스와의 공동체 사이에 선택을 할 수 있도록 유도를 한다거나, 또는 알제리인들에게 '원조와 평화'를 약속하는 '콩스탕틴 계획'(1958년 10월 3일), '용자의 평화'(1958년 10월 23일)를 제안하여 협상의 주도권을 갖고(실제 알제리 해방군의 근거지인 알제리 남부를 평정하는 '샬 작전'에 성공하기도 했음)[199] 전쟁을 해결하려고 했다. 하지만 알제리 공화국 임시정부의 '협정 후 휴전'전략을 고수하며 프랑스 제안을 전부 거부, 테러전을 계속하는 상황의 힘과 이미 유럽 열강에 의한 식민지 통치의 시대는 끝났고, 지금 세계의 모든 사람들이 자주권을 찾고 있는 국제적 상황의 힘이 더욱 커져 이 시기에 이러한 비극에 계속 얽혀들게 되는 것은 결코 프랑스의 이익이 될 수 없음을 판단하여"알제리의 운명을 알제리인들의 자율에 맡기자는 3가지 방안"을 제시하는 것이 프랑스에게 유리하다고 판단하게 된다.[200] 이런 배경에는 드골이 그 당시 민족해방전선FLN을 특별한 대화자로 인정하지 않고, 알제리의 전체 여론에 호소한 것도 한 몫 했다고 볼 수 있다.[201]

마지막으로 1962년 3월 18일에 에비앙 협정이 체결되고, 4월 8일 알제리 독립협정에 관한 국민투표 가결로 알제리의 독립을 최종적으로 결정짓는 사례이다.

1959년 9월 16일 선언 이후, 알제리 해결책을 찾지 못해 두 차례나 대통령직 사임을 고민한 드골은 1961년 1월 8일, 알제리인들의 자율결정의 원칙, 즉 알제리의 자치와 공권력의 임시조직에 관한 국민투표로 돌파구를 찾는다. 프랑스와 알제리에서 동시에 치러진 국민투표 결과, 압도적인 다수로 드골의 대 알제리정책은 승인을 받았다. 하지만, 군사쿠데타와 알제리 사수파의 저항이 끊임없이 이어지고 알제리 해방군의 테러전이 계속되면서, 여기에 더해 알제리 독립과 평화를 촉구하는 국제사회의 압력까지 가해지자 드골은 결국 정전이라는 선결 조건 없이 알제리 임시정부의 대표성을 인정하고, 1961년 4월부터 협상하는 길로 선회했다.

당시 드골은 상황과 정책에 있어서 세력균형 판단을 어떻게 했을까. 엄청난 인적·재정적 손실을 초래하는 전쟁, 알제리 독립과 평화를 촉구하는 국제사회의 압력, 알제리 임시정부의 강한 독립 의지의 상황의 힘들이 프랑스 국력의 한계에 부딪혀'프랑스령 알제리'정책을 유지하는 힘보다 훨씬 더 강한 힘의 위치에 있다고 판단했다. 따라서 드골의 정책은 과거의 쇠약해지고 불화적인 식민지정책에서 탈식민지 정책으로 전환하여 더 큰 국가 이익[202]을 추구하는 것이었다고 볼 수 있다.

결론적으로, 앞에서 살펴본 바와 같이 드골의'상황과 정책에 있어서 세력균형'은 국가의 힘의 요소로서 정책을 추진하는데 있어 목표인'위대한 프랑스 재건'처럼 본질적인 것에 대해서는 양보하지 않되, 수단은 저항할 수 없는 것과 철회할 수 있는 것으로 구분하여, 목적과 최대한 균형되게 하는 매우 현실적인 사고와 행동의 전형이었다. 결국 이러한 개념은 국내·외 정세와 상황의 힘, 그리고 국가의 힘의 배분을 꼼꼼히 따져 알제리 전쟁 해결 과정의 여러 고비마다 가장 유리한 국가정책을 결정하는 등 국가가 휘두르는 칼 역할을 톡톡히 했다고 말할 수 있다.

목숨을 걸고 주도권을 잡아라

주도적이지 못하면 역동적일 수 없고, 역동적이지 못하면 절대로 강할 수 없다. 주도권의 중요성에 대해서는 여러 가지 좋은 말이 많다. 바둑의 격언 중에 '기자쟁선棄子爭先'이라는 말이 있다. 돌을 버리더라도 선수를 잡으라는 뜻이다. 또한 코비의 『성공하는 사람들의 7가지 습관』 중에서 첫 번째도 바로 '주도적이 돼라'라고 강조하고 있는데 쉽게 얘기하자면 나의 의지대로 상황과 여건을 만들어 나가는 것을 말한다.

그러나 무엇보다도 전장에서의 주도권은 매우 중요하다. 전쟁의 이론에 공세의 원칙이 있어 적극적인 행동으로 전장의 주도권을 확보하라는 것이 있는데, 월남전에서 채명신 장군이 주장하고 몸소 실천에 옮긴 한국군의 독자적인 작전지휘권 보유는 지금도 많은 귀감이 되고 있다.

박경서는 그의 저서 『불후의 명장 채명신』에서 채명신 장군은 베트남전쟁에서 한국군의 독자적인 작전지휘권을 갖겠다는 의지의 원천을 다음과 같이 적었다.

　첫째, 독립국가 국군의 자존심, 둘째, 당시 야당의 일각에서 또는 북한을 비롯한 공산권에서 주장하는 미국의 청부 전쟁에 말려든 용병이라는 멍에에서 벗어날 수 있다는 점, 셋째로 채명신 장군은 이미 베트남전은 미국이 헤어날 수 없는 진흙탕에 빠져가고 있다고 판단했고, 그렇다면 한국군이 미군 예속 하에 들어가 미군과 함께 진흙탕에 빠질 수는 없다는 것이다.

　그래서 그의 복안은 정규전을 수행하고 있는 미군의 작전권역을 벗어나 한국군을 비정규전 체제로 전환해 군인의 명분을 살리면서 한국군의 피해를 감소시키는 것이었다. 문제는 어떻게든지 자기들의 전략에 따라 한국군을 미군처럼 마음대로 지휘하겠다는 웨스트모어랜드 사령관을 위시한 미군 수뇌부를 어떻게 설득시킬 것인가 이었다. 결국, 채명신 장군은 미군 수뇌부를 설득하여 한국군 작전지휘권을 확보했는데, 설득의 대략적인 요지를 눈여겨 볼 필요가 있다.

　　"나는 여러분에게 베트남전이 군사작전이 주主가 되는 것인지, 정치적인 면이 주가 되는 형태의 전쟁인지 고견을 듣고 싶습니다. …(최신 장비와 무기만으로 베트콩을 완전히 평정 장악하지 못하고 있는 실정을 설명한 후) 여기에 베트남전의 특수성이 있는 게 아닙니까? 이러한 형태의 전쟁을 단순한 군사작전이라고 하기에는 너무 가벼운 해석이 아닐까요? 6·25전쟁에서 미국이 적시에 참전하지 못했다면 오늘의 대한민국은 지구상에서 사라졌을 것이다. 오직 자유민주주의를 수호하고 정의를 실현하겠다는 의지로 엄청난 인명과 물자의 손실은 물론 미국 국민들에게 큰 고통과 쓰라림을 주는 고귀한 희생을 대가로 6·25전쟁을 (대한민국 국군과 함께) 치를 수 있었다. 그러나 베트남전은 상황이 달라졌다. 베트남전에 참전한 미국의 목적은 6·25전쟁과 차이가 없지만, 오늘날 국제사회에서 큰 영향력을 발휘하고 있는 비동맹국가 그룹은 반反미국 색채가 강하여 월남공화국보다 공산 월맹을 지지하고 있다. 더구나 공산 월맹은 '한국군은 하루 1달러의 돈을 받고 미국의 청부전쟁 용병으로 베트남전에 참전하고 있다'고 전 세계에 모략 선전을 하고 있는 상황이다. 또한 자유진영 국가들도 소련과 중공 등 공산국가들과의 관계 등으로 자국의 이익과 이해타산을 위주로 생각

하고 있어 미국의 월남전 참전에 냉담한 태도를 보이고 있다. 이런 상황에서 한국군이 미군에 배속되거나 직접 작전지휘를 받는다면 이러한 공산 측의 모략중상을 사실로 입증하는 자료로 이용될 것이다. 또한 작전지휘권 문제에 따라 공산주의자의 침략을 받고 있는 자유월남을 수호하고, 동북아, 동남아 지역에서 공산주의 침략을 저지하는 숭고한 이념으로 참전한다는 한국군의 참전 명분이 약화 및 퇴색될 것이다. 이는 미국이 전 세계에 천명하고 있는 자유월남 수호와 공산 침략 저지라는 대의명분이 손상될 것이다. 미군은 6·25전쟁에서 함께 싸운 우리의 혈맹전우이다. 월남전에서 미국과 한국군이 공동목표달성을 위해 수행해 나가는 그 어떤 일에도 훌륭하게 협조해 나갈 것이다. 요컨대 한국의 작전지휘권 문제는 한국군 독자적 지휘권 보장이 한·미 양국에 공동의 이익을 가져다줄 것이며, 한국 국민과 한국군의 명예와 사기를 크게 고무시킬 뿐만 아니라 공산 측의 미국 청부전쟁 용병이라는 모략 선전을 봉쇄하는데 도움이 된다고 확신한다![203]"

설득의 내용이 대단히 논리적이지 않은가? 이후 채명신 장군은 한국군의 독자적인 작전 지휘권을 통해 그동안 미국과 월남군이 다 같이 '그것은 위험한 발상이며, 베트콩이나 월맹군의 전략과 전투방식을 잘 이해하지 못하는 데 기인한다.'며 끈질기게 반대해 온 창의적인 전술인 '중대전술기지 개념[204]'과 '야간침투작전 개념[205]'을 창안하여 두코전투[206]와 재구 2호작전[207] 등에서 큰 전과를 올렸다.

이 전술은 나중에 자유중국(지금의 대만)이 공식적으로 요청하여 한국군 교수단을 편성·파견하여 자유중국의 지역 군단급 부대단위로 순회 강의를 하여 화제가 되었으며, 한국군의 월남전 파병 이전까지는 모든 군사학문이 전적으로 미국의 군사교리에 의존했으나, 채명신 장군에 의해 창안한 이 전술개념으로 비로소 군사부문 한국학이 탄생했다고 한다.[208]

나는 실로 채명신 장군의 탁월한 전략·전술과 실행에 옮길 수 있는 용기와 배짱이 아니고서는 이룩할 수 없는 큰 업적이었다고 생각한다.

이런 점에서 드골은 주도권을 잡기 위해서는 목숨을 걸 정도였다.

1940년 6월 18일, 드골은 BBC 방송으로 대국민호소를 한다. "이 전쟁은 세계 전쟁이기에 현재까지 아무것도 잃은 것이 없으며, 자유 진영의 막대한 병력은 아직 힘을 발휘하지 않았으므로 프랑스 국민들은 결사 항전을 해야 한다"고.

2차 대전 내내 드골은 '자유 프랑스'를 이끄는 지도자로서, 또한 1942년 겨울부터 미군에 의해 작전 지휘권이 축소되고, 지휘권을 박탈하겠다는 위협 속에서 프랑스 국운을 걸고 프랑스군이 참여하는 '전투하는 프랑스'의 지도자로 자신의 합법성과 정통성을 재인식시킬 수 있는 근거를 레지스탕스 운동에서 마련하고자 노력했다.[209] 이어서 1943년 6월, '민족해방프랑스위원회CFLN'를, 1944년 6월에 '프랑스 임시정부'를 수립하게 되는데, 그 해 8월 25일 파리가 수복이 된다.

드골은 파리를 수복할 때 두 개의 주요 목표를 갖고 있었다. 하나는 공산주의자들과 맞서 국가의 권위를 회복함으로써 공화국의 합법성을 확고히 하는 것이었고, 다른 하나는 최종 승리에 프랑스의 군사적 참여를 확보하는 것이었다.

이를 위해 드골이 파리에 입성할 때 취한 첫 번째 행동은 매우 상징적이었다. 그가 정착하기로 선택한 곳은 공화국의 대통령 관저인 엘리제 궁이나 총리의 관저인 마티뇽이 아니라, 4년 전 그가 생 도미니크 가街에 있는 육군부에서 폴 레이노 휘하의 육군담당 정무차관으로 근무하다 떠났던 자신의 사무실이었던 것이다. "가구 하나도, 장식 융단 하나도, 커튼 하나도 옮겨 오지 않았다. ...국가를 제외하곤 이곳에 빠진 게 없다. 이곳에서 국가를 복원시키는 일은 내가 할 일이다. 그런 만큼 내가 우선 이곳에 정착을 했다." [210] 이와 같은 행동을 통해 드골이 의도하고자 했던 것은 국가의 권위를 회복하고, 비시 정권에 그 어떠한 정당성이나 합법성도 인정하지 않는 것이었다. 이어서 드골은 경찰청과 시청을 방문하는데, 여기서 전국 저항평의회 의장인 조르주 비도(1899~1983)가 그 자리에서 눈물을 글썽이면서 공화국 선포를 요구했을 때 드골의 답변은 단호했다.

"공화국은 결코 중단되지 않았다. 자유 프랑스, 전투하는 프랑스, 민족해방프랑스위원회에 이어 지금은 프랑스 임시정부'가 공화국 정부이고 내가 그 수반이다. 비시 정권은 언제나처럼

무효이며 존재하지 않았다. 그런데 왜 내가 새삼스럽게 공화국을 선포해야 하는가?" [211]

드골은 이번 기회에 나치 독일의 괴뢰정권인 비시 정권을 프랑스 현대사에서 지워버리고, 자신이 국가와 공화국을 대표해 왔기 때문에 공화국이 부활된다는 것을 선언할 하등의 이유가 없었던 것이다. 이런 말의 이면에는 1941년 독일의 소련 침공으로 대독 무력항쟁에 본격적으로 참여하게 된 프랑스 공산당이 프랑스 해방이후 주도적인 정치세력으로 등장할 것을 우려하여 먼저 주도권을 잡기 위한 중요한 목적도 있었다.

드골의 두 번째 목표는 승전국들의 진영에 프랑스가 들어가는 것을 확실히 하는 것이었다. 최초 미국의 복안은 유럽의 모든 나치 독일 점령국에서 군정을 실시하는 것이었다. 루즈벨트의 군정 실시안은 프랑스도 예외가 아니었다. 만일 프랑스 정치지도자가 미국과 영국의 눈치를 보는 소극적 태도를 보였다면, 프랑스는 연합군에게 군정을 당하는 굴욕을 면치 못했을 것이다. 그런데 드골은 영·미 연합군보다 한발 앞서 프랑스군과 국내 레지스탕스를 움직여 나치 독일군의 항복을 받고 프랑스를 해방시키는데 성공했다. 또한 영국과 프랑스 임시정부는 실질적으로 프랑스 임시정부를 인정하고, 프랑스 주권을 절대적으로 보장하며, 군 사령관이 나라뿐만 아니라 심지어 전선戰線까지 '감독'하지 않을 것이며, 프랑스 임시정부와 연합국 정부사이에 확실한 평등을 보장하는 내용을 담은 조약을 체결했던 것이다. [212]

1944년 6월 6일 연합군의 노르망디 상륙작전[213] 후, 곧 파리가 해방될 날이 임박한 듯했다. 그러나 미군에게는 파리가 1차적 목표가 아니었다. 최초 미군은 진격을 더 공고히 다지고 싶었고, 파리를 동서로 포위하여 고립시켜 독일군이 철수하기를 원했다. 그래서 8월 중순 연합군이 샤르트르와 망트, 그리고 믈룅으로 진격했다. 때마침 파리에서는 레지스탕스의 반란이 우후죽순으로 일어났다.

이때 드골은 레지스탕스 대원들이 더 이상 피를 흘리게 하지 않기 위해서 파리 내 레지스탕스 운동 작전을 통제하길 원했고, 프랑스 국가의 권위를 확실히 세우고 싶었으며, 공산주의자들이 절대로 정권을 쥐지 않기를 원했다.

그러나 8월 19일, 첫 파리 봉기가 발생했다. 8월 20일, 알제를 떠난 드골은 노르망디에 도착했다. 그는 아이젠하워 장군에게 파리를 해방시키고 봉기를 일으킨 시민들을 구하기 위해 군사적으로 개입해 줄 것을 요청했다. 아이젠하워 장군은 망설였다. 여전히 파리 주변을 포위하길 원했기 때문이다.[214]

8월 22일, 드골의 압력과 파리 봉기로 일어난 여러 사건의 영향으로 아이젠하워 장군은 결국 르클레르 장군이 지휘하는 2기갑사단에게 파리로 진격할 것을 명령했다.

8월 23일, 드골은 작전지침을 하달했다. "임무 : 1)파리를 함락시킬 것, 2)파리를 점령, 보존할 것." 8월 24일 저녁, 레이몽 드론Raymond Dronne 대위가 이끄는 2기갑사단의 전차 세 대가 레지스탕스가 포위하고 있던 파리 시청에 도착했다. 8월 25일, 제2기갑사단 르클레르 장군[215]은 파리에 입성하여 나치 독일의 파리점령 사령관 디트리히 폰 콜티츠Dietrich von Choltitz, 1894~1966 장군[216]의 항복을 받아냈다.[217] 그 순간 드골이 파리에 입성했다. 동시에 불굴의 의지로 지난 4년간 열심히 지켜왔던 프랑스의 명예도 그와 같이 입성하는 순간이었다. 드골은 육군부로 향하는 생 도미니크 가를 지나 파리 시청에 도착했다. 바로 그 곳에서 드골의 가장 감동적인 연설이 울려 퍼졌다.[218]

"파리여! 모욕을 당했던 파리여! 산산조각 났던 파리여! 박해받았던 파리여! 하지만 이제 그대는 해방된 파리! 프랑스 국민들의 손으로, 프랑스군의 전투로, 프랑스의 모든 것을 걸고 싸워 승리한 영원하고 유일무이한 프랑스여!" [219]

얼마 후 파리에 입성한 미군은 드골이 장악한 프랑스에서 군정을 실시할 엄두도 내지 못했던 것이다. 드골은 이렇게 나치 독일에 점령되었던 프랑스에서 미군정 실시를 저지하고 프랑스는 전승국으로 미국, 영국, 소련과 나란히 나치 독일의 항복을 받았으며, 1946년 뉘른베르크 국제전범재판소에도 전승 4강대국의 일원으로 판검사와 조사관들을 파견해 나치 수괴들을 심판할 수 있었다.[220]

다음날인 8월 26일, 파리 해방을 축하하는 웅대한 열병식이 거행된다. 그때까지 파리 외곽 지대에 남아 있었던 독일군의 위협 때문에 연합군 측이 반대했으나, 이를 무릅쓰고 제2기갑사단을 도열시킨다. 중요한 순간에 공권력의 최후 보루인 군대의 전시효과를 포기할 수 없다는 확신 때문이었다. 이때도 아이젠하워 장군이 미군에게 해방된 파리에 제일 먼저 들어가라고 명령하지만, 드골은 미국이 프랑스의 운명을 주도한다는 느낌을 줄 수도 있다는 것을 간파하고, 그가 지휘하는 제2기갑사단을 해방군의 선두에 세웠다. 이러한 노력은 확실히 효과가 있었다. 왜냐하면 이를 통해 드골이 프랑스의 지도자로서 확실하게 자리매김 되었기 때문이었다.

지금까지 드골의 이런 모든 행동은 나치의 뒤를 이어서 연합군의 군정軍政 시도, 또 국가를 다시 내전으로 빠뜨릴지도 모를 레지스탕스 파벌에 드골이 국가지도자로서 목숨을 걸고 주도권을 잡아 국가의 형태와 권위를 보여주겠다는 계산에서 비롯되었던 것이다. 그것도 아주 신중하게, 분명한 메시지를 전달하면서. 주도적이지 못하면 역동적일 수 없고, 역동적이지 못하면 절대로 강할 수 없다는 말이 새삼 떠오르게 만든다.

도움을 청할 때는 멀리 내다보라

드골의 위대함은 도움을 받았지만 눈앞의 조그마한 이해에 얽매이지 않고 긴 안목에서 국가전략목표를 위해 행동을 하였다는 것이다.

드골의 정치 생애 중 가장 도움을 필요로 했을 때는 바로 자유 프랑스 시절이었을 것이다. 생각해 보라. 1940년 6월 17일, 아침, 처칠 말대로 작은 비행기에 드골 자신과 프랑스의 명예만 싣고 왔을 때, 드골은 혼자였다. 참모도, 법적인 근거도, 제도나 시스템도 전혀 없었다. 오히려 비시정권으로부터 사형선고[221]까지 받은 상황이었다. 드골은 회고록에 이렇게 적었다.

"나는 모든 것을 잃고서 혼자 런던에 나타났던 것이다. 마치 바닷가에 서서 바다를 헤엄쳐 건널 작정을 하는 한 남자처럼 말이다." [222]

드골은 런던 시모어 광장의 한 아파트에 거주하게 되었다. 이 아파트는 내각 의장이 임대한 것으로 그는 보르도에서 드골에게 열쇠를 건네주었다. 드골이 첫 번째 해야 할 일은 프랑스 국기를 게양하는 것이었다.[223]

드골의 위대함은 이렇게 타자의 도움이 간절히 필요할 때도 긴 안목에서 국가전략목표를 위해 행동했다는 점에 있다. 여기서 도움을 간절히 필요로 했던 상황을 세 가지로 구분해 보았다. 첫째, 당시 드골이 망명했던 영국정부로부터 도움을 받는 상황, 둘째, 프랑스 레지스탕스(반나치 저항운동)세력으로부터 도움을 받는 상황, 마지막으로 연합국으로부터 도움을 받는 상황. 각 상황에서 드골의 전략은 무엇이었는지 알아보도록 하자.

첫째, 영국 정부로부터 도움을 받는 상황이다. 1940년 6월 18일 대국민 호소가 있은 지 10일 뒤인 1940년 6월 28일, 영국 정부는 공식적으로 드골을 '자유프랑스'의 대표로 인정했다.[224] 처칠은 드골을 이용해 비시정권에 압력을 가하고자 했고, 비시정권은 드골을 '영국의 꼭두각시'라고 비판했다. 어쨌든 영국 정부의 승인이 자유 프랑스의 향방에 결정적인 전환점을 제공하게 된 것은 사실이었다.[225]

이어서 드골은 7월 9일, 런던에서 자유프랑스군을 창설했다. 그러나 처음엔 겨우 2,000명만이 모여들었을 뿐이었다. 영국 정부 또한 드골을 자유프랑스군의 총사령관으로 인정했을 뿐, 자유프랑스군은 영국 정부의 지휘권 아래에 있었으며, 심지어 프랑스의 위임통치를 받던 근동에서조차 완전한 자치권을 행사하지 못하고 있었다.[226]

드골 입장에서 더욱 어려운 상황은 당시 프랑스 국내 상황이었다. 1940년 7월 10일, 프랑스 의회에서 찬성 569표, 반대 80표, 기권 17표라는 압도적 다수로 헌법 개정안이 통과되면서 비시정권의 수반 페탱 원수에게 전권을 부여했던 것이다. 나중에 드골에 의해 비시정권도 정통성과 합법성, 그리고 친 나치 행위로 인해 단호한 처벌을 받지만,[227] 어쨌든 초기의 비시정권은 운 좋게도 페탱의 휴전안 및 국민혁명에 대한 국민의 신뢰와 지지, 그리고 영국을 제외한 소련과 미국 등 거의 모든 외국 정부의 승인을 받아 탄생했던 것이다.[228]

그러나 영국에 대한 전략적·물질적 의존상태와 군사적 약세에도 불구하고, 자유프랑스군은 추축국에 대항하는 투쟁, 자유프랑스의 정통성 강화, 프랑스 주권의 수호라는 세 가지 목표로 임무를 수행하게 된다. 드골은 소수에 불과하지만, 만약 이들 국민이 패배를 거부한다면 군사적 패배는 국민의 패배가 결코 아님을 선언하면서, 1940년 7월 23일 자신이 주도했던 운동의 목적을 프랑스 영토의 해방, 제국의 방어, 국민적 자유의 부흥으로 규정했다.[229]

이어서 8월 7일, 자유프랑스는 영국 정부와 불·영 협정을 체결했다. 그 내용은 자유프랑스는 프랑스의 해방과 영국의 방어를 위해 싸우며, 그 대가로 영국은 프랑스와 그 제국의(1939년 상태의) 영토 보전을 책임진다는 것을 골자로 했다. 그러나 영국 정부는 이 안을 전반적으로 수용했지만, 드골이 정식정부의 대표자는 아니므로 조약으로 연결되어지는 것은 거부했다. 또한 영국 정부는 프랑스의 영토 보전에 관해서도 상당히 신중한 입장을 취했으며, 자원병의 징집과 프랑스 물자의 사용에 있어서도 자유프랑스의 자치권을 제한하고자 했다. 사실 영국 정부는 자유프랑스에게 전쟁 중인 프랑스의 이익을 대표하는 한도 내에서의 행정업무만을 허용했기 때문에 자유프랑스의 자치권은 완전한 것이 아니었다. 그러므로 당시 자유 프랑스는 외인부대도, 임시정부도 아닌 애매모호한 위치에 있었다고 볼 수 있다.[230]

하지만 드골은 긴 안목에서 국가전략목표를 위해 행동을 했다. 즉, 자유 프랑스인들이 영국군 곁에서 프랑스 외인부대로 취급받는 것을 단호히 거부했다. 그가 회고록에 적은 내용을 보자.

육·해·공군 공동 군사작전이 전력의 관계상 영국 사령관의 지휘 하에 두지 않으면 안 될 일을 나는 납득하고 있었지만, 나는 모든 경우에 관해서 프랑스군의 '최고지휘권'을 나 자신이 보유하고, 프랑스군에 관해서는 영국 최고사령부의 일반적 지령 밖에 받아들이지 않았다. 또한 자유 프랑스군에 관계되는 지출은 협정에 따라서 임시로 영국 정부가 부담은 하지만 다만 미리 대부貸付 받는 것 뿐으로 훗날 확실히 그 상환償還이 이루어질 것을 명기하도록 주장했다.[231]

"전쟁이 계속 수행되지 않을 수 없었다는 것은 우리 프랑스인들이 여전히 감당해야 할 손

실·손해·비용의 측면에서 볼 때 분명 고통스러웠다. 하지만 프랑스의 보다 고상한 이익을 고려할 때, 나는 그것을 후회하지 않았다. 왜냐하면 전투가 연장된다면, 아프리카와 이탈리아에서의 경우처럼 라인강과 다뉴브강의 전투에서 우리의 협력이 필요할 것이기 때문이다. 세계에서 우리의 위상, 더 나아가 우리 국민이 앞으로 여러 세대 동안 자신들에 대해 갖게 될 견해는 기본적으로 이것에 달려 있었기 때문이다." [232]

정리해 보면 드골은 이름뿐인 자유프랑스군이었지만, 그 지휘권은 자유프랑스에 있다는 전제하에 작전상 필요에 따라 병력을 영국군이 지휘하는데 동의했다. 또한 자유프랑스를 먹여 살릴 영국의 무상지원을 거절하고 유상을 고집했고, 영국의 항구에 들어와 있는 프랑스 선박과 선원도 영국에게 임시로 빌려 쓰는 형식을 취했다. 드골은 벌거숭이 자유프랑스 시작단계부터 전열에 동참한 국가 프랑스의 상징성을 확립하지 않고는 전쟁 중, 그리고 전후에 국가 프랑스의 국익을 지킬 수 없다고 본 것이다.[233] 대단하지 않은가!

둘째, 프랑스 레지스탕스 세력[234]으로부터 도움을 받는 상황이다. 설명에 앞서 프랑스 레지스탕스에 대해 잠깐 짚고 넘어가자. 프랑스의 레지스탕스 활동은 총 3개 기간으로 구분할 수 있다.[235]

① 제1기 (1940. 6 ~ 1941. 6) : 1940년 6월, 프랑스의 페탱 정권이 독일에게 굴욕적인 항복을 했을 때부터 1941년 6월, 독·소 개전 때까지다. 프랑스가 항복했을 때 너무나 비참한 패배의 모습에 프랑스 국민의 대부분은 오히려 안도의 숨을 내쉴 정도였다. 나중에 레지스탕스의 중심세력이 된 프랑스 공산당까지도 당시의 독·소 불가침조약(1939년)에 방해되어 대(對)독일 레지스탕스에 소극적이었다. 1940년 6월 18일 밤, 무명의 드골만이 런던에서 라디오를 통하여 승리의 희망이 결코 사라지지 않았음을 프랑스 국민에게 호소했던 것이다. 드골은 처음에 런던에서 자유프랑스 위원회를 조직하여 약간 남아 있던 해외 식민지, 즉 적도赤道 아프리카 제국, 시리아, 레바논 등을 수중에 넣었으나, 당시의 프랑스 본국에서의 레지스탕스는 아직 미미한 상태였다.

② 제2기 (1941. 6 ~ 1942. 12) : 레지스탕스가 활발하게 움직이게 된 것은 1941년 6월 22일, 독·소 개전 후 부터다. 프랑스 공산당이 행동의 제1전선에 나서기 시작했으며 국내 각종 저항운동과 런던의 자유 프랑스를 하나로 통합시키는데 드골의 전권 대표로 프랑스 본국에 밀입국한 장 물랭Jean Moulin[236]이 훌륭하게 임무를 수행하여 런던의 자유 프랑스와 국내 레지스탕스가 서로 밀접한 관계를 강화하게 되었다.

③ 제3기(1942. 12 ~ 1944. 프랑스 해방까지) : 1942년 11월 8일, 연합군의 북 아프리카 상륙과 함께 1년 반에 걸친 장 물랭의 헌신적인 노력이 결실되어 마침내 1943년 5월 27일, 드골을 지도자로 한'싸우는 프랑스'의 기치 아래 공산당을 포함한 모든 주요 레지스탕스 운동을 결집시킨'레지스탕스 전국위원회'가 성립되었다. 1944년에는 국내 모든 무장조직이 프랑스 국내군FFI의 이름아래 통합되어 드골이 임명한 케니그 장군의 지휘에 복종하여 행동하게 되었다. 특히, 1944년 8월 18일이래 전 시민적 봉기가 시작되어 히틀러가 파리주둔 독일군 사령관인 디트리히 폰 콜티츠 장군에게 내린 파리 파괴령을 저지하는데 성공했다. 이와 같이 하여 4년간 독일 점령군에 협력하여 온 페탱 정권은 비참하게 붕괴되고, 8월 31일, 레지스탕스를 배경으로 한 드골의 프랑스 임시정부가 파리에 수립되었다.

초창기 자유프랑스는 앞에서 언급했듯이 외인부대도, 임시정부도 아닌 애매모호한 위치에 있었다고 할 정도로 지리적·사회적·이데올로기적으로 다양한 성향을 가진 사람들의 집합체였다. 그래서 드골의 곁에는 거의 무명인사에 가까운 직업군인이나 자원병부터, 고위공직자·기업가·학자·기자·노조운동가·정치가 등에 이르기까지 다양한 사람들이 몰려들었다. 그 중에 드골의 가장 가까운 측근은 주로 군인들과 우파 사람들, 그리고 유대인이었다.[237] 그만큼 처음에 자유 프랑스는 정치적 성격이 강하지 못했다. 특히, 이들 가운데 전체적으로 좌파 사람들은 드물었다.

그러나 드골은 장 물랭을 통해서 국내 레지스탕스가 자유프랑스와 동일한 목적(전쟁과 해방)을 가지고 있다는 것을 알게 되었고, 국내 레지스탕스의 주 세력은 좌파 세력임도 알게 되었다. 그래서 드골은 다음과 같은 전략을 세웠다.

국내외 레지스탕스세력을 자유프랑스로 단일화하는 것을 목표로 국내 레지스탕스운동가를 이용하는 것이었다. 그 방법으로 국내 레지스탕스 운동가에게 무기와 돈을 주고, 대신 드골 자신을 국내 레지스탕스 운동가뿐만 아니라 프랑스 정당정치가들의 지지를 등에 업은 공인된 지도자임을 연합국 측에 확인시키는 것이었다. 이 전략의 근저에는 드골은 무엇보다도 자유프랑스와 프랑스의 연속성을 주장하기 위해서 영국 및 연합국 정부로부터 먼저 인정을 받아야한다는 점을 잘 알고 있었기 때문이었다.[238]

그러나 당시 국내 레지스탕스 운동가들은 드골로 대표되는 도덕적 권위와 정치적 대표성은 인정하나, 정치적으로 그의 명령들을 받아들일 생각은 추호도 없었다. 이러한 상황을 타개하고자, 드골이 장 물랭에게 부여한 첫 임무는 국내 레지스탕스 운동권의 통합이었다. 1942년 1월 1일, 장 물랭도 대단한 게 몰래 낙하산을 타고 프랑스 본토에 잠입하여 통합을 위한 긴 여정을 시작했다.

1942년 7월, 그는 해방된 프랑스의 개혁 정책을 준비하기 위한 전문가 위원회를 신설했다. 이 위원회의 임무는 정권 교체기에 취하게 될 즉각적인 조치들을 준비하고, 새 정권의 총체적인 방향을 설정하며, 행정인력 교체를 포함해 권력의 양도를 수월하게 만들어줄 조치들을 제시하는 등 자문역할을 하는 것이었다. 이렇게 국내 레지스탕스 운동권과 관계를 맺게 된 드골은 여러 명령지침을 전달하게 되었다. 장 물랭의 활약으로 자유프랑스와 국내 레지스탕스 운동권과의 초기 접촉은 긍정적이었다고 볼 수 있으나, 이 두 세력 사이의 대립과 갈등의 소지는 여전히 남아 있었다. 왜냐하면 이들은 독일 점령군과 비시정권에 대항하는 활동 면에서는 분명 서로 연결되어 있었으나, 사상적인 면에서는 서로 독립적이었기 때문이다.[239]

특히, 좌파 레지스탕스세력들 사이에서 드골에 대한 신뢰가 부족한 것은 '공화국'과 '민주주의'에 대한 그의 입장이 명료하지 않은 데서 기인했다. 혹시 드골은 공화국보다는 군주제를 더 선호하고 있는 것은 아닌지, 의회주의 공화국은 관리하기 훨씬 더 어렵고, 국가이익을 보장하는데 부적합한 것으로 생각하고 있지는 않은지, 독재의 가능성에 대한 염려 등의 의문을 계속해서 제기하기도 했다.

가령, 1942년 3월에 피노Christian Pineau, 프레네, 브로솔레트, 필립 같은 좌파 레지스탕스 운동가들이 런던을 방문해 드골을 직접 면담하면서 자유프랑스의 이데올로기가 공화주의 전통과는 거리가 멀다는 사실을 인식하기도 했다. 이들은 드골이 휴전에 서명한 페탱을 극렬하게 비난은 하고 있으나, 이데올로기적으로 드골은 제3공화국보다 오히려 비시에 더 가깝다는 인상을 받았다. 왜냐하면 비시와 마찬가지로 드골은 "(제3공화국)의회주의 정권의 오용 …정치적 무능 …쇠퇴 …도덕적 해이 …정치 및 군사지도자들의 범용"[240]을 강력하게 비난했기 때문이다.

이후 드골은 당연히 '공화국'과 '민주주의'라는 주제에 대해 적대감을 갖지 않았던 것은 분명하나, 그로 하여금 이 두 주제를 적극적으로 수용하도록 만든 것은 여러 상황의 논리에 따른 결과였다. 즉 좌파 레지스탕스와의 빈번한 접촉을 통해 자신이 꿈꾸는 새로운 프랑스의 건설을 위해 이들의 적극적인 지원과 영향력을 무시할 수 없다는 정치적 판단에 따라 행동한 것으로 볼 수 있다.[241]

예를 들어, 1942년 4월 이후부터 각종 연설 및 선언을 통해 공화국과 민주주의에 관한 언급을 자주 했다. 특히, 1942년 4월 24일, 노동조합주의자인 피노의 손을 통해 프랑스에 전달된 '레지스탕스 운동 선언'은 드골이 프랑스 국민에게 전쟁의 목적을 규정하고, 해방정부가 수행하게 될 정치·경제·사회적 강령의 초안을 제시한 2차대전사에 있어서 '6월 18일의 호소' 이후 가장 중요한 선언 중의 하나로 평가받고 있다. 이선언은 초기 자유프랑스가 표방했던 비非정치주의와 단절, 민주주의에 대한 신념, 국민 주권, 공화주의 전통의 고수, 민주주의의 수립을 위한 혁명의 필요성 등을 강력하게 표명했던 것이다. 또한 같은 맥락에서 자유프랑스는 프랑스 국내에서 정치 및 선전활동을 하는 책임자들을 사회주의자들로 교체했다. 어쨌든 자유프랑스의 미래는 사회당과의 동맹 여부에 달려 있었다고 볼 수 있었고, 자유프랑스의 이데올로기 확립에 큰 영향을 미쳤다고 볼 수 있었다.[242]

한편 1943년 1월, 장 물랭은 어려운 협상을 거쳐 남부 지역의 3개 주요 레지스탕스 조직을 레지스탕스 연합 운동으로 통합하는데 성공했다. 또한 기존의 레지스탕스세력들이 보유하고 있던 군대의 처리문제를 둘러싸고 견해차를 좁히지 못하자, 드골은 위의 세 조직의 군대를 새로 재편한 비밀군대에 통합시켰다. 아울러 북부 지역의 5개 주요 레지스탕스 조직이 레지스탕스 협력 위원회로 통합됨으로써 군사적 단일화가 이루어졌다. 이로써 국내 레지스탕스 운동권은 정치적·군사적 지도자로서의 드골의 권위를 재차 인정했고, 드골 역시 자신의 권위를 부여하고자 노력했던 것이다.[243]

그러나 이런 장 물랭의 노력으로 이루어진 프랑스 레지스탕스세력들의 군사적 통합이 곧 정치적 통합을 의미하는 것은 아니었다. 정치적 난제를 해결하기 위해 1943년 3월, 장 물랭은 다시 프랑스로 잠입했다.

1943년 5월 14일, 드골은 국내 레지스탕스 운동권과 자유프랑스의 통합을 통해 프랑스의 해방을 앞당기기 위해 레지스탕스 국가평의회CNR를 창설하고, 장 물랭을 의장으로 임명했다. 많은 우여곡절 끝에 CNR은 정당 대표를 포함한 16명의 대표를 선임했는데, 그 중 9명이 좌파 출신이었다.

1943년 5월 27일에 장 물랭 주재 아래, CNR은 파리에서 첫 회합을 갖고 애국주의, 반反 비시주의, 공화국의 부활, 프랑스의 독립을 강령으로 채택했다. 이로써 드골이 장 물랭에게 위임했던 과업은 국내 레지스탕스 운동권을 거의 단일화함으로써 완수되었다. 그러나 CNR은 지로 장군[244] 대신 드골을 지지함으로써 알제와 CNR의 관계는 악화될 수밖에 없었다. 게다가 1943년 6월, 프랑스에서 활약하고 있던 장 물랭이 체포되고, 공산주의자였던 비도가 CNR의 의장이 되면서, 점점 불화의 조짐이 나타났다. 즉, 장 물랭은 결국 공산당을 무력화하기 위해 정당과 노동조합단체를 CNR로 끌어 들였다는 비난을 면치 못하게 되었던 것이다.[245]

이런 갈등과 긴장의 요인은 바로 서로간의 동상이몽식 해석이었기 때문이다. 즉, CNR의 기능에 대해 드골은 드골주의 권력에 정당성을 부여하는 임무를 수행하는 기구로, 또 공산주의자들은 해방기 프랑스 정부의 맹아로 간주했기 때문이다. 이때부터, 드골은 그동안 알제의 지로 장군에 대한 힘겨루기에서 유리한 고지를 점령한 것을 토대로 CNR보다 자유프랑스의 토대를 강화시키는데 더 주력했다.

943년 6월 3일, 드골과 앙리 지로 공동의장 주관 하에 알제에서 민족해방프랑스위원회CFLN가 창설되었다. 영국·미국·소련에 이어 1943년 말 37개국이 프랑스 정부대표로 승인한 CFLN은 비점령지역에 대해 주권을 행사했고, 외교적 특권을 보유하였으며, 드골·지로의 공동의장제를 채택했다. 미국의 지원을 받는 지로 장군과의 치열한 권력싸움의 결과, 1943년 11월, 의회의 기능을 담당할 임시자문회의Assemblée Consultaltive Provisoire[246]가 개최되면서 국내 레지스탕스 운동권과 여러 정당의 지지를 받고 있던 드골 진영이 CFLN 내에서 최종 승리를 거뒀다. 이로써 국내의 다양한 군사조직들도 1944년 1월부터 하나의 명령 체계를 따르게 되고, 2월 1일, CFLN의 행정 명령으로 프랑스 국내군에 완전히 통합되었다.[247]

정리해 보면, 드골은 당장 벌거숭이 자유프랑스 세력이 약해 프랑스 레지스탕스세력으로부터 도움을 받았지만, 애국주의, 반 비시주의, 공화국의 부활, 프랑스의 독립 등 국가전략목표를 끝까지 놓치지 않고 달성했다는데 그 위대함이 있었던 것이다.

셋째, 연합국으로부터 도움을 받는 상황이다. 자유프랑스 시절부터 드골이 직면했던 가장 어려움 중의 하나는 바로 미국정부와의 끊임없는 갈등관계였다. 루즈벨트 대통령은 1944년 여름까지 드골의 합법성을 완전히 인정하지 않을 정도로 드골에 대해 상당히 부정적인 시각을 견지해 왔다. 그 이유는 미국정부가 1940년 7월 프랑스의 합법적 정권으로 비시를 승인했을 뿐만 아니라, 적어도 1942년 4월까지 비시와 밀접한 외교 관계를 지속해 왔고, 루즈벨트의 측근 중에 드골을 "독재자의 도제"처럼 간주하고 있던 반 드골주의자들의 영향이 작용했기 때문으로 볼 수 있다. 특히 미국정부는 1942년 11월 연합군의 북아프리카 상륙작전과 관련해서 드골을 의도적으로 배제시켰을 뿐만 아니라, 자유프랑스의 입지가 취약했던 북아프리카에서의 드골의 활동을 방해하거나 견제해 왔던 것이 사실이었다.[248]

반면, 일찍이 드골을 자유프랑스의 지도자로 인정했던 소련은 드골에게 일종의 평형추와 같은 존재였다. 드골은 미국과의 관계에 있어서 어려움에 처할 때마다 소련에 측면 지원을 요청하곤 했다. 소련이 민족해방프랑스위원회를 공식적으로 승인하자 패배의 주범으로 제3공화국의 정당들을 비난했던 공산주의자들은 정치적 전술차원에서 드골주의자들과 협력했으며, 순식간에 드골주의의 지지자처럼 간주되기에 이르렀다. 물론 프랑스 공산당의 드골에 대한 입장도 소련의 태도에 따라 달라졌는데, 독·소 불가침조약이 체결되자 공산당은 "즉각적인 평화", "제국주의 전쟁 타도!"라는 구호를 내세웠다.[249]

그러나 독일이 독·소 불가침조약을 깨고 소련을 공격하자, 공산당의 태도는 갑

자기 돌변해 제국주의 전쟁 반대에서 히틀러 타도를 위한 전쟁으로 선회하게 된다. 1941년 6월 이전까지 국내 레지스탕스세력들은 독·소 불가침조약을 승인했던 공산당을 대독협력자들과 다를 바 없이 취급했다. 그때까지 국내 레지스탕스세력들은 반소련·반 공산주의를 내세웠으나, 정작 독일이 소련을 침공하고 공산주의자들이 레지스탕스 운동에 적극 가담하게 되자 공산주의자들의 위상도 변화하기 시작했다.[250]

1944년 6월 6일, 노르망디 상륙작전이 성공을 거두면서 드골은 드디어 꿈에 그리던 프랑스 땅을 밟게 된다. 이때 드골이 받은 프랑스 국민의 열렬한 환호와 인기는 드골에 대한 루즈벨트의 부정적 이미지를 바꾸는데 영향을 주었다. 이어서 루즈벨트는 드골을 국가 원수의 자격으로 미국에 초청했고, 7월 12일에서야 겨우 미국 정부는 알제의 민족해방프랑스위원회가 프랑스의 공권력을 집행할 자격이 있음을 인정했다. 8월 15일, 프랑스가 완전히 해방되자, 드골은 임시정부 대통령으로서 1940년 7월 10일, 제3공화국의 폐기를 선언한 페탱의 명령을 철회하고 공화주의적 합법성을 재확립했으며, 9월 9일, 새로운 국면연합정부를 구성하게 되었다. 마침내 1944년 10월, 미국은 프랑스 임시정부가 프랑스의 합법 정부임을 공식으로 승인하게 되었다.[251]

정리해 보면, 일단 드골 없는 자유프랑스 없고, 자유프랑스 없는 드골 역시 존재할 수 없었다. 전쟁, 패배, 휴전, 분열이라는 척박한 토양 속에서도 레지스탕스의 씨는 뿌려졌고, 결국 해방이라는 열매를 얻었다. '6월 18일의 호소'로 드골은 무명無名에서 역사적 인물로 탈바꿈했으며, 패배와 휴전을 거부하면서 겨우 2,000명의 추종자들로 시작한 드골의 레지스탕스운동은 자유프랑스의 다양한 조직 활동을 통해 런던과 국내 레지스탕스, 알제를 묶는 국내외 레지스탕스 운동권의 단일화를 이끌어 냈고, 마침내 프랑스 레지스탕스의 상징으로 자리 잡게 된 것이다.[252]

드골은 일반적으로 미국에게는 파시스트적 보나파르트주의에 물든 독재자로, 영국에게는 거북한 피보호자이자 배은망덕한 사람으로 비추어졌으나, 결국 드골은 연합국으로부터 프랑스의 합법적 정부의 수장으로 인정받게 되었다. 또한 사회주의자들에게 드골은 처음에 반동적인 군인, 구舊 정당들의 적으로 불신을 당했으나, 마침내 자유민주주의의 재건자로 신뢰를 받게 되고, 공산주의자들은 드골을 계급의 적으로 간주하고 맞섰으나, 결국은 반 나치투쟁의 공통분모로 받아들이게 되었다.[253]

당장 눈앞의 이익과 편리함, 또는 급한 위기상황 해결을 위해 무상원조라든지 지휘권 이양 등이 결국 장기적으로 봤을 때 국가적 손해를 초래하고 국가의 위신을 실추시킬 것이라는 드골의 생각은 탁월한 안목이었다.[254]

물론 도움을 받고도 감사할 줄 모른다면 그것은 개인이든 국가이든 옳지 않다. 오죽했으면 세찬 겨울 눈보라도 감사할 줄 모르는 사람의 마음보다는 모질지 않다고 했겠는가. 그렇지만 도움을 청할 상황에 직면했더라도 특히 국가 간의 문제에 있어서는 멀리 내다봐야 한다는 것이 드골의 신념이자 전략이었다. 드골이 런던에 조그만 아파트를 빌어 프랑스기를 꽂고 '자유 프랑스'라는 일종의 망명정부를 수립하여 스스로 수반이 되고, 미국과 영국의 온갖 수모와 멸시를 받아가면서도 육·해·공군의 공동 군사작전 시 프랑스군의 '최고 지휘권'을 끝까지 지켜 낸 것은 본받을 만하지 않은가?

이러한 드골의 원모심려遠謀深慮의 전략은 전후에도 미국이 주도한 연합국 군정 기도를 좌절시켜 국가적 지위를 공인받고, 프랑스의 주권을 지켰을 뿐만 아니라, 적색 혁명의 우려마저 말끔히 해소하는 결과를 가져다 주었다.

인사人事를 위한 인사人事를 하지 마라

어떤 사람을 고르느냐 하는 것은 지도자로서의 능력을 측정하는 좋은 기준이라고 했다. 측근이 유능하고 성실하면 그를 택한 지도자는 현명한 사람이다.

인인성사因人成事라는 말이 있다. "이 세상의 모든 일은 사람에 의해서 이룩되는 것이다."는 말이다. 하지만 적재적소適材適所만큼 중요하면서도 어려운 일이 또 있을까? 마키아벨리는 측근에 어떤 사람을 고르느냐 하는 것은 군주로서의 능력을 측정하는 좋은 기준이라고 했다. 측근이 유능하고 성실하면 그를 택한 군주는 현명한 사람이라는 것이다. 인간이라는 것을 잘 알고 그 인간의 능력을 활용할 줄 아는 증거이기 때문이다.[255] 어쨌든 인재는 승리의 결정적인 요소임에 틀림없다. 제대로 뽑고 인재의 능력을 충분히 발휘하게 함으로써 목표는 달성된다.

대통령 시절 드골이 사람을 검증하는 데는 네 가지 기준이 있었다.[256]

첫째, 신념을 같이 하고 자신을 신뢰하는지를 살폈다. 일체감을 갖고 정성을 다해야 일이 성취되기 때문이다. 이 말은 손자병법에 나오는 '상하동욕자승上下同欲者勝'과 일치되는 말이다. 또한 일단 기용하면 오래 쓴다. 본인에게도 미리 그렇게 이야기해 주고 등용된 사람이 자신감을 가지고 마음껏 일할 수 있도록 한다. 예컨대 앞에서도 언급했듯이 앙드레 말로는 드골이 대통령에 재직한 11년 내내 문화부장관을 맡아 프랑스 국민을 위한 문화,'문화민주화'를 위해 그야말로 소신 있게 일을 추진한 인물이다. 드골은 회고록에서 앙드레 말로를 다음과 같이 평가했다.

> *"…내 오른쪽에는 언제나 앙드레 말로가 있었다. 내 옆에 천재적이며 대운을 좇는 말로가 있다는 사실은 나에게 현실 문제와 직면해 있다는 느낌을 더욱더 일깨워 주었다. 그는 아무와도 비교할 수 없는 위대한 역사의 증인이며, 그가 나에 대해 갖고 있는 생각은 나에게 더욱 자신감을 고취시켜 주었다. 중대한 문제가 생겼을 경우, 토론이 벌어질 때 그의 섬광처럼 번쩍이는 판단력은 나에게 어두운 그늘을 말끔히 가시게 했다."* [257]

드골이 권좌를 떠난 말년인 1969년 12월 11일, 1945년 7월 18일 처음 만나 25년간 같이 동행한 앙드레 말로는 드골과의 마지막 나눈 위대한 우정의 대화를 『쓰러지는 떡갈나무』라는 책으로 출간 (결국 드골이 죽고 4개월이 지난 1971년 3월 17일에 출간함)하기도 했다. 이렇듯 드골은 사람을 평가할 때 먼저 신뢰를 중요시했던 것이다.

둘째, 개성이 있어 뜻이 일관하는지를 살폈다. 드골은 정치가든 군인이든 쉽게 흔들리는 사람은 나라를 위해 최상의 기여를 할 수 없다고 보았다. 남을 이끄는 사람은 확고한 주관이 있어야 한다고 믿었다. 다루기 어렵다는 이유만으로 주관이 뚜렷한 인물을 멀리하는 것은 최악의 인사라고 하면서 순조로운 상황에선 그런대로 넘어가지만 위기에서는 파국을 초래할 수 있다고 생각했다. 독일이 프랑스를 침공 시 페탱 원수와 함께 휴전을 제안한 프랑스군의 최고사령관인 베이강을 드골은 이렇게 평가했다.

…베이강 장군은 천성이 뛰어난 부관副官이었다. 이 자격으로 그는 훌륭하게 포슈[258]장군을 보좌했다. 하지만 참모로서 요구되는 능력과 실전 지휘가 필요로 하는 능력과는 별로 모순되는 것은 아니라고는 하나, 혼동되어서는 안 된다. 자기의 생각에 입각하여 행동하고 자기의 신념 이외에는 달리 바라지 않으며 오직 홀로 운명에 맞서는 것, 선두에 서는 자를 특징 짓는 이 가열苛烈하고도 배타적인 정열, 이 점이 베이강에게는 부족했던 것이다.[259]"

다음은 베이강과 드골 간에 있었던 일화이다.

1940년 6월 10일, 독일의 프랑스 침공으로 파리가 직접적인 위협을 받고 있는 상황에서 육군담당 정무차관이었던 드골은 당시 총리인 레이노에게 다음과 같이 제안을 했다.

" …그것은 최대한 노력하기로 마음을 다지자는 것과 이렇게 된 김에 가능한 신속히 아프리카로 가서 연합전을 펼치자는 것이었다." 그 때 마침 막심 베이강 장군은 우연치 않게 폴 레이노를 방문했다. 드골은 폴 레이노와 그 자리에 함께 있었다. 폴 레이노의 반대에도 불구하고 베이강 장군은 각자가 책임질 것을 요구했고, 항복하자고 했으며, 파리 시가지 전투에서 패했다는 소식도 알렸다. 그는 폴 레이노에게 말을 던졌다. *"제안할 것이 있습니까?"* 드골이 그에게 쏘아붙였다. *"프랑스 정부는 제안할 것이 없고, 명령할 것이 있습니다. 곧 명령이 떨어질 것이오."* 베이강 장군 은 아무 말도 못하고 한 대 얻어맞은 기분이었다고 한다. 드골은 폴 레이노에게 베이강의 지휘권을 박탈시킬 것을 요구했다.[260]

다시 말해 프랑스 정부는 능력보다는 다루기 쉬운지 여부를 기준으로 장군을 발탁하여 이런 사태를 초래했다는 것이다. 베이강은 일상 업무에서는 능력을 발휘했는지는 모르지만, 실전 지휘가 필요한 곳에서는 자신의 생각에 입각하여 행동하고 자기의 신념으로 운명에 맞서는 것을 두려워하지 않는 정열이 부족했기 때문이다.

셋째, 문제의 본질을 신속·단순·명쾌하게 파악하는 능력과 실천 의지가 있는지를 살폈다. 드골은 회고록에서 쿠브 드 뮈르빌 외상을 평가하면서 그가 얼마나 문제의 본질을 명쾌하게 파악하고 강한 뚝심으로 추진했는지를 자세히 적었다. 쿠브 드 뮈르빌은 드골이 생각하는 참모의 전형이었다.

> *"쿠브 드 뮈르빌 외상은 타고난 재능이 있었다. 복잡 미묘하게 얽히고 설킨 문제들 속에서 그는 곧바로 요점과 액세서리를 구별했다. 상대방이 계산에 의해 임의로 모호하고 애매하게 만든 것에 대해서도 그는 분명하고 정확하게 인식했다. 그는 경험이 많았다. 사람들을 많이 다뤘고 많은 문제를 능숙하게 처리했다. 그는 매사 자신이 있었다. 그는 예의범절이 바른 사람이었다. 대인관계에 능란하고 상대방의 이야기를 들을 줄 알며 관찰하며 노트도 하다가, 적당한 때에 자기 입장을 권위 있게 표현하고는 절대로 그 자리에서 양보하지 않는다. 그에게는 신념이 있었다. 프랑스가 일등국의 위치에 있어야 한다는 생각으로, 드골과 함께 프랑스를 그 자리에 올려놓겠노라 결심한 바 있으며, 그에게는 이 세상에서 이 일을 위한 것 이외에는 다른 어떤 일도 문제가 되지 않았다. 이 일을 우리는 광대한 유럽 땅에서 추진하려는 것이다."* [261]

넷째, 주의가 깊어 남의 이야기를 경청하고 기다릴 줄 알며, 균형 감각과 도덕성이 있는지를 살폈다. 누를 끼치지 않고 '나'의 성과를 높일 수 있기 때문이다. 어떤 측면에서 보면 네 번째 항목이 제일 중요할 수 있다. 결국에 가서는 참모가 균형 감각을 잃고, 부패나 비리에 연루되어 국가지도자 또는 정권까지 위태롭게 만든 사례가 얼마나 많은가!

드골이 위대한 프랑스를 재건할 수 있었던 것은 위의 기준에 맞는 참모들이 드골 주위에 구름처럼 몰려 있었기 때문이다. 이 점은 참으로 드골 개인뿐만 아니라 프랑스에 있어서도 행운이었다.

*일러두기 : 이 부분은 주로 주섭일의 저서 『프랑스의 대숙청』(중심, 1999년), 『지도자와 역사의식』(지식산업사, 1997년)과 논문 〈주섭일, 「드골, 프랑스 나치협력자 청산의 주역」, 내일을 여는 역사, 2007년〉을 참고하여 작성한 것임을 밝힌다.

상벌에 시기를 놓쳐서는 안 된다

조직의 기강 확립과 조직원의 사기를 높이기 위해서 상벌이 있는 것이다. 이러한 상과 벌은 반드시   원칙이 있어야 하고, 단호해야 하며, 특히 시기를 놓쳐서는 안된다.

모든 일에는 시기時期가 있다. 얻기 어려운 것이 시기고, 또 놓치기 쉬운 것도 시기다. 특히 시기를 놓쳐서는 무의미해지는 게 바로 상과 벌이다. 처벌은 계급이 높을수록 좋고, 상은 계급이 낮을수록 효과적이라고 했던가. 그러나 이를 위해서는 먼저 공과 사를 분명하게 구분할 줄 알아야 하고, 무엇보다도 본인의 몸가짐을 바르게 해야 한다.[262]

드골이 명실상부한 리더십을 발휘하게 된 요인 중에 하나는 무엇보다도 나치 협력자 처벌에 있어서 처음부터 단호하게 의지를 표명했기 때문이었다. 드골은 2차 대전이 한창 진행 중인 1943년 8월, 나치 협력자들에 대한 숙청방침을 밝힌다.

"국가가 애국적 국민에게는 상을 주고, 배반자나 범죄자에게는 벌을 주어야만 비로소 국민들을 단결시킬 수 있다." [263]

특히, 드골은 망명정부시절부터 비시 정권과 나치 협력자들을 '1) 프랑스 패배를 악용한 투항주의자, 2) 프랑스를 나치의 '악'으로 인도한 비시정권, 3) 히틀러 승리를 위해 협력한 자'로 규정하고, 페탱 원수를 비롯한 나치 협력자들을 모두 민족 반역자

로 보고 숙청할 것을 여러 차례 선언했고, 이를 집행한 것이다.[264]

여기서 주목할 부분이 있다. 무엇을 위한 상벌인가. 통상 조직의 기강 확립과 조직원의 사기를 높이기 위해서 상벌이 있다. 이러한 상이나 벌은 반드시 원칙이 있어야 하고 단호해야 하며, 특히 시기를 놓쳐서는 안 된다는 것이다.

그런 점에서 드골의 나치 협력자 처벌에 대한 조치는 강력하면서 시의적절 했으며, 가장 용기 있는 행위였다. 왜냐하면 드골은 국민들을 단결시키기 위해서, 또 해방 이후 우파도 좌파도 모두 한 울타리에서 국민에게 더 많은 자유를, 번영을, 경제 평등을, 사회 정의를, 그리고 평화를 향유케 하는 민주주의를 위해서 나치 협력자를 숙청했기 때문이다.[265]

이런 강력한 드골의 나치 협력자 처벌에 대한 조치로 프랑스는 1944년 8월부터 1960년까지 나치 협력자를 모두 숙청함으로써 민족정기를 바로 세우고 사회정의와 민주주의, 평화를 새로운 가치관으로 삼은 '현대 민주주의 체제'를 수립할 수 있었다. 구체적으로는 수사 대상 200만 명 가운데 99만 명을 체포해 7,800명에게 사형선고(이중 782명 집행), 4만 2,000여 명에게 무기 강제 노동형과 유기징역 등의 중형을 선고했다. 특히, 시민 법정은 12만 명에게 부역죄[266]를 선고했는데, 이는 공민권은 물론 프랑스 국적까지 박탈하는 준엄한 응징이었다. 또한 나치 협력 정치인들은 피선거권뿐 아니라 선거권조차도 박탈, 정치 무대에서 완전히 제거했다.

드골은 나치 협력자에게 '피의 숙청'을 단행한 이유를 이렇게 설명했다.

나치 협력자들은 정치 결정, 정치 활동과 군사행동, 행정 조치 및 언론의 선전을 통해 변화무쌍한 형태로 프랑스 국민의 굴욕과 타락뿐 아니라 프랑스 국민에 대한 나치의 박해마저도 미화했다. 이들의 범죄와 악행을 방치하는 것은 국가를 전염시키는 '농양과 종기'를 그대로 두는 것과 같다. 그래서 심판해야 한다.[267]

드골은 국가적 농양을 제거하지 않으면 나라를 곪아 터지게 만들어 망하게 한다고 말했다. 민주주의 구축 조건으로 '농양 제거'가 필수적이라는 것이 드골의 나치 협력자 숙청이 주는 교훈이었다.

그럼 드골은 어떻게 숙청했을까. 프랑스 해방 이전과 이후로 나누어 알아보자.

먼저 프랑스 해방 이전이다. 1940년 6월 18일, 드골은 런던에 망명정부인 '자유프랑스'를 수립, 반나치 항전을 개시하여 미·영 연합군 진영에 합류하여 전쟁을 이끌었다. 이어서 그는 1943년 6월, 알제에서 수립된 민족해방프랑스위원회 공동의장, 11월에는 단독의장으로 추대되었다. 결국 CFLN은 미·영·소 등 연합국의 공식승인을 받게 되고, 해외영토 뿐만 아니라 나치 점령하의 본토까지 지배영역으로 포함시켰다. 이것은 1944년 6월 3일, CFLN은 프랑스임시정부GPRF로 전환[268]되었을 때 자동적으로 법적 근거로 작용하게 됐다. 이러한 정통성을 근거로 나치 협력자 처리는 모두 임시정부의 훈령에 따라 집행되었으며, 이 훈령은 사실상 드골의 명령이었다.[269]

최초 처단의 대상은 비시 정권의 내무장관이었던 퓌슈였다. 당시 내무장관직은 드골과 저항단체에게는 최대의 악역이라 할 수 있는 자리였다. 그의 혐의는 프랑스 국가에 대해 전복 행위를 저질렀고, 특히 프랑스 청년들에게 독일 군복을 입혀서 연합군과 싸우게 하기 위해 군에 지원하도록 격려하고 부추겼으며, 프랑스 경찰에 나치 점령군과 협력하도록 지시했다는 것이다.[270] 퓌슈의 재판 결과는 나치협력자 숙청에서 앞으로 타산지석이 될 것이 분명하기 때문에 드골의 결정은 중대한 의미를 지니고 있었다. 첫 재판부터 관용을 베푼다면 민족반역자 처단은 앞으로 쉽지 않을 것이며, 그렇다고 엄정하게 처단한다면 나치 협력자에게 저항의 빌미를 줄 수도 있기 때문이었다.[271]

물론 당시 미국과 영국은 이러한 숙청을 반대했고, 그리고 자유 프랑스 내 온건파조차도 대독일 전쟁에서 승리하기 위한 프랑스 국민의 '단결 논리'를 내세워 프랑스 본토가 해방되어 새 사법부와 새로운 법체계에 의해서 정정당당하게 나치협력 민족반역자들을 응징하자고 주장했다.[272]

더구나 프랑스 본토에 남아 있는 드골파와 그들의 가족들에 대한 비시 정권의 보복을 피해야 한다는 이유 때문에도 더욱 그랬다. 실제 드골의 일가친척들은 체포되거나 지하에 숨었다. 드골은 일가친척을 위해 아무런 방어조치도 할 수 없었다. 히틀러는 드골의 질녀 젠느비에브 드골을 나치수용소에 수용할 때까지 드골과 꾸준히 협상을 시도했지만, 드골은 이러한 흥정을 단호하게 배격했다. 그는 흥정에 있어서는 개인 차원이 아닌 국가 차원만 고려했던 것이다.[273] 드골은 두려워할 것은 두려움 자체라는 신념으로 단호히 말했다.

"사형을 유예하는 것과 특별 감형에 동의하지 말라는 두 가지 중 하나를 결정함에 있어서 타협할 수 없었다. 퓌슈를 감형한다면 스캔들화 할 것이 분명하다. 또 저항운동을 하는 동지들의 용기를 꺾어버릴 것이 틀림없다. 그를 처형하는 것은 프랑스 본토에 남아 있는 우리 가족을 직접 위협하는 비시 정권에 대한 도전이었다." [274]

결국 1944년 3월 22일, 비시 정권의 내무 장관이었던 퓌슈를 사형 집행한다. 이것은 나치 협력 배반자에 대해 결코 관용을 베풀지 않는다는 드골의 강력한 숙청 의지를 나치 독일과 비시 정권에게 과시한 것이었다. 계속해서 북아프리카 전선에서 나치 독일에 협력한 프랑스 군부에 대한 숙청도 개시했다.

이렇게 드골의 대숙청이 시작되면서 비시 정권은 즉각 보복을 개시했다. 즉, 비시의 군사재판부는 9명의 저항운동가를 재판에 회부해 5명을 현장에서 처형하기도 했다. 이런 와중에 북아프리카지역의 나치 협력자 숙청은 프랑스 본토의 기회주의자들에게 큰 충격을 주었다. 드골이 퓌슈의 감형을 거부해 사형이 집행됐다는 뉴스는 어느 편에 붙을까 주저하며 눈치를 보는 많은 프랑스인들에게 드골이 분명한 경고 메시지를 보낸 것이다.

"이제 페탱과 드골 중 한편을 선택할 때가 왔다. 드골편이 사는 길이며, 애국의 길이다." [275]

다음은 프랑스 해방 이후다. 1945년 11월, 드골은 임시정부 수반에 취임해 인민재판이나 군사재판 형식으로 진행되던 초기 숙청 작업을 사법부가 담당하도록 개혁했다. 최고 재판소는 비시 정권 지도부와 고위공직자들을, 각 지방 숙청재판소는 민간 협력자들을, 그리고 시민 법정은 중형을 면한 경범죄를 다루도록 숙청 시스템을 정비했다. 독일로 도주한 비시정권 지도부는 연합군에게 체포·송환되었고, 언론인·지식인·예술인과 기업인들이 속속 체포되어 숙청재판소에서 준엄한 심판을 받았다. 비시 정권 지도부와 나치 협력자들은 2차 대전 이전 제3공화국 형법 제75조 국가반역죄와 제87조 이적죄를 적용받아 거의 모두가 사형과 무기 강제노동 등 중형을 선고받았다.[276]

이 중에서 주목할 만한 부분은 크게 세 가지다. 첫째, 비시 정권의 수장인 페탱 원수를 어떻게 처리했는지, 둘째, 정의냐 관용이냐, 카뮈와 모리아크의 대논쟁, 셋째로 정계와 언론계의 대숙청이다.

첫째, 비시 정권의 수장인 페탱에 관한 재판이다.

앞에서 언급한 바와 같이 최고 재판소야말로 비시정권을 심판하는 드골의 강력한 사법적 도구였는데, 문제는 페탱 원수를 과연 프랑스국가를 배반한 민족반역자로 형법 제75조를 적용할 수 있는가 이었다. 왜냐하면 그는 나치 독일과 휴전 협정을 체결함으로써 프랑스를 구했다는 여론이 어느 정도 설득력을 지니고 있었고, 또 그의 모습이 1차 대전의 영웅과 애국자로서 프랑스 국민들의 뇌리에 남아 있었기 때문이다. 그리고 영·미 연합군과 선전포고를 하지 않는 슬기로운 대응으로 프랑스를 나치와 동맹군이 돼 연합군과 전쟁하는 것을 피하게 함으로써 나라를 보전했다는 평가도 사라지지 않고 있었다.[277]

그러나 드골은 페탱의 비시 정권을 불법이라고 분명히 밝혔다. 또 페탱은 나치 독일과 휴전협정을 체결함으로써 히틀러에게 항복했을 뿐만 아니라 프랑스 국민을 노예상태로 전락시켜 민족의 전체 이익을 배반했다고 선언했다.[278]

사실 드골은 군의 옛 선배[279]이며 1차 대전의 영웅이었지만, 2차 대전에서 히틀러와 타협해 민족배반자로 전락하게 된 페탱을 궐석재판으로 조치하기 위해 남몰래 애쓰기도 했다고 한다. 그러나 페탱은 스위스 망명보다는 재판의 시련을 선택했다. 1945년 4월, 페탱은 프랑스로 귀국하자마자 구속됐다.[280] 일찍이 페탱은 1940년 6월, 파리 북쪽 콩피에뉴 숲속 몽트와르의 열차 안에서 히틀러를 만나 휴전협정에 서명한 이유를 다음과 같이 설명했다.

"정책은 내가 개인적으로 내린 결단이다. 모든 장관들은 내 앞에서 책임을 질뿐이다. 역사가 심판하는 것은 바로 나다." [281]

특히, 국내 저항운동을 주도해 프랑스를 해방시키는데 큰 역할을 담당한 프랑스 공산당의 입장은 늙은 민족반역자를 가혹하게 처형함으로써 프랑스에 정의를 회복시켜야 한다는 것이었다.[282]

페탱의 역사적인 재판은 1945년 7월 23일 개정됐다. 페탱은 군복(옷소매에 육군 원수임을 나타내는 7개의 별이 빛나고 있었다)차림으로 3명의 변호인을 대동하고 입정했다. 이날 프랑스뿐만 아니라 유럽의 거의 모든 신문과 라디오들은 이 재판을 톱뉴스로 다루었다. 여기서 페탱은 프랑스 국민에게 보내는 성명서를 낭독했는데 요지는 이렇다.

"…내가 나치 독일과의 휴전을 요구했을 때 모든 군사지도자들이 찬성했고, 국민은 나를 필요한 행동으로, 나라의 구원자로 대접해 왔다. 휴전 협정은 분명히 프랑스를 구출했다. 이것은 연합국의 승리에 공헌했고, 지중해의 자유 통행을 보장했다. 프랑스는 나에게 합법적으로 전권을 위임했다. …나는 날마다 칼이 목에 들어오는 상황에서 적의 요구에 반대해서 끝까지 투쟁했다. …드골 장군이 국경 밖에서 투쟁하고 있을 때, 나는 프랑스를 고통스럽게 보존함으로써 해방의 길을 준비했다. …그러나 내 삶은 이미 프랑스에 봉헌된 것이다. 내 생명은 아무것도 아니다. 만일 여러분이 본인을 벌하려 한다면 나 하나로 족할 것이다. 어떤 프랑스인도 합법적 국가원수의 명령에 복종했다고 해서 사람을 구금하고 응징할 수 없을 것이다. …프랑스의 육군 원수는 누구에게도 은전을 요구할 수 없다. 여러분의 판결에 대해 신神과 후세 사람들만이 대답할 것이다. 이제 나의 의식과 기억만으로 모든 것이 충분한 일이다." [283]

페탱의 대 국민 메시지는 드골이 국경 밖에서 싸웠다면, 그는 나라 안에서 싸웠고, 국민이 그에게 전권을 위임했기 때문에 비시 정권은 합법적이며 독일과 투쟁했기 때문에 페탱 자신도 프랑스 해방을 나라 안에서 준비했다는 주장이다. 또 미국과 영국, 그리고 소련을 포함한 세계의 모든 나라들이 비시 정권을 승인해 외교관계를 유지함으로써 이러한 사실을 확인시켜 주었고, 따라서 페탱은 민족의 반역자가 아니라 '프랑스의 구원자'라는 얘기다.[284]

이어서 주요 인사들의 증인이 이어졌다.

첫 번째 증인은 폴 레이노 수상이었다. 그는 '1940년 6월에 나치 독일군과 휴전을 원하지 않았고, 다수 프랑스국민과 마찬가지로 페탱을 잘못 보았다.'고 증언했다. 그러면서 '나의 유일한 희망은 정의를 바로 세움으로써 페탱 원수에 의해 길을 잃은 많은 프랑스인들에게 앞길을 밝혀주어야 한다는 것이다. 왜냐하면 여기에 한 피고인이 있으며, 동시에 한 희생자가 있으니, 그는 다름 아닌 프랑스 자신이기 때문이다.' 라고 외쳤다.

두 번째 증인은 달라디에[285] 전前총리였다. 그는 '1940년 6월에 독일과의 휴전을 받아들일 수밖에 다른 길이 없었다.'라고 페탱에게 유리한 증언을 했다.

세 번째 증인은 1936년 좌파 연립정부 인민전선 내각 수반이었던 사회주의자 레옹 블룸[286]이 증언대에 섰다. 그는 다음과 같이 증언했다. '나치 독일과의 휴전협정을 이해할 수 없었고, 이 때문에 시련을 당한 프랑스 국민은 페탱의 말이 과거 1차 대전에서 승리했던 전쟁 영웅의 이름으로, 영광과 승리와 군의 명예의 이름으로 말하기 때문에 그를 믿었던 것이다. 그런데 이 같은 거대하고 잔인한 도덕적 신뢰의 배신, 이것이 국가반역이 아니고 과연 무엇이란 말인가.'[287]

본격적인 갑론을박이 시작되었다. 먼저 3시간에 걸친 검사의 논고의 주요 내용은 다음과 같다.

"(모르네 검사) 검사가 발견한 제일 중요한 페탱의 범죄는 프랑스의 명예를 실추시킨 것이며, 프랑스는 결코 이를 용서하지 않을 것, 그리고 국가위상을 패전의 지위로 전락시킨 죄가 더욱 크다는 것이다. 특히, 비시정권이 나치 독일의 법제와 편견 그리고 인종에 대한 증오를 그대로 채택해 적용함으로써 세계로부터 수없이 모욕을 당했으며, 적에게 위장된 지원을

감행함으로써 연합군의 전쟁수행을 어렵게 만들었다는 것이다. …프랑스에서 15만여 명의 프랑스인 인질이 나치에 의해 총살당했고, 75만 여명의 프랑스 노동자들이 독일 군수공장에서 노동하기 위해 강제 동원됐으며, 11만여 명의 프랑스인이 정치적 이유로 집단수용소에 유배됐고, 12만여 명은 인종차별정책에 의해 나치 강제수용소에 이송됐다. 피고는 이들 가운데 몇 명이 조국에 귀환했는지 아는가? 단 1천5백여 명 만이 돌아올 수 있었다. 본 검사는 이러한 프랑스의 상황이 역사상 최악의 상태라고 말하지 않을 수 없다. …본 검사는 페탱 피고가 범한 범죄에 대해 최고재판소의 재판부에 사형을 선고할 것을 요구한다." [288]

이에 대해 페탱을 위한 3명의 변호인이 나섰는데 그들의 요지는 이러했다.

① (파이엥 변호인) 최고재판소의 절차가 단심이라는 사실을 주지해 달라. 페탱 원수가 통치한 남부 프랑스의 48개 현이 자유지역으로 남게 되었기 때문에 독일군 군화에 짓밟히는 것을 모면할 수 있었고, 이 자유지역에서 반나치 저항운동이 조직되고, 사회의 중간간부가 양성될 수 있었으며, 수많은 재산과 돈이 보존될 수 있었다.

② (르메르 변호인) 페탱이 극우 비밀단체 두목이며, 모라스[289]의 극우민족주의 추종자이고 비시정권이 그의 음모가 낳은 소산이라는 지적은 드골의 임시정부가 필요에 따라 조작한 모략이다. 검사의 논고는 경솔하고 허위로 가득 찬 사기극이다.

③ (이소르니 변호인) 페탱은 조국을 위해 자기희생을 하는데 있어서 (나치 독일과 협력이라는) 도덕적 양보를 무릅쓰면서 프랑스 국민을 보호하려고 했다는 것이다. 그러나 반나치 저항운동은 명예를 보존하기 위해 즉각적인 희생을 하지 않았다. 프랑스적 두 개의 드라마와 국가 이익을 위한 두 가지 개념이 있었다. 하나는 페탱이 선택한 것으로 나치와 협력함으로써 자기의 명예와 도덕성을 희생시켜 프랑스를 구하려 했고, 또 하나는 드골과 반나치 저항단체가 선택한 길로써 명예와 명분을 지키기 위해 자기희생을 감수한 것이다.[290]

이어서 페탱의 최후 진술이 있었다. 이번에도 프랑스 국민에게 보내는 마지막 메시지를 낭독하는 것으로 최후의 진술을 대신했다.

"나는 이 재판과정에서 자의적으로 침묵을 지켰다. 이러한 내 태도에 관한 이유를 나는 이미 국민에게 설명했다. 내가 끝까지 집착한 유일한 생각은 국민과 함께 프랑스 땅에 영원히 남아 사는 것이었다. 프랑스 국민을 보호하고 그들의 고통을 덜어주기 위해서. 무슨 일이 일어나도 프랑스 국민은 이를 잊지 않을 것이다. 나는 (1차 대전에서) 베르됭[291]을 지켰듯 (2차 대전에서) 프랑스를 지켰다고 말하는 것이다. 나의 의식은 나 자신을 비난하지 않는다. 내가 일평생 봉사한 프랑스에 마지막 인사를 드린다." [292]

재판부의 선고형량을 위한 토의는 밤을 새우며 진행됐다. 국회의원 출신 배심 판사들은 사형에 원칙적으로 거부감을 갖고 있었고, 반나치 저항운동가들은 모두 사형에 긍정적인 태도를 보이고 있었던 것이다. 결국 1945년 8월 15일, 일본이 항복한 날 페탱은 국가반역죄로 사형선고를 받았지만, 사형대로 걸어 나가는 비극은 모면했다. 드골은 재빨리 형을 무기징역으로 감형했다. 무기징역수가 된 페탱은 5년 8개월간의 수감생활 후 1951년 7월 23일, 생을 마감했다.[293]

여기서 직접적인 건 아니지만, 재판에 영향을 미칠 수 있었던 중요한 부분이 있다. 바로 페탱 재판에 관한 당시 프랑스 국민의 여론 동향이다. 최초 파리해방 직후 여론 동향은 페탱에게 유리하게 흐르는 것 같았다. 그 후 재판이 진전돼 감에 따라 점차 여론이 악화 경향을 뚜렷이 나타냈다. 페탱이 독일에 납치돼 있었던 1944년 9월에 사형 찬성 여론은 불과 3%에 지나지 않았고, 징역형이 32% 뿐으로 페탱을 응징하라는 여론이 전체의 35%라는 소수였다. 어떤 형벌도 주면 안 된다는 반대 여론이 64%나 되는 절대다수를 차지했다.

이러한 여론 동향은 페탱의 재판이 시작되는 1945년 4월에 반전된다. 이 때 여론조사는 사형 31%, 기타징역형 45%, 형의 면제 24%로 나타나 사형이든 징역이든 그를 응징해야 한다는 강경한 여론이 76%라는 압도적 다수로 돌변한다. 재판이 증언청취로 한창이었던 1945년 5월의 여론은 사형 44%, 기타징역형 40%, 형의 면제 16%로 나타났다. 특히 페탱을 사형하라는 여론이 44%로 가장 많았다. 페탱에 대한 판결이 있었던 1945년 8월의 여론은 사형 40.5%, 기타징역형 40.5%, 형의 면제가

19%로 나타나고 있었다. 다시 말해 프랑스 국민 81%가 페탱을 처벌하라는 요구했으나 사형과 기타 형이 같은 비율로 나와 페탱의 사형선고에 다소간 부정적 입장을 취했다. 결국 페탱에게 최고재판소가 사형선고를 내렸다가 집행을 유예하고 드골이 최종 무기징역형으로 감형한 사실은 프랑스 국민 여론의 추이를 제대로 반영한 것으로 풀이되었다.[294]

둘째, 정의냐 관용이냐, 카뮈와 모리아크의 대논쟁이다.

파리 해방 직후, 나치 협력 반역자 숙청 문제를 제일 먼저 제기한 사람은 20세기 프랑스 문학의 기념비적인 작품들을 쓴 알베르 카뮈[295]였다. 파리가 나치 독일로부터 해방된 감격과 흥분에 사로잡혀 있을 때 그는 유명한 반 나치 저항신문인 '콩바 combat'지의 논설을 통해 나치 협력자 대숙청이 시급하다고 역설했다. 콩바의 주필이었던 카뮈는 "누가 감히 용서를 말할 수 있겠는가 왜냐하면 칼은 칼에 의해서만 이길 수 있고, 무기를 잡아야 승리할 수 있다는 사실을 드디어 우리가 알게 됐기 때문이다. 감히 누가 이 진리를 망각하라고 요구할 수 있겠는가. 내일을 이야기 하는 것은 증오가 아니라 기억을 기초로 하는 정의이다." 라고 사설에서 외쳤다. 나치 협력자에 대한 대숙청을 재촉한 것이다.[296] 카뮈는 외쳤다. 나치 협력 언론인들은 저항 단체와 저항 운동가 그리고 드골의 자유프랑스를 테러범으로 매도하고 영·미 연합군과 드골의 망명정부 자유프랑스를 패배시켜야 한다고 부르짖으며 나치 독일의 승리를 기원하고 있을 때, 반나치 저항언론인들은 지하에서 목숨을 걸고 한 줄의 기사를 쓰기 위해 얼마나 고뇌하고 성찰했는지 아느냐고. 이러한 카뮈의 정의론은 대숙청을 단행하는 드골에게 큰 힘과 명분을 주었다.

이 반대 편에는 드골의 숙청을 인정하면서도 관용론을 적극적으로 펼쳐 숙청의 희생자를 줄이려고 애쓴 거물 작가 프랑수아 모리아크[297]가 있었다. 모리아크의 관용 논리의 핵심은 이렇다. "우리는 적들보다 몇 단계 위에서 놀아야 한다. 그들이 우리를 고문했다면 우리가 공정하게 재판하면 그것으로 족하다. 그런데 중요한 것은 모든 인간에게는 과오를 범할 권리가 있다는 사실이며, 우리 모두가 이것을 인정하는 것.”이라고 그는 주장했다. 따라서 모리아크는 프랑스가 해방된 후 수립된 새 정권이 과거 비시 정권이나 나치 독일이 프랑스 국민에게 했던 것과 똑같이 나치 협력자를 대해서는 안 된다는 것이다.[298]

그러나 모리아크의 관용론에 호응하는 언론은 거의 없었다. 특히 유명한 진보적 주간지 레 레트르 프랑세즈Les Lettres françaises는 카뮈의 입장을 전폭적으로 지지 성원했다. 이 주간지에서는 '우리들이 과거에 겪은 모든 불행은 민족배반자들에 대한 척결을 거부한 데서부터 왔다. 오늘날 우리가 또다시 나치협력 반역자의 머리를 강타하기를 주저한다면 우리 미래에 엄청난 위험이 닥칠 것이다. 어제의 범죄를 벌하지 않는 것, 그것은 내일의 범죄에게 용기를 주는 것과 똑같은 어리석은 짓이다. 프랑스 공화국은 절대로 관용으로 건설되지 않는다.'라고 모리아크의 관용론을 정면으로 반박했다.

한편, 1944년 9월 16일, 드골의 임시정부가 나치협력 반역자 처단을 위한 특별재판소의 설치를 규정한 훈령을 발표하자, 카뮈는 전폭적 지지를 보내면서 이렇게 썼다. '나치 협력 민족반역자를 수적으로 많이 숙청하는 것이 문제가 아니라 얼마나 잘 숙청하느냐가 문제다'라고.

어쨌든 카뮈와 모리아크의 논쟁은 정의와 관용 간 선택의 문제[299]였고, 드골이 정의를 선택함으로써 새로운 프랑스를 출범시킬 수 있었다. 여담이지만, 모리아크는 그의 아들 크로드 모리아크가 드골의 비서로 활동했기 때문에 아들을 통해 그의 관용의 논리를 직접 드골에게 전달할 수 있었다. 하지만 드골은 모리아크의 영향을 받은 바가 전혀 없었고, 임시정부 대통령의 사면권을 남용하지 않았다. 드골의 서슬 퍼런 나치 협력자 숙청 의지를 다시 한 번 확인할 수 있었던 대목이었다.[300]

셋째, 정계와 언론계의 대숙청이다. 먼저 정계의 대숙청을 살펴보자면, 드골의 임시정부는 2차 대전 전 제3공화국 시절의 구질서에 익숙한 정치인들은 모두가 숙청대상 정치인이라고 생각했다. 특히, 파리가 나치 독일군에게 점령당한 후 1940년 7월, 비시에 소집된 상·하원 합동회의에서 페탱에게 전권을 위임하는 투표에 찬성표를 던진 의원들은 제일 먼저 민족반역자로 심판을 받았다. 물론 페탱파들은 압도적 다수로(찬성 569명, 반대 80명, 기권 17명) 프랑스 국민의 권력을 위임받았다는 사실을 비시정권의 합법성을 확보한 근거로 내세웠지만 말이다. 드골은 1943년부터 단호한 숙청을 위해 단단히 준비해 왔다. 이를 위해 민족해방프랑스위원회 위원장으로 있을 때 임시제헌의회가 구 국회의원들에 대한 대대적 숙청을 단행할 것을 결의하게 했다.[301]

1944년 4월, 드골이 발표한 정치개혁에 관한 훈령은 수도 파리와 지방에 공화정 의회를 회복한다고 규정했다. 이 훈령은 지방 선거가 실시될 때까지 임시정부가 파견하는 정치 위원들이 지방 행정을 다스린다고 밝히고 있다. 이어서 1944년 8월, 파리 해방 후 레지스탕스 국가평의회와 임시정부는 먼저 임시제헌의회를 구성해 소집했다. 여기서 반나치 저항 세력은 파리 해방 후 제헌의회의 압도적 다수 의석을 차지했다. 임시제헌의회가 처리해야 할 긴급 의제는 피선거권의 자격 기준을 정하는 것이었다.

당연히 1940년 7월에 페탱에게 전권을 위임하는데 찬성한 상·하원의원은 드골의 훈령에 의해 자동적으로 피선거권이 박탈되어 출마할 수 없게 되었다. 이에 여론도 동조했다. 70%가 찬성투표 의원 569명 전원에게 피선거권을 주면 안 된다는 의견이었다. 다시 말해 '정계에 새 사람이 절대로 필요하다. 이번이 절호의 기회다'라는 것이 국민 여론의 큰 흐름이었던 것이다.

여기서 우파정당과 급진당은 완전히 고민에 빠지게 되었다. 찬성표를 던진 의원들의 정당이 바로 우파와 중도우파, 그리고 급진당이기 때문에 대숙청을 피하기 어렵다는 것이다. 거꾸로 말해 페탱에게 반대표를 던진 80명과 기권한 17명은 좌파의원이었다. 점령 시절 이들의 대다수가 사회당과 공산당 의원으로 반나치 저항운동에 참가해 피선거권 자격을 획득할 수 있었다. 최초 페탱에게 찬성 투표를 한 58명과 비시 정권의 고위직 4명, 지방 고위직 201명은 피선거권 자격을 획득하기도 했다. 왜냐하면 이들은 모두 레지스탕스 국가평의회의 심사결과 초기에 길을 잘못 들었다가 그 후 저항운동에 정열적으로 가담한 게 인정되었기 때문이다. '원로심사위원회'는 선거에 출마하는 후보의 자격을 판정하기 위해 내무성의 모든 자료들, 지방공직자들의 모든 선언과 서약서, 반나치 저항단체들과 지역해방위원회의 평가서와 보고서, 그리고 개인신상자료들을 토대로 서류심사를 하거나 필요시 당사자를 소환해 직접 조사했다. 이 심사위원회의 후보자격 심사 작업은 1945년 말에 거의 모두 매듭지어졌고,

1946년에는 새 증거가 나온 후보를 판별하는 작업을 한 후, 그 해 10월에 업무를 종결하고 해산했다. 심사위의 판정은 1945년 5월 지방선거뿐만 아니라 그 해 10월 총선거, 그 후 1951년 총선거까지 엄격히 적용됐다. 정계의 전면적 물갈이를 위한 중요 작업을 원로심사위원회의 조사활동과 판정결과로 진행했던 것이다.[302]

이 결과, 적지 않은 '과거의 정치인들'이 살아남은 것이 사실이다. 30%에 가까운 구 정치인들이 피선거권 회복판정을 받은 것이다. 원로심사위원회의 집계에 따르면, 416명의 상·하원 의원 중 27%에 해당되는 114명이 출마자격을 획득했다. 비시 정권 고위공직자 233명중 34%인 79명이 피선거권을 회복했다.

여기서 특이사항은 우파 정당은 스스로 숙청하는 모습이 없었지만, 좌파 정당은 자체숙청을 단행했다는 것이다. 일예로 프랑스 사회당은 자체숙청을 단행해 다른 어떤 정당보다도 투명한 정당으로 거듭났다는 평가를 받았다. 또한 프랑스 공산당의 내부숙청은 다른 좌파 정당과는 질적으로 다르다는 평가를 받았다. 왜냐하면 이념 조국인 소련공산당의 숙청방식을 따랐다는 것이다. 그래서 공산당 내의 수많은 배신자들이 파리해방 전후에 처형당한 것으로 알려져 있다.[303]

결국 드골의 임시정부가 주도한 정계대숙청과 좌파 정당의 자체숙청으로 프랑스의 정치 지도는 완전히 새로운 모습을 갖추게 되었다. 파리해방 후 약 2년간 드골은 임시정부 수반자격으로 발표한 초헌법적 훈령을 통해 대숙청을 단행해 프랑스를 완전히 개조했다.

이에 대한 국민의 보답으로 1945년 5월, 프랑스 지방선거결과는 나치 독일이 항복한 후 실시된 하원 총선거에서 큰 변화가 일어났다. 총선 결과, 우파의 대패는 더욱 참담한 것이었다. 1936년 총선에서 42%의 득표율을 보였던 우파는 1945년에는 16%밖에 획득하지 못했다. 사회당은 10%에서 25%를, 공산당은 16%에서 26%를 각각 획득해 크게 약진했으며, 좌파가 득표율 51%의 절대과반수를 확보해 집권의 토대를 닦았던 것이다. 특히 공산당이 제1당으로 부상했는데, 이는 나치 점령 시절 국내 저항 운동을 주도한 공산당에 대한 국민의 신뢰를 드러낸 것이다.

정당 내에서도 정치적 변화가 많이 일어났다. 총선거 출마자의 93%가 모두 정치신인들이었고, 불과 7%만이 전쟁 전 과거의 정치인이었다. 그리고 제헌의회의원의 85%가 과거 정치무대에서 전혀 볼 수 없었던 초선의원들이었다. 특히, 의원들의 80%가 나치 독일 점령시절 저항운동에 정열적으로 참가했던 투사출신이었다. 또한 저항 운동 출신이 아니면 총리나 각료들에도 선임될 수 없는 새로운 정치 관행을 만들었다는 것이다. 이러한 분위기는 4공화국 뿐 아니라 드골이 제5공화국을 창건한 후에도 적용되었다. 프랑스 정계는 언론계와 함께 다른 부문보다 가장 혹독한 숙청을 경험했다.

드골은 이처럼 과거와의 철저한 단절을 통해 민주적이며 참신한 새로운 의회와 정치 무대를 창출하는데 성공했다. 즉 새로운 정치무대에 프랑스형 파시스트당이면서 비시정권의 주된 정치세력인 프랑스 인민당이 발 들여 놓을 자리는 단 한 석도 없었다. 극우파와 동반자로 나치 독일에 협력했던 상당수의 우파도 새 정치무대에서 완전히 추방당했다. 그래서 해방 후 프랑스의 정치무대에는 민족반역자나 나치협력자의 그림자도 찾아 볼 수 없는, 민족정기와 정통성이 살아 넘치는 참신하고 민주적이며 깨끗한 정치인들로 완전히 교체됐던 것이다.[304]

다음은 언론계의 대숙청이다.

드골의 임시정부가 제일 먼저 나치 협력 언론인들부터 숙청의 심판대에 올린 이유는 민족반역언론의 책임을 준엄하게 묻고 진정한 민주언론의 복구와 회복을 위함과 동시에 비시 정권을 동정하는 여론을 잠재우고 그들에게 나치 협력 민족 배반자라는 낙인을 확실히 찍기 위한 드골의 전략에 있었던 것이다. 여기에 여론도 전폭적으로 동의했기 때문에 가능했다.[305]

여기에 카뮈가 파리 해방 후 반나치 저항언론인의 상징으로 떠올라 가장 인기가 높은 언론인이며 작가로 명성을 떨쳤다. 그는 프랑스의 해방을 가져오는데 결정적 역할을 담당한 저항언론이 제기하는 언론인과 언론기관의 숙청문제의 복잡성을 가장 잘 이해했으며, 언론계 내부에 번지는 종파주의를 크게 경계했다. 아울러 그는 언론이 프랑스를 민주적이며 정의로운 사회를 건설하기 위한 혁명의 도구라고 주장하면서 다음과 같이 언론의 중요성을 강조했다.

"…우리는 드디어 그토록 열망했던 심오한 혁명을 수행할 수 있는 수단을 확보했다. …우리는 의사 표현의 수단을 확보했기 때문에 국가에 대해 막중한 책임을 지게 된다. 우리는 언론인 각자의 의무를 깊이 생각해야 한다. 언론의 정신을 조금씩 재정립해야 하고 주의 깊게 기사를 쓰며 국가에 우리의 심오한 목소리를 들려 줄 필요성이 있다. 새 언론인은 이러한 관점을 상실하면 절대로 안 된다. 만일 이 목소리가 증오보다는 정열을, 말장난이 아니라 객관적 자부심을, 옹졸한 소견보다 인도적 견해를 가득 포함하게 된다면 많은 사람들이 구출될 것이며 우리 언론인들은 국민으로부터 좋은 평가를 받게 될 것이다." [306]

카뮈가 새 언론에 증오를 정열로 극복해야 한다고 요구한 것은 시대를 앞지른 탁월한 견해였다.[307] 한편 드골은 파리해방 직후 파리 언론사 사장과 편집국장들과의 대화에서 언론인들이 국가가 직면한 긴급과제가 무엇인지를 잘 알아야 한다고 말하면서 '신문이 국가를 위해 영감을 주는 원동력이 되어야 한다'고 강조했다. 이 견해는 라디오 연설을 통해 구체화되어 밝혀졌는데, 요지는 이렇다.

"프랑스 국민은 본능적으로, 그리고 이성을 갖고 두 개의 조건을 충족시키기로 결정했다. 그것은 질서와 열정이다. 유일 합법적 권위 아래서 공화정 질서는 바로 국가의 질서이며, 여기에 집중되는 (국민의) 열정은 쇄신된 국가라는 건물을 합법적이며 우애롭게 건설하게 할 것이다." [308]

이러한 드골의 구상은 1944년 9월 30일, 언론숙청에 대한 새 훈령을 통해서 추진되었다. 새 훈령의 주요 골자는 다음과 같다.

첫째, 나치 점령군과 비시 정권의 지시와 규정에 순종한 언론사는 모두 발행을 금지한다. 대상 언론으로 나치의 파리 점령 이후(1940년 6월 25일) 창간된 모든 신문과 잡지들, 나치 독일의 점령기간에 북부 프랑스에서 휴전 후 15일 이후에도 계속 발행한 모든 신문과 잡지들, 그리고 남부 프랑스에서 독일군이 점령한 1942년 11월 11일 이후 15일이 넘었는데도 계속 발행된 모든 신문과 잡지들이다. 그러나 문학과 스포츠 등 정치성이 전혀 없는 전문지들은 정한 조건에 맞는 경우 복간을 허용했다.

둘째, 신문의 소유주나 회장과 사장이 재판을 받아 형이 확정될 때까지 발행을 금지한다. 만일 소유자와 사장 등 상층부가 모두 무죄 석방 선고를 받는 경우에 한해 정한 조건을 두루 갖추면 복간이 가능하다.

셋째, 나치 독일 점령 기간 신문을 발행한 언론사는 그 제호를 어떤 경우에도 계속 달 수 없으며, 언론소유주나 회장 및 사장은 발행이 금지된 언론사의 건물과 시설을 사용할 수 없다. 다시 말해 이들은 자기 신문사의 출입조차 금지된 것이다. 또한 이 훈령 발표 1개월 안에 발행이 금지된 언론사의 재산과 모든 시설 등이 각급 법원장의 지시에 의해 법원에 압류된다. 압류대상은 부동산뿐만 아니라 신문 윤전기를 포함한 시설과 동산까지 모두 포함한다. 그리고 언론사의 모든 재산, 예컨대 극장이나 호텔 및 기타 기업을 소유했을 경우 이것도 모두 압류된다. 나치 점령 시절 신문과 잡지를 발행한 언론사들의 소유주는 신문 때문에 모든 재산을 잃게 되는 위험에 직면한 것이다.[309]

결과적으로 나치 협력 언론을 강타한 이 훈령은 9백여 개 신문과 잡지들에 직접 존폐의 충격을 안겨줬고, 6백49개 언론사에 대한 압류조치를 초래했다. 또한 당시 프랑스의 대 석간신문 르 탕Le Temps, 시대지는 가혹한 훈령에 의한 언론숙청의 소용돌이에 휘말려 폐간될 운명이 되고, 그 자산과 시설 등은 드골이 설계한 새 시대 새 신문 르 몽드의 창간 밑거름이 됐다.[310]

오늘날 프랑스 국민이 고급 지성지로 자랑하는 르 몽드지는 이렇게 해서 태어난 것으로 르 탕을 폐간시키고 르 몽드의 출범을 주선한 사람은 다름 아닌 드골이었다. 따라서 드골의 언론계 대숙청은 나치 협력 언론사들을 폐간시키는 동시에 한편으로 새 언론을 창출하는 새 사회 건설작업이기도 했다.[311]

"과거를 지배하는 자가 미래를 지배하고, 현재를 지배하는 자가 과거를 지배한다." 는 조지 오웰[312]이 소설 『1984』에서 남긴 명언을 드골은 이미 알고 있었던 것일까. 기초가 튼튼하지 못한 조직이나 국가는 단합도 발전도 없는 법이다. 만약 나치 협력자를 반공주의 명분으로 존속시켰다면 오늘날의 프랑스는 존재할 수 없었을 것이다. 나라와 민족의 사활을 책임진 국가 지도자가 '동지섣달 나는 동천(冬天)의 새 같은 매서움'을 보인 단호한 행동 없이 민족의 기강을 확립하지 않고 포퓰리즘이나 얻고자 한다면 어찌 국가 지도자라 할 수 있겠는가.

편안한 아름드리 나무그늘을 경계하라

어떠한 동맹도 영구히 지속되는 것이 아니고, 동맹 속에서는 국가 독립이란 있을 수 없다.

예영준은 칼럼 「시시각각時視各角(중앙일보, 2021.5.4.)에 다음과 같은 내용을 인용하여 의견을 제시했다.

> *"애덤 스미스의 「국부론」에서 가장 많이 인용되는 문장은 이렇다. '우리가 저녁식사를 할 수 있는 것은 정육점 주인이나 양조업자, 빵집 주인들의 착한 마음씨 덕분이 아니라 그들 자신의 이익에 대한 관심 때문이다.' 애담 스미스는 각자도생이야말로 일용할 양식을 갖다 주는 원천이라고 본 것이다. 다시 말해 세상은 선의로만 돌아가지 않다는 것이다."*

국제사회에서 국가 간 동맹이 갖는 속성도 이와 맥락을 같이 하지 않을까. 불편한 진실은 동맹의 속성 중 핵심은 국가 간 영원한 이익만 있다는 것이다.

#1. 드골의 자주외교정책

드골은 1946년 권력의 중심에서 나와 1958년 재집권하기까지 12년 동안 그저 침묵을 지키면서 세월을 보낸 것이 아니었다. 때로는 국민연합RPF이라는 정당을 통해, 때로는 전쟁 회고록을 집필하면서, 때로는 연설과 선언을 통해, 국가전략을 구상하고 발전시켜 나갔다. 드골은 국가 목표를 프랑스가 누렸던 영광과 위대성을 다시 찾는 동시에 파괴된 유럽을 재건하는 과정에서 제1의 서열을 확보하는 데 두었다.

여기서 눈여겨볼 대목은 바로 드골의 외교정책이 국가목표를 달성하는데 큰 역할을 했다는 것이다. 다시 말해, 오로지 국가적 자원과 능력, 그리고 국가 간의 동맹을 최대한 이용하여, 상황의 외교정책과 기회의 외교정책을 시·공간에 맞추어 전개하여 국가목표를 달성했다는 것이다.[313]

그런 의미에서 드골의 동맹관은 대단히 중요하다. 드골은 다음과 같이 강조했다. "어떠한 동맹도 영구히 지속되는 것이 아니고, 동맹 속에서 국가 독립이란 있을 수 없다." 라고. 드골은 종속적이라는 말 자체를 매우 싫어했으며, 오로지 정치적 자율성 확보가 보장된 동맹 속에서 국가 이익을 추구하는 전형적인 국제현실주의적 동맹관을 갖고 있었다.

이러한 동맹관을 갖게 된 배경은 우선 당시 프랑스가 유럽에서 처해 있었던 역사적인 상황과 영·미가 2차 대전 기간 동안 자유 프랑스와 드골 자신을 부당하게 취급했던 쓰라린 경험에서 찾아 볼 수 있다.

먼저 당시 프랑스가 유럽에서 처해 있었던 역사적인 상황을 알아보자. 나폴레옹 전쟁을 전후하여 유럽의 전통적 강대국이었던 프랑스의 위상은 2차 대전을 통해 급격히 쇠퇴하게 되었다. 그 결과 유럽에서 국제질서의 헤게모니는 미국과 소련이라는 초강대국으로 자연스럽게 옮겨졌다. 이렇듯 '헤게모니의 탈유럽화' 현상은 특히 프랑스로 하여금 고립감을 느끼게 만들었다. 사실 프랑스는 전통적으로 미국이나 영연방 국가들과의 관계를 중시해온 영국, 패전국의 입장에서 미국에 의존할 수밖에 없었던 독일과는 전혀 다른 입장에 처해 있었기 때문이다.

따라서 프랑스의 자주외교정책은 미국과 소련의 양극 체제 속에서 프랑스만이 유럽의 정체성을 유지하며 다른 대륙의 강대국들과 경쟁하며 존재하는 유럽 유일의 강대국이라는 시각에서 출범하게 된 것이라고 볼 수 있다.[314]

또 다른 이유는 2차 대전시 자유 프랑스가 힘이 없어 드골이 겪어야 했던 무기력함과 수모 때문이었다. 나치가 프랑스를 점령한 이후, 드골은 자유 프랑스의 지도자로서 런던에 자신의 사령부를 설치하고[315] 2차 세계대전을 치른 자신의 경험에서, 약화된 프랑스가 영-미 관계(처칠과 루즈벨트 간의 전시의 밀접한 연계)에 종속된 상태에서 생기는 치욕감을 느꼈다. 이에 드골은 이러한 강대국의 힘의 논리와 무시에 대항했다. 결국 드골은 이런 쓰라린 경험을 통해 프랑스가 대서양동맹Atlantic Alliance[316]에서 영국과 동등한 지위를 성취하여 영·미 세력의 지배체제에서 프랑스를 해방시켜야 한다는 필요성에서 기인했다고 볼 수 있다.[317]

이러한 역사적 배경 속에서 드골은 이데올로기와 진영 등이 강조되는 1950년대 말부터 1960년대까지 무엇보다 프랑스라는 민족과 국민, 국가의 이익을 극대화시키고 아울러 민족자결주의에 입각한 탈식민지화를 위해 모든 외교역량을 집중했다.

따라서 드골의 자주외교 비전은 세계 질서가 미·소 양극체제에 의해 운영되는 것을 막는 동시에, 정치·외교·안보·경쟁력 등 제 분야에서 프랑스의 주권과 자율, 국익과 위신, 영광[318]을 제고시켜 결과적으로 프랑스의 과거 '위대성' 회복과 외부로부터 정치적 독립 확보, 자국의 국력 향상으로 표출되었다.[319]

#2 동맹의 딜레마, 방기와 연루

사실 드골이 재집권한 1958년 이후부터 1960년대까지 대서양 동맹 속에서 프랑스의 자주 외교 정책의 성공은 '방기 와 연루'라는 동맹의 딜레마를 잘 극복하고 관리한 결과였다고 볼 수 있다. 방기와 연루라는 개념은 최초 국가 간 동맹에서 나왔는데, 동맹국들은 위협에 대한 상이한 인식을 갖는 경우나 위협관은 같다고 하더라도 각자의 입장에 따라 다른 대응방식을 추구할 때, 동맹국가들 간에 갈등을 겪게 되는데, 스나이더는 이를 동맹의 안보딜레마alliances security dilemma라고 불렀다.[320]

이러한 관점에서 동맹에서 방기와 연루는 중요한 개념이다. 방기의 개념은 한 동맹국이 다른 동맹국을 포기해 버리는 것으로 동맹 파트너가 동맹의 의무를 이행하지 않을지도 모른다는 가능성에서 오는 위협을 말한다. 주로 강대국이 약소국을 동맹으로서 용도 폐기시킬 위험[321]을 주로 지적한 말이지만, 약소국이 국력이 강해지면서 오히려 강대국을 방기할 가능성도 생기는 바 이런 경우도 동맹의 방기로 분류할 수 있다.

반대로 연루 개념은 동맹 관계 안에서 약소국들이 강대국을 너무 추종함으로써 강대국들의 정책의 희생물이 될 수 있다는 가능성을 지적한 데서 비롯되었다. 자국의 이익과는 상관없이 동맹에 의해 원하지 않는 분쟁에 휘말리는 상황에서 오는 위협을 말할 수 있는데, 당연히 동맹에 대한 의존도가 낮고 동맹으로부터 얻는 이익이 작을수록 연루의 위협을 크게 느껴진다. 아울러 동맹 관계 속에서 강대국이 약소국의 반대에 직면하여 강대국이 추구하는 정책을 제대로 구사하지 못하고 약소국을 따라가야 할 경우가 생기는 바, 이것도 강대국의 약소국에 대한 연루라고 명명할 수 있다.[322]

#3 방기와 연루의 딜레마 극복사례

사실 핵무기 문제는 드골이 집권한 이후인 1950년대 후반부터 1960년대 내내 프랑스미국관계를 옭아매는 족쇄로 작용했다. 다시 말해 프랑스의 핵무기 개발은 대서양 동맹 속에서 '방기와 연루'라는 딜레마의 연속이었다고 볼 수 있다.

①드골의 핵위협 인식 → 방기의 딜레마 극복

미국이 그렇게 말리고, 회유했음에도 불구하고 드골은 왜 핵을 개발했을까? 드골은 당시 미·소간의 핵전략 균형이 이루어진 상황에서 유럽에서의 분쟁 발생 시 초강대국인 미국과 소련의 핵흥정 가능성에 대한 우려 때문이었다. 이렇듯 드골은 소련이 1950년대 중반 미국 본토에 대한 대륙간 탄도 미사일 공격 능력을 갖추게 된 이상[323], 미국의 핵우산은 더 이상 유럽을 보호할 수 없다고 판단했다. 대서양 동맹 속에서 결코 핵위협만큼은 같이 공유하여 대처할 수 없다는 것이다. 드골은 회고록에서 다음과 같이 밝혔다.

"서유럽에서도 12년[324]의 세월이 흐르는 사이에 군사적 안보 조건이 크게 변해 있었다. 미·소 두 나라가 각각 상대방을 파멸시킬 수 있는 가공의 핵무기를 갖춘 이상, 어느 쪽도 전쟁을 터뜨릴 수 없게 된 것이다. 그렇다고 미·소 두 나라가 그들의 중간 지대인 중부 유럽이

나 서부 유럽에 폭탄을 투하한다면 이것을 막을 수단이 있을 것인가? 서유럽인에게 나토는 더 이상 보호자의 역할을 하지 못한다. 그런데 보호에 있어서 그 유효성 자체가 이미 의심스럽게 된 이때에 누가 자기의 운명을 보호자에게 맡길 것인가?" [325]

좀 더 직설적으로 표현하면, 이렇게 말할 수 있을 것이다. 파리를 보호하기 위해 미국이 과연 뉴욕의 파괴를 무릅쓰면서 모스크바에 핵 보복 공격이 가능할까? [326]

②아이젠하워와 덜레스의 회유 → 연루의 딜레마 극복

1957년에서 1958년 사이에는 아이젠하워 정부는 나토의 틀 내에서 미국과 영국 양국의 핵 독점을 공식화했고, 또한 1958년 7월 미국은 핵잠수함 엔진을 영국에 판매하기로 약정했다. 바로 다음날 미 국무장관 덜레스[327]는 파리에서 드골을 만나 나토가 결정한 바와 같이, 프랑스가 중거리 탄도 미사일의 자국 배치를 허용하지 않으면 프랑스에 대한 원조를 지속할 수 없다고 통보했다.[328] 그러면서 프랑스가 독자적인 핵무기 생산을 위해 막대한 자금을 투입하여 실험하고, 제조하는 것보다 미국이 프랑스에 핵무기를 제공하는 것이 더 좋지 않겠냐고 회유한다. 이에 드골은 다음과 같이 판단했다. 미국이 소련에 맞서 프랑스 영토에 중거리 탄도 미사일을 배치해야 했기에 그런 상황을 이용하면 미국이 드골 본인의 독자적인 핵개발 정책을 정면으로 반대하기가 쉽지 않을 것이라고. 그래서 프랑스 영토에 배치한 핵무기 통제와 사용에 대한 결정권을 프랑스가 보유하는 경우에만 배치가 가능하다는 점을 강조했다.[329]

"우리는 핵무기를 보유함으로써 우리의 국방과 외교 정책이 구속을 받지 않게 하겠다는 데에 가장 큰 의의가 있다. 만일 당신들이 우리에게 핵무기를 판다면, 그리고 그 무기가 완전히 우리 것이 되어 우리가 제한을 받지 않고 이를 사용할 수 있다면, 우리는 기꺼이 그것을 살 것이다." [330]

또 한 번은 아이젠하워 대통령이 드골의 초청으로 1959년 9월, 프랑스에 국빈으로 방문했다. 여기서 아이젠하워는 자주 나토에 대해 말하면서 나토에 대한 프랑스의 태도에 관해 논했다. 아이젠하워를 염려스럽게 한 가장 큰 문제는 프랑스가 핵무기를 갖기로 한 결정이었다[331]. 그러면서 "미국은 유럽의 운명이 곧 자신의 운명이라고 생각하고 있다. 당신은 왜 이 점을 의심하려 드는가?"라고 하자, 드골은 대답했다.

> *"지난 양차 대전 중 미국은 프랑스의 동맹국이었고, 우리는 당신들에게서 입은 은혜를 잊지 않고 있다. 그러나 프랑스는 1차 대전 때 미국이 3년이라는 길고 고통스러운 시일이 지난 뒤에야 도움의 손길을 뻗쳤음을 또한 잊지 않고 있다. 2차 대전 때도 당신들이 개입하기 전에 먼저 프랑스가 붕괴됐던 것이다.[332] 한 나라가 다른 나라를 도울 수는 있지만, 자기 나라와 다른 나라를 동일시 할 수는 없는 것이다."*

그러나 아이젠하워는 이의를 제기했다. "프랑스가 소련의 핵무장 수준에 도달하자면 막대한 비용 때문에 불가능하다. 그렇다면 당신들의 핵 억지력이 무슨 가치가 있겠는가?"이에 드골은 이렇게 답했다.

> *"당신도 알다시피 메가톤 규모의 전쟁에서 어떤 나라든 불과 몇 차례의 폭격으로 파괴할 수가 있는 것이다. 가령 적이 우리를 열 번이나 죽일 수 있는 핵 공격을 가할 수 있다 해도 우리가 적을 단 한 번 죽일 수 있는 능력만 있으면 핵 억지 효과는 충분한 것이다."* [333]

③삼두지도체제 제의 → 연루의 딜레마 극복

1959년 9월, 드골은 미국과 영국에 세계운영을 위한 삼두지도체제를 제의했다.

> *"나토가 더 이상 프랑스 방위의 필요성을 충족시키지 못하고 있다고 선언하면서 나토 회원 문제를 제기한 것이다. 진정한 집단 방위 기구란, 북대서양 지구에만 국한될 게 아니라 세계적인 것이어야 하며, 프랑스가 떠맡을 안보와 책임은 범세계적이며, 프랑스는 동맹의 정치적이고 전략적 결정에 참여해야 할 것이라고 지적했다. 지금까지 나토의 모든 결정들은 실제로 미국이 영국과 개별 협의를 거친 후 단독으로 정해왔다. 더구나 유럽의 핵무기가 앵글로색슨족에게만 독점되는 상태는 가까운 장래에 끝나게 될 것이므로 프랑스가 나토의 정*

상에 한 자리를 차지한다는 것은 더욱 타당한 일인 것이다.[334]"

다시 말해, 미국·영국·프랑스로 구성되는 삼두지도체제[335]의 중심에서 프랑스가 세계문제에 대한 공동 정책을 수립하고, 주요 정치·군사 전략의 결정에 관해 프랑스가 참가하는 것은 물론, 나토의 핵무기에 대한 공동 관리, 핵관련 비밀 정보 및 연합 통제권의 소유를 주장한 것이다.[336]

이 제안을 한 드골의 궁극적인 목적은 현행 나토로 대표되는 지역 안보 체제에서는 프랑스가 미국에게 종속될 수밖에 없는 상황을 직시하여 나토로부터 독립하여 새로운 유럽 질서를 프랑스가 주도하고, 그 안에서의 '프랑스의 위대함'을 추구하는 것이었다. 당연히 이때 프랑스의 자체적 핵능력 확보는 필수적이었다.

하지만 두 나라의 회답은 회피적이고 애매한 것으로, 실질적으로는 거부를 의미했다. 나토에서 미국과 유럽의 상호이익을 조정하는데 또 다른 기구가 필요 없다고 인식했고, 또 유엔 등의 다자기구가 있는데 프랑스만을 위해 일부러 드러내 놓고 특정 국가가 중심이 되어 국제문제를 해결한다고 할 필요가 없었기 때문이다.[337] 또한 만일 미국이 드골의 요구를 수용한다면 미국법과 나토의 범위를 초월하게 될 것이며, 동시에 그것은 나토의 지휘와 통제에 대한 미국적 원칙을 위반하는 것이 될 것이기 때문이었다.[338]

물론 그렇다고 해서 좌절할 드골은 아니었다. 오히려 핵무기 개발이라는 행동을 취하는 데 있어서 방해가 되는 것은 아무것도 없다고 생각했다. 그래서 유럽 경제 공동체를 자주 외교 정책 목표달성에 이용하고자 유럽 경제 공동체 소속인 6개국에 정치연맹을 결성하자고 주장했다. 이에 따라 6개 회원국은 1961년 2월부터 1962년 4월까지 푸세[339]협상을 가졌으나, 프랑스의 유럽주의적 시각과 나머지 5개 회원국서독, 이탈리아, 베네룩스 3국의 대서양주의적 시각이 충돌하면서 마침내 이 협상은 결렬됐다.

④케네디와 맥나마라의 유연반응전략 → 연루의 딜레마 극복

더구나 1961년 케네디 행정부가 들어서고 맥나마라 국방장관에 의해 채택된 유연반응전략 또한 드골의 대미 안보정책에 결정적인 변수로 작용했다. 미국은 이전의 대량보복전략에서 유연반응전략으로 변환하면서, 유럽을 다양한 전쟁의 전장으로 변환시킬 수 있는 가능성을 열어 놓았는데, 드골은 미국의 변화된 전략에 대하여 프랑스를 동등한 군사 파트너라기 보다는 소련의 서진西進을 막는 재래식 혹은 저강도 핵전쟁의 전장으로 삼게 될 것이라고 우려했다. 또한 핵무기의 사용을 가능한 한 억제하여 소련 공격에 대한 최후의 수단으로 남겨두고, 핵무기의 각국 보유에 따른 핵민족주의화 경향을 막아 대부분의 서유럽 국가들로 하여금 미국의 안보 전략에 의존하도록 만드는 것이었고, 이는 프랑스의 독자적 핵억지력 확보를 통해 국가 방위의 완전한 주권 회복을 추구하고자 했던 드골의 핵전략과는 정면으로 배치되는 것이었다.

1961년 5월, 케네디 대통령[340]은 파리에 도착하여 드골과 정상 회담을 가졌다. 무엇보다도 케네디의 마음속에 자리 잡은 것은 서방측 방위에 있어서 미국이 차지하고 있는 압도적인 위치였다. 케네디는 프랑스의 독립성에 위배되지 않으면서 서방 진영 내에서 압도적 위치를 유지하고자 애쓰고 있었다. 핵무기 사용 가능성에 대해서도 케네디 대통령의 주장은 이러했다. 즉 미국은 서부 유럽이 소련의 손아귀에 떨어지도록 내버려두느니, 차라리 핵무기를 사용해서라도 이를 저지할 결심이라는 것이었다.

그러나 드골이 더 구체적인 질문을 했을 때, 즉 소련의 침략이 어디로 뻗어 올 때, 언제 또 어느 목표물에 – 그것은 소련 내에 존재하는 지점인가 또는 그 외의 지점인가 어느 곳에 미사일을 발사시킬 것인가에 대해서는 케네디는 대답하지 못했다. 드골은 이 점에 대해 회고록에 다음과 같이 밝혔다.

"귀하가 대답 안 한다고 놀라지는 않습니다. 나를 굉장히 신뢰하고, 나 또한 상당할 정도로 높이 평가하고 있는 나토 사령관 노스타드 장군도 바로 이 점에 관해서는 내게 확실히 말하지 못하더군요. 우리나라에 있어서는 이 구체적인 문제가 가장 중대한 문제입니다라고 나는 그에게 말했다. 또한 케네디 대통령은 프랑스가 핵폭탄을 제조하지 말아 주었으면 하는

희망에서, 폴라리스 핵잠수함을 나토에 편입시키자고 제안했다. *케네디대통령의 논리에 따르면 신형 원자무기인 폴라리스 잠수함만 나토가 갖추게 되면 순수한 유럽 방위를 위한 억제력 있는 무기로 쓸 수 있다는 것이었다. 그의 말을 전부 들은 후 나는 그에게 프랑스가 핵 보유 국가가 되고자 한다는 의지를 재확인해 두는 수밖엔 다른 도리가 없었다. 남을 죽이려 하는 자는 결국 자기마저 자폭하고 만다는 진리를 깨닫게 해줄 방법이라곤 핵을 보유하는 수밖엔 없었다."*[341]

⑤베를린 위기 → 방기의 딜레마 극복

1958년 소련은 서베를린은 연합국 군대가 철수한 후 유엔의 보호 하에 '자유 도시'가 되어야 한다고 최후 통첩하면서 만약 서방이 6개월 이내에 그러한 조건에 동의하지 않는다면 동독과의 평화조약을 위한 계획을 진행시키겠다고 주장했다.[342] 하지만 드골은 "만일 소련이 전쟁을 시도한다면 우리는 그것이 실질적으로 전쟁을 유발할지라도 그 도전을 받아들이겠다. 전쟁을 정지시키는 유일한 길은 그 도전을 받아들이는 것이다"라고 선언했다.

또한 1961년 8월 31일 '베를린 위기'가 발생하자 드골은 소련에 대해 단호한 태도를 보여 주었다. 당시 소련의 지령을 받고 있던 동독 당국이 연합국 조약을 위반하는 베를린 장벽을 쌓자 드골은 소련에 대해 '전체주의체제', '소련 제국', '우리가 잘 알고 있는 독재' 라고 공격을 퍼부었다.

그러나 드골이 베를린 문제에 취한 기본 입장은 미국이 베를린 위기를 해결하는 정책에 부응하려고 했던 것이라고 보기보다는, 서독 총리인 아데나워로 하여금 자신의 정책과 전략을 인정하도록 유인하려는 것으로 해석할 수 있다.[343]

⑥케네디의 다국적핵군 창설 제안 → 연루의 딜레마 극복

또한 케네디는 1962년에 다국적 핵군 창설을 제안했는데, 드골은 이 역시 프랑스군에 대한 미국의 통제권 강화 시도로 받아들였다. 드골은 영국이 나소협정을 맺어서 미국과 특별한 방위체제를 수립한 데 대해서 매우 불만족스럽게 생각했다. 무엇보다 케네디는 미국이 스카이볼트Skybolt계획을 포기했으나, 영국은 이를 선택하는데 있어 자유롭다고 선언했다. 그래서 영국은 영국의 핵잠수함에 장착할 수 있는 폴라리스Polaris 핵탄두를 구입할 것을 결정했다. 나소협정에 의해 영국은 미국으로부터 폴라리스 미사일을 구입할 수 있게 되었으나, 다국적 핵군은 미국의 동의 없이 핵무기를 사용할 수 없기 때문에 독자적인 영국의 핵억제력을 약화시킬 수 있는 프로그램이기도 했다. 비록 영국이 핵보유 국가이긴 했으나 영국의 핵무기는 재래적인 수준이었기 때문에 소련에 독자적으로 자립해 핵전력을 강화할 수 없는 것은 영국의 딜레마이기도 했다.[344] 이런 상황에서 맥밀런 영국 수상은 이와 같은 미국의 제의가 프랑스에게 적용되기를 요구했다. 당연히 드골은 케네디의 이 같은 제의를 기본적으로 영국과 프랑스를 나토의 다국적 핵군에 통합시켜 통제하려 하고 있다고 비난했다.[345]

드골은 1963년 1월, 위와 같은 미국의 제안들을 근본적으로 거부했고, 1963년 가을 미·소가 제안한 지상 핵실험 금지 조약의 서명을 거부함으로써 이러한 의사를 명확히 했던 것이다.[346]

앞에서 언급한 내용을 정리해 보면, 드골은 프랑스에 있어서 종속적인 동맹은 있을 수 없으며, 오로지 정치적 자율성 확보가 보장된 동맹 속에서 국가 이익을 추구하는 철저한 자주적인 현실주의자였다.

특히, 국가 간의 관계에 있어서 논리나 감정보다 힘의 현실이 더 큰 무게를 가진다고 보았던 드골은 위대한 프랑스 재건을 위해서는 무엇보다도 핵무기가 필요했고, 핵개발은 대서양 동맹 속에서 동맹의 딜레마인 방기와 연루의 위협, 이 양자 사이의 균형을 통해 가능하다고 보았다.

따라서 미국에 대한 드골의 비판과 저항이 단지 당시 미국의 헤게모니와 힘의 현실을 부정하기보다는, 오히려 미국의 영향을 약화시키고, 방기와 연루의 위협으로부터 벗어나 프랑스의 자주와 유럽의 독립을 확보하려는 현실주의적·전략적 정책의 일환으로 봐야 할 것이다.[347]

"정치는 망각하는 능력이 없이는 이성적일 수 없다."[348] 어제의 적은 오늘의 친구가 될 수 있다. 이는 꼭 정치만이 아닌 국제 외교에서도 적용된다. 변화무쌍한 국제 정치 역사 속에서 동맹의 고리는 국가의 이익고려보다 강하지 못했다. 특히, 동맹의 가치를 알되, 영원한 동맹은 없으며, 영원한 이익만 있다는 사실을 명심하고, 국가 간 힘의 관계를 잘 이용해서 유연하고 전략적인 동맹정책을 이끄는 것이 중요하다. 그렇기 위해서는 자국의 안보 문제만큼은 스스로 책임지고 헤쳐 나가겠다는 지도자의 결단과 함께 국민들의 확고하고도 결연한 의지와 지지가 무엇보다 중요하다. 편안한 아름드리나무 밑에서 자국의 안보를 챙겨서는 그 나라의 미래는 없다.

Chapter 4. 리더십은 미래로부터 되돌아보기다

지금 어디쯤 어디로 가는지 알아야 한다 지도자라면 모름지기 자기가 이끄는 조직이 현재 어느 정도 수준이고 경쟁 상대와 비교하여 우위를 점하고 있는지, 또 제대로 목표를 향하고 있는지에 대해 매일 스스로 자문하고 평가해야 한다.

꽃잎은 바람결에 떨어져 강물을 따라 흘러가는데,
떠나간 그 사람은 지금은 어디쯤 가고 있을까….

옛날 전영이라는 가수가 부른 「어디쯤 가고 있을까」 라는 곡의 앞소절이다. 여기서 주목하고 싶은 부분은 바로 '어디쯤 가고 있을까' 라는 대목이다.

지도자라면 모름지기 자기가 이끄는 조직이 현재 어느 정도 수준이고, 경쟁 상대와 비교하여 우위를 점하고 있는지, 또 목표를 향하고 있는지에 대해 매일 스스로 자문하고 평가해 봐야 하지 않을까. 시대의 추세를 읽고 자신이 서 있는 자리를 안다는 것은 사업이나 정치뿐 아니라 세상사 모든 일에 있어서 꼭 필요한 것이다.[349]

드골이 프랑스의 영광을 이뤄낸 배경에는 프랑스의 시대적인 흐름, 현실 정황을 읽어 내는 힘인 직관력과 통찰력이 있었기 때문이다.

1959년 1월, 드골이 대통령에 취임하면서 느꼈던 내용이다.

"…나는 대사업의 지평선이 눈앞에 펼쳐지는 것을 보았다. 물론 18년 전 나에게 주어졌던 임무처럼 지금의 일이 영웅적 시대에 있는 그런 숨 가쁜 것은 아니다. 우선 국민이 위기에 처했을 때처럼 초인적인 노력을 필요로 하는 것도 아니다. 거의 모든 사람들(우리도 여기 속하지만)앞에 닥친 일은 전쟁에서 이기느냐 지느냐의 문제가 아니라 좀 더 편하게 살 수 있느냐 아니냐의 문제다. 나와 같이 세계의 문제를 다루던 인물 가운데 거인들(우방이든 적이든 전쟁을 통해 서로 맞섰던 이런 거물들은 거의 다 사라졌다. 지금 남은 사람들은 나라에 좀 더 유익한 것을 가져다줄 수는 없을까 하고 애쓰는 사람들이(물론 다른 나라에 손해를 끼치는 한이 있더라도)있을 뿐이다. 나도 그 중 한 사람이다. 우리 시대에 이런 조건에서 봉건집단(여기서 봉건집단들은 정당, 금권, 노동조합, 언론을 말한다)은 얼마나 유리한 입장에 서있는가! 일부 세력들은 국제무대에서 우리의 영향력이 사라지기를 꿈꾼다. 그들은 자기들이 이 무대의 주인공이 되고 싶어 한다. 재계, 언론계, 지식인, 사교계의 어떤 인사들은 공포에서 벗어나자 치아를 드러내고 그악스러운 비방을 계속한다! 한마디로 사회 곳곳에서 저속함이 판을 친다. 그러나 나는 위대한 그 무엇을 위해 일하기로 결심했다. 이것은 소명이다." [350]

프랑스가 자신을 다시 한 번 불러서 안내인이 되어 달라고 한 것은 결코 그가 조용히 잠자는 것을 보아달라고 한 것은 아니었다. 그래서 나는 사방에서 평범하기를 바라는 이 시대에 위대함을 위해 행동을 해야 했다. 1백 년 전부터 프랑스는 무서운 쇠운을 겪었지만 국가의 능력을 최대한 발휘하여 그의 힘과 부와 광채를 다시 찾아야 하며, 그러기 위해서는 그에게 주어진 휴식을 최대한 이용해야 한다. 그렇지 못하면 언젠가는 세기말의 시련을 이기지 못한 채 쓰러져서 다시는 일어나지 못할 것이다. 그리고 드골은 외친다. 프랑스의 재기 수단은 바로 국가와 발전과 자주권이다. 나의 의무는 이렇게 설계되었고, 우리 국민이 나를 따르는 한 그것은 결코 변하지 않을 것이라고.[351]

지도자는 조직이 지금 어디쯤 어디로 가고 있는지 알아야 한다는 말은, 쉽게 얘기하면 끊임없이 현재의 상황을 판단하고 평가해야한다는 말과 같다. 이는 실로 어려운 작업이다. 상황 평가라는 것이 얼마나 어려운지를 잘 알려주는 군대 명언으로 이런 말이 있다.

"한 전투가 끝난 뒤 승자가 적의 패배의 완전한 범위를 아는 경우는 드물다. 사실은 적이 패주하고 있을 때에도 승자는 때때로 아직 승부가 나지 않았다고 생각하거나 패했다고까지 생각한다."

상황평가를 그르쳐 6·25전쟁에서 영광과 좌절을 한 몸에 받은 인물이 바로 맥아더 장군이다. 1950년 9월 15일, 인천 상륙 작전은 맥아더가 구상한 것이었다. 나폴레옹이 사용했던 '적 배후로의 기동'을 적용한 작전으로, 이 작전을 통해 적의 군대와 보급기지 사이에 전략적 장막이나 장애물을 설치하고, 철수로를 차단할 수 있었다. 이것은 북한군 지도부의 최소예상선이었기 때문에 이 역시 최저 저항선을 이용했던 것이다. 동시에 한국의 수도에서 불과 20마일 떨어진 인천항을 공격함으로써 정치적 상징성을 확보하는 전쟁사에서 가장 탁월한 상륙작전이었으며, 미 해군의 거대한 힘과 엄청난 능력을 보여주는 것이었다.[352] 하지만 이어서 행해진 북진 작전에서 그는 씻을 수 없는 작전적 과오를 범하고 말았다.

주지하다시피 6·25전쟁은 김일성이 기획하고, 스탈린이 승인했으며, 마오쩌둥이 동의한 전쟁이다.[353] 이를 두고, 하버드 대학의 러시아 연구센터 전임 소장을 역임한 소련 대외정책 전문가인 아담 울람Adam B. Ulam은 이렇게 표현했다.[354]

운동경기에서, 선수가 자세를 낮춰 준비 자세를 취했다고 경주가 시작되는 것은 아니다. 경주는 "출발"이라는 출발신호와 함께 시작된다. 스탈린이 한 일이 바로 이것이다.

1950년 6월 25일, 6·25전쟁 발발 직후, 이미 중공은 한반도에서 발생할 수 있는 모든 상황에 대비하되, 국내외 정세를 전반적으로 분석한 결과, 북한을 지원하고 타이완 해방은 미룬다는 중대한 전략적 정책 결정을 내렸다.[355] 그러면서 중공의 저우언라이周恩來[356]는 당시 중공의 태도를 '성급하게 두려워할 이유는 없으나, 지나치게 낙관적일 필요도 없다懼無根據, 喜不麻木'[357]는 말로 표현하기도 했다.

1950년 10월 3일, 저우언라이는 미군이 38선을 넘어 전쟁을 확대하려고 한다면 이에 대해 중공은 관여할 것이라고 경고했다.[358] 그러나 트루먼 대통령과 미국 정책결정자들은 중공의 엄중한 경고를 단지 수사修辭에 불과한 협박으로만 오판했고, 중공은 허장성세를 부리고 있을 뿐이며, 북한 정권을 구하기 위해 진행하고 있는 외교적 노력의 일부분에 불과한 것으로 생각했다. 또한 미국의 정책결정자들은 그러한 행동은 유엔의 의석을 얻는 데(당시 미국은 중공의 유엔가입을 저지하고 있었음) 중공의 이해관계와 모순되기 때문에 중공 개입의 가능성을 엄포로 무시하는 경향이 있었다.[359]

다음은 중공군 개입에 관한 미국의 정세판단 내용인데, 이 내용은 중국 군사과학원 군사역사연구부에서 집필한 내용으로 최대한 중국의 입장에서 기술한 점임을 밝힌다.

소련 공산당 혹은 중국 공산당이 한반도 문제에 군사적으로 개입하게 된다면 세계 대전이 촉발될 수 있고, 소련인이 북한을 위해 모험을 걸고 세계대전을 일으킬 준비를 아직 하고 있지 않으며, 중공은 단독적으로 군사적으로 개입을 할 수 있는 능력을 갖추고 있지 않다. 이 외에, 중공이 만약 독단적으로 한반도에 군사적 개입을 한다고 해도 이것이 현재 진행되고 있는 전쟁 상황에 그 어떤 결정적인 변화를 일으키지는 못할 것이며 중국에게 오히려 반대로 참담한 실패를 안겨주게 될 것이다. 중국의 한반도에 대한 군사적 개입의 가장 좋은 기회는 미군이 부산에 원형방어진지를 구축했을 때라고 볼 수 있겠지만 지금 그러한 기회도 사라진 지 오래다.[360]

1950년 10월 19일부터 25일 기간에 세 갈래로 나뉘어 압록강을 건너 북한으로 전개했는데, 당시 중공군 총사령관 겸 정치위원은 펑더화이彭德懷였고, 부사령관 겸 부정치위원은 덩화鄧華였다. 이때 해군과 공군은 참전하지 않았지만, 전쟁 후반기에 가서 소수의 해군 특수요원들이 서해안의 기뢰를 제거하기 위해 극비리에 투입됐다. 제1차로 북한 지역에 투입된 중공군 병력은 4개 군단(38·39·40·42군단)과 포병 사령부(포병1·2·8사단, 고사포병 4개 연대), 기병·공병·수송연대로 편성된 지상군 25만이었다.[361] 이러한 중공군은 야간에만 이동하다 보니 미 공군정찰기들은 아무런 낌새를 눈치 채지 못했다.

당시 백악관 참모진들은 트루먼에게 웨이크 섬Wake Island에서 맥아더를 만날 것을 권했다. 그들은 그것이 양원 선거 바로 3주 전에 이루어지는 극적인 접촉이 될 것이라고 생각했다. 그들은 루즈벨트가 1944년 대통령 선거를 염두에 두고 그 해 호놀룰루Honolulu에서 맥아더를 만났던 사실을 중시했다. 처음에 트루먼은 정치적 곡예를 할 생각이 없었으나, 맥아더가 중국의 6·25전쟁 참전을 어떻게 생각하는가를 알기 위해 자신이 '신의 심복God's righthand man'이라고 불렀던 맥아더를 1950년 10월 15일에 태평양 웨이크 섬에서 만났다.[362]

이 웨이크 섬 회담은 당일 07시 36분에 시작하여 09시 12분에 끝났으며, 공식 회담 이후 1시간 30분 동안 트루먼·맥아더 양측 참석자들 간에 후속 토의가 있었다. 이 회담은 6·25전쟁의 전황과 대책을 논의한 자리로, 이때 트루먼 대통령이 중공군의 개입에 대해 물었으나, 맥아더 장군은 가능성이 거의 없다고 답했다.[363]

이미 중공의 경고가 분명했고, 압록강을 따라 그들이 취한 일련의 전쟁 준비가 거의 숨김없이 드러났음에도 불구하고, 맥아더의 명성[364]이 워낙 대단해서 트루먼 대통령과 브래들리 미 합참의장은 그의 판단에 아무런 반론도 제기하지 않았다.[365]

11월 5일, 도쿄의 맥아더 장군은 압록강 철교 폭파를 결심했다. 중공군 3만 4,000명의 병력이 이미 참전해 공세를 펼치고 있었고, 41만 5,000명의 대규모 병력이 만주에서 대기 중이었다. 중공군이 언제든 압록강 철교를 건너올 수 있다고 판단한 맥아더 장군은 같은 날 국방부에 폭파 작전 승인을 요구함과 동시에 스트레이트마이어 극동 공군 사령관에게 즉각 공습 준비를 지시했다. 강이 얼면 중공군의 압록강 도하가 쉬워진다고 본 만큼 하루라도 빨리 폭파해야 한다고 판단한 것이다. 이에 미국 정부는 모든 군사 작전은 한국 영토 내에서만 수행하며 중국과의 국경을 포함해 만주를 건드려서는 안 된다는 입장으로, 신의주와 단동을 잇는 압록강 철교를 폭파할 경우 생길 문제점을 고려해 폭파를 반대했다. 맥아더 장군으로부터 폭파 작전 승인을 요청받은 국방부의 로빗 차관이 그 작전을 애치슨 국무장관에게 알렸고, 이를 들은 애치슨 국무장관이 급히 캔자스시티를 방문 중이던 트루먼 대통령에게 전화를 걸었다. 대화 내용은 다음과 같다.

　대통령은 압록강 철교를 폭파하게 되면 국제적으로 문제점들이 발생한다는 사실을 인식했다. 그런 조치가 우리 병력 보호를 위해 즉각 필요하다면 대통령은 복잡한 문제점들에 기꺼이 직면할 것이다. 대통령은 폭파작전을 해야 하는 당면한 원인들에 대해 합동참모본부가 맥아더의 의중을 파악해야 한다고 했다.

　이 대화 내용은 짧막하지만 6·25전쟁에서 매우 중요한 한 장면이 아닐 수 없었다. 두루뭉술한 표현이었지만, 트루먼 대통령이 압록강 철교 폭파를 승인하지 않고 있음을 보여주었다. 6·25전쟁의 군사전략에 있어 트루먼 대통령과 맥아더 장군 간에 첨예한 갈등의 씨앗이 되었던 압록강 철교 폭파 건은 결국 워싱턴의 철교 폭파 연기 결정에 맥아더 장군이 저항하면서 그와 워싱턴의 갈등은 이때부터 깊어지기 시작했다.[366]

　결국 맥아더의 적의 규모 오판과 작전술적 운영 미흡(북진작전 간 8군과 10군단의 분리 운용으로 협조체제 미흡, 8군의 전위대와 단절된 수많은 종대 분산공격 등), 트루먼과의 전략적 갈등 등으로 인해 전쟁의 주도권을 잃게 되고 북진 작전에 실패하게 된다.[367] 참으로 안타까운 상황이었다. 역사에 가정은 없겠지만, 최초 중공군의 참전 규모와 전략·전술을 100%는 아니더라도 건전하게 판단했다면, 그 이후의 전쟁 상황은 아주 다양하게 또는 지금보다는 유리하게 전개해 나갈 수도 있었을 것이다.[368]

　이렇듯 끊임없이 현재의 상황을 판단하고 평가하는 것이 어려우면서도 중요하지만, 여기서 간과해서는 안 되는 점이 있다. 바로 현재의 상황을 기초로 향후 진행될 사항을 예측하고 판단할 때 가정assumptions을 세우고 추진하는데 이 가정은 매우 중요하다. 가정을 단순한 희망 사항으로 정해서 얼마나 실패를 자초한 사례가 많은가! 주도면밀한 분석을 통한 상황 이해를 바탕으로 계획 수립에 꼭 필요한 범위 내에서 가정을 두어야 한다. 또한 가정을 끊임없이 사실화하려는 노력이 필요하며, 일부 가정들이 사실이 아닌 것으로 판명될 경우 그것이 작전에 미치게 될 영향들도 미리 판단해 두어야 한다. 하지만 일이나 전쟁이 계획대로 진행될 수 없기에, 사전에 판단했던 사항들도 실시간 직감 및 이성적 사고를 최대한 발휘하여 추진해 나아감으로써 계획과 실시간의 차이를 최대한 줄일 수 있을 것이다.[369]

이렇듯 지도자 한 사람의 상황 판단과 결심은 조직의 성패는 물론 나아가 국가의 흥망을 좌우하는 데 결정적인 역할을 한다. 끊임없는 상황평가, 즉 셈算을 많이 할 때만이 조직의 발전을 위한 건전한 결심을 할 수 있다는 것을 명심해야 한다.

한치 앞을 보는 게 지도자다

평범한 삶이 시냇물에 안주하거나 만족하는 것이라면 지도자의 삶은 바다로 향하는 큰 물줄기에 관심을 가져야 한다고 생각한다.

"다른 삶들이 단지 그날그날의 사건들에 관심을 두는데 반해 드골은 미래에 대한 통찰을 통해 역사의 위대한 흐름을 파악하려 했다."

드골이 죽었을 때 막역한 사이였던 미국의 닉슨 대통령이 한 말이다. 닉슨(1913~-1994)은 정치인들 중에서 몇 안 되는 역사 연구가였다.[370] 그는 지도자와 관리자의 차이를 이렇게 설명했다.

관리자는 일을 바르게 하는 것이 목표인데 반하여, 지도자는 바른 일을 하도록 하는 것이 목표다. 지도자는 어떤 기교가 필요한 것이지만 그 기교를 상회하는 그 무엇이 있어야 한다. 그런 점에서 관리가 산문이라면 리더십은 시詩다. 관리자는 오늘과 내일을 생각하지만 지도자는 그 다음에 올 날들을 생각한다. …사람들은 이성으로 납득은 하지만 감정에 의해 움직이는 것, 그러므로 지도자는 모름지기 사람들을 설득하고 또 움직일 수 있어야 한다. …위대한 지도자는 옳은 일을 성취할 수 있는 비전과 능력을 갖추어야 한다.[371]

닉슨에게 비전은 미래를 향해 열린 과거에 대한 지식이었다. 비록 1974년 워터게이트 사건으로 대통령직을 사임했지만, 미국의 우주 개발에 박차를 가해 1969년 7월 아폴로 11호를 달에 착륙케 했다. 또한 베트남 전쟁 해결과 동서東西 진영의 평화공존을 위한 정책에 진력, 소위 말하는'핑퐁외교'로 중화인민공화국과 외교적 물꼬를 트고 닉슨 독트린의 구현을 추구하려던 매우 통찰력 깊은 인물이었다. 또한 국제적인 협상과 전략의 대가라는 평가도 받았다.[372]

이런 닉슨과 드골은 인연이 아주 각별했다. 1960년 대선에서 케네디에게 패한 닉슨은 1962년 캘리포니아 주지사 선거마저 낙선하여 실의에 빠졌다. 닉슨이 개인 자격으로 프랑스에 들렀을 때 드골은 그를 만나 시련을 이겨낼 수 있도록 격려하고 충고했다. 닉슨이 반드시 재기할 것이라고 믿었던 드골은 1969년 1월, 대통령에 취임한 닉슨과 재회하게 된다.

흥미로운 점은 드골이 닉슨의 미래에 대해 예견한 내용이 적중한 경우가 많았다는 것이다. 다음은 드골이 닉슨의 미래에 대해 예견한 일화들이다.

드골은 미국 정계의 분석도 뛰어났다. 1960년 미국 방문 중 그는 다가올 대통령 선거에 대해 큰 흥미를 보였는데, 그는 어느 편을 지지한다는 오해를 사지 않게 주의를 기울이면서도 자기 나름의 예리한 조언을 서슴지 않았다. 그의 의견으로는 닉슨이 아이젠하워 행정부의 부통령으로 선거전에 임하는 것은 어쩔 수 없는 일이겠으나, 시대적 요청에 부응하기 위해서는 오히려 그 자리가 불리할 수도 있다는 것이었다. 그리고 그는 이렇게 강조하는 것이었다. "당신은 '새로운 미국New America'이라는 기치를 내세워야 합니다."

물론 그의 충고는 옳았지만 닉슨 자신이 속했던 행정부를 비난하고 나선다는 것은 불가능했다. 하지만 그의 충고는 정확했고, 케네디는 바로 이 '새로운 미국'이라는 기치로 선거에서 승리를 거뒀다.[373]

1967년, 닉슨의 친구로 후에 UN 대사를 역임한 월터스Vernon Walters가 주프랑스 대사관의 무관으로 부임했다. 월터스는 1942년 이후 드골과는 아는 사이였다. 보렌 대사의 송별식을 마친 후 드골은 짐짓 월터스를 불러 닉슨을 최근에 본 적이 있느냐고 물었다는 것이다. 그렇다고 대답하자 드골은 특별히 강조해서 말하기를 "닉슨은 훗날 반드시 대통령에 당선될 것"이라고 한 후, "그와 나는 함께 '사막을 횡단'한 사이"라고 덧붙였다고 했다. '사막의 횡단'이란 그가 권력을 떠나 있는 외로운 시절을 비유해서 즐겨 쓰는 표현이었던 것이다. 그리고 놀랍게도 "닉슨 씨는 나와 마찬가지로 권좌에서 쫓겨나 낙향하는 신세가 될 것이다"라고 예언했다. 이것은 월터스가 훗날까지도 이상하게 생각하는 예언 중 하나였다.[374]

그렇다면 이런 예언과 미래에 대한 통찰력은 어떤 상관관계가 있을까? 또 역사에 대한 위대한 흐름은 어떻게 파악할까?

미국 육군참모총장(1991~1995)을 역임한 고든 R. 설리번은 그의 저서인 『장군의 경영학』에서 미래로부터 되돌아보기의 과정은 많은 사람들이 불편해 하지만, 전쟁이든, 사업이든, 나아가 삶의 모든 부분에서 성공을 거둔 지도자의 비결은 바로 여기에 있었다고 주장하면서 다음과 같이 강조했다.

사실 이러한 기술은 장거리 주자들과 기타 육상 선수들이 주로 사용하는 기술이다. 이들은 결승점에 있는 자신을 봄과 동시에 자신을 격려하기 위해 뒤돌아본다. 다시 말해, 결승점에 당도한 미래의 자신을 봄으로써, 승리에 필요한 강한 집중력을 얻는 한편 끊임없는 긴장과 고통을 완화시키는 것이다. 이러한 미래를 통해 뒤돌아보는 과정은 다음과 같은 가장 기본적인 질문으로부터 시작된다.

① 여러분 조직의 목적은 무엇인가?

② 여러분은 어떤 일을 하고 있는가?

③ 여러분의 내일 목적은 무엇일까?

④ 여러분의 전략적 환경이 지닌 특성은 무엇일까?

⑤ 내일의 시장에서 결정적인 승리를 거두려면 무엇이 필요할까?

⑥ 다음 이후의 조직이 어떤 모습일지를 물어보라!

이렇게 다음 이후의 조직을 상상함으로써, 오늘의 눈가리개를 벗어 던지고 오늘의 현실을 부정하기보다는, 이 현실을 뛰어넘어 생각할 수 있도록 도와준다. 그렇지만 지도자는 이 미래로부터 되돌아보기라는 불편한 과정과 친해져야 한다.[375]

드골의 미래를 향한 빛나는 통찰력은 청년 장교 시절의 군사 전략에서부터 정치가로서 국내·외 정치 분야에 이르기까지 여러 곳에서 확인할 수 있다.

2차 대전 직전 청년장교의 신분으로 줄기차게 외친 '기계화부대 중심주의', 1946년 헌법제정 과정에서 내세운 '강력 정부론', 냉전의 종식을 예견하여 초강대국 미·소 양극체제를 배격한 '제3세계론' 등 헤아릴 수 없이 많다.

특히 드골이 케네디 대통령에게 미국이 베트남에 개입하는 것은 길을 잘못 들고 있다고 선언한 대목은 대단한 통찰력이 아닐 수 없다. 물론 케네디는 앞으로 인도차이나 반도가 소련에 대항하는 구축점으로 발전할 것이라는 점을 이해시키면서 동의를 구하려 했지만 말이다.

"당신에게 있어서 베트남 개입은 끝없는 톱니바퀴에 끼는 것과 같습니다. 모든 민족이 눈을 뜨기 시작한 이때 어느 강대국이 어떠한 수단을 동원하더라도 승산할 여지가 희박하다는 것을 알게 될 것입니다. 왜냐하면 현재의 지배자들은 이해관계 때문에 미국 사람인 당신들에게도 복종할지 모르지만, 주민들은 이에 찬성하지 않을 것이오. 그뿐 아니라 그 곳 주민들이 미국 사람들을 오라고 부른 것도 아니지 않습니까? 귀하는 이데올로기를 문제 삼지만, 그것은 아무런 소용도 없을 것입니다. 대중들의 눈은 점차 귀하가 힘을 내세우려 한다는 것을 알게 될 것입니다. 이런 까닭에 미국이 베트남에서 공산주의에 대항하려 하면 할수록 그곳

의 공산주의자들은 민족독립운동의 챔피언으로 보일 것입니다. …미국이나 프랑스 또는 다른 나라가 이 불행한 아시아에서 해야 할 일은 그곳에 서로 교대해가면 들어가는 일이 아니라, 아시아 국민들이 굴욕과 빈곤으로부터 벗어날 수 있도록 원조를 제공해 주는 것입니다. 다른 곳과 마찬가지로 거기서도 빈곤과 굴욕감이 원인이 되어 전체주의 국가가 생긴다고 생각합니다." [376]

1968년 5월, 학생·노동자의 소요 발생을 극복하기 위해 제시한 '참여 사회'에 대한 구상은 프랑스의 권력 기구, 산업 구조, 교육 체제 등 사회 체제 전반에 걸친 일대 혁신을 단행하려는 것으로 비단 프랑스의 장래를 좌우할 뿐 아니라 세계사적으로 높이 평가받을 만한 통찰력이었다.

평범한 삶이 시냇물에 안주하거나 만족하는 것이라면 지도자의 삶은 바다로 향하는 큰 물줄기에 관심을 가져야 한다고 생각한다. 때로는 시냇물에 안주하는 많은 삶들에 의해 비난을 받는다던가, 더 나아가 배신자로 생각되어 생명의 위협을 받는다고 해도 진정으로 그 길이 역사의 위대한 흐름이라면 용기 있게 나아가야 한다. 강물이 여러 물줄기 형태로 바다로 흘러가듯이 역사의 위대한 흐름도 대도大道를 향해 흘러가기 때문이다.

지도자는 나이와 세월에 민감해야 한다

지도자는 하루를 마감하면서 오늘이라는 하루의 24시간을 얼마나 유용하게 사용했는가에 민감해야 한다. 왜냐하면 내일의 시간을 오늘 사용할 수 없고, 어제의 시간을 다시 되돌릴 수 없기 때문이다.

드골이 대통령 시절에 일 년에 두 번 내외신 기자, 각료, 고위 공무원, 외국 대사 등 천여 명이 참석하는 정기회견 시 드골이 고령임을 빗대어 "건강에 문제는 없느냐"는 질문을 받으면 이렇게 대답했다.

"그렇다. 그러나 내가 죽는 데 실패하여 실망시키는 일은 없을 것이다."

사실 드골은 앙드레 말로와의 대화에서 '무엇인가를 결정하는데 있어 나이가 큰 비중을 차지하는 것은 아니다.' 라고 말한 적이 있었다. 경륜으로 일을 지혜롭게 처리하여 나이를 극복할 수 있다는 뜻이다. 그러나 1차 대전의 영웅이었던 페탱 원수가 2차 대전에서 맥없이 독일에 굴복하여 친나치 괴뢰 정부인 비시 정권을 맡은 것도 그의 나이(당시 79세) 탓으로 투지가 약해졌기 때문이라는 부분에 주목해야 한다. 우연찮게 드골도 79세인 1969년에 대통령직에서 물러난다.

여기서 생각해 볼 것이 있다. 과연 나이와 지도자와의 상관관계는 무엇일까. 드골이 생각하는 나이와 지도자와의 상관관계는 다음과 같다고 생각한다. 고령의 나이라도 자기관리만 잘하면 지도자로서의 건전한 결심과 역할을 수행하는데 문제가 안 되겠지만, 그러나 한계가 있다는 것, 그 한계를 빨리 깨달아야 한다는 것이다.

이와 관련하여 현대 기계화전 이론의 선각자인 영국의 풀러J. F. C. Fuller, 1878~1966 장군의 주장은 음미해 볼 필요가 있다. 풀러는 자신의 저서 『장군의 지휘통솔 Generalship : Its Diseases and their Cure』에서 장군에게 필요한 덕목은 용기, 창조적 지성, 신체적 건강이며, 특히 장군은 보다 젊어야 한다고 주장했다.[377] 신체적으로 건강, 정력, 활력은 의심할 여지없이 대단히 중요한 가치를 지닌 것으로 통상 나이든 사람보다는 젊은이의 특성이다. 나폴레옹(1769~1821)은 45살이 넘은 장군에게 야전 지휘관직을 맡기면 안 되고, 60살이 넘은 장군에게는 명예직 외에 어떤 직책도 주어선 안 된다고 했는데, 지휘에 필요한 신체적 요인에 대한 그의 생각이었다.[378]

모든 법칙에는 예외가 있는 법이지만, 이와 관련하여 풀러는 매우 흥미 있는 데이터들을 제시했는데, 여기서는 그 중 두 가지를 소개할까 한다.

첫째, 기원전 401년, 크세노폰 장군(당시 29세)의 쿠낙사 전투Battle of Cunaxa로부터 서기 1866년, 몰트케 장군(당시 66세)의 쾨니히그레츠 전투Battle of königgretz까지 주요 전투를 승리로 이끌었던 장군 100명을 대상으로 나이를 분석했다. 결론은 역사적으로 정말 위대한 장군 75%는 최소한 45살 아래였다는 것이다. 장군의 지휘통솔이 가장 왕성한 기간은 30살에서 49살 사이이며, 35살과 45살 사이에(평균 40.36살) 최고점에 이른다는 것이다.

둘째, 1914년부터 1932년까지 영국 육군에 보직되었던 모든 원수, 대장, 중장의 연도별 평균 나이를 조사해 보니, 이 기간 중 보직되었던 평균 나이는 59.9살이라는 것이다. 이는 앞에서 제시한 장군의 지휘통솔을 가장 효율적으로 발휘할 수 있는 시기보다 10년 이상 지난 나이이다. 풀러는 이러한 데이터가 장군의 지휘통솔에 관한 한, 역사를 통해 위대한 장군이 극소수였던 이유와 이것이 관계가 있다는 것을 분명히 보여주고 있다고 주장했다. 다시 말해 그것은 평시 요구조건이 전시 필요조건을 충족시킬 수 없다는 것이다.[379] 이렇게 나이는 신체적 건강과 용기, 창조적 지성에 큰 영향을 미쳐 결국 전장의 승리요인에 결정적인 역할을 한다는 논리다.

한편, 우리나라 철학계의 거두인 김형석 교수(2022년 현재 103세)는 그의 저서 『백년을 살아보니』에서 인생의 나이에 대한 매우 통찰력 있는 내용을 썼다.

"노년기는 언제부터 시작되는가. 보통 65세부터라고 말한다. 그러나 나와 내 가까운 친구들은 그런 생각을 버린 지 오래다. 사람은 성장하는 동안은 늙지 않는다. 노력하는 사람들은 75세까지는 정신적으로 인간적 성장이 가능하다. 신체가 쇠약해지면 늙는다고 생각하는 사람들이 있다. 그 생각은 동물적이거나 생리적 관점이다. …그러나 정신적 성장과 인간적 성숙은 그런 한계가 없다. …나도 60세가 되기 전에는 모든 면에서 미숙했다는 사실을 인정하고 있다. …그래서 나는 오래전부터 인생의 황금기는 60세에서 75세 사이 라고 믿고 있다. 그러다가 80세가 되면 노년기에 접어들게 된다. 그 나이가 되면 옛날로 돌아갈 수 없는 나의 인생이 정착되거나 평가의 대상이 된다." [380]

특히, 인생의 황금기는 60세에서 75세 사이라고 한 점, 그리고 80세 이후부터는 옛날로 되돌아갈 수 없는 자기만의 인생이 정착되고, 또 평가의 대상이 된다는 말이 매우 인상적이다.

여기서 문득 생각나는 분이 있다. 지금은 작고하셨지만, 손희선 장군이다. 그는 육사 2기로 임관하여(박정희 대통령과 육사동기이며 같은 생도대 출신) 6·25전쟁 당시 9사단 30연대장으로 참전, 매봉한석산 전투[381]에서 혁혁한 전공을 세운 용장勇將이었다. 나중에 육군 소장으로 예편하여 국가안보회의 상임위원을 역임했고,[382] 육군대학 명예교수시절 후배장병들에게 '전장에서의 지휘관의 역할과 미래의 군대상'에 대해 교육하는 것을 낙으로 삼으셨던 군의 원로셨다.

2003년 여름이었다. 그 분(당시 79세)은 당시 모 사단 역대 사단장 모임의 회장을 맡고 계셨고, 나는 그 모임을 준비하는 실무자였다. 성공적인 모임을 위해 시작 전부터 많은 관심을 표명하여 실무자인 나와 많은 얘기를 나누는 것은 으레 있는 일. 그러나 내가 정작 놀란 것은 모임 당일이었다. 모임 시작 3~4시간 전에 나는 그 모임 장소에 미리 가 이것저것 준비하고 있었는데, 모임 한 시간 전에 나오셔서 나와 함께 모임 진행순서를 맞춰 보고 또 팔순을 넘기신 나이인데도 불구하고 인사말을 자꾸 연습하는 것이었다. 마치 학생이 시험보기 전에 열심히 외우는 것처럼 말이다. 그 모습은 나에게 큰 감동이었다. 하물며 젊은 사람은 일러 말해 무엇 하리. 인생은 저렇게 열심히 살아야 하는구나, 지금부터 하루하루 내게 주어진 시간을 소중히 잘 사용해야겠다는 다짐을 하게 만든 아주 뜻깊은 하루였다.

개인적으로 내가 쓴 책을 선물해 드렸을 때, 손희선 장군이 나에게 직접 손으로 쓰신 편지를 보내 주셨는데, 앞으로 위대한 대한민국의 젊은이들이 더 큰 꿈을 가졌으면 하는 차원에서 내용을 한 번 소개할까 한다.

"친애하는 鄭翰用 少領 貴下
「21C의 힘 탁월한 리더십 드골」冊子를 잘 받았습니다. 그 冊 내용에 이 老兵을 높이 評價

해 주어서 감사합니다. 이제 鄭少領과 나와는 더 깊은 유대를 맺게 된 것을 기쁘게 생각하며 이 所重한 因緣을 영원히 維持하고 싶은 것이 저의 心情입니다.

　　鄭少領의 탁월한 文章力에 感歎을 禁할 수가 없으며, 앞으로 계속 精進하시어 英國의 유명한 戰略家인 B. H. Liddell Hart[383]와 같은 後世에 길이 남을 軍事分野 전문가로 大成하시길 진심으로 기원하고 있습니다. 보내주신 冊子는 "심일 賞 수상자" 諸位께 증정할 것입니다. 거듭 力作 드골 出版을 祝賀드리며 武運長久하시길 祈願합니다. 感謝하면서."

2005. 5. 2 孫熙善

흔히 대부분 타인의 나이에는 관심을 기울이면서 정작 자기의 나이에 대해서는 진지하게 생각하지 않는 경우가 많다. 하지만 무슨 일을 하는 데도 다 때가 있고,[384] 특히 지도자라면 자기 나이와 세월에 민감해야 하지 않을까. 빈부귀천 남녀노소 구별 없이 가장 공평하게 만인에게 주어지는 것이 바로 하루 24시간이다. 지도자는 하루를 마감하면서 오늘이라는 하루의 24시간을 얼마나 유용하게 사용했는가에 민감해야 한다. 왜냐하면 내일의 시간을 오늘 사용할 수 없고, 어제의 시간을 다시 되돌릴 수 없기 때문이다.

　　"당신이 3천 년, 아니 3만 년을 산다고 해도, 당신은 결코 지금 살고 있는 순간 이외의 삶을 누릴 수 없다. 누구든 존재하고 있지도 않은 과거와 미래를 상실할 수는 없다. 따라서 가장 긴 삶이거나 가장 짧은 삶이거나 결국은 마찬가지다. 소멸하는 것은 저마다 다르더라도 현재는 만인에게 동일하며, 소멸하는 것은 오로지 한 순간에 지나지 않는다. 당신은 언제나 다음 두 가지의 사실을 명심해야 한다. 첫째, 이 세상 만물은 오랜 옛날부터 늘 똑같은 형태로 순환되어 왔으며 따라서 인간이 동일한 사물을 백 년, 2백 년, 아니 영원히 지켜본다 하더라도 본질적으로는 아무 차이가 없다는 사실이다. 둘째, 가장 오래 산 사람이나 태어나자마자 죽은 사람이나 죽음에 이르러서 상실하는 것은 결국 같다는 것이다. 현재만이 인간이 소유할 수 있는 유일한 것이며, 누구라도 소유하지 않은 것은 상실할 수 없는데, 그렇다면 가장 중요한 것은 현재를 어떻게 살아가는가이다."[385]

마르쿠스 아우렐리우스의 「명상록」중

때와 여건이 허락지 않을 땐 과감히 물러나라

항상 사직서를 쓰는 마음으로 조직을 이끌어 나간다면 좀 더 공정하게 또 창조 적으로 일을 만들어가지 않을까. 여기서 우리는 지도자가 과감히 물러나는 시 기를 알고 실행에 옮기는 것도 리더십의 요체라는 것을 알 수 있다.

드골은 생애 두 번에 걸쳐 최고 권좌로부터 스스로 물러나는 것을 보여 줌으로써 지도자로서 나설 때와 물러설 때를 알고 행동하는 것이 얼마나 중요한지 보여왔다. 이런 그의 모습은 로마의 정치가인 킨킨나투스Cincinnatus[386]에 가깝다.

한 번은 1946년 1월, 드골은 과감히 펠릭스 구앵에게 뒤를 인계하고 권좌에서 물 러났다. 파리를 해방시킨 드골은 국민들의 압도적인 지지 속에서 1945년 11월, 새 헌 법이 제정되고 총선이 실시될 때까지 프랑스의 재건을 책임질 임시정부의 대통령으 로 선출되었다. 하지만 새로 탄생할 제4공화국의 권력 구조를 놓고 행정부의 통수권 강화를 요구하는 드골과 입법부 중심 체제를 고수하고자 하는 좌파 정당들 사이에 곧 알력과 마찰이 일자, 이듬해 1월 드골은 제3공화국 당시의 의회 체제를 고수하려 는 움직임을 거부하며 펠릭스 구앵에게 뒤를 인계하고 단호히 대통령직에서 물러났 다.[387] 왜냐하면 드골은 의회주의의 병폐를 목도하고 비판하면서 꿈꾸던 공화국은 이 전과는 다른, 그리고 달라야만 하는 당위성을 가진 새로운 공화국의 모델, 즉, 정치적 쇄신, 강력한 행정부, 경제적 민주주의의 표방을 통해 사회적·국민적 통합에 바탕을 둔 공화국이었던 것이다.[388]

이렇게 사임하기 전에 드골은 1945년 7월 25일, 영국 보수당(처칠)이 선거에서 패 하자, 이제 영국은 단결과 감격과 희생이라는 심리학을 던져버리고 이해利害와 편견 과 반목의 소리에 귀를 기울이게 되었다고 개탄하면서 다음과 같이 회고록에 적은 바 있었다.

처칠의 패배는 위대한 인물에 가해진 불명예로 비칠지 모른다. 그러나 이것은 인간사의 흐름일 뿐이다. 전쟁이 끝난 영국은 단결, 활력, 희망의 정신에 대신하여 이해관계에 집착하고 편견이 지배하는 갈등의 시대를 맞았다. 위대한 일을 위한 처칠의 개성이 범용凡庸의 시대에는 더 이상 맞지 않기 때문이다. 처칠과 드골은 각자의 일을 담당함에 있어서의 조건이 아무리 다른 것이고, 또 두 사람의 각축이 아무리 격렬한 것이었다고 해도, 그들은 역시 5년 이상이나 되는 동안, 역사의 사나운 큰 바다 위를 같은 별들의 인도를 받으면서 나란히 항해하고 있었음에는 변함이 없었다. 처칠이 지휘하는 배는 이제 매어졌다. 내가 지휘하는 배는 항구가 눈앞에 보이는 곳까지 와 있었다. 영국이 폭풍이 휘몰아칠 때 불러들인 선장에게 이제 와서 퇴진을 요구했다는 사실을 알았을 때, 나는 프랑스라고 하는 배의 키를 떠날 시기를 예견했다. 그러나 나는 키를 잡던 때와 같이 스스로의 의사로 떠나리라.[389]

또 한 번은 대통령 임기가 3년이나 남은 1969년 4월 28일 새벽 0시 10분, 드골은 AEP통신을 통해 국민에게 대통령직 사임을 발표한다. 그는 특별히 중요하지도 않고 승산도 없는 국민투표 결과를 자신의 진퇴에 결부시킨 것이다. 국민투표에 붙인 내용은 다음과 같다.[390]

첫째, 프랑스 관료적 중앙집권체제를 개혁하여 많은 행정 권력을 중앙으로부터 지방 권력인 주州에 이관하려는 안.

둘째, 여태까지 하원에 비해 입법권이 제한되어 있는 상원에게 기존 권한과 국정감사권을 대폭 제한하여 사실상 자문기구화하자는 안.

셋째, 대통령 유고시 권한 대행자로 규정된 상원의장을 대통령 스스로 임명하는 국무총리로 대신하자는 안이었다.

그러나 과반수의 찬성을 얻지 못한 결과(반대표가 유효투표의 약 53%)가 나오자, "나는 대통령으로서의 권한 행사를 중지한다. 나의 이 결정은 오늘 정오에 효력을 발생한다." 라는 말과 함께 권좌를 박차고 향리로 향했다

이런 두 번의 극적인 사퇴 배경에는 위기의 시대가 지나고 다양한 목소리와 변화, 개혁이 요구되는 시대에 접어들면서 드골 스스로 자신의 통치방식이 현 시대에 맞지 않는다는 결론에 도달했기 때문이다. 시대에 맞지 않는 정치를 하고 싶지 않았고, 그렇다고 해서 독재 정치를 원하는 바도 아니거니와 배타적 성격의 정당이 도래하는 시대를 막을 도리가 없었다고 회고했다.[391]

흔히들 독재하면 군사독재만 연상하는 경향이 있는데, 역사는 종교독재, 왕권독재, 그리고 민주주의를 가장한 독재가 훨씬 더 지독할 수 있다는 것을 보여준다. 말로만 민주주의를 부르짖고, 민주주의라는 미명 아래 얼마나 많은 독재가 자행되어 왔는가. 그런 면에서 드골이 얼마나 국민 주권에 충실했고, 독재에 빠지지 않기 위해서 부단한 자기성찰을 했는지를 다음 글에서 알 수 있다.

프랑스는 두 번의 제정帝政을 경험했다. 최초의 제정[392]은 스스로 유럽을 지배할 수 있다고 느꼈고, 또 무질서와 혼란으로 지쳐버린 시대였으므로 프랑스는 환호를 보냈다. 제2의 제정[393]에 대해서는 그 패배를 인증한 조약의 굴욕을 씻어 버리고 싶은 바람과 기억에 새로운 사회 동란이 빚어낸 고통 속에서 승낙을 했다. 더구나 이들 제정은 둘 다 어떤 최후를 마쳤던 것인가. 오늘날엔 어떤 정복도, 어떤 복수도, 국민을 유혹할 수가 없다. 내가 폭풍의 동안에 행한 독재도, 만일 조국이 위기에 빠져 있는 것이라면 다시 거듭할 수도 있겠으나, 국가의 구제가 기정사실로 되어 있는 이상, 나는 그것을 유지하려고 하지는 않는다. 억압자로 오해받고 싶지 않았다. 또한 프랑스와 서구의 정서[394]에 반하는 태도로 자신을 파멸시키는 우를 범하지 않으려 했다. 그러기 위해서는 설혹 정당정치가 오랜 기간에 걸쳐 프랑스에 해독을 끼치더라도 이를 좌시할 수밖에 없다고 생각했다. 동시에 정당정치에 이용되거나 조역으로 전락하기를 거부하고 깨끗이 물러남으로써 훗날 국가를 위해 일할 기회가 다시 올 수 있을 것으로 믿었다.[395]

최고의 도박사들은 지나친 욕심을 부리지 않기 때문에 게임에서 승리한다. 순풍을 타고 하루에 천리를 가듯 순조로울 때에도, 반드시 작은 변화에까지 주의를 기울여야하지만, 물러설 때를 아는 것 또한 승리하는 능력만큼이나 중요하다.[396] 나아갈 때와 물러날 때를 정확히 판단하고 절제할 수 있는 능력은 지도자라면 반드시 갖추고 있어야 할 덕목이다.[397]

또한 사람은 앉은 자리보다 떠난 자리가 깨끗해야 한다. 언젠가는 누구나 지금 몸담고 있는 곳에서 떠나야 한다. 진급이나 승진이 더 이상 안 되거나, 후배에게 물려줄 상황이 도래하면 사직서를 제출하는 심정으로 떠날 준비를 해야 한다. 사직서는 남의 일이라고만 생각하면 안 된다. 항상 사직서를 쓰는 마음으로 조직을 이끌어 나간다면 좀 더 공정하게 또 창조적으로 소신 있게 일을 추진하지 않을까. 여기서 우리는 지도자가 과감히 물러나는 시기를 알고 실행에 옮기는 것이 어쩌면 리더십 중에서 가장 중요하다고 말할 수 있다.

국가를 위한 봉사에 대가를 바라지 마라

지금 내가 가지고 있는 것은 원천적으로 내 것이 아니다. 그것은 내가 한때 맡아 가지고 있는 것일 뿐이다. 재물이 됐건 명예가 됐건 그것은 본질적으로 내 차지가 아니다.

닉슨이 드골을 평가한 내용 중에 다음과 같은 대목이 눈에 띈다.

"세상에는 드골보다 더 큰 공헌을 한 사람은 많아도 드골 같은 강한 개성을 보여준 지도자는 거의 없었다. 그는 고집스럽고, 의지적이며, 지극한 자신감의 소유자요, 그리고 거대한 자아自我의 소유자였지만, 동시에 철저한 몰아沒我의 사람이기도 했다. 그는 많은 것을 요구했지만 어디까지나 본인 아닌 프랑스를 위한 것이었다. 그의 생활은 검소했고, 그의 꿈은 장대했다." [398]

뒤에 설명하겠지만, 수많은 인간들의 이해관계와 권모술수가 얽히고 설킨 정계에서 드골은 어떻게 몰아의 지도자가 될 수 있었을까. 이런 삶을 살 수 있었던 것은 이

미 드골의 마음속에 청년 장교 시절부터 국가를 위한 자신의 봉사에는 대가가 필요 없다는 확고한 국가관과 함께 공수래 공수거空手來 空手去라는 사생관이 확립되어 있었기 때문이 아닐까.

인생을 살다 보면 수많은 강을 만나게 된다. 어떤 강은 건너는 데 성공하기도 하지만, 어떤 강은 건너는 데 실패하여 좌절하기도 한다. 이미 물을 건넌 자는 여유가 있지만, 아직 물을 건너지 못한 자는 큰 내를 건너는 모험에 도전하기도 한다. 또 인간의 욕심과 방심, 자만으로 인해 인생을 불행하게 만드는 유혹의 강이 얼마나 많은가? 일찍이 석가는 인생의 폭류[399]를 어떻게 건넜냐는 질문에 다음과 같이 대답했다.

> *"…나는 멈추지 않고, 모으려고 아등바등하지 않았다. 내가 멈출 때 나는 가라 앉아 버렸다. 내가 모으려고 아등바등할 때 나는 휩쓸려나가 버렸다. 이처럼 나는 멈추지 않고 모으려고 아등바등하지 않았기 때문에 폭류를 건널 수 있었다."* [400]

다시 말해 나와 세상은 조건 발생이요, 여러 조건緣, paccaya들이 얽히고 설키어서 많은 종류의 괴로움을 일으킨다. 이러한 괴로움의 발생 구조와 소멸 구조를 구명究明하여 그 괴로움을 없애야 해탈과 열반이 실현된다. 이 괴로움의 폭류를 건너려면 오염원kilesādi 등 때문에 멈추어 서지 않아야 한다. 또 업[401]의 형성abhisaṅkhāra으로 인해 아등바등하지 않고, 중도majjhimapatipadā에 뛰어 오른 뒤 모으려고 애쓰지 않았기 때문에 폭류를 건널 수 있었다는 것이다.[402]

이는 아상我相을 버리고, 몰아의 경지에서 대의를 위해 끊임없이 생각하고 나 자신을 되돌아보는 수행을 하고 그것을 행동에 옮겼을 때만이 인생의 폭류를 건널 수 있다는 말이 아닐까.

그럼 드골이 평생을 걸쳐 몰아의 경지에서 프랑스를 위한 봉사라는 대의를 위해 죽는 순간까지 노력했었던(그 누구도 흉내 내기조차 힘든) 모습들을 살펴보자. 먼저 돈으로부터의 투명성과 자기 관리에 대한 확고한 신념이다. 흔히들 정계는 돈과 밀접하게 관련되어 있다고 생각하는 것이 통념이다. 꼭 당사자는 아니더라도 참모진에서 얼룩진 돈과 연루되어 정치인을 곤란하게 만드는 경우가 비일비재다. 일반적으로 돈에 대한 애착은 동서고금 남녀노소를 막론하고 인간이 느끼는 유일한 공통점이 아닐까. 그러나 드골은 두 번에 걸쳐 국가를 위한 봉사에는 대가가 필요 없다는 것을 행동으로 보여주었다.

1946년 1월, 정부의 수반 지위를 포기하고 후계자 펠릭스 구앵을 내세우면서 은퇴했을 때, 의회는 국가 최고 공훈자로서 드골의 세금 면제를 가결했다. 하지만 드골은 이를 받아들이지 않았고 끝까지 세금을 냈다. 그는 개인 재산과 부인 이본느의 사물을 팔아 생활비를 충당했는데, 『전쟁회고록』 제1권이 출판(1954년)될 때까지 실질적으로 빚으로 연명했다. 그는 『전쟁회고록』 출판 덕분에 놀랄 만한 액수의 부채를 갚았다.[403]

1969년 4월, 대통령직을 사임했을 때에는 이미 퇴역군인으로서의 연금은 물론 전직대통령으로서 마땅히 받을 수 있는 연금조차 사양했다. 그리고 그러한 돈은 가난한 국민들에게 지급될 수 있도록 했다. 이에 프랑스 정부는 드골의 뜻을 살려 가족들에게 지급하는 연금도 무의탁 노인들과 고아원 어린이들을 위해 사용하는 신탁기금에 보냈다. 드골이 태어나고 살았던 생가는 관리할 능력이 없어 팔았다. 다행히도 그 저택은 드골을 존경한 어느 재벌이 구입해 정부에 헌납하면서 지방정부가 문화재로 지정해 드골 기념관으로 관리하고 있다. 또한 해리 트루먼 미국 대통령이 선물로 준 더글러스 DC4 스카이마스터 수송기는 프랑스 공군에 넘기고, 아이젠하워 대통령이 선물로 준 고급 캐딜락 역시 국고에 귀속시킬 정도로 자기 관리에 철저했다.[404]

드골은 파리에 집 한 채 없는 청빈한 지도자였다. 파리 동부 300킬로미터 지점, 로렌 지방의 작은 마을 콜롱베에 중령 시절 구매한 집 한 채가 전 재산이었다. 임시정부 대통령 시절에는 파리교외 친구의 호텔에서 셋방살이를 했다. 드골은 1946년 임시정부 대통령을 사퇴한 후 이 콜롱베 시골 집에서 12년간 회고록을 썼다. 제5공화국 대통령 시절(1959-1969)에는 주말이면 자동차로 이 집에 돌아와 국가경영을 구상하면서 휴식을 취했다. 드골은 끝내 파리에 집을 장만하지 못했다. 그는 1968년 학생 혁명 후 국민투표에서 패배하자 다시 은퇴해 이 집으로 돌아왔다. 만년을 회고록을 쓰면서 보내다 1970년 11월 9일 사망했다. 그는 이 마을의 작은 공동묘지 한구석에 평범하게 묻혔다.

또한 드골은 오랫동안 동상 하나 없는 영웅이었다. 2000년 11월 9일, 그의 서거 30주기를 계기로 파리의 샹젤리제 대로에 '자유 프랑스' 재단이 드골 동상을 세웠다. 드골 동상은 1944년 8월 26일 해방된 100만 파리 시민과 행진했을 때의 군복차림으로 21세기 프랑스를 지켜 주고 있다.[405]

이러한 엄격한 모범은 자신의 후계자들이 권력을 남용하게 될 것[406]을 방지하기 위한 드골의 강력한 의지라 할 수 있다. 평소 국가관과 사생관이 남다르지 않고 확고하지 못하면 도저히 실천에 옮길 수 없는 것이다. 얼마나 자기관리가 투철했으면 유언을 미리 작성하고 그것을 실천에 옮겼을까.

1952년, 1월 16일, 62세 당시 세 통의 유언장을 작성하여 두 자녀와 조르주 퐁피두 비서에게 맡긴다.

나의 장의는 나의 시골집에 있는 콜롱베에서 치러지기 바란다. 다른 곳에서 죽을 경우에는 어떠한 공식행사도 하지 말 것이며, 시체를 우리 집에 운반해 주기 바란다. 장의는 지극히 조촐하게 가족들만으로 치르길 바란다. 국장國葬은 필요치 않다. 나의 무덤은 딸 안느[407]가 잠들어 있으며 언젠가 아내도 잠들 장소로 한다. 묘비에는 '샤를 드골, 1890~ '이라고만 적는다. 그 외에는 아무것도 적어서는 안 된다. 나는 국내외를 막론하고 어떠한 표창과 훈장을 거부할 것을 선언한다. 나에게 수여한다면, 나의 유지遺志들에 어긋나는 것이다.

1970년 11월 9일, 아침나절 내내 드골은 평소대로 자기 사무실에서 『희망의 기억』제2권 3장의 집필에 매진하고 있었다. 그는 점심 식사 때 부인을 다시 보았다. 짧은 산책을 한 후, 그는 정원을 확장해 그곳에 많은 나무를 심고자 최근에 사들인 땅뙈기를 정리하는 문제를 상의하기 위해 마을의 농부를 맞이했다. 그 다음에 그는 사무실에서 다시 작업을 시작했다. 오후 5시가 조금 못 되었을 때 그는 다시 짧은 산책을 한 후 부인과 차를 마셨다. 그런 다음 그는 사무실로 돌아가 서신을 교환하는 일에 시간을 할애했다.

18시 30분경 식당에 있는 부인에게서 몇 몇 주소들을 얻은 후 자기 사무실 덧문들을 닫았다. 그는 15분 후, 19시 15분경에 차려지는 저녁식사를 기다리면서 평소 카드 점치기를 하는 브리지 테이블 앞에 앉았다. 갑자기, 19시 직전에 그는 소리를 외치더니 "오, 여기, 등이 아프구나." 라고 중얼거렸다. 이것이 의자에 무너지기 전에 그가 남긴 마지막 말이었다. 그렇게 그는 의식을 잃었다. 결국 주치의 기 라슈니가 도착해서 조치를 해 보았지만, 19시 25분에 드골의 심장은 박동을 막 멈췄다. 20세기 거인이라는 대정치가 드골의 최후였다.[408]

새삼 드골의 위대함을 일깨워 주는 것은 바로 프랑스 북동부 콜롱베 마을에 있는 검소하다 못해 초라해 보이는 그의 무덤이다. 그는 무덤에 치장하는 것을 허락하지 않았다. 인구 350명의 작은 마을, 빈약하고 쓸쓸한 무덤이 전부인 것이다. 장례식[409] 당시 마을의 장의사는 특별관을 만들려고 하다가 미망인 이본느 여사에게 꾸중을 듣는다.

"모든 사람은 죽기 마련입니다. 보통 사람과 똑같이 하시오"

자신의 유언대로 드골은 72달러짜리 나무 관에 입관되어 같은 동네 사람들(정육점 점원, 치즈 만드는 사람, 농부들)의 어깨에 매여 그가 가장 사랑했던 딸 안느 옆에 편안하게 잠들었다. 장례식에는 마을 사람들과 제2차 세계대전 때 반나치 저항운동 동반자들만 참석했고, 좌우파의 옛 전우들이 모두 왔으며, 정부 요인으로는 퐁피두 대통령과 샤방 델마스ChabanDelmas 수상만이 참석할 수 있었다. 드골의 위대함이 한층 크게 느껴지는 대목이다.

왜 드골은 공식적으로 국장을 거부했을까? 국장의 대우를 받기에 부족함이 많아서일까? 죽는 순간까지 국가에 봉사엔 대가가 필요 없다는, 그래서 국장도 국비로 치르는 것 인만큼 나라의 세금을 아껴 국민들에게 더 좋은 곳에 사용하라는 뜻은 아니었을까.

위와 같은 행동은 권력을 이용해 부패의 길로 접어든 수많은 이들과 비교하면 범인으로서는 감히 흉내 내기도 힘든 행동이다. 국가와 국민을 위한 큰일은 돈과 권력이 하는 것이 절대 아니다. 이것은 절대로 한계가 있으며 설령 이뤄진다고 해도 머지 않아 사라져버린다. 오직 자신을 비워버린 큰 국가관과 사생관 만이 한계가 없고, 무한하며, 불가능이 없다고 드골은 생각했을 것이다 한 국가의 지도자라면 이 정도의 확고한 국가관과 사생관이 있어야 하지 않겠는가.

법정 스님은 그의 저서 『일기일회—期—會』에 다음과 같이 적었다.

> *내가 살 만큼 살다가 삶의 종점에 다다랐을 때 남는 것은 과연 무엇일까? 그것은 본인에 의해서가 아니라 남은 사람들에 의해서 평가될 것입니다. 생전에 그가 얼마나 많은 존재들에게 또는 세상에 자비심을 베풀었는가, 선행을 했는가, 덕행을 쌓았는가를 놓고 평가됩니다. 관에 못을 박아 봐야 안다고 하지 않습니까? "결국 우리는 생의 마지막 순간에 이르렀을 때 얼마나 사랑했는가를 놓고 심판받을 것이다." 알베르 카뮈의 말입니다. …결국 한 생애에서 무엇이 남습니까? 얼마만큼 사랑했는가, 얼마만큼 베풀고 나누었는가, 그것만이 재산으로 남습니다. 그 밖의 것은 다 허무하고 무상합니다. 아무것도 가져갈 수 없습니다. …나 자신이 어디서 왔는지, 무엇을 위해 이 세상에 왔는지 거듭거듭 물을 수 있어야 합니다. 이런 물음을 지니고 있으면 결코 헛된 길을 밟지 않습니다.[410]*

지금 내가 가지고 있는 것은 원천적으로 내 것이 아니다. 그것은 내가 한때 맡아 가지고 있는 것일 뿐이다. 재물이 됐건 명예가 됐건 그것은 본질적으로 내 차지가 아니다. 내가 그곳에 잠시 머무는 동안 그림자처럼 따르는 부수적인 것이다. 내가 평소 이웃에게 나눈 친절과 따뜻한 마음[411]으로 쌓아 올린 덕행만이 시간과 장소의 벽을 넘어 오래도록 나를 이룰 것이다. 옛말에 '아무것도 가져가지 못하고 자신이 지은 업만 따를 뿐이다.' 라는 뜻이 여기에 있다. 나누는 일을 이 다음으로 미루지 말라. 이 다음은 기약할 수 없는 시간이다.[412]

생전에 죽음이란 삶의 동반자이며 인생에서 한 번 지나가는 것[413]이라고 말한 드골의 삶 자체가 법정 스님이 표현한 내용과 꼭 닮아 다시 한 번 놀랄 따름이다.

미테랑이 재조명한 세기의 거인

"누구도 드골이 프랑스를 사랑한 것 이상으로 프랑스를 사랑할 수 없을 것이다."

미테랑이라는 인물은 드골의 최대 정적政敵이었다. 그러나 미테랑은 드골이라는 이름을 처음 듣고, 보았을 때를 다음과 같이 회고했다.[414]

드골의 이름을 처음 들은 것은 1940년 파리가 함락되었을 때 류네빌의 포로수용소에서였다. 거기서 독일로 이송되는 것을 기다리고 있었는데, 거기 있는 포로들 가운데 젊은 희곡 배우 한 명이 점을 치면서 무명의 한 장군이 패배를 거부했다는 사실을 나에게 알려 주었다.

'아름다운 역사를 만들기 위한 얼마나 아름다운 이름인가'

갑자기 나의 가슴이 뜨거워졌다. 이 포로수용소에서 책, 의류, 칼로리의 결핍에도 불구하고 우리들의 정신과 육체는 필요한 이상 박탈되지는 않았다. 살기 위해서, 살아서 독재 권력 앞에 전진해 나갈 용기를 가지기 위해서는 단순한 것을 배워 익히지 않으면 안 된다. 그건 자유다. 나는 탈주했다. 600킬로미터에 걸쳐 22일 간이나 걸어서 스위스 국경에 겨우 당도했다. 도중에 꿈에서조차 빵, 밀크, 벌꿀 등이 보일정도였다. 그러나 나는 다시 남블텐벨그의 견고한 형무소에 넣어지고 말았다. 그러나 거기서 드골 장군의 소리가 우리들의 귓전에 울려 왔다.

'늙은 조국, 늙은 모험심, 늙은 미래.'

이 소리가 새로운 사랑을 지니면서 봄을 예고했다. 이 소리는 거절할 노력과 의지를 요구했다. 이 소리가 나에게 말한 것, 다른 사람에게 대한 것과 마찬가지로 나에게 대하여 말한 것은 벌꿀이나 밀크나 빵과 마찬가지로 단순한 것이라고 이해하는데 그다지 힘은 들지 않았다.

미테랑은 드골 장군을 레지스탕스 운동이 한창일 때 알제에서 처음 만났다. 첫인상은 거대한 풍채에 비해 머리가 작은, 좀 이상한 형태로 그 얼굴은 자기 아버지에게 호되게 얻어맞은 골목대장과 같은 모습이었고, 다리는 구부려서 겨우 테이블 밑에 집어넣은 꼴이었다고 회고한다. 국내·외 레지스탕스 운동에 있어서 포로들의 탈주와 지하조직과의 관계에 대한 얘기를 나누는 자리였는데, 그것을 계기로 1944년 8월 해방 프랑스 내각에 드골의 초대 정치고문으로 참가하게 된다.

그러나 1958년 5월, 드골이 재집권하는 과정부터 미테랑은 드골을 신랄하게 공격하면서 일약 유명인사가 된다. 1965년의 대통령 선거에서 드골을 반대하는 많은 후보자들에게 자신을 내세우고, 중도우파의 유혹을 좌절시키면서 공산주의자들을 통합하는 좌익 연합의 대담한 계획을 제안하기도 했다. 대통령 선거에서 드골에 맞서 급진사회당, 공산당, 사회당의 추천으로 입후보하여 두 번의 결선투표에서 아깝게 드골에게 패했지만, 45%의 지지를 획득했다.

글을 쓰고 발표하고 실력을 발휘하면서 매력적인 딜레탕트(아마추어 예술가)로 살아가던 그는, 1971년에 이르러 마침내 사회주의당을 장악했다. 1974년 대통령 선거에서 낙선하지만 이때부터 그는, 특히 대통령으로 당선된 지스카르 데스탱을 견제하는 주도적인 역할을 했다.

1981년, 마침내 사상 최초의 사회당 출신의 대통령으로 당선되고, 1986년 우파 연합이 국회 과반수를 차지하자 우파정당의 시라크를 총리로 임명, 좌파 대통령과 우파 총리라는 '동거 체제'를 만들었다.[415]

미테랑은 드골을 이렇게 평가했다.[416]

드골은 강건한 정신력과 정확한 판단력을 가지고 있었고, 그의 말에는 늘 꿈이 있었다. 듣고 있는 사람들의 마음속에 감정이 생기고, 그는 모든 사물에 대한 장대한 구상을 가지게 했으며, 자기 자신도 그렇게 믿고 있었다. 이 심정$_{心情}$과 처세$_{處世}$는 그와 동시대에 사는 사람들에게 드골이 그들보다 훨씬 먼 앞날을 내다보고 있다고 생각하게 했다. 드골은 자기 자신의 행동에 의해 자신을 창조해 내고 있었다. 자신이야말로 프랑스이고, 자신이야말로 진실을

말하며, 자신이야말로 영원의 생명을 순간적인 시간 속에 육체화하고 보다 한층 더 불변하게 한다는 자부自負를 가지고 있었다는 점이다. …조국 프랑스는 신의 손에 의해 묘사되고, 일하는 자와 싸우는 자로 이루어진 민중이 거주하는 이상한 나라였다. 커다란 위기에 부딪칠 때는 이 민중을 위하여 창조된 대지는 마치 분비하는 것처럼 자연히 필요한 영웅을 배출해냈다, 이번의 이런 영웅은 드골이었다. 드골이야말로 명상적 병사이며, 비타협적 애국주의자였다.*

이런 면에서 결코 드골주의자였던 일은 없지만, 반 드골주의자라는 것도 항상 거절했다고 말하는 미테랑은 결국 드골의 사망소식에 이런 말을 남겼다.

"누구도 드골이 프랑스를 사랑한 것 이상으로 프랑스를 사랑할 수 없을 것이다."

Chapter 5. 세기의 거인 드골과의 대화

드골의 꿈은 위대한 프랑스였다. 이러한 꿈은 국가와 국민을 통합하는 리더십을 통해 달성되었다. 그 결과 프랑스의 군사·정치·외교·경제·과학·사회·문화 등 모든 면에서 큰 영향을 끼쳤다. 그렇다면 드골의 리더십은 무엇인가.

그의 리더십 형성 과정과 그 리더십이 어떻게 발휘되었는지를 기존에 알려진 내용과 드골의 회고록, 일부 가상의 내용을 추가하여 대화의 형식으로 알아보았다. 저자가 그를 인터뷰했다.

사회자 : 그동안 안녕하셨습니까. 드골 대통령께서 1969년에 정상에서 물러나셨으니까 약 50여년의 세월이 흘렀습니다. 세월은 흰 망아지가 달리는 것을 엿보는 것처럼 빨리 간다더니 그 말을 정말 실감하겠습니다.

평소 저는 개인적으로 21세기 위대한 대한민국의 화두는 과연 드골과 같은 국가지도자가 나올 수 있는가라고 생각해 왔었는데, 오늘 마침 드골 대통령을 모시고 이렇게 천금같은 귀한 대화를 하게 되어 대단히 감사드립니다.

드골 대통령과 각별한 친분관계가 있었던 닉슨 대통령이 쓴 『지도자』라는 저서에는 누가 가장 위대한 지도자라고 생각하는가 라는 질문에 위대한 지도자들 가운데서도 특별한 지도자가 될 수 있는 확실한 공식이 있다면 그것은 첫째, 위대한 인간, 둘째, 위대한 국가, 셋째, 위대한 계기라고 썼습니다.[417] 드골 대통령이야말로 닉슨이 지적한 위대한 지도자로서의 자격과 조건을 두루 갖췄던 분이라고 생각합니다. 아무쪼록 오늘 이 자리가 위대한 대한민국[418]을 건설하고자 하는 많은 젊은이들에게 꿈과 희망을 주기를 기대하면서 대화를 시작하겠습니다. 우선 드골 대통령께서는 리더십을 무엇이라고 생각하고, 리더십을 함양하기 위해 가장 중요한 것은 무엇이라고 생각하십니까.

드골 : 저는 리더십을 한마디로 정의하면, 위대한 사람이 구성원과 함께 위대한 비전을 실현시켜 모두 위대하게 만드는 기술이라고 생각해요. 그러기 위해서는 우선 지도자가 위대한 혼과 자질을 갖고 있어야 하고, 위대한 비전을 제시할 줄 알아야 하며, 그 비전을 실현시키도록 흔들림 없이 추진해 나가는 열정과 신념이 필요하다고 생각합니다.

사회자 : 참 좋은 말씀입니다. 리더십… 조직을 위해선 그 조직의 장長은 반드시 리더십을 함양해야 하고 또 하루하루 공부해 나가야 한다고 생각합니다. 물론 그것이 하루아침에 이루어지는 게 아니라서 문제입니다만. 드골 대통령께서는 파란만장한 삶을 살면서 리더십을 본격적으로 배양할 수 있었던 시절은 언제였다고 생각합니까?

드골 : 저는 개인적으로 리더십 공부는 평생 공부라고 생각합니다만, 그래도 굳이 본격적으로 배양할 수 있었던 시절을 얘기한다면 생시르 육군사관학교 생도시절을 거쳐 초급장교시절 1차 대전에 참전했을 때였을 것입니다. 여기서 잠깐 이해를 돕기

위해 제가 군인이 된 이유에 대해 먼저 설명드릴까 합니다. 제 아들 필립[419]이 열 살 때 저에게 왜 군인이 되었느냐고 질문했을 때 다음과 같이 대답했죠.

"그때는 전쟁(1차 대전)이 준비되고 있었으며, 프랑스 군대는 위대했기 때문이다.[420] 그리고 매우 자유로운, 즉 정신적인 자유와 실질적으로 유연성이 부여되는 직업이기 때문이다."

사실 저는 그 당시 두 가지 개념을 갖고 군인이 되고자 했었는데, 그것은 바로 투철한 역사의식과 용기있고 자유로운 영혼이었습니다. 다시 말해 프랑스와 프랑스군의 위대함을 향한 투철한 역사의식을 바탕으로 어떠한 권위나 위선에도 물러서지 않고, 벌거벗은 임금님에게 벌거벗고 있다고 솔직하게 말할 수 있는 자유로운 영혼과 용기를 가진 그런 군인이 되고 싶었던 것입니다.[421]

이런 생각을 갖고 생시르 육군사관학교에 지원하여 합격한 후 본격적으로 육사 생도시절부터 리더십에 관한 책, 특히 역사와 전사戰史를 통한 명장들의 리더십을 집중 연구하게 되었고, 동료들과 많은 토의와 나름대로 고민도 많이 하던 차에 초급 장교인 중위와 대위 때 1차 대전에 참전하게 된 거죠. 드디어 처음으로 실전 리더십을 발휘하게 된 것입니다.

치열했던 베르됭 전투 중에 대퇴부에 관통상을 입고 의식을 잃어 2년 8개월 동안 독일군 포로 생활을 하면서 다섯 번이나 탈출을 시도했는데 그때 느낀 것은 이렇습니다. 전쟁이란 정말로 참혹하구나, 근데 참혹한 포화 속에서 용기보다 장교의 권위를 더 잘 보여주는 것은 없다, 당시 프랑스의 전사자 수는 엄청나게 늘어났는데 이는 상황을 제대로 판단하지 못한 상급 지휘관의 명령 때문이다, 오직 지휘관만이 전투에서 승리와 패배에 대한 책임을 진다는 것입니다.

결론적으로 전쟁에서의 승리는 많은 생명들을 희생함으로써 획득되는 것이 아니라 지휘 책임을 맡은 지휘관이 승리할 수 있는 모든 수단들을 총동원하여 자신의 지휘능력을 발휘할 때 획득된다는 것을 깨달았습니다.[422]

독일에서 귀국한 후에 육사 전사戰史교관 직책을 담당했는데, 많은 명장들을 실질적으로 연구하게 되었습니다. 명장들의 공통점을 발견했는데, 바로 위기가 눈앞에 닥치면 자신을 거점으로 하여 싸운다는 거죠. 그 스스로 작전명령을 내리고 그 자신이 직접 지휘합니다. 어떤 면에서 위기는 명장들의 마음을 사로잡는 기회로 인식하는데, 명장들은 그것을 힘 있게 포용함으로써 자기의 참다운 모습을 자각하기 때문입니다.[423]

영관 장교로 진급하여 1932년부터 1937년까지 국방부에서 5년 간 근무하면서 많은 군 지도자와 정부 관리자의 장·단점을 파악할 수 있는 좋은 기회이었습니다. 당시 군의 사기 저하가 이만저만이 아니었고, 군의 사상이 무기력해져 있어 군의 소명의식과 사기를 진작시키기 위해『칼날』(1932년)이라는 책도 썼습니다만, 주요 내용은 다음과 같습니다.

- **군의 질서, 권위, 권한, 그리고 책임을 질 줄 아는 매서운 즐거움이 중요하다.**
- **위대한 사람 없이는 위대한 일을 하지 못한다. 그들은 그들의 목적을 위해서 존재한다.**
- **군의 지도자는 상황과 사태의 힘을 고려할 수 있어야 한다. 또한 상황, 여론,**
  주권자와 같은 개념을 참작할 수 있어야 한다.
- **특히, 경험주의적이고, 실용주의적인 군의 지도자가 필요하다.**
- **군대의 직업은 용기, 권한, 권위 등의 특성을 필요로 하지만, 지도자는 명석함,**
  종합능력, 그리고 전체를 포괄할 수 있는 기술을 필요로 한다.
- **행동하는 위인들은 항상 사색적이었다. 그들은 스스로 자신을 반성하는 능력을**
  고도로 지녔다.
- **행동하는 사람은 강한 에고이즘, 오만성, 견고함, 그리고 책략 없이는 이해되지 못한다.**[424]

또, 1934년에 출간된『미래의 군대』에서는 독일의 공격에 대비하기 위해서 마지노선과 같은 정적인 군사이론보다 기동력을 갖춘 소수 정예의 첨단 기계화 부대가 필요하다는 점을 역설했죠.[425]

아무튼 군 생활을 통해서 어떤 영웅주의나 용맹성으로 남의 눈에 띄기 위해, 아니면 경력을 위한 군 생활이 아닌 사색과 수양을 통해 각 상황들 속에서 판단력을 키우고 교훈들을 어떻게 이끌어 내느냐에 관심을 갖게 되면서[426] 자연스럽게 리더십을 배양하고 내공을 쌓을 수 있지 않았나 싶습니다. 리더십을 배양하는데 군대만큼 좋은 곳은 없다고 생각합니다.

사회자 : 그러고 보니 드골 대통령께서는 전쟁과 군대에서 리더십을 배웠다고 해도 과언이 아니겠군요. 그럼 본론으로 들어가서 지도자가 갖춰야 할 조건 중에 가장 중요한 것은 무엇이라고 생각하십니까?

드골 : 예, 저는 모름지기 지도자라면 우선 자기가 지휘하는 조직이든 국가든 간에 그에 합당한 내 영혼이 담겨 있어야 한다고 생각합니다. 영혼이라고 말씀드려서 바로 와 닿지 않으리라 생각됩니다만, 조직에 대해선 거의 신앙 정도의 수준까지 생각하면서 지휘해야 한다는 거죠. 신앙이 뭡니까. 신이나 초자연적인 절대자 또는 자기 본성을 믿고 오롯이 온몸을 바쳐 정성을 기울이는 일 아닙니까.

저는 일찍이 1946년에 하야한 후, 1958년 재집권하기까지 프랑스가 몇몇 정당의 파벌정치 때문에 나라의 주권이 산산이 찢기는 것을 보고 너무 안타까웠습니다. 그래서 프랑스의 단합과 국가의 지상 이익과 국책의 통일성을 도모하기 위해선 국민 전체가 선출한 국가원수 중심의 강력한 행정부가 정책을 수립, 결정, 추진해 나가는 길밖에 없다고 결론을 내렸습니다. 다시 말씀드리면, 국가가 위대해지기 위해선 국가의 정신과 국가원수의 정신이 수레바퀴처럼 연결되어 있어야[427] 하는데, 당시 지도자들이 이끄는 체제는 체제에 맞는 영혼이 담겨져 있지 않아 행동에 이르지 못하는 관념들과 헛된 환상들만 낳았다는 거죠. 이런 체제는 프랑스의 국력, 프랑스의 기회만 낭비할 뿐입니다. 묘한 것은 지도자의 영혼이 담긴 이 진정성이 인정받는 시점부터 국민들을 끌어 모으는 힘이 생긴다는 점입니다.[428]

사회자 : 예, 지도자는 모름지기 자기가 지휘하는 조직을 신앙처럼 생각하고 조직에 합당한 내 영혼이 담겨 있어야 한다는 귀한 말씀 감사합니다. 저는 개인적으로 인간의 희망과 불굴의 정신을 나타낸 헤밍웨이의 『노인과 바다』(1952년 발표) 작품

을 좋아합니다만, 이 소설에서 지금도 기억하고 있는 것은 망망대해의 바다에 고립되어 고독과 외로움 속에서 길을 잃어도, 끝내 희망을 잃어버리지 않는 개인이 얼마나 아름다운 존재인지, 비록 스스로를 고통으로 내몰며 이 거친 바다 위에서 혼자만의 싸움을 계속했고, 끝내 잡아 올린 고기가 뼈밖에 남지 않았다고 해도, 결국 자기자신이 굴복하지 않으면 누구의 삶도 패배하지 않는다는 거죠. 소설 속에서 산티아고가 말한 것처럼 "희망을 버린다는 것만큼 어리석은 일은 없어."[429]라는 말이 자꾸 생각나는데요. 그럼 지도자로서 생활을 하다보면 많은 어려움은 물론 우여곡절도 많을 텐데요, 어떻게 희망을 잃지 않고 극복해야 할까요?

드골 : 참 좋은 질문입니다. 우선 사회자께서 헤밍웨이의 『노인과 바다』 소설에서 아주 소중한 내용을 말씀해주셨는데 저도 십분 공감합니다. 저는 그렇게 생각합니다. 지도자는 위험하고 아주 힘든 상황일수록 의연하고 소신 있게 특히, 희망과 용기를 갖고 상황을 헤쳐나가야 한다고 생각합니다.

솔직히 말씀드려 알제리 전쟁을 해결하는 과정은 무척이나 힘들었습니다. 인적·재정적 손실은 물론 국민적 갈등으로 얼룩진 이 끝없는 알제리 전쟁의 앞날을 낙관하지 못하고 있는 상황에서 지금 말씀드리는 것입니다만, 1960년 7월과 10월, 저 스스로도 두 차례나 대통령직 사임을 고민했으니까요. "승리의 황혼녘에 숨을 거두는 병사는 행복하나니"라는 시구를 읊조리면서 말입니다.[430]

그러나 저는 어느새 처음 출발점에서는 보이지 않는 길들이 목표지점에 다가갈수록 보이는 행로효과行路效果를 느끼면서 결정적 순간에 지도자는 결정적 행동을 보여줘야 한다고 생각했습니다. 그래서 드디어 제가 찾은 돌파구는 바로 1959년 9월에 발표한 알제리인들의 자율 결정의 원칙 자체 (알제리정책 찬반여부) 를 국민투표에 부치는 것이었습니다. 이런 결심의 배경에는 많은 어려움 속에서도 국민 여론에 대한 정보를 정확하게 파악했고, 무엇보다도 저의 정치적 의도를 국민투표에 맡김으로써 정권의 합법성을 공고히 하고, 결국 이러한 것은 저의 입지가 더욱 강화될 것이라고 예상했기 때문입니다.[431]

더욱 힘들었던 것은, 제가 재집권 후 알제리 전쟁 기간에 쿠데타가 두 번 일어났고,

저에 대한 테러가 무수히 일어났지만, 특히 알제리 독립이 에비앙 협정 조인(1962. 3. 18.)으로 마무리가 된 후 1962년 8월 22일, 알제리 독립을 극렬하게 반대했던 세력에 의해 총격테러가 일어났을 때였죠. 테러범들이 내가 타고 가던 차량에 기관총 일제사격을 하면서 추격해 왔는데, 그들의 겨눈 기관총 약 150발 중 14발이 차에 박혔지만, 신의 가호로 저와 아내 등 차에 탄 모든 사람이 아무도 총에 맞지 않았습니다. 기적이었죠.

그때 제가 겪었던 인간적인 고민은 과연 제가 이 알제리 전쟁의 끝을 볼 수 있을 때까지 생명을 유지할 수 있을 것인가? 이었습니다. 그것은 운명이 결정할 일이라고 다짐하면서 제 자신의 길과 사명을 위해 계속 전진해야 한다고 생각했었죠!

이미 지난 일이지만, 당시 알제리를 포함한 많은 식민 영토에 우리가 가졌던 권리를 양도하고, 거기서 우리의 국기國旗를 걷으며, 역사의 한 페이지를 넘긴다는 일이 얼마나 큰 정신적 시련이었습니까? 그러나 저는 이런 비통 속에서 희망의 등불을 보았습니다. 요약하자면 우리가 식민지를 해방시킨다는 사실은 슬픈 일이기는 하지만, 이제는 더 이상 우리의 지배를 받고 싶지 않다는 이 영토를 그대로 유지하려 하는 것은 얻은 것이 하나도 없는 승패가 뻔한 도박을 계속하는 것과 같았죠.[432]

사회자 : 예, 참 감동적인 얘기가 아닐 수 없습니다. 문득 대통령께서 알제리 전쟁을 해결하는 과정이 마치 영국의 사상가 토마스 홉스[433]가 지은 『리바이어던』의 가장 유명한 구절인 '만인에 대한 만인의 투쟁'처럼 인간의 가장 비극적인 상황을 프랑스 국가와 국민의 성원 하에 정리해 나가는 모습으로 다가왔습니다. 특히 말씀 중에 알제리 전쟁의 끝을 볼 수 있을 때까지 생명을 유지하는 것은 운명이 결정할 일이라는 대목에서 숙연함을 느꼈고, 역시 모사재인謀事在人 성사재천成事在天[434]이라는 말이 맞는 것 같습니다. 제가 알기로는 알제리 전쟁을 해결하면서 어려운 문제에 봉착할 때마다 드골 대통령께서는 "나는 이 불운과 싸우는데 좋은 무기를 가지고 있었다. 국민이 나를 지지한다는 사실이 나의 갑옷이었으며, 가치 있는 길을 꿋꿋이 걸어간다는 사실이 나의 칼과 같은 것 이었다"[435] 라고 자주 되새기셨다는데요. 대단한 국가와 국민에 대한 충성심과 신념이 아닐 수 없습니다.

다음 질문 드리겠습니다. 드골 대통령께서는 미래의 정세를 꿰뚫는 정확한 판단력과 통찰력으로 프랑스를 두 번이나 구했습니다. 마키아벨리는 『정략론』에서 "시대의 흐름을 깨닫고 그에 맞게 탈피할 능력을 가진 인물이 극히 드문 이유로 첫째, 사람은 타고난 성격에 어긋나는 일을 좀처럼 하지 못한다는 것, 둘째, 그때까지의 방법으로 내내 잘해온 사람에게 지금부터는 그것과 다른 방법이 적합하다고 납득시킨다는 것은 지극히 어렵기 때문이다."[436] 라고 했습니다. 그렇다면 지도자는 어떻게 시대의 흐름을 파악하기 위해 정확한 판단력과 통찰력을 길러야 할까요?

드골 : 정확한 판단력과 통찰력은 고요히 생각하는 데서부터 생긴다고 생각합니다. 지도자는 혼자 생각하는 시간을 많이 가져야 합니다. 저는 집권할 때도 그랬지만, 특히 하야하여 재집권할 때까지 무려 12년간을 역사의 무게에 짓눌리고 시련에 무릎을 꿇어 영욕의 갈림길에 선 프랑스를 보면서 나의 향리인 콜롱베에서 철학과 명상, 집필로 일관하면서 정치적 감각과 지혜를 더욱 닦을 수 있었죠. 독일의 아데나워 수상도 이런 말을 했다고 하죠. "콜롱베의 몇 년이 드골을 거대하게 만들었고, 마침내 서방세계 최고의 정치가로 키워낸 것이다." 라고요.[437]

사람들과 사건이 일으키는 소음 속에 있을 때 고독은 항상 나에게 있어 유혹이었습니다. 이제 고독은 나의 벗이 되었고, '역사'를 만난 사람이 다른 어떤 벗으로도 만족할 수 있겠습니까.[438] 또한 그 시절엔 나이가 칠순을 바라보니 남은 시간이 얼마 되지 않음이 안타까웠습니다. 어둠 속에서 재생의 프랑스를 염원하는 길고 긴 기다림의 시간들이었죠. 그런 긴 고독의 시간들은 저에게 프랑스에 대한 깊은 영감과 애착심, 정열을 다시 갖게끔 했고, 프랑스의 영광을 위한 거대한 기도企圖를 찾게 한 또 하나의 원동력이 되었던 것입니다.[439]

사회자 : 아! 그러고 보니 방금 대통령께서 말씀하신 '정확한 판단력과 통찰력은 고요히 생각하는 데서부터 생긴다.' 라는 대목에서 정약용의 『목민심서』의 한 문단과 만해 한용운의 시인 「나룻배와 행인」이 생각났는데, 당시 대통령의 심정과 유사하

지는 않았을까 해서 잠깐 소개해 보겠습니다.

공사公事에 여가가 있거든 반드시 정신을 모으고 생각을 안정시켜 백성을 편안히 할 방책을 헤아려내어 지성으로 잘 되기를 강구해야 한다. …「치현결治縣訣」에서는 "벼슬살이에서 가장 중요한 점은 '두려워할 외(畏)'한 자뿐이다. 의義를 두려워하고 법을 두려워하며 상관을 두려워하고 백성을 두려워하여 마음에 언제나 두려움을 간직하면, 혹시라도 방자하게 되지는 않을 것이니, 이로써 허물을 적게 할 수 있을 것이다." 라고 했다. …「정요政要」에서는 "벼슬살이에는 석 자의 오묘한 비결이 있으니, 첫째는 '청淸, 맑음'이고, 둘째는 '신愼, 삼감'이며, 셋째는 '근勤, 부지런함'이다"라고 했다.[440]

「나룻배와 행인」

만해 한용운

나는 나룻배
당신은 행인

당신은 흙발로 나를 짓밟습니다
나는 당신을 안고 물을 건너갑니다
나는 당신을 안으면 깊으나 옅으나 급한 여울이나 건너갑니다

만일 당신이 아니 오시면 나는 바람을 쐬고 눈비를 맞으며
밤에서 낮까지 당신을 기다리고 있습니다
당신은 물만 건너면 나를 돌아보지도 않고 가십니다그려
그러나 당신이 언제든지 오실 줄만은 알아요
나는 당신을 기다리면서 날마다 날마다 낡아갑니다

나는 나룻배
당신은 행인[441]

드골 : 방금 사회자께서 소개한 정약용의 『목민심서』의 한 문단과 만해 한용운의 시는 아주 시의적절한 인용이었습니다. 감사드립니다. 계속해서 말씀드리면, 판단력과 통찰력 같은 지혜는 현재 뿐만 아니라 미래까지 포함하여 일어날 수 있는 현상을 살핀다는 것입니다. 다 아시다시피 통찰의 사전적 의미는 전체를 환하게 내다본다는 뜻인데,[442] 여기서 잠깐 닉슨 대통령께서 저에 대해 극찬하신 내용을 잠깐 소개하죠.

"다른 삶이 단지 그날그날의 사건들에 관심을 두는 데 반해 드골은 미래에 대한 통찰을 통해 역사의 위대한 흐름을 파악하려 했다."

제가 이런 평가를 받을 수 있었던 것은 저에게는 한 가지 신념이 있었습니다. 다름 아닌 '한 정치가가 단호하고도 집요한 성격을 지니고 있고, 국민들로부터 절대적인 지지를 받고 있으며, 외국과의 동맹 체제를 유지하고 있다손 치더라도 만약 시대가 요구하는 바를 정확히 파악하지 못한다면 실패한다는 신념[443]' 말이죠. 또한 제가 바라보고 있었던 지평의 기준은 프랑스가 아니라 세계였습니다.[444] 이렇듯 항상 중요 사안이나 기준을 정하는 상황이 되면 과거나 현재, 또는 포퓰리즘에 연연하지 말고 '미래로부터 되돌아보기'를 통해 과연 이 결심은 현 시대와 앞으로 다가올 시대에 적합한 것이냐를 고민하여 결심했다는 거죠.

여기서 주의할 점은 자기만의 아집이나 독선 그리고 자만에 빠져서는 안 된다는 것입니다. 그리스의 비극 시인 아이스킬로스의 말을 빌리자면, 자만심은 행복에서 탄생한 소산이지만, 이 아들은 자기 아버지를 삼켜 버린다고 합니다.[445] 제가 국사를 처리함에 있어서 전체적으로 보아 특히 중요한 문제는 이 점을 고려해서 각별히 몰두했습니다.

예를 들어 정치적인 면에서 우선 국민의 단합에 관계되는 문제, 즉 알제리 등 과거 식민지 국가와의 관계에서 생긴 '프랑스 연맹'을 각국과 동맹의 관계로 바꾸는 일이라든가, 60여 년 전부터 분쟁의 대상이 되어 있는 사립초등학교 문제라든가, 농업 대책이라든가, 국내에서 또는 유럽경제공동체EEC[446]내에서 시작되는 근로자와 기업체와의 참여문제 등, 이런 것이 극히 중요한 문제들이었죠.

경제와 재정 면에서는 우선 경제 계획과 예산, 민간 금융 사정 등에 내가 직접 개입하지 않을 수 없는데, 그 이유는 여기에 모든 것이 달려 있고, 게다가 이런 문제를 중재할 심판관의 역할을 자연히 내가 맡게 되어 있었기 때문이죠.

우리의 대외 정책과 국방의 개혁도 매우 중요했는데, 그 이유는 이러한 정책은 긴 세월 동안 중대하고도 치명적으로 우리나라에 영향을 주기 때문입니다. 그래서 저는 대통령으로서 정부와 항상 깊은 관계를 맺고 있었지만, 그렇다고 나의 역할이 정부의 역할까지 흡수하지는 않았습니다. 행정부는 완전히 장관들에게 맡겨져 있기에 절대로 그들을 무시하고 관리들에게 직접 명령을 내리지 않았습니다. 물론 회의를 통해 모든 결정을 내렸죠. 회의에 참석한 사람은 모두가 자유롭게 완전히 자기의 의사를 표현할 수 있도록 했는데, 결론을 말하자면, 나는 사람들과 약간의 거리를 두었지만, 그렇다고 '상아탑'[447]에 들어앉아 있지는 않았습니다.[448]

사회자 : 정치는 선과 악의 투쟁이 아니라 좀 더 바람직한 것과 좀 더 혐오스러운 것 사이의 선택[449]이라고 합니다만, 이런 선택을 할 때 왜 고독하냐면 최종책임자이기 때문이라고 생각합니다. 어떤 면에서 리더십은 계급과 특권, 직책이 아니고 바로 책임이라 할 수 있습니다. 또한 지도자는 미래를 생각하면서 조직을 이끌어야 한다는 평범한 진리를 새삼 깨닫게 됩니다.

다음 질문 드리겠습니다. 국정을 운영하시면서 국민과 소통하고, 민심이 어떻게 돌아가는지를 파악하면서 현장 정치를 하는 것은 대단히 중요한 요소라고 할 수 있습니다. 어떻게 하셨는지 궁금합니다.

드골 : 저는 1958년 재집권 후 국민들과 직접 소통하고 접촉하기 위해 모든 군청소재지를 방문했습니다. 저의 7년 임기 중 해외 순방을 제외하고 3년 반 사이에 본토의 67개 도청소재지를 방문했습니다. 지방에서 4~5일 장기 체류하는 방문이 19차례 있었고, 일례로 70일 동안에 1200만의 프랑스인을 만났고, 40,000킬로미터를 다녔으며, 모임이나 회합에서 600여 차례의 연설을 했고, 400번은 연단에서 말했습니다. 그

리고 수십만 명과 악수했습니다. 그러는 동안 아내는 눈에 띄지 않게 300여 곳의 병원과 조산원, 양로원, 고아원, 장애아 요양소를 방문했습니다. 결론적으로 우리 국토의 끝에서 끝까지 국민감정의 폭발적 표현이 일어나고 이것은 참가하는 사람들을 감동시켰는데 방방곡곡에서 되찾은 화합을 표현하는 모습은 장관이었습니다. 국가도 감동받으며 활기를 찾고 저도 즐거움을 만끽했습니다.[450]

사회자 : 예. 참 대단하십니다. 재집권 후 알제리 전쟁 해결, 바닥을 친 경제 회복, 무기력에 빠진 전반적인 분위기 쇄신 등, 제일 바쁜 상황 속에서 그렇게 프랑스 전 국토의 현장을 방문해서 국민과 소통하고 통합하는 리더십을 발휘했다는 것은 대단한 체력과 정력, 열정이 있었기에 가능하지 않았을까 싶습니다.

다음 질문입니다. 막스 베버는 그의 저서 『직업으로서의 정치』에서 정치가에게 필요한 세 가지 덕목으로 정열과 책임감, 목측目測능력을 말했습니다. 대의명분에 헌신할 정열과 자기 행위를 다른 사람에게 떠넘기지 않을 책임감, 내적인 집중력과 평정심을 갖고 사물과 인간에 대해 균형감각을 두는 목측능력을 말했는데요.[451] 자 그럼, 대통령의 권한 중 제일 중요한 것으로 인사권을 들 수 있는데, 대통령께서는 사람을 검증하는 네 가지 기준이 있었다고 들었습니다. 잠깐 소개해 주시고, 예를 들어주시면 감사하겠습니다.

드골 : 예. 방금 사회자께서 말씀하신 막스 베버의 정치가의 세 가지 덕목에 온전히 동의합니다. 사실 인사人事는 만사萬事라고 했듯이 제일 중요하면서도 제일 어렵습니다. 저는 대통령으로서 인사권을 행사할 때 여러 가지 기준이 있겠지만, 그 중에서도 네 가지 기준[452]을 갖고 있었습니다.

첫째, 신념을 같이 하고 나를 신뢰하는지를 살핀다.

둘째, 개성이 있어 뜻이 일관하는지를 살핀다.

셋째, 문제의 본질[453]을 신속·단순·명쾌하게 파악하는 능력과 실천의지가 있는지를 살핀다.

넷째, 주의가 깊어 남의 이야기를 경청하고 기다릴 줄 알며, 균형 감각과 도덕성이 있는지를 살핀다.

여기서 저는 위의 네 가지 기준에 모두 부합한 인사로 미셸 드브레[454] 초대 수상을 예로 들어 말씀드리고 싶습니다.

우선 미셸 드브레 수상은 제가 심사숙고 끝에 선택했고 오랜 기간 그 자리에 머무르게 하며 그와 항상 가깝게 지내며 일을 같이 협력해서 추진했습니다. 나와 수상의 활동은 분리된 것이 아니라 서로 구별될 뿐이며, 문제가 제기될 때마다 정부가 맡은 정치적, 행정적 모든 여건을 꾸밈없이 나에게 알려줬고, 좌우간 수상 자신의 주도권과 능력 혹은 의지를 갖고 개성 있게 국정을 추진하도록 여건을 보장해왔습니다. 마치 배 안에서 선장 곁에는 항해사가 있어 오랜 경험을 지닌 항해사가 자신의 고유 역할을 갖기를 바라는 바와 마찬가지로, 제5공화국에서도 집행부에서 항구적이고 근본적인 문제를 취급하는 대통령 곁에는 모든 일을 책임지는 수상이 있도록 한 것입니다.

그렇지만 수상은 무거우면서도 피곤한 정부의 일을 어느 기간 동안만 경험한 다음 예비역으로 물러서는 것이 현명하다고 생각했습니다. 그래서 미셸 드브레를 수상으로 임명하면서, 저는 이 점에 관해 저의 의향을 미리 말해 왔습니다.

드브레가 재직하던 40개월 동안 얼마나 그의 헌신과 가치가 돋보였습니까? 제5공화국의 제도를 만들어낸 제1급 건축사의 역할을 했고, 그가 확립한 제도로 인해 프랑스의 재정, 경제, 화폐의 부흥이 확보되었고, 과거 프랑스에 속했던 해외 영토들과 프랑스의 연합이 성립되었습니다. 무엇보다도 중요한 알제리 문제가 해결되었고, 1958년 선출된 국회가 기대에 맞는 입법 과업을 완수했던 것입니다.

이때, 저는 이 어려운 고비가 일단 지나가자 전혀 다른 정치 페이스가 전개되기 시작되었다는 것을 느꼈고, 이제 훌륭한 수상인 드브레를 국가의 장래를 위해서 수상직에서 해직시킬 순간이 왔다고 판단했습니다. 그래서 이제는 안정된 정국 속에서 개혁을 추진할 적임자로 조르주 퐁피두를 수상에 임명한 것입니다.[455]

사회자 : 드골 대통령의 인사기준에 대해 들어보니, 많은 부분이 공감이 되는 내용이었습니다만, 특히나 대통령의 과한 일 욕심, '만기친람萬機親覽'이 가져올 문제점을

잘 알고, 유능한 인재를 발굴하여 전문적인 영역은 그들에게 맡기고 거시적 국정 운영의 선장이 되는 것이 대통령이 진짜 해야 할 일이라는 것[456]을 새삼 알게 되었습니다. 또한 "어떤 극단을 반드시 피하는 것이 가장 정치적"[457]이라는 말처럼 균형 감각을 갖춘 인재를 등용하고 대통령 자신도 그런 감각을 지니는 것이 매우 중요하리라 생각됩니다. 그럼 다음 질문으로 넘어가겠습니다. 사람이 직책이 높아지면 귀는 작아지면서 입만 커진다는 말이 있습니다. 지도자의 자질이나 인사에도 상당히 중요하지 않습니까?

드골 : 지도자는 모름지기 귀를 기울일 줄 알아야 합니다. 그것이 인심이든 참모 건의든 개인적인 자신의 잘못이든 간에 말입니다. 충언은 귀에 거슬리나 이를 행함에 이득이 있다고 하지 않습니까. 자신의 능력을 다해 결심을 하고 실행하지만, 인간이기에 실수는 하는 법이죠. 그렇지만 참모들에게 언로를 열어 놓고 그것을 주의 깊게 듣고 조치하면 결국엔 상하가 한마음이 되어 일이 이루어진다는 것입니다. 또한 대화의 기법에도 나와 있듯이 상대방의 말을 유심히 듣고 그 말의 진위를 잘 분별하기 위해서는 반드시 끝까지 듣는 자세가 필요합니다. 그래서 저는 국무회의를 통해 모든 결정을 내렸는데, 이 회의에 참석한 사람은 모두가 자유롭게 완전히 자기의 의사를 표현하도록 했습니다.[458] 또한 저는 사람을 고를 때 반드시 주의가 깊어 남의 이야기를 경청하고 기다릴 줄 아는 사람을 중요한 기준으로 봤습니다.

사회자 : 잘 알겠습니다. 대통령께서의 뛰어난 용인술의 요지는 위와 같은 네 가지 기준을 토대로 당시 국정 상황과 기회를 고려한 맞춤식 인사정책으로 이해됩니다.

다음 질문은 국가정책 추진에 관한 것입니다. 레이몽 아롱은 국가정책을 '인성을 부여한 국가의 지혜the intelligence of the personified state'라고 언급하면서 '인성을 부여한 국가의 지혜'가 아닌 '야성을 부여한 국가의 무지'에 의해 국가 정책이 이끌리는 불행을 가져올 위험성에 대해 경고한 바가 있습니다.[459] 그렇다면 대통령께서는 이런 국가의 지혜인 정책을 추진할 때 그 많은 반대와 비난에 대해 어떻게 지혜롭게 대응하고 극복했는지 굉장히 궁금합니다.

　드골 : 제가 추진하는 정책에서 각종 난관과 비난, 기획하는 미래에서 각종 장애물을 만날 때, 어떻게 맑은 정신을 유지할 수 있을 것인가는 대단히 중요한 사항이라고 생각합니다. 예컨대 '혁언삼취유부革言三就有孚'[460] 라는 말이 있지 않습니까. 다시 말해 아무리 비난이 심하더라도 여러 번 성공하면 더 이상 문제가 되지 않는 법입니다. 그때까지는 참고 견뎌야 합니다.

　경제회복정책인 뤼에프 플랜에 대해 얼마나 많은 반대와 불평이 있었습니까? 그 계획 중에 하나가 인플레이션을 중지시키는 차원에서 국가의 지출을 줄이고, 수입을 늘리는 정책이었는데, 공동 이익은 개인의 이익에 우선한다는 생각이 없는 이 반대자들은 기업주는 기업주대로, 중소기업체, 자영업자, 노동조합, 농민단체 등 모든 분야에서 부당하다고 반대했었습니다. 특히 상이용사회는 순간적이나마 전쟁의 생존자들에게 주던 연금을 일시 중지한다는 데 격분했던 일이 생각납니다. 이렇게 말로 불평하고 비난하는 것은 얼마나 쉽습니까? 그러나 개혁을 실천하는 것은 얼마나 어렵습니까? 저는 뤼에프 플랜으로 반드시 경제 회생에 성공한다는 확신이 있었기 때문에(실제로도 6개월이 지났을 때 경제 회복이 피부로 다가왔다.) 나는 영화에서 겁을 먹거나 또는 못된 생각으로 여객이 요란하게 비상벨을 울리는데도 아랑곳하지 않고 기차를 몰고 가는 기관사가 마치 내 자신인 것처럼 생각했던 것입니다.[461]

　또 제가 알제리 문제를 끝냈을 때 어떤 정당이나 언론에서도 기뻐하지 않았습니다. 악의만이 두 배로 늘어났을 뿐입니다.[462] 그러나 프랑수아 모리아크(프랑스를 사랑하고 역사를 이해하며 위대함의 애국적·심미적 가치를 알고 있는 작가)는 1962년 3월 12일자 칼럼에서 다음과 같이 썼다고 합니다.

"꿈이 아니라면, 이 노인의 믿기 어려운 힘은, 좌파이건 우파이건 정치 세력 모두가 일단 평화를 다시 찾고 나면 그를 좌초시키려고 기대하고 준비하고 침몰시키려 하는 이 노인은, 고독 그 자체가, 그 앞에 진치고 있는 이 무리를 마주할수록 더욱 강해지고 있음을 느낀다. 이 무리는 기운 빠진 가운데 짖어대기만 한다." [463]

솔직히 말씀드려 이러한 비난과 저에 대한 공격은 저에게 깊은 상처를 주지는 못합니다. 그리고 관심을 많이 갖지 않습니다. 왜냐하면 저를 통해 국가 재건을 이룬 사실이 국민 중 일부 유명 인사들에게는 그냥 분노와 반대를 일으키기 때문입니다.[464]

마지막으로 언론의 속성도 이해해야 한다고 생각합니다. 예를 들어 직업상 기자들은 인간의 가치에 관한 문제 대신 신문 타이틀, 발행 부수와 독자의 감동을 위한 가시 있는 문제를 선호하며, 성공보다는 실패를 묘사하는 것을 더 즐긴다는 것이죠.[465] 한 번은 이런 일도 있었죠. 제가 대통령으로 있을 때 르몽드지의 사장을 임명한 적이 있었습니다. 그런데 그 후 르몽드지에서 저를 계속 비판하는 기사가 많았죠. 그때 제 측근은 아우성이었습니다. 자기를 임명한 대통령에 대해 어쩌면 그렇게 배신적인 태도를 취할 수 있느냐는 것이었죠. 그러나 저는 태연하게 말했습니다. "나는 임명한 사람이지, 신문사 사장은 아니다." [466]

사회자 : 잘 알겠습니다. 대통령의 자질 중에는 언론에 잘 대처하는 능력뿐만 아니라, 자기가 비판을 받을 때에도 이것에 실망하거나 분노하지 않고 자신이 옳다고 생각하는 정책을 꾸준히 추진할 수 있는 여유가 있어야 한다[467]는 말이 있잖습니까?

다음 질문은 작가 드골에 관한 말씀을 나누고자 합니다. "책은 오래된 인간이고, 인간은 지금 씌어지는 괴롭고도 뜨거운 책이다." [468]라는 말이 있는데, 대통령께서는 정치가로서는 보기 드물게 전 생애에 걸쳐 13권의 간행물을 출간하고, 3만 5,000통의 편지[469], 그리고 5권 분량의 연설문을 저술했다고 들었습니다. 저술 간에는 정확하게 구두점을 찍었고, 언제나 검정 잉크를 묻혀 직접 손으로 글을 썼다고 들었습니다.[470]

특히, 감동과 울림을 주는 시적이면서도 수려한 수많은 문장들은 국민들에게 정말 큰 울림으로 다가왔습니다. 저는 개인적으로 대통령의 연설문 중에 가장 가슴에 와 닿았던 글 중 하나는 바로 1943년 10월 알제리에서 있었던 알리앙스 프랑세즈 Alliance Francaise 60주년 기념식 축사내용이었습니다.[471] 제가 잠깐 언급해보겠습니다.

"지금 우리가 겪고 있는 고통이 한참 지난 먼 훗날, 어떤 역사가가 프랑스를 깊은 심연으

로 몰아넣은 비극적인 사건을 깊이 연구한다면 그는 나라의 희망인 항전이 최후의 방어벽 두 개의 모습으로 경사진 언덕에 버티고 서 있음을 확인할 수 있을 것이다. 이 중 하나는 부러진 검이며, 다른 하나는 프랑스 사상이다." [472]

저술 관련하여 말씀해주시면 감사하겠습니다.

드골 : 칭찬해 주셔서 감사합니다. 사실 저는 어렸을 때부터 글짓기에 관심이 많았습니다. 특히, 어머니로부터 습작능력과 성찰하는 습관을 물려받았는데, 어릴 때부터 고전을 배워 소크라테스와 플라톤에 익숙했었고, 이런 철학 분야를 탐구하면서 창의적인 글을 쓰려고 노력을 했습니다. 열다섯 살 때, 1930년대를 배경으로 한'독일 원정'이야기를 쓰면서 제 자신을 자연스럽게 프랑스군의 수장인 "드골 장군"으로 묘사하기도 했죠.[473]

청년 장교 시절부터는 본격적으로 책 발간을 통해 군대 개혁과 군의 지도자 자세, 군의 사기 고양 등을 위해 노력을 기울였습니다.

1924년에 『적敵과의 불화不和』를 출간했는데, 이 책의 주요 내용은 독일 역사의 다양한 에피소드를 통해 선험적인 교리나 일반적 체제를 반대하고, 상황의 영감을 받는 경험주의를 지지했습니다. 즉 1914년과 같은(1차 대전) 선험적인 교리, 예를 들어 마지노선에 의한 방어전 교리에만 집착하는 것을 경계했었죠. 또한 군부의 권한보다 문민文民의 권한이 우위이어야 함을 강조하면서, 독일 군대가 전쟁의 철학을 소유했고, 니체에 의해 나쁜 영향을 받았으며, 초인 사상을 믿는 것에 대해 비판을 했었습니다. 마지막으로 독일이 1918년에 붕괴된 것은 승리를 믿지 않았기 때문이며, 승리를 믿지 않았던 것은 국민적 단결이 분쇄되었기 때문이라고 지적했습니다. 결론적으로 이 책은 단지 군대의 역사서를 넘어 앞으로 군이 나아가야 할 군의 철학서라 할 수 있습니다.[474]

또 앞에서 설명 드렸듯이 군의 소명의식과 사기를 진작시키기 위해 1932년에 『칼날』을 출간했고, 1934년에 출간된 『미래의 군대』에서는 독일의 공격에 대비하기 위해서 마지노선과 같은 정적인 군사이론보다 기동력을 갖춘 소수 정예의 첨단 기계화 부대(10만 명으로 구성된 부대)가 필요하다는 점을 역설했습니다. 그러나 이러한 저의 기계화 부대 계획이 군 수뇌부와 정치권 차원에서 수렴이 안 되고 좌절됨에 따라 저는 두 가지 신념을 갖게 되었습니다. 그것은 프랑스군의 원로들의 보수주의에 대한 경멸감과 그러한 정권이 갖고 있는 신념은 약체 정권일 수밖에 없다는 것입니다.

저는 이에 좌절하지 않고 1938년에 『프랑스와 그 군대』를 출판했습니다. 이 책은 『칼날』에서 언급된 내용을 더 발전시킨 것인데, 프랑스군의 역사를 조명한 책이지만, 단지 군사(軍史)에 그치는 것이 아닙니다. 저는 이 책에서 봉건성封建性을 비난했습니다. 그것으로 인해 프랑스군이 자주 패배했고, 분열했던 시대를 의미했기 때문입니다. 반면에 저는 구체제, 특히 17세기를 찬양했는데, 그 시대는 리슐리외Richelieu, 1585~1642, 프랑스의 정치가의 현실주의 정치와 튜렌느Turenne, 1611~1675, 프랑스 육군 원수의 실용적 행정이 펼쳐졌던 시기였습니다. 무엇보다도 그 시기는 국민적 단결이 가능하여 프랑스 군대의 위대함이 나올 수 있었습니다. 저는 나폴레옹에 대해서는 이렇게 평가했습니다. 나폴레옹의 천재성에 경의를 표하지만 비정상적인 태도에 대해서는 비난을 했으며, 나폴레옹의 붕괴는 정상으로 돌아간 것으로 평가했습니다. 이어서 1815년에서 1870년 사이의 역사는 지평선이 없는 하나의 길, 즉 재난의 연속으로서 평범한 시기라고 평가했습니다. 그렇지만 1871년에서 1914년 사이에 프랑스는 국가적 대모험을 했다고 평가했습니다. 대독對獨 복수로 귀결된 집단적인 대규모의 꿈에 빠져들었다고 판단했던 것이죠. 마지막으로 드레퓌스 사건과 종교분쟁으로 프랑스 국민이 분열된 것을 개탄했습니다. 어떻게 보면 이 책을 출판할 당시 저의 몸은 병영 안에 머물러 있었지만, 저의 정신은 이미 이곳을 넘어서 있었다고 볼 수 있습니다.[475]

저는 1946년 1월에 사임한 이후, 1954년 10월에 전쟁회고록 제1권 『호소함』, 1956년 6월에 제2권 『통합』, 1959년 10월에 제3권 『구원』을 출간했습니다.

또, 1969년 대통령직을 사임하고, 처음에는 희망의 회고록을 총 3권으로 기획했습니다. 아울러 최초의 텍스트(1940년 6월 18일의 호소문)에서부터 마지막 텍스트(국민투표 결과에 따라 사임을 발표하는 1969년 4월 28일의 공식 성명서) 이르기 까지 (즉, 800개 이상의 텍스트들) 저의 연설·메시지·성명서·기자 회견문을 모아 출간하는 작업을 시도하여 제1권은 1970년 4월 17일에 출간되었고, 마지막 권은 같은 해 9월 18일에 출간되었습니다. 드디어 1970년 10월 23일에 희망의 회고록 제1권 『부흥, 1958-1962』이 출간되었습니다.[476]

솔직히 이런 많은 책을 저술할 수 있었던 것도 다름 아닌 평생을 독서했기 때문이라고 생각합니다. 저는 '누가 나에게 영향을 끼쳤는가' 묻지 말라고 했습니다. 사자는 그가 소화한 양¥으로 구성되어 있듯이, 저는 평생 독서를 했거든요.[477]

사회자 : 대통령께서의 치열한 그 기록 정신과 평생을 걸쳐 실시한 독서는 지도자가 되고자 하는 많은 분들에게 크게 감흥을 주는 면이 아닐 수 없습니다. 다음 질문은 대통령께서는 사생활과 자기관리를 어떻게 하셨는지 궁금합니다.

드골 : 어떻게 보면 리더십 구비조건 중에 제일 중요할 수도 있는 아주 좋은 질문입니다. 저는 일단 하루 업무를 마치고 퇴근하게 되면 대부분 아내와 둘이서 시간을 보냈습니다. 같이 텔레비전을 보거나 때로는 영화관을 찾기도 했지요. 그곳에는 사람들이 표를 사려고 줄을 서 있는데 우리도 그 뒤를 따라 들어갑니다. 과거에는 내가 앞서가면 사람들이 나의 뒤를 줄 서서 따라 왔었는데, 이제는 그 반대가 됐습니다.(웃음) 일요일에는 아들[478]과 손주들이 파리에 있을 때, 그리고 나에게 여유가 생기면 그들과 같이 지냈습니다. 아들과 사위는 당시 자유프랑스군에서 용감하게 싸웠죠. 아들 필립은 해군 항공대에서, 사위 알랭 드 브와시웨는 기갑부대에서 엄격한 장교 생활을 했습니다. 그 이후 아들은 대잠수함 호위함 함장, 대잠수함 공격 선단 함장을 지냈고, 해군 군사학교를 거쳐 '뒤페레' 호위함대에 배속, 해군참모부에 파견됐었고 고속 호위함 '르 피카르'의 함장이 되었죠. 이 군함은 알제리 연해에서 의심스러운 선박을 나포하는 임무를 수행했습니다. 사위 알랭 드 브와시웨 대령은 콩스탕틴 지역의 제4기병연대를 지휘하고 알제에서는 총독 들루브리에 대표부에서 군사자문

을 하다가 군 감사원장으로 승진했습니다. 그 후 고등군사학교를 거쳐 국방연구원으로 배속되었죠.

제가 가족들에게 제일 고마운 것은 바로 그들과 나의 딸, 나의 며느리와 외손자들은 프랑스를 내가 보는 프랑스처럼 본다는 것입니다. 형제와 누이, 자매들, 조카와 조카딸들 역시 마찬가지입니다.

가정의 조화는 저에게 무척 소중합니다. 기회가 되면 모두가 저의 사저 라부아스리에 모입니다. 때로는 저는 연설문을 준비하려고 방에 틀어박혀 있습니다. 생각하기 위해 따로 있는 것이죠. 아시다시피 연설문을 쓰기란 언제나 고통스럽고 쉼이 없는 작업입니다. 그러나 이 가정에서 지평선의 끝과 넓디넓은 하늘을 쳐다보며 저는 맑은 정신을 다시 찾습니다.[479]

아들 필립이 저와 제 아내에 대한 비화를 소개한 적이 있는데, 그 내용을 잠깐 말씀드리겠습니다.

"…내가 아버지를 '보통 사람이 아닌 별난 분'이라고 평가했던 것은 채 일곱이 안 된 시기였다. …할아버지와 아버지는 땅 한 평, 가구 하나, 성조차 없는 신세이면서도 애국심은 대단했다. 가톨릭 신앙에 충실하여 오귀스트 콩트의 실증주의의 영향을 받았다. 나는 아버지께서 정장을 하지 않은 것을 본 적이 없다. 밤새 열차를 탄 후 역에 마중 나온 우리들에게, "안녕, 나는 면도하러 가야겠다."며 사라져 버리는 것이었다. 나는 그분의 수영복 차림을 본 적이 없다. 또 나는 그분이 안락의자에서 졸고 있는 모습을 일생동안 한 번도 본 적이 없다. 아버지의 세대는 오늘날 아이들에게 훌륭한 교육을 시키기 위해 보기 힘든, 믿을 수 없을 만큼 강한 집념을 가졌던 것 같다. 어린이를 이긴다는 생각을 가져서는 안 된다고 했으며, 싸울 때는 항상 지는 것을 확실히 해야 한다고 하셨다. …우리 집에는 사람들을 초청하는 '일요일 점심'은 없었다. 어머니는 시장보기를 즐겼으나, 아버지는 이를 극히 싫어했다. 부부싸움은 짤막하게 끝났고, 곧장 이성을 되찾아 아버지께서 어머니의 의견을 자주 수용했다. 부모님은 감정을 잘 드러내지 않는 시대의 사람들이다. 가족들끼리도 포옹하지 않는다. 내가 1940년 2차 대전에 동원되었을 때, 나에게 스위스제 시계를 주면서, "나는 너의 생명이 전쟁보다

더 길 것을 희망한다."고 어머니는 말했다. 이 한 마디가 전부였다. 어머니가 아들이 전사할

까봐 걱정하는 기색을 내보이면 안 되는 것이었다. 나는 어머니가 우는 것을 한 번도 보지 못

했다. 또한 아버지도 단 한 번 막내 여동생 안느가 1948년 죽었을 때 눈물을 흘리면서 슬퍼

하는 어머니의 손을 잡고, '자! 이제 내 딸도 비로소 다른 사람과 똑같이 되었을 뿐이야.'라고

말했을 정도였다." [480]

사회자 : 참 대단한 정신력과 집념이십니다. 특히, 안락의자에서 졸고 있는 모습을 일생동안 한 번도 본 적이 없다는 말이 굉장히 인상적이군요.(웃음) 대통령께서는 국가를 위한 봉사에 대가가 필요 없다고 하여 대통령으로서, 군인으로서 받을 수 있는 연금을 거부하고, 파리에 집 한 채 없었던 청빈 지도자로 알려져 있습니다. 아마 역사적으로 연금을 거부하고 그 돈으로 사회적 약자를 위해 써 달라고 했던 지도자는 전무후무 하실 것 같습니다. 또한 전쟁회고록의 인세 전액을 정신지체아들을 위한 안느 재단에 기부했으니까요.[481] 사실 말하고 약속하는 것은 얼마나 쉽습니까? 그러나 그것을 행동으로 옮긴다는 것은 얼마나 어렵습니까?

드골 : 저는 파리 동부 300킬로미터 지점, 로렌 지방의 작은 마을 콜롱베에 중령 시절 구매한 집 한 채가 전 재산이었습니다. 임시정부 대통령 시절에는 파리교외 친구의 호텔에서 셋방살이도 했었습니다. 했다. 1946년 임시정부 대통령을 사퇴한 후 이 콜롱베 시골집에서 12년간 회고록을 쓰면서 생활했고, 제5공화국 대통령1959~1969 시절에는 주말이면 자동차로 이 집에 돌아와 국가경영을 구상하면서 휴식을 취했습니다. 결국 파리에 집을 장만하지 못했죠.[482]

1969년 4월, 대통령직을 사임했을 때에는 이미 퇴역군인으로 연금, 전직대통령으로서 마땅히 받을 수 있는 연금조차 사양했습니다. 왜냐하면 국가를 위한 봉사에 대가는 필요 없다는 확고한 제 생각이 있었기 때문입니다. 그러한 돈은 가난한 국민들에게 지급될 수 있도록 했는데, 정부는 제 뜻을 살려 가족들에게 지급하는 연금도 무의탁 노인들과 고아원 어린이들을 위해 사용하는 신탁기금에 보냈습니다. 또한 외국

원수들이 개인적으로 준 선물도 정부 재산으로 넘겼습니다.[483]

사회자 : 감사드립니다. 마지막 질문이 될 것 같습니다. 마키아벨리는 『정략론』에서 "건전한 국가란 우수한 지도자가 죽은 뒤에도 누가 뒤를 잇든지 그 노선이 계승되어 나갈 수 있는 체제가 구축된 국가." 라고 했습니다.[484] 다시 말해 지도자로서 유효성은 우리가 무엇을 하느냐도 중요하지만, 우리가 다른 사람에게 어떤 영향을 끼치느냐에 달려 있다고 할 수 있습니다. 왜냐하면 어떤 조직에 있건 기업에 있건 개인적으로 모든 목적을 달성할 정도로 오랫동안 현직에 남아 있는 사람은 거의 없기 때문이죠. 마치 장강의 뒷 물결이 앞 물결을 밀어내고 세상은 새 사람이 옛 사람을 대신하듯 長江後浪推前浪 世上新人換舊人, 다시 말해 우리가 가고 없을 때 조직을 이끌어 나갈 사람들을 키우는 것이 리더십 완성의 마지막 단계이며 책임이라는 말이 있는데, 혹시 대통령께서는 이 점에 대해 어떻게 생각하시는지요?

드골 : 예. 좋은 질문입니다. 1969년 4월, 제가 대통령 임기를 남겨두고 사임한 후 한참 시간이 지나서 앙드레 말로가 저에게 그러더군요. "어째서 그런 바보스러운 일로 그만두었느냐"물었을 때, 저는 "글쎄, 그게 너무 바보스런 일이라서." 라고 대답한 적이 있습니다.[485] …결론부터 말씀드리면 저의 후계자는 골리즘[486]이었습니다.

저는 솔직히 프랑스는 사랑했으나, 프랑스인은 싫어했습니다. 보통 늘 분열되어 있고 말주변은 좋으나 쓸데없이 시간을 낭비하는 그런 프랑스인을 싫어했던 것입니다. 특히나, 거창한 사상이나 비전의 인도를 받지 못하면 더욱 분열되기 쉬운 프랑스인들 말이죠.[487]

저는 이런 분열하기 쉬운 프랑스인들에게 저의 정치사상인 골리즘을 제 시대가 끝나더라도 프랑스에 존속시키고 싶었습니다. 그래서 1965년 12월, 7년 동안의 대통령 임기가 끝나고 새로운 대선이 있을 때였죠. 당시 75세라는 고령의 나이에 건강상의 이유로 도중에 물러나지 않을 수 없는 경우, 과연 누가 계승할 것인가. 당시 헌법 규정상 대통령 유고 시 상원의장이 계승토록 되어 있었고, 즉시 새로운 대통령 선거를 공고토록 되어 있었습니다. 당시 상원의장은 공공연한 정적政敵인 '가스통 모네르빌'이었잖아요. 그래서 수상이었던 드골주의자인 조르주 퐁피두[488]가 계승토록 하려고 헌법 개정을 추진했습니다. 퐁피두는 다 아시다시피 2차 대전 중에 자유 프랑스 운동에 가담했고, 1958년 정계 복귀 후 저의 요청으로 1962년 4월 드브레 내각에 이어 수상 자리를 이어받아 프랑스의 영광을 위해 정책을 추진했던 인물이었습니다. 결국 1969년에 제가 물러나고 그해 6월에 총선거를 통해서 퐁피두는 대통령으로 선출됐습니다. 요컨대 제가 생각한 후계자는 바로 위대한 프랑스를 재현하는 골리즘이었던 거죠.[489]

사회자 : 지금까지 드골 대통령을 모시고 장시간 이렇게 국가지도자로서 갖추어야 할 자질과 철학, 또 리더십과 국가지략에 대해 들었습니다. 아무쪼록 샤를 드골대통령이 위대한 대한민국에게 보내는 강렬하고도 뜨거운 이 메시지가 위대한 대한민국을 향하는 계기가 되리라 소망하며, 마지막으로 들려주실 말씀을 해주시고 이 자리를 마칠까 합니다. 다시 한 번 감사드립니다.

드골 : 저의 최대의 정적이었던 사회당 당수 프랑수아 미테랑이 저를 평가한 말 중에 가장 인상적이었던 것은 바로"누구도 드골이 프랑스를 사랑한 것 이상으로 프랑스를 사랑할 수 없을 것이다."라는 말이었습니다. 여러분들도 조국 위대한 대한민국을 한없이 사랑하면서 진심으로 행동하는 애국자가 되시기 바랍니다. 그리고 대한민국 국민 여러분! 모두 행복하십시오! 감사합니다!

1   조조(曹操,155-220)는 "영웅(英雄)은 가슴에 큰 뜻을 품고, 뱃속에는 훌륭한 계략이 있으며, 우주의 섭리를 받아 안고 천지의 뜻을 삼키고 뱉을 수 있는 사람"이라고 생각했다. 사마열인 지음, 홍윤기 옮김, 『조조의 면경』, 넥서스BOOKS, 2004년, p.18.

2   수산 밴필드, 김기연 옮김, 『인물로 읽는 세계사, 드골』, 대현출판사, 1993년, p.9.

3   역사 전문지 L'Histoire는 여론조사 기관 CSA와 함께 '한 시간 동안 함께 대화를 나누고 싶은 프랑스 역사인물'에 대한 설문조사를 정기적으로 실시하고 있다. 주요 순위는 다음과 같다. 1위(샤를 드골), 2위(나폴레옹), 3위(루이14세), Cf. P. Joutard & Lecuir, "Le palmarés de la mémoire nationale", L'Histoire, N242(avril 2000), pp.32-39. 이용재, 「샤를 드골, 현대 대중사회에서의 영웅의 탄생」, 이화사학연구, 2006년, p.1.

4   역사책에 등장하는 위인들 중에서 빅토르 위고가 6위에 올랐을 뿐 나폴레옹(16위), 샤를마뉴 대제(22위), 잔다르크(31위), 볼테르(33위), 루이 14세(50위), 장 자크 루소(71위) 등이 10위권에도 들지 못한 반면, 드골이 1위에 오른 것은 특기할 만하다. Cf. "Le plus grand francais de tous les temps", article de wikipédia, . 이용재, 「샤를 드골, 현대 대중사회에서의 영웅의 탄생」, 이화사학연구, 2006년, pp.1-2.

5   네로(Néro) 장군의 증언. Jean Lacouture, De Gaulle : Le rebelle 1890-1944, p.113, 알렉상드르 뒤발 스탈라, 변광배 · 김웅권 옮김, 『말로와 드골』, 연암서가, 2014년, p.78. 재인용.

6   조용헌은 그의 저서 『조용헌의 인생독법』에서 운명을 바꾸는 여섯 가지 방법을 제시했는데, 그가 30여 년 동안 고금의 문헌들을 보고 수없이 여행하고 만난 사례들을 정리한 결과로 주목할 만하다.
① 적선(積善) : 선행으로 복과 운을 저축하다, ② 스승 : 눈 밝은 스승이 대낮의 어둠을 밝힌다, ③ 기도와 명상 : 간절함으로 높은 산을 넘고, 험한 강을 건넌다, ④ 독서 : 강한 날에는 경전을, 부드러운 날에는 역사책을 읽는다, ⑤ 명당 : 밝은 기운이 있는 곳에 머물다, ⑥ 지명(知命) : 내 삶의 지도는 스스로 읽을 줄 안다. 조용헌, 『조용헌의 인생독본』, 불광출판사, 2018년, pp.327-341.

7   Ledwidge, De Gaulle, p.29 ; 마이클 E. 해스큐, 박희성 옮김, 『드골』, 플래닛미디어, 2011년, pp.106-107. 재인용.

8   수산 밴필드, 김기연 옮김, 앞의 책, 1993년, p.95.

9   리처드 닉슨 지음, 박정기 옮김, 『20세기를 움직인 지도자들』, 을지서적, 1997년, p.105.

10   Charles de Gaulle, Mémoires de guerre in Mémoires, Gallimard, Bibliothéque de la Pléiade, 2000, p.6. 알렉상드르 뒤발 스탈라, 변광배 · 김웅권 옮김, 앞의 책, 2014년, p.36. 재인용.

11   수산 밴필드, 김기연 옮김, 앞의 책, 1993년, p.135.

12   한 시대의 문화적 소산에 공통되는 인간의 정신적 태도나 양식(樣式) 또는 이념. 두산백과, , 검색일 (2021년 8월 16일).

13   샤를 드골 지음, 심상필 옮김, 『드골, 희망의 기억』, 은행나무, 2013년, pp.12-13, p.15.

14   이와 관련하여 허태회는 정치적 현상을 이해하는데 가장 일반적인 분석 방식으로 두 가지 접근 방향을 제시했다. 문제의 원인이 '지도자 개인의 특성'에 기인한 것인가? 혹은 '주변 환경적 요인'에 기인한 것인가? 하는 식으로 행위자 대 구조(Agent VS. Structure)로 나누어 분석했다. 여기서 대통령을 불행하게 만드는 구조적인 원인을 '정치 제도적 요인'과 '정치 문화적 요인'으로 나누어 설명했는데, 특히 정치 문화적 요인에서 "국익보다는 당장의 정치적 이익 때문에 정치 개혁을 저버리는 의회와 정당, 국가 차원의 문제보다 차기 대선과 총선 승리에만 전념하는 정치인들, 정치권 줄 대기에 여념이 없는 기업인들, 국익보다는 자신의 신분 보장과 승진이 중요한 행정 관료들, 잘못인 줄 알면서도 내 고향, 내 가족이 더 중요한 우리 모두의 모습이 바로 우리의 불행한 대통령들의 모습 뒤에 있었다"고 지적했다. 허태회 등 6명, 『한국의 불행한 대통령들』, 파람북, 2020년, p.153. pp.190-191.

15   샤를 드골지음, 심상필 옮김, 위의 책, 2013년, p.17.

16   샤를 드골 지음, 심상필 옮김, 위의 책, 2013년, pp.32-33.

17   시오노 나나미, 오정환 옮김, 『마키아벨리 어록』, 한길사, 1996년, p.25.

18   Charles de Gaulle, Mémoires de guerre (Plon, 1989),p.9; 이용재, 앞의 논문, 2006년, p.12.

19 골리즘 또는 골리스트(Gaullist)라는 말은 전후(戰後) 프랑스에 새로 생긴 일종의 이데올로기적 용어로 국제사회에서도 사용되는 말이다. 문남희, 「드골과 드골주의에 관한 小考」, 정치외교연구, 1973년, p.123. 앙드레 말로는 골리즘이 자유·형제애·권위라는 세 가지 요구에 부합한다고 설명했다. 알렉상드르 뒤발 스탈라, 변광배·김웅권 옮김, 앞의 책, 2014년, p.371.

20 David Schoenbrun, The Three Lives of Charles de Gaulle (New York : Atheneum,1960).p.211. 하명수, 앞의 논문, 1991년, p.179. 재인용.

21 André Malraux, Felled Oaks : Conversation with de Gaulle (New York : Holt, Rinehart and Winston, 1971), p.123. 하명수, 앞의 논문, 1991년, pp.179-180. 재인용.

22 Jacques Bloch Morhange, 『Le Gaullisme』 (Paris: Plon, 1963), p.11. 김지연, 「Charles de Gaulle의 外交政策에 關한 研究」, 한양대학교 대학원 석사학위 논문, 1991년, p.25. 재인용.

23 Jean-Christian Petitfils, 『Le Gaullisme』 (1994) 위의 책, p.9, p.11 양진아, 위의 논문, 2002년, pp.7-8. 재인용.

24 Alain Prate, 『La France en Europe』, Economica (Paris: 1995), pp.259-260. 양진아, 앞의 논문, 2002년, p.9. 재인용.

25 군사력은 국가전략의 하위 개념으로서 군사전략이 달성하려는 목표를 추구하기 위해 동원할 수 있는 군사적 능력을 의미한다. 국익을 추구하는 수단이라는 점에서 군사력은 정치외교력, 경제력, 에너지자원 등과 더불어 국력을 구성하는 불가결한 요소의 하나가 된다. 한용섭·박영준·박창희·이흥섭 지음, 『미·일·중·러의 군사전략』, 한울아카데미, 2008년, p.138.

26 Jacky Bertrand, Charles de Gaulle et le Destin du Monde (Paris : Berges-Levrault, 1990),p.16.; 허만, 『드골의 외교정책론 –골리즘을 중심으로-』, 집문당, 1997년, p.58. 재인용.

27 이상두, 「드골과 골리즘」, 다리, p.103.

28 이용재, 앞의 논문, 2006년, p.12.

29 이기윤, 『별』, 북@북스, 2006년, pp.13-14. pp.26-27.

30 이기윤, 앞의 책, 2006년, pp.14-16.

31 시오노 나나미, 오정환옮김, 앞의 책, 1996년, p.199.

32 1927년, 당시 육군대위였던 드골은 페탱원수의 도움으로 육군대학 "루이 대강의실(amphiLouis)"에서 학생장교와 육군대학 전체 교수진 대상으로 세 차례 강연을 했다. <전쟁과 지도자>, <기개에 대하여>, <위엄에 대하여>가 그것이었고, 이를 한데 모아 책으로 출간한 것이 바로 『칼날』이었다. 알렉상드르 뒤발 스탈라, 변광배·김웅권 옮김, 앞의 책, 2014년, p.81.

33 Charles de Gaulle, Le Fil de l'épée (Paris : Edition, Berger-Levrault, 1944),p.90; 허만, 앞의 책, 1997년, p.28. 재인용 ; 샤를 드골 지음, 심상필 옮김, 위의 책, 2013년, p.253.

34 Léo Hammon, "De Gaulle et l'histoire", in Elie Barnavi et Friedlander, La Politique étrangére du général de Gaulle(Paris:Presses Universitaires de France, 1985),pp.19-20.허만, 앞의 책, 1997년, p.32. 재인용.; 「갈로아족(Gaulois)의 투쟁에서 십자군 전쟁과 잔다르크를 거쳐 루이 14세에 이르기까지 프랑스는 유럽의 선망의 대상이 되는 위대한 업적을 성취했다. '인권선언'의 땅이요, 문화와 예술의 요람인 프랑스는 19세기까지 유럽뿐만 아니라 식민 제국에 '문명'을 전파했으며, '문명' 그 자체였다.」 이용재, 「샤를 드골, 현대 대중사회에서의 영웅의 탄생」, 이화사학연구, 2006년, p.14. 재인용.

35 Léo Hammon, 위의 논문 ,p.19 ; 허만, 앞의 책, 1997년, p.32. 재인용 ; Eric Branca, "De Gaulle, la Nation et l'Etat", in Espoir, mars 1982, no.38,p.6;허만, 앞의 책, 1997년, pp.131-132. 재인용.

36 Jean Touchard, Le Gaullisme (Paris: Edition, du Seuil,1978), p.47 ; 허만, 앞의 책, 1997년, p.32. 재인용.

37 Léo Hammon, 위의 논문 ,p.19 ; 허만, 앞의 책, 1997년, p.33. 재인용.

38   시오노 나나미, 오정환옮김, 앞의 책, 1996년, p.98.

39   허만, 위의 책, 1997년, p.29.

40   Charles de Gaulle, Le Fil de l'épée (Paris : Berger-Levrault,1932,Plon,1971),pp.10-11.; 허만, 위의 책, 1997년, p.2. 재인용.

41   Charles de Gaulle, Vers l'armée de métier, BergerLevrault,1934. 알렉상드르 뒤발 스탈라, 변광배·김웅권 옮김, 앞의 책, 2014년, p.48. 재인용 ; 강창구 등 2명, 『名将名言』, 병학사, 1978년, p.106.

42   이런 드골의 역사의식에는 베르그송적인 미덕을 숭배하는 사상이 담겨 있었다. 즉 직관(지성과 본성)에 의해 제공되는 행동이 드골에 있어 그의 직관에 의한 행동은 곧 의지주의와 프랑스의 야망으로 연결되었다. 허만, 앞의 책, 1997년, p.33 ; 드골 자신의 고백에 의하면 특히 다음과 같은 네 명이 그에게 교양과 철학면에서 결정적인 영향을 주었다. "사유면에서 부트루(Emile Boutroux, 18451921, 프랑스의 유신론 실학자, 과학 비판을 매개로 한 윤리적 실천적 세계를 최고점으로 하는 목적론적 형이상학을 주장함), 프랑스의 정신을 쇄신한 베르그송(Henri Bergson, 18591941, 프랑스의 관념론 철학자로 생철학, 직관주의의 대표자, 생명의 자유로운 '창조적 진화', 각 계급의 불평등이 '자연적인'상태이며, 전쟁은 '자연법칙'으로 불가피하다고 주장함), 은밀한 광채를 지닌 페기(Charles Pierre Péguy, 18731914, 프랑스의 시인·평론가, 휴머니즘적 입장에서 현대 사회를 비판함), 그리고 바레스(Maurice Barrès, 18621923, 프랑스의 작가이며 국수주의적 정치인, 반(反)드레퓌스파였고, 군대를 옹호하고 민족주의를 내세웠음)가 그들이다. … 사실 베르그송은 나에게 깊은 영향을 주었다. 왜냐하면 그는 나에게 행동의 철학이 무엇인지를 알게 해주었기 때문이다. 베르그송은 지성과 본성, 즉 직관의 중요성을 보여주었다. 평생 동안 나는 이와 같은 결합이 갖는 중요성을 의식했다. 순수지성은 행동을 낳을 수 없고, 본성만이 홀로 작용하게 되면 광기를 낳을 수 있다. 그것이 정치 분야이든 군사적인 일에 관한 것이든 말이다. …위대한 인물들은 지성과 본성을 적절하게 이용하는 자들이다. 뇌는 순전히 감정적인 충동에 제동을 건다. 뇌는 충동을 다스린다. 하지만 뇌의 제동에 의해 마비되지 않으려면 충동과 행동능력이 있어야 한다. 이와 같은 사실을 나로 하여금 기억하게 해준 장본인이 바로 베르그송이었고, 지금까지 나를 이끈 것도 바로 그였다. " Alain Larcan, Charles de Gaulle, itinéraires intellectuels et spirituels, Presses universitaires de Nancy, 1993, p.238.   알렉상드르 뒤발 스탈라, 변광배·김웅권 옮김, 앞의 책, 2014년, pp.43-44. 재인용. 네이버 지식백과 인용(검색일, 2021.12.25.)

43   1911-1997, 독일 플렌스부르크 출생, 독일군 기갑수색병과 장교로 임관, 폴란드 전역(1939년)에 참가했고, 2차 대전 당시 롬멜의 제7기갑사단 예하의 기갑수색대대 중대장으로 참전했다. 이어서 프랑스 전역(1940년)에서 전격전의 신화를 이뤄냈고, 러시아전역(1941년)와 북아프리카 전역(1942년), 그리고 역사적인 노르망디 전투(1944년)와 동부전선(1945년), 라우반 전투와 할베 포위전 등 베를린 함락 직전, 최후의 전투까지 참전하면서 독일 육군의 거의 모든 주요 전역에 참전한 보기 드문 장교이자 희소한 전후 생존자로 유명했다. 종전 직전 소련군의 포로가 되어 그루지아의 강제수용소에 갇혔다 5년 만에 귀국했으며, 이후 참전자 간 교류나 강의, 연구에 활발히 참가했다. '롬멜과 함께 전선에서'라는 회고록을 남겼다. 한스 폰 루크 지음, 진중근·김진완·최두영 옮김, 『롬멜과 함께 전선에서』, 길찾기, 2018년, p.18. 책표지 저자소개 인용.

44   한스 폰 루크 지음, 진중근·김진완·최두영 옮김, 위의 책, 2018년, p.489. 류제승은 이와 관련하여 다음과 같이 주장했다. "우리 사회에서는 군이 너무 쉽게 정치·사회적 비판에 노출로 전락한다. 이 문제의 본질은 한마디로 정치와 군사의 부조화에 있다고 본다. 이제라도 군의 중심인 장교단의 국가의식·지휘철학·정신문화부터 바로 세워야 한다. …국민의 한 사람인 장교는 국가가 선택한 군사전문 직업인이다. … 장교는 부단히 자신을 연마하면서 판단력을 함양해야 한다. …판단은 개념과 직관의 작용이다. 개념은 열심히 연마한 노력의 산물이고, 직관은 개념이 고도화됐을 때 비로소 발휘된다. 이처럼 중요한 판단력의 근원은 '자아의식'이다. 장교는 자신의 생각이 언어와 행동으로 이어지는 과정을 철저히 의식하는 것을 체질화해야 한다. …장교단의 정신문화는 반드시 헌법적 가치와 법규에 기반을 둬야 한다. …장교라면 어떤 명령이든 헌법적 가치와 법규에 정합하는지, 합법적이고 합리적인지, 충성이 국가인지 정치권력인지를 냉정하게 판별할 수 있어야 한다. 이런 판단에 기초한 자신의 언행이 국민에게 신뢰를 줄 수 있는지도 자문해야 한다. 류제승, 「군인은 무엇으로 사는가」 (시론) (2019.7.1. 한국경제신문)

45   한스 폰 루크 지음, 진중근·김진완·최두영 옮김, 위의 책, 2018년, p.482.

46   토크빌(Tocqueville, 18051859, 프랑스의 역사학자, 정치가)은 그의 저서 『구체제와 혁명』에서 민주주의에도 또 다른 무서운 위험, 즉 다수의 횡포라는 위협이 도사리고 있으며, 자유를 유지하기 위해서는 언론의 자유와 사법권의 독립이라는 두 개의 기본적 보장이 있어야 한다고 경고했다. 장루이 미시카, 도미니크 볼통과의 대담, 박정자 옮김, 『자유주의자 레이몽 아롱』, 기파랑, 2021년, p.37.

47	조지 오웰 지음, 하소연옮김, 『1984』, 자화상, 2020년, p.247.

48	드골은 장 오뷔르탱의 주선으로 당시 파리의 국회의원이었던 폴 레노(Paul Reynaud) (후에 수상이 됨)에게 그의 저서 『미래의 군대』를 헌정사와 함께 보냈고, 일주일 후인 1934년 12월 5일, 이 두 사람의 만남이 이뤄졌다. 알렉상드르 뒤발 스탈라, 변광배·김웅권 옮김, 앞의 책, 2014년, p.133.

49	알렉상드르 뒤발 스탈라, 변광배·김웅권 옮김, 위의 책, 2014년, p.137.

50	朴正熙 著, 『国家와 革命과 나』, 지구촌, 1997년, p.30.

51	드골은 내각에 국회의원 출신이 아닌 인사들을 많이 들어오게 했다. 그 이유는 국회는 국회와 국가에 효율성과 안정성 및 지속성을 가져다줘야 하며, 법을 토의하고 제정하며, 내각을 감독하면 되지, 더 이상 의회가 정치와 정부의 근원이 될 수 없다고 생각했다. 사실상 제3공화국과 제4공화국은 '유희, 독약 그리고 지상의 쾌락'이란 말로 표현되는 의회의 혼란이 특징이었으며, 이로 인하여 두 공화국은 쓰러지고 말았다고 생각했다. 샤를 드골 지음, 심상필 옮김, 앞의 책, 2013년, pp.426-427.

52	필리프 라트, 윤미연 옮김, 『드골 평전』, 바움, 2002년, pp.514-515.

53	샤를 드골 지음, 심상필 옮김, 앞의 책, 2013년, p.13.

54	샤를 드골 지음, 심상필 옮김, 위의 책, 2013년, p.36.

55	샤를 드골 지음, 심상필 옮김, 위의 책, 2013년, p.453.

56	드골은 이렇게 소란스러운 정치 파동이 계속되는 가운데서도 국민의 일상생활이 영위된 것은 그나마 행정기구에 의해 유지되었다고 생각했다. 프랑스는 일찍이 중앙집권이 확립되어, 행정은 정치의 영향을 받지 않고 자기의 임무를 다하는 것이라 생각했다. 이것은 '정부는 지나가고 행정은 남는다'는 말과 일맥상통하겠다. 한국처럼 장관이 바뀌면 부서의 고위직이 바뀌는 것과는 다르다. 샤를 드골 지음, 심상필 옮김, 위의 책, 2013년, p.18.

57	Jean Touchard, Le gaullisme 1940-1969, p. 309.허만, 앞의 책, 1997년, pp.132-133. 재인용.

58	허만, 위의 책, 1997년, p.135.

59	김영일 등 5명, 『소년소녀 세계위인전기전집 – 처칠/루우스벨트/드골』, 삼성당, 1980년, p.144-145 ; 이주홈. 『드골의 리더십과 지도자론』(비매품), p.15; 정한용, 앞의 책, 2004년, p.19. 재인용

60	드골은 1남 2녀의 세 자녀를 두었다. 아들 필리프(Philippe), 엘리자벳(Elizabeth), 안느(Anne)라는 두 딸이다. 아들 필리프는 1940년 2차 대전 발발 후 독일의 프랑스 침공이 시작되었을 때, 해군사관생도였다. 그는 비록 먼저 영국으로 망명한 아버지 드골 장군의 호소문을 듣지는 못했지만, 자력으로 나치에 점령된 프랑스를 탈출해 자유 프랑스 망명정부에 합류, 자유 프랑스 해군의 일원이 되었다. 2차 대전동안 필리프는 대서양 전투에 참가했다. 1943년에 소위가 되었고, 1944년의 노르망디 상륙작전 이후 자유 프랑스 해군 코만도부대 소속 소대장으로 참전, 프랑스 해방 전에 참가해 파리 해방 때도 참가했고, 이후 1945년까지 보쥬(Vosges)에서 싸웠다. 전후 주요 함대와 해군 항공대에서 경력을 쌓고 1971년 준장으로 진급하면서 제독이 되었다. 1980년, 프랑스 해군대장으로 진급 후 해군 감찰감을 지낸 뒤 퇴역했다. 1986년~2004년까지 정치가로 활동했으며, 필리프는 2021년 현재 99세로, 샤를 드골의 세 자녀 중 유일한 생존자이다. namu.wiki 필리프 드골, 2021년 6월 9일(최근 수정시각), 검색일(2021.7.13).

61	드골은 프랑스에게 위대한 군대가 있었기 때문에 19세기 해외영토를 획득하는 경쟁에서 제1위의 서열을 차지할 수 있었다고 생각했다. 허만, 앞의 책, 1997년, p.186.

62	주섭일, 『지도자와 역사의식』, 지식산업사, 1997년, pp.199-200.

63	정식 이름은 샤를 앙드레 조제프 마리 드골 (Charles André Joseph Marie de Gaulle)이다.

64	수산 밴필드, 김기연 옮김, 앞의 책, 1993년, p.16.

65	알렉상드르 뒤발 스탈라, 변광배·김웅권 옮김, 앞의 책, 2014년, pp.36-37. p.34.

66	수산 밴필드, 김기연 옮김, 위의 책, 1993년, pp.16.-17.

67 필리프 라트, 윤미연 옮김, 앞의 책, 2002년, p.19. 드골은 그의 저서 『칼날』에서 "진정한 통치의 학교는 교양이다."라고 적었다. 알렉상드르 뒤발 스탈라, 변광배 · 김웅권 옮김, 위의 책, 2014년, p.33.

68 알렉상드르 뒤발 스탈라, 변광배 · 김웅권 옮김, 위의 책, 2014년, p.36. 각주8) 재인용.

69 필리프 라트, 윤미연 옮김, 위의 책, 2002년, p.17.

70 알렉상드르 뒤발 스탈라, 변광배 · 김웅권 옮김, 앞의 책, 2014년, p.36.

71 수산 밴필드, 김기연 옮김, 위의 책, 1993년, p.16.

72 댄디(dandy:멋쟁이)에서 나온 말로, 세련된 복장과 몸가짐으로 일반사람에 대한 정신적 우월성을 은연 중에 과시하는 태도를 말한다. 19세기 초 영국에 나타난 G.브러멀(1778-1840)이 댄디즘의 시조(始祖)라고 하며, 당시 영국 사교계의 청년들 사이에 널리 유행했다. 시인 G.바이런도 그 영향을 받아 <돈 후안: Don Juan>을 썼다. 후에 댄디즘은 프랑스로 건너가 뮈세, T.고티에와 같은 작가들에게서 이 취미를 엿볼 수 있었으나, 프랑스에 있어서의 댄디즘은 당시 세간에 풍미하고 있던 부르주아적 취미와는 달리 예술가의 자존심을 보여주는 '정신적 귀족주의'라고 할 수 있다. 두산백과, , 검색일 (2021년 8월 17일).

73 필리프 라트, 윤미연 옮김, 앞의 책, 2002년, pp.18-19. 라종일은 이념은 수많은 복잡한 요인들이 얽혀 있는 현실을 단순 명료하게 정리할 수 있는 좋은 지적인 도구라고 했다. 그런 점에서 릴 도시는 드골이 위와 같은 사상을 형성하는데 큰 역할을 했다고 볼 수 있다. 라종일 · 조병제 · 이구 · 허태회 · 황인수 · 정태용 지음, 『한국의 불행한 대통령들』, 파람북, 2020년, p.52.

74 Philippe de Gaulle, in Charles de Gaulle, la jeunesse et la guerre 1890-1920, Editions Plon-Fondation Charles de Gaulle, 2001, p.18.알렉상드르 뒤발 스탈라, 변광배 · 김웅권 옮김, 앞의 책, 2014년, p.37.재인용.

75 알렉상드르 뒤발 스탈라, 변광배 · 김웅권 옮김, 앞의 책, 2014년, p.37.

76 Charles de Gaulle, Mémoires de guerre in Mémoires, Gallimard, Bibliothéque de la Pléiade, 2000, p.6. 알렉상드르 뒤발 스탈라, 변광배 · 김웅권 옮김, 앞의 책, 2014년, pp.37-38.재인용.

77 유럽 열강의 아프리카 분할과정에서 영국의 종단정책(縱斷政策)과 프랑스의 횡단정책(橫斷政策)이 충돌한 사건. 1898년 7월, 마르샹 대령 지휘하의 프랑스군은 동진하여 이집트 · 수단 남부의 나일 계곡에 있는 파쇼다에 도착하여 프랑스 국기를 게양했다. 이에 대하여 영국의 키치너 장군은 수단 지방을 남하하여 동년 9월 2일, 하루툼을 점령했다. 9월 19일, 키치너는 파쇼다에서 마르샹이 철퇴할 것을 요구했으나 불응하여, 결국 양국의 외교적 절충문제로 위임되었다. 영국과 프랑스 간의 관계는 긴장되었으나, 이듬해 영국이 이집트를, 프랑스가 모로코를 각각 세력 안에 두기로 하고 타협했다. 두산백과, , 검색일 (2021.8.27).

78 19세기 말, 프랑스에서 유대인 사관(士官) 드레퓌스의 간첩혐의를 둘러싸고, 정치적으로 큰 물의를 빚은 사건. 군 수뇌부 등 국수주의자들의 진상 은폐로 드레퓌스 개인의 석방문제가 정치적 쟁점으로 확대되면서 제3공화정을 극도의 위기에 빠트렸다. 결국 드레퓌스파인 사회당, 급진당이 승리하여 프랑스 공화정의 기반을 다지고, 좌파 세력의 결속을 촉진하는 계기가 되었다. 두산백과, , 검색일 (2021.8.27).

79 허만, 앞의 책, 1997년, p.17.

80 필리프 라트, 윤미연 옮김, 앞의 책, 2002년, pp.23-24.

81 Charles de Gaulle, Mémoires de guerre in Mémoires, Gallimard, Bibliothéque de la Pléiade, 2000, p.6. 알렉상드르 뒤발 스탈라, 변광배 · 김웅권 옮김, 앞의 책, 2014년, p.36. 재인용.

82 Charles de Gaulle, Lettres, notes et carnets, 1905-1918, Plon, 1980, p.44. 알렉상드르 뒤발 스탈라, 변광배 · 김웅권 옮김, 앞의 책, 2014년, p.38. 재인용. 1922년 5월 2일, 드골이 육군대학에 입학한 후 마지막 학년에 있었던 훈련 중에 드골 대위의 동료 가운데 한 명이었던, 훗날 장군이 되는 쇼뱅(Chauvin)은 드골과 함께 이런 내용의 담소를 나누기도 했다. "이보게, 자네에게 한 가지만 말하고자 하네. 내 말을 듣고 자넨 웃을 걸세. 내 느낌으론 자넨 아주 큰 인물이 될 운명인 것 같네." 드골은 이 말에 대해 아주 진지하게 이렇게 대답했다. "그렇네 …나 역시 그렇게 생각하네 …"알렉상드르 뒤발 스탈라, 변광배 · 김웅권 옮김, 위의 책, 2014년, p.79.

83 정한용, 『21C의 힘 탁월한 리더십 드골』, 글로리아, 2005년, p.58.

84 확증적 편향(確証的 偏向, confirmatory bias)은 자신의 가치관, 기대, 신념, 판단에 부합하는 확증적인 정보만을 선택적으로 인지하는 편향된 현실 인식 방식이다. 어떠한 명제에 대해 가설을 확증하는 근거는 신뢰하는 반면, 반증은 축소하거나 무의미하게 여기는 현상이다. 즉 자신의 신념과 일치해서 확신할 수 있는 증거(확증)는 수용하지만, 자신의 주장을 부정하거나 반대되는 증거(반증)는 배척하고 무시하는 심리적 경향을 말한다. 쉽게 말해서 있는 그대로의 현실을 제대로 바라보지 못하고, 보고 싶은 것만 보고, 믿고 싶은 것만 믿는 인지적 편견이라고 할 수 있다. 확증적 편향의 원인은 자기논리와 고정관념에서 벗어나지 못하는 선입견 때문이다. 이를 예방하기 위해서는 인간은 완전한 존재가 아니므로 자신의 생각이 항상 옳지만은 않다고 끊임없이 의심해야 하고, 자기 검증을 통해 내가 틀릴 수도 있다는 것을 인정하는 자세가 필요하다. 아울러 편협한 사고의 범주를 확장하고, 나와 다른 의견에도 귀를 기울이며, 다양성을 존중하는 자세를 가져야 한다. 시사상식사전, pmg 지식엔진연구소, http://www.pmg.co.kr.(검색일:2021.11.17.)

85 앙드레 말로는 1940년 6월 18일, 드골의 대독항전 호소를 다음과 같이 평가했다. "드골주의는 한 사건에서 생겨났다. 6월 18일에 일어난 그 비이성적 사건 말이다. 우리가 6월 18일의 그 사건을 이성적으로 받아들인다면, 그 사건에서 이해한 것은 아무것도 없다. 드골주의에 대해서도 마찬가지이다. 드골 장군이 외인부대의 지휘관이 아니었다는 점을 우리가 비로소 깨달았을 때 물론 시간이 걸렸겠지만 드골주의는 태어났다." 알렉상드르 뒤발 스탈라, 변광배 · 김웅권 옮김, 앞의 책, 2014년, p.171.

86 문지영, 「드골, 자유 프랑스 그리고 전시드골주의」, 프랑스사 연구, 2004년, p.176.

87 마키아벨리는 군주의 권위에 대해 "군주로서 사랑을 받는 것과 무섭게 여겨지는 것 중 어느 쪽이 바람직한가"라는 질문을 던지고 다음과 같이 답했다. "양쪽을 다 겸비하면 좋겠지만 현실적으로 어렵기에 사랑을 받는 것보다 무섭게 여겨지는 편이 군주로서 안전한 선택이다. 왜냐하면 인간은 무서운 자보다 사랑하는 자를 사정없이 해치는 성향이 있기 때문이다. 인간은 은의(恩義)의 끈에 묶인 애정 따위는 이해가 상반되면 예사로 끊어 버린다. 한편 공포로 연결되어 있을 때는 복수가 무서워서 쉽게 끊지 못하는 법이다. 그렇지만 군주는 비록 사랑받는 군주상을 버리지 않을 수 없더라도 원한과 증오만은 피해야 한다. 그러면서 사람들이 무섭게 여기도록 힘써야 한다. 무섭게 여기는 것과 미움을 사지 않는 것은 훌륭하게 양립될 수 있다. 요컨대 가신(家臣)의 소유물에 손을 대는 무도한 짓을 하지 않으면 되기 때문이다. 사람은 자기 소유물을 빼앗겼을 때보다 부친이 죽은 쪽을 더 빨리 잊어버리는 법이다. 시오노 나나미, 오정환 옮김, 『마키아벨리 어록』, 한길사, 1988년, pp.130-131 ; 그렇다면 군주는 왜 민중의 미움을 살까? 가장 큰 이유는 민중이 가장 소중히 여기는 것을 군주가 빼앗아가는 데 있다. 인간은 자기가 가장 소중히 하는 것을 빼앗겼을 때의 원한을 절대로 잊지 않기 때문이다. 그것이 일상에 필요한 것일 때 더욱 그렇다. 필요를 느끼는 것은 매일이므로 날마다 빼앗긴 원한을 되씹게 되는 셈이다. 둘째 이유는 군주의 거들먹거리는 거만한 태도이다. 그런 서툰 행위는 억압된 백성보다 자유로운 백성을 상대로 했을 때 특히 해로운 결과를 가져온다. 그것은 정신적인 피해만으로 민중의 미움을 사는 데 그치지 않는다. 군주의 횡포는 민중에 물질적인 피해까지 주기 때문에 민중은 이중으로 그런 군주를 증오하게 된다. 시오노 나나미, 오정환 옮김, 『마키아벨리 어록』, 한길사, 1988년, p.192.

88 위신과 관련하여, "차라리 내가 천하를 등질지언정, 천하가 나를 등지게 하지는 않겠다"고 한 조조(曹操)의 말은 그가 체면을 얼마나 중시했는지를 보여준다. 사마열인 지음, 홍윤기 옮김, 『조조의 면경』, 넥서스BOOKS, 2004년, p.17.

89 리처드 닉슨 지음, 박정기 옮김, 앞의 책, 1997년, p.121. ; 홍사중, 『리더와 보스』, 사계절, 1997년, p.32.

90 수산 밴필드, 김기연 옮김, 앞의 책, 1993년, p.42.

91 리처드 닉슨 지음, 박정기 옮김, 앞의 책, 1997년, p.133.

92 이주흠, 『드골의 리더십과 지도자론』, p.130-131. p.127-128 ;정한용, 『프랑스의 이름으로 나는 명령한다』, 21세기 군사연구소, 2004년, p.57. p.61.재인용.

93 수산 밴필드, 김기연 옮김, 앞의 책, 1993년, p.52.

94 필리프 라트, 윤미연 옮김, 앞의 책, 2002년, p.109.

95 알렉상드르 뒤발 스탈라, 변광배 · 김웅권 옮김, 앞의 책, 2014년, p.184.

96 주섭일, 『지도자와 역사의식』, 1997년, p.204.

97 알렉상드르 뒤발 스탈라, 변광배 · 김웅권 옮김, 위의 책, 2014년, p.182.

98 이주흠, 『드골의 리더십과 지도자론』, p.27-28. ;정한용, 『프랑스의 이름으로 나는 명령한다』, 21세기 군사연구소, 2004년, p.62.

99   드골은 퇴역 당시 육군소장으로, 대통령이 된 다음에도 언제나 별 두 개짜리 군모(軍帽)를 즐겨 썼는데, 그의 뒤에 별 네 개짜리 대장들이 줄줄 따라가는 별난 풍경은 유명했다고 한다. 주섭일, 「드골, 프랑스 나치협력자 청산의 주역」, 내일을 여는 역사, 2007년, p.152.

100   '6월 18일의 호소'가 크게 반향을 불러일으키지 못한 이유는 약 8백만 명의 난민들이 길 위에 운집해 있었을 뿐 아니라, 외국 라디오를 들었을 프랑스인들은 그리 많지 않았기 때문이었다. 이후에도 드골은 일주일에 1~2번 BBC 방송에 참여한 것으로 전해진다. 그러나 1942년 11월 11일, 뉴욕에서 "1940년 6월 18일 드골 장군의 호소는 역사의 흐름 속에서 '인간과 시민의 권리선언'에 버금가는 역사적 중요성을 갖게 될 것이다"라고 선언했던 사회주의자 필립(André Philip)의 예언은 적중했다. 문지영, 앞의 논문, 2004년, p.180. 각주 14).

101   필리프 라트, 윤미연 옮김, 앞의 책, 2002년, p.465.

102   『전쟁회고록』, p.141 ; 필리프 라트, 윤미연 옮김, 위의 책, 2002년, p.127.재인용.

103   1650년1722년, 영국의 군인. 국왕 파의 젠트리 가(家) 태생으로 왕정복고 후 1655년 요크 공(그후의 제임스 2세)의 시동(侍童)으로 궁중으로 들어가 근위 장교가 되었다. 1677년 앤 왕녀의 시녀 새라와 결혼, 제임스 2세 즉위 후 등용되어 몬머스 공(公)의 반란 진압 때 활약했으나(1685년), 국왕의 카톨릭화(化) 정책에 반발, 1688년의 명예혁명을 지지하고 윌리엄 3세를 섬겼다. 이듬해 추밀원 의원·백작으로 서임되었고, 전왕 제임스와 통모했다는 이유로 1692년 모든 공직이 박탈되어 한때 투옥되었다. 1702년 앤 왕녀가 즉위하자 다시 등용되어 영국·네덜란드 연합군 총사령관으로 임명되었고, 공작으로 서임되었다. 1704년 8월 블렌하임에서 루이 14세의 군대와 싸워 기사회생(起死回生)의 승리를 거두고, 그 후에도 승전을 거듭했으나 정적(政敵)의 모함으로 일체의 직위에서 면직되었다. 그리고 조지 1세의 즉위와 함께 총사령관으로 복직되었으나 그 후 곧 사망했다. 영국의 전 수상 W.처칠은 그의 자손이다. 인명사전편찬위원회 편, 『인명사전』, 민중서관, 2003년, p.342.

104   리처드 닉슨 지음, 박정기 옮김, 앞의 책, 1997년, p.132.

105   1958년 5월, 학생 데모 및 프랑스 전(全) 노동자의 반수를 넘는 9백만 명의 노조원들이 전면파업을 단행, 국가기능이 완전히 마비상태에 빠지자, 드골 대통령은 5월 25일, 6월에 국민투표를 통해 자기에 대한 신임을 묻고 거기서 신임을 얻지 못하면 대통령직을 물러나겠다고 선언했다. 특히 ① 학제 현대화에 의한 대학의 재건과 대학 졸업생들의 취업기회 확장 ② 국가 및 국제이익에 따르는 공공봉사와 산업부문 노동자들의 생활 및 노동조건 개선, 노동자들의 경영 참여 허용, 젊은이들의 훈련과 취업보장, 지역적 특수성에 입각한 농업과 공업활동의 보장 ③ 국민의 적극적인 정치참여 등의 개혁안을 마련하여 국민투표에 물어, 내란 사태로 몰아간 노동파업 및 대학생들의 데모를 수습하고 혼란과 무질서를 바로 잡아 경제사회 전반에 걸친 개혁을 단행할 뜻을 밝혔다. 서동구, 「도전받는 드골의 집권 10년」, 새가정, 1968년, p.14.

106   정한용, 『21C의 힘 탁월한 리더십 드골』, 글로리아, 2005년, pp.61-62.

107   André Malraux, Paroles et écrits politiques, 1947-1972, Espoir, n°2, pp. 48-49. 알렉상드르 뒤발 스탈라, 변광배·김웅권 옮김, 앞의 책, 2014년, p.263. 재인용.

108   필리프 라트, 윤미연 옮김, 앞의 책, 2002년, p.473.

109   수산 밴필드, 김기연 옮김, 앞의 책, 1993년, p.93.

110   신연우·신영란 공저, 『제왕들의 책사』, 백성, 2001년, p.34.

111   이철희, 『1인자를 만든 참모들』, 위즈덤하우스, 2003년, pp.156-159.

112   정민, 『다산선생 지식경영법』, 김영사, 2006년, pp.13-14.

113   정민, 위의 책, 2006년, p.19.

114   Charles de Gaulle, Lettres, Notes et Carnets Tome 1. 1905-1918, Paris, Editions Plon, 1980, p.80. 알렉상드르 뒤발 스탈라, 변광배·김웅권 옮김, 앞의 책, 2014년, p.52. 재인용.

115   Charles de Gaulle, 위의 책, 1980, p.85. 알렉상드르 뒤발 스탈라, 변광배·김웅권 옮김, 위의 책, 2014년, pp.52-53. 재인용.

116 Charles de Gaulle, 앞의 책, 1980, pp.86-87. 알렉상드르 뒤발 스탈라, 변광배 · 김웅권 옮김, 위의 책, 2014년, p.53. 재인용.

117 Charles de Gaulle, 위의 책, 1980, pp.87-88. 알렉상드르 뒤발 스탈라, 변광배 · 김웅권 옮김, 위의 책, 2014년, pp.53-54. 재인용.

118 1914년 9월, 마른 전투를 통해 독일군의 전략개념 실현을 좌절시켰으며, 장기 지구전으로 돌입하게 된 전투. 독일군은 제1군 사령관 크루크(Kluck)의 잘못된 기동으로 인한 독일군 제1 · 2군 사이에 40km의 간격 때문에 이를 위기상황으로 인식, 전면 후퇴라는 본래의 작전계획을 완전 무산시키는 과오를 범했다. 한편, 프랑스군은 리에즈에서 10일간 요지를 고수함으로써 독일군 작전계획에 차질을 주었고, 요새의 이점을 최대 이용하여 병력을 절약함으로써 신편 제6군을 창설할 수 있었다. 독일군의 간격발생의 기회를 놓치지 않고, 즉각 공세 작전으로 전환하여 '마른의 기적'을 이루었다. 9월 14일, 이 전투의 패전으로 독일군의 몰트케가 해임되었으며, 팔켄하인(Falkenhyn)이 후임으로 임명되었다. 노병천, 『도해세계전사』, 한원, 1989년, pp.186-188.

119 알렉상드르 뒤발 스탈라, 변광배 · 김웅권 옮김, 위의 책, 2014년, pp.54-56.

120 알렉상드르 뒤발 스탈라, 변광배 · 김웅권 옮김, 앞의 책, 2014년, p.56.

121 알렉상드르 뒤발 스탈라, 변광배 · 김웅권 옮김, 위의 책, 2014년, pp.58-59.

122 부도르 대령의 증언. Jean Lacouture, De Gaulle : Le rebelle 18901944, Le Seuil,1990,p.770에서 인용. 알렉상드르 뒤발 스탈라, 변광배 · 김웅권 옮김, 앞의 책, 2014년, pp.59-60.

123 알렉상드르 뒤발 스탈라, 변광배 · 김웅권 옮김, 위의 책, 2014년, p.60.

124 알렉상드르 뒤발 스탈라, 변광배 · 김웅권 옮김, 위의 책, 2014년, p.61.

125 수산 밴필드, 김기연 옮김, 앞의 책, 1993년, pp.27-31.

126 Éric Roussel, Charles de Gaulle, Gallimard, 2002, p.30.알렉상드르 뒤발 스탈라, 변광배 · 김웅권 옮김, 앞의 책, 2014년, p.62.재인용.

127 1차 대전은 커다란 영향을 끼쳤다. 프랑스에서는 159만 명이 죽었고, 그중 3분의 1이 18세에서 25세의 젊은 청년들이었다. 400만 명 이상이 부상을 입었고, 그중 3분의 1이 불구가 되었다. 7분의 1에 해당하는 프랑스 영토가 쑥대밭이 되었다. 알렉상드르 뒤발 스탈라, 변광배 · 김웅권 옮김, 앞의 책, 2014년, pp.62-63.

128 Charles de Gaulle, Lettres, Notes et Carnets Tome 1. 1905-1918, Paris, Editions Plon, 1980, p.525. 알렉상드르 뒤발 스탈라, 변광배 · 김웅권 옮김, 위의 책, 2014년, p.62. 재인용.

129 알렉상드르 뒤발 스탈라, 변광배 · 김웅권 옮김, 앞의 책, 2014년, p.68.

130 1867-1937, 폴란드 정치가 · 군인. 러시아 제1혁명(19051907) 후, 폴란드의 독립을 위해서는 러시아의 패전이 불가결하다고 판단, 오스트리아로 망명하여 그 참모 본부의 지지를 얻어 갈리시아에 무장 집단을 조직, 1차 대전에는 이 '폴란드 병단(兵団)'을 지휘해서 러시아와 싸웠다. 1917년, 러시아 혁명이 일어나고 독일 · 오스트리아군의 패색이 짙어지자, 이것과도 대립하여 한동안 옥중에 있었다. 독일 혁명(1918)으로 석방되어 바르샤바로 돌아오자, 즉각 폴란드군 최고 사령관으로 추대되었고, 이어서 정부 주석이 되었으며, 국내의 혁명 운동을 탄압, 프랑스 군부와 손을 잡고 '대소간섭전(対蘇干渉戦)'에 나서 우크라이나로 출병했다. 1920년 말 정계를 은퇴했는데, 그 후 국내의 정쟁이 격화되자 1926년, 군사쿠데타에 의하여 정권을 잡고, 의회를 무력화한 다음 파시즘적 독재를 펴고, 1934년에는 히틀러와 동맹을 맺었다. 인명사전 편찬위원회 편, 『인명사전』, 민중서관, 2003년, p.1045.

131 필리프 라트, 윤미연 옮김, 앞의 책, 2002년, p.45.

132 베르나르 장군의 증언. Jean Lacouture, De Gaulle, Le rebelle 1890-1944, p.106. 알렉상드르 뒤발 스탈라, 변광배 · 김웅권 옮김, 앞의 책, 2014년, p.69.

133 괄목상대(刮目相対)는 눈을 비비고 상대편을 본다는 뜻으로 남의 학식이나 재주가 놀랄 만큼 부쩍 는 것을 말한다. 삼국지에 나오는 손권(孫權,182년252년)의 대장 여몽(呂蒙)은 원래 학식이 부족했다. 손권이 여몽을 불러 책을 많이 읽어 지식을 늘리라고 했지만, 여몽은 업무가 많아 책까지 읽기는 힘들다고 핑계를 댔다. 그러나 손권은 책을 읽는 이유는 줄줄 꿰는 박사가 되라는 뜻이 아니고 여러 가지 책을 많이 읽

어 지난 일을 살펴야 한다는 뜻일 뿐이며, 업무가 많다고 말하지만 나만큼이야 하겠냐고 충고했다. 이에 여몽은 크게 깨달아 배우기에 힘쓰니, 나중에는 오랫동안 학문을 연마한 선비도 여몽을 이길 수 없었다. 노숙(魯肅)은 늘 여몽을 업신여기고 있었는데, 여몽이 관우(關羽, 촉나라 장수)를 대적하기 위한 세 가지 계책을 내놓자, 노숙은 여몽이 그저 용감해서 싸움만 잘하는 줄 알았는데, 지금 보니 학문과 견식이 넓어져서 그 옛날의 여몽이 아니라고 감탄하였을 때, 여몽은 다음과 같이 말했다. "선비는 사흘을 헤어졌다가 다시 만나면 눈을 비비고 대할 정도로 달라져야지요." 사마열인 지음, 홍윤기 옮김, 『조조의 면경』, 넥서스 BOOKS, 2004년, pp.166.168.

134 blog : http://blog.daum.net/ceta21 (검색일 : 2021년, 8월 27일).

135 법정, 『아름다운 마무리』, 문학의 숲, 2008년, p.15.

136 리처드 닉슨 지음, 박정기 옮김, 앞의 책, 1997년, p.126.

137 필리프 라트, 윤미연 옮김, 앞의 책, 2002년, p.43.

138 모리야 히로시 지음, 박연정 옮김, 『성공하는 리더를 위한 중국고전 12편』, 예문, 2002년, p.185.

139 blog 인인시언, 찰리샘, 2019.10.29. 검색일(2021년 7월 16일).

140 기자회견이라기보다는 강연회의 모습이다. 이 회견을 묘사하자면, 붉은색 커튼을 젖히고 드골이 연단 뒤로부터 등장하는데 단상에는 책상과 의자, 마이크가 하나 있다. 책상에 앉은 드골이 약10~15분간 서두발언을 하고 앞에 모여 앉은 기자들의 질문을 받는다. 단상 아래쪽에는 두 줄씩 양쪽 날개처럼 장관들이 앉아 있다. 왼쪽 맨 앞줄에는 항상 앙드레 말로가 자리한다. 그의 옆에는 조르주 퐁피두가 있다. 이날에는 대부분의 국민들이 TV앞에서 드골의 말을 경청하기 때문에 거리가 한산할 정도였다. 드골은 회견 도중 그가 좋아하는 작가인 아이스킬로스나 셰익스피어들의 경구를 자주 사용했다. 또한 장엄한 프랑스 고전문장을 정확하게 인용하곤 했는데, 이 때문에 르몽드 신문에서는 회견이 있는 날은 프랑스의 외국인 유학생들이 품격있는 프랑스어 레슨을 받는다고 말하기도 했다. 샤를 드골, 심상필 옮김, 위의 책, 2013년, pp.442-443.

141 리처드 닉슨 지음, 박정기 옮김, 앞의 책, 1997년, p.130.

142 "청년 이승만 자서전", 「신동아」,1979년 9월호; 강준식, 『대한민국의 대통령들』, 김영사, 2017년,p.22.재인용.

143 프란체스카 도너 리(조혜자 역), 『대통령의 건강』, 보건신문사, 1988년; 강준식, 앞의 책, 2017년, p.22.재인용.

144 강준식, 앞의 책, 2017년, pp.24-25.

145 1888-1954, 독일의 장군. 1차 대전 시 통신장교로 활약했고, 전후 전차부대의 확충을 주장했으며, 기갑부대를 중심으로 한 전격전 계획수립에 큰 공을 세웠다. 히틀러가 기갑부대 사령관으로 임명하자, 폴란드·프랑스·유고슬라비아 전선에서 전격전을 전개, 크게 활약했다. 1941년에는 모스크바 공격에 실패하여 히틀러의 총애를 잠시 잃었으나, 1943년 3월에 다시 전차군사령관이 되어, 전차의 생산에서부터 전차부대의 지휘에 이르기까지 모든 권한을 한손에 잡았다. 또 1944년부터 1945년 3월까지 육군참모총장의 중책을 맡았다. 1945년 연합군의 포로가 되었다가 패전과 함께 석방된 후에는 주로 저작에 전념했다. 저서에 『Achtung! Panzer!』 (1937), 『Erinnerungen eines Soldaten』 (1951) 등이 있다. 두산백과,, 검색일 (2021년 9월 4일).

146 한 장수의 전공(戰功)은 만 명의 군사가 싸움터에서 죽은 결과라는 뜻으로, 오직 공이 장수에게만 돌아가는 것을 개탄하는 말. 조송의 시 <기해세(己亥歲)>에 나오는 말이다. 두산백과, http://www.doopedia.co.kr(검색일:2022.2.15).

147 Charles de Gaulle, le Fil de l'épée (Paris : BergerLevraut, Plon, 1932), p.197.p.165; 허만,앞의 책, 1997년, p.21.재인용. 이와 관련하여 레이몽 아롱(1905-1983, 프랑스가 낳은 세계적인 역사사회학자)은 그의 저서 『知識人의 阿片(1955년)』에서 오로지 인간만이 갖는 반성력(反省力)이야말로 부분적 결정(決定)과 전체적 불확정(不確定) 사이에 사는 인간의 모순을 극복하고 결단의 가능성을 낳게 하는 원동력이라고 역설했다. 김준희, 「레이몽 아롱의 知識人의 阿片」, '北韓'(명저의 초점), 1985년 1월호, p.222.

148 Charles de Gaulle, The Edge of the Sword, by Gerard Hopkins (New York : Criterion Books, 1960), pp.104-105; 하명수, 앞의 논문, 1991년, p.182. 재인용.

149 강창구 등 2명, 『名将名言』, 병학사, 1978년, p.18.

150 필리프 라트, 윤미연 옮김, 앞의 책, 2002년, pp.63-64.

151 필리프 라트, 윤미연 옮김, 위의 책, 2002년, pp.66-67.

152 1856-1951. 프랑스의 군인·정치가, 육사·육군대학을 거쳐 1910년에 대령이 되고, 1915년 소장에 진급, 1차 대전 중에는 서부 전선의 프랑스군 총사령관으로 이름을 떨쳐, 1918년 원수가 되고, 이어 최고 군인회의 부의장(1920-1930)으로서 프랑스 군부에서 최대의 세력을 누렸다. 그러나 2차 대전에서는 근대 전술에 대해 소홀하고 진보적 의견이 있었음에도 이를 배척하는 등 독일의 전투력을 경시하다가 독일에 항복하고 독일에 협력하여 비시(Vichy)에 새 정부를 세워 수상의 자리에 올랐으나, 전쟁이 끝난 뒤에 반역죄로 사형을 선고받았다. 뒤에 무기징역으로 감형되었으나, 비스케 만에 있는 섬의 감옥에서 만년을 우수와 비애 속에 보내다가 그 곳에서 사망했다. 인명사전편찬위원회 편, 앞의 책, 2003년, p.1018.

153 프랑스의 방어용 장벽명칭. 일반적으로 더 이상 허용할 수 없는 마지막 한계선을 의미한다. 당시 육군장관인 마지노(1877~1932)의 이름을 따서 붙인 명칭으로 프랑스와 독일과의 국경을 따라 1929년에 착공하여 1934년에 완공됐으나, 비용의 과다 지출로 벨기에와의 국경까지는 연장하지 못했다. 1차 대전은 20세에서 32세 사이의 프랑스 젊은이들 중에서 거의 절반이나 되는 1백만 명 이상의 목숨을 앗아 갔는데, 젊은 이들을 또 한 번 대량 징집하지 않아도 되는 방위체제를 만들자는 취지에서 출발했다. 이 마지노선은 당시의 축성기술의 정수를 모았고, 지형의 요해를 이용하였으며, 완전한 지하설비와 대전차방어 시설을 갖춘 난공불락의 요새로 평가되었으나, 1940년 5월, 독일군이 그것을 우회하여 벨기에를 통해 프랑스에 입성함으로써 마지노선은 무용지물이 되고 말았다. 수산 밴필드, 김기연 옮김, 앞의 책, 1993년, pp.37-38. 정한용, 『프랑스의 이름으로 나는 명령한다』, 21세기군사연구소, 2004년, p.46.

154 허만, 앞의 책, 1997년, p.22; 모이랑 장군은 드골에게 "내가 있는 한 이젠 자네의 직책은 없네"라고 힐문했다. 또한 장 투샤르(Jean Touchard)는 만일 프랑스군대가 드골의 이 주장을 조기에 받아들였다면 2차 대전에서 패배당하지 않았을 것이라고 논평한 바 있다.

155 허만, 앞의 책, 1997년, pp.22-23. 재인용.

156 리처드 닉슨 지음, 박정기 옮김, 앞의 책, 1997년, pp.109.-110.

157 1938년 9월 29일~30일 양일 간 독일 뮌헨에서 독일의 주데텐란트(역사적으로 독일인이 많이 거주하던 체코슬로바키아 내 지역으로 당시 350만 명에 달함) 병합문제를 수습하기 위해 영국의 체임벌린, 독일의 히틀러, 프랑스의 달라디에 수상과 이탈리아의 무솔리니가 참석한 4자 정상회담이었다. 이 회담에서 영국과 프랑스, 이탈리아는 히틀러의 요구대로 주데텐란트를 분리하여 독일에 합병시키는 것을 인정하고, 그 대가로 히틀러는 영국과 독일사이의 불가침 조약을 제안하면서 주데텐 위기가 단순히 체코슬로바키아의 소수 민족인 독일인을 보호하기 위한 것이었음을 재차 강조하였다. 이런 뮌헨 협정을 체결하고 귀국한 체임벌린 수상은 협정서를 높이 들어 보이며 환호하는 영국민들에게 답하였다. 영국민은 체임벌린을 전쟁의 재발을 막은 세계 평화의 수호자로 환영한 것이었다. 그러나 이것은 큰 오산이었다. 그들이 전쟁의 소용돌이 속으로 빠져 들어가는 데에는 채 1년도 걸리지 않았다. 지식백과, 주데텐 위기와 뮌헨 회담, 독일사, 검색일(2022.2.27).

158 폴란드 침공 날짜를 1939년 9월 1일로 잡은 독일로서는 하루빨리 소련과의 불가침 협정을 체결하고 싶었고, 폴란드가 독일의 침략을 받아도 영국과 프랑스가 수수방관할 것이며, 그렇게 되면 독일은 결국 폴란드라는 방어벽이 무너진 소련을 침략할 것으로 내다본 소련으로서도 하루빨리 독일과의 불가침 협정을 체결하고 싶었던 것이다. 두 나라 사이의 '정략 결혼'을 위한 '혼담'은 급속히 진전되어, 1939년 8월 23일 저녁에 모스크바에서 소련의 외무장관 몰로토프와 독일의 외무장관 리벤트로프 사이에 불가침 협정과 그것에 따른 비밀 의정서가 조인되었다. 이로써 소련은 임박한 독일과 폴란드 사이의 전쟁에서 비켜 설 수 있게 되었고, 자신의 군사력을 증강시킬 수 있는 귀중한 시간을 얻었다. 당시 정치적·사회적으로 서로 용납이 되지 않는 독일·소련의 접근이 충격적이었는데 영국·프랑스의 독일에 대한 유화정책의 일환이었다고 할 수 있다. 바로 그 다음달에 2차 대전이 발발하였다. 지식백과, 독일과의 불가침 협정 체결, 러시아사, 검색일 (2022.2.27.). 정한용, 『프랑스의 이름으로 나는 명령한다』, 21세기군사연구소, 2004년, p.50.

159 필리프 라트, 윤미연 옮김, 앞의 책, 2002년, p.84.

160 필리프 라트, 윤미연 옮김, 앞의 책, 2002년, p.85.

161 정한용, 『프랑스의 이름으로 나는 명령한다』, 21세기군사연구소, 2004년, P.55.

162 당시 프랑스군 사령부에서 채택한 기갑부대의 전술적 운용방법은 매우 졸렬했다. 독일군의 36개 전차

대대에 비해 프랑스는 56개 전차대대를 보유하고 있었다. 그러나 독일군은 모든 전차대대를 10개 기갑사단에 편입시킨 반면, 프랑스군은 보유 전차대대의 반수를 보병지원용 부대로 편성했으며 그나마 기갑사단 형태로 편성된 7개 사단도 전선에 축차투입했다. 2차 대전 전에, 프랑스군이 보유하고 있던 유일한 기갑부대는 기병사단을 개편한 '경기계화사단'(전차200대를 기간으로 한다) 뿐이었다. 프랑스는 이와 같은 사단을 3개 보유하고 있었는데, 모두 벨기에 영토 내로 깊숙이 전개시켰다. 동계기간에 편성된 기갑사단(전차 150대)이 4개 있었는데, 이 4개 기갑사단도 고대 로마의 밀집된 중창(重槍)보병집단(14세기 중엽부터 16세기 중엽 사이에 유럽의 주요 국가들에서 무겁고 긴 창으로 무장한 보병 병사들이 밀집ㆍ정방형 대형으로 기병공격에 대항하는 것을 말한다. 스위스 창병과 스페인 창병이 특히 유명했다.)처럼 뫼즈 강을 도하해 노도같이 밀려오는 독일군 7개 기갑사단(각 사단의 보유전차는 평균 260대)에 대해 축차적으로 투입했다. 이 때, 영국군은 프랑스 내에 10개 전차대대를 보유 배치하고 있었는데, 보병사단에 모두 분할 배속ㆍ운용했다. B.H.리델하트엮음, 황규만 옮김, 『롬멜전사록』, 일조각, 2003년, pp.91-92. p.747.

163 칼 하인츠 프리저 지음, 진중근 옮김, 『전격전의 전설』, 일조각, 2007년, pp.414-415.

164 Charles de Gaulle, Memoiren (『회고록』), Bd 1, p.38 : 칼 하인츠 프리저 지음, 진중근 옮김, 위의 책, 2007년, p.415. 재인용.

165 Kielmansegg, "Bemerkungen", p.157.칼 하인츠 프리저 지음, 진중근 옮김, 위의 책, 2007년, p.415. 재인용.

166 칼 하인츠 프리저 지음, 진중근 옮김, 위의 책, 2007년, pp.415-416.

167 필리프 라트, 윤미연 옮김, 앞의 책, 2002년, p.482. p.95.

168 알렉상드르 뒤발 스탈라, 변광배ㆍ김웅권 옮김, 앞의 책, 2014년, pp.176-177.

169 롬멜전사록 (B.H.리델하트 엮음, 황규만옮김, 일조각, 2003년)에도 포로나 피난민에 관련된 내용이 많이 있다. 다음은 당시 롬멜 7사단장의 회고 내용이다. " …사단은 막대한 포로와 장비를 수용하거나 수집할 시간이 없었다.(p.89), …도로에는 피난민들과 수레로 뒤범벅이 되어 심한 혼잡을 이루고 있었다. 그들이 우리 전차에게 길을 비켜 주든지 우리가 그들을 길옆으로 밀어붙이든지 해야 했다.(p.81) …우리는 아벤 서쪽 15km 떨어진 마르와유를 통과해 전진해 갔다. 그곳에서도 일대혼란이 일어나 "길을 비켜라!"라고 아무리 외쳐도 주민들은 아랑곳하지 않고 우리 앞에서 우왕좌왕하며 비켜줄 생각을 하지 않았다.(p.84).

170 Charles de Gaulle, Memoiren (『회고록』), Bd 1, p.37 : 칼 하인츠 프리저 지음, 진중근 옮김, 앞의 책, 2007년, p.414. 재인용.

171 필리프 라트, 윤미연 옮김, 앞의 책, 2002년, pp.9899.

172 Foreign Realation of la United States, 1940, Vol. 1, pp.240 241. 허만, 위의 책, 1997년, p.74. 재인용.

173 Charles de Gaulle, Mémoires de guerre (Paris : Librairie Plon, 1954),p.73; 문지영, 앞의 논문, 2004년, p.180. 재인용.

174 수산 밴필드, 김기연 옮김, 앞의 책, 1993년, p.51.

175 막스 베버 지음, 이상률 옮김, 『직업으로서의 정치』, 문예출판사, 2020년, pp.114 115.

176 소포클레스 (BC 496년 ~ BC 406년, 고대그리스 비극작가, 정치가) 가 말한 '하루가 얼마나 찬란했는지 알기 위해서는 저녁 일몰 때까지 기다려 보아야만 한다.'는 말과 일맥상통하다. James C. Humes 지음, 이달곤 옮김, 앞의 책, 2003년, p.27.

177 모리야 히로시 지음, 박현정 옮김, 앞의 책, 2002년, p.218.

178 샤를 드골, 심상필 옮김, 앞의 책, 2013년, p.15.

179 1934년 6월 9일, 종신연금으로 구입한 14개의 방이 있는 저택인 라부아스리(쇼몽 근처의 콜롱베 레되제글리즈라는 상파뉴 지방의 마을에 위치한, 대단히 전원적인 이 시골집의 이름)는 독일인들에 의해 파괴된 부분들을 수리하고 난 후, 1946년 여름부터 드골 일가의 거주지가 된다. 이 저택은 드골의 또 다른 활동의 중심지이자 휴식과 사생활의 공간이며 은거지일 뿐만 아니라 회상, 명상, 상징의 장소가 된다. 드골 장군의 마지막 주거지인 콜롱베는 현재 개선문과 짝을 이루는 기념물이다. 필리프 라트, 윤미연 옮김, 앞의 책, 2002년, pp.491-492.

180   리처드 닉슨 지음, 박정기 옮김, 앞의 책, 1997년, p.138.

181   리처드 닉슨 지음, 박정기 옮김, 위의 책, 1997년, p.141.

182   세계의 대회고록 전집(드골Ⅰ) pp.506-508.; 이주흠, 『드골의 리더십과 지도자론』, p.48.

183   단재 신채호 원저, 박기봉 편역, 『을지문덕전』, 비봉출판사, 2006년, pp.17-18.

184   김정산 지음, 『삼한지』, 예담, 2006년, '작가의 말' 중에서.

185   ?~?, 고구려 영양왕 때의 대신. 명장. 612년(영양왕 23)에 수(隋)나라의 양제(煬帝)가 우문술·우중문을 좌·우익대장군으로 삼고, 9군(軍) 30만 대군을 거느리고 고구려를 치고자 압록강에 이르렀다. 이 때에 을지문덕은 거짓 항복하고 적정의 허실을 염탐하고 돌아오니 후에 이 사실을 깨닫고 뒤를 추격하여 왔다. 을지문덕은 여러 번 싸움에서 거짓 패하여 평양성에서 불과 30리 까지 유인하기에 이르렀다. 적을 이렇게 끌어들이는 데 성공한 을지문덕은 적장 우중문(于仲文)에게 "그대의 신묘한 재주는 천문에 구하고, 묘산은 지리에 통달했으며, 전승의 공은 이미 높았으니, 만족함을 알았으면 그치기를 원한다.(神策究天文 妙算窮地理 戰勝功旣高 知足願云止)"란 희롱하는 시를 보냈다. 다시 우문술(宇文述)에게 거짓 항복을 청하여 "철군하면 왕을 모시고 제(帝)에게 조견하겠다"하니 꼬임에 빠진 것을 깨달은 적군은 창황하게 후퇴하다가 고구려군의 요격을 받던 중 살수(청천강)를 건널 때 섬멸당하여 요하(遼河)를 건넌 자가 불과 2천여 명에 불과했다고 한다. 인명사전편찬위원회 편, 앞의 책, 2003년, p.699.

186   단재 신채호 원저, 박기봉 편역, 앞의 책, 2006년, pp.83-84.

187   칸나에 전투를 적용한 사례는 다음과 같다. 1차 대전 당시 독일의 슐리펜 계획은 독일의 실증 사학자 한스 델뷔리크(Hans Delbrück)가 복원했던 칸나에전투의 포위섬멸전을 근대전쟁 형태로 구현한 것이다. 또 6·25전쟁 당시 소련 군사고문단의 서울공략계획은 칸나에전투의 양익 포위 방식을 한국지형에 적합한 형태로 도입한 것이다. 육군군사연구소, 『탄금대 전투 시 신립 군의 전투서열』, 2021년, p.7.

188   김광수, 「고구려의 명장 을지문덕」 (역사속의 명장(名將)(4)), 육사신보 제570호, 2015년. p.4.

189   한명기, 「한명기의 한중일 삼국지 ; '고구려의 후예' 자처한 조선」, 중앙일보, 2021년 7월 30일.

190   수산 밴필드, 김기연 옮김, 앞의 책, 1993년, pp.55-56.

191   박재영, 『국제정치 패러다임(제3판)』, 법문사, 2009년, pp.194.-195.재인용 ; Inis L. Claude, Jr., Power and International   Relations(New York : Random House, 1962), p.94.

192   와이트(Martin Wight)는 「역사가는 권력이 동등한 경우 균형이 있다는 객관적인 입장을 취하나, 정치가는 그가 속해 있는 국가가 상대방보다 강할 때 균형이 있다는 주관적인 입장을 취한다.(Martin Wight, Power Politics(London:Royal Institute of International Affairs, 1946), p.46)

193   Charles de Gaulle, Le Fil de l'épée (Paris : Libraie Berger, 1932), Introduction 참고;김지연, 『Charles de Gaulle의 外交政策에 關한 硏究』, 한양대학교, 1991년, pp.28-29.재인용.

194   Stanley Hoffmann, Bilan de la Politique Etrangére du Géneral De Gaulle, Institut Charles de Gaulle, 1973, pp.2-39. 이 논문은 드골 장군 사후(1970년) 드골 연구소가 1973년 9월 18일 개최한 세미나에서 호프만교수가 발표한 학술 논문임; 허만, 위의 책, 1997년, p.207. pp.212.-213. 재인용.

195   허만, 앞의 책, 1997년, p.207. pp.212.-213. 재인용.

196   허만, 위의 책, 1997년, p.207. p.213. 재인용.

197   하명수, 「알제리 폭동과 드골의 재집권」, 역사와 경계 21, 1991년, p.183.

198   J. Lacouture, De Gaulle, t. Ⅱ (Le politique)(Seuil, 1985), p.521; 이용재, 「드골과 알제리 독립」, 프랑스연구, 2012년, p.254.재인용.

199   이용재, 앞의 논문, 2012년, pp.254-255.

200   샤를 드골, 심상필 옮김, 위의 책, 2013년, pp.114-118.

201   Robert Buron, Carnets politiques de la guerre d'Algerie (Paris : Plon, 1965), p. 106; 허만, 앞의 책, 1997년, p.157. 재인용.

202   핵개발로 강대국 서열 확보, 프랑스 주도의 유럽건설, 경제·국토개발 등(저자의견)

203   박경석, 『불후의 명장 채명신』, 팔복원, 2014년, pp.264-266. pp.272-275.

204   광활한 전술책임지역을 대대단위로 할당하고, 대대는 다시 중대 단위로 지역을 분할, 그 요지에 중대전술기지를 구축하는 개념이다. 중대전술기지는 사주방어가 용이하게 원형으로 설정하고 중대 전원은 호를 구축하며 생활하면서 유사시 출격하는 방식이다. 이 때, 반드시 포병 지원사격권 내에 두고 적의 공격을 받았을 때 48시간은 자체 화력(박격포탄, 수류탄, 소총탄 포함)과 자체 시스템(식량과 음료수 포함)만으로 독자적 전투가 가능하도록 준비되어 있어야 한다. 적 공격 시 조기 발견하도록 경계시스템 편성되어 한마디로 말하면 중대 단위 철옹성이 중대기지 개념이었다. 박경석, 위의 책, 2014년, p.277.

205   당시 미군을 비롯한 월남군은 주간에만 작전을 했다. 밤에는 주둔지에서 경계병을 제외하고는 모두 휴식을 취했다. 그래서 베트콩은 낮에는 꼭꼭 숨어 있다가 밤이 되면 활개를 쳤다. 이 개념은 밤을 낮처럼 활용하여 야간에 적을 기습하는 적극적 야간활용 개념이었다. 박경석, 위의 책, 2014년, p.311.

206   베트남 전쟁 중인 1966년 8월 9일과 10일 사이에 베트남 득꼬에서 벌어진 한국군 맹호부대와 북베트남군 간의 전투. 두산 백과,, 검색일(2021년 9월 4일).

207   베트남 전쟁 중인 1966년 2월 16일부터 17일까지, 한국군 맹호부대 재구대대 9중대가 전략촌 빈탄을, 2월 26일부터 27일까지 재구대대 11중대가 목표 치호와를 향해 중대규모 야간침투작전을 펼쳐 베트남전에서 최초 야간침투작전의 성공 사례가 되었고, 한국군이 베트남전에서 베트콩으로부터 밤을 빼앗았다는 전사적 의미를 갖는다. 박경석, 위의 책, 2014년, pp.313-315.

208   박경석, 위의 책, 2014년, pp.331-334.

209   필리프 라트, 윤미연 옮김, 앞의 책, 2002년, p.159.

210   Charles de Gaulle, Mémoires de guerre in Mémoires, Gallimard, Bibliothéque de la Pléiade, 2000, p.568. 알렉상드르 뒤발 스탈라, 변광배·김웅권 옮김, 앞의 책, 2014년, p.226. 재인용.

211   알렉상드르 뒤발 스탈라, 변광배·김웅권 옮김, 위의 책, 2014년, p.227.

212   JeanLouis CrémieuxBrilhac, La France libre, p.1231. 알렉상드르 뒤발 스탈라, 변광배·김웅권 옮김, 앞의 책, 2014년, p.220. 재인용.

213   노르망디 상륙작전 직후인 1940년 6월 10일, 드골은 프랑스가 해방되고 나서 연합국이 통치하는 문제, 특히 프랑스가 이들에게 점령당하고 새로운 프랑 지폐를 발행하는 문제에 대해 연합국과 갈등을 벌이고 있다고 대중에게 공개했다. 알렉상드르 뒤발 스탈라, 변광배·김웅권 옮김, 앞의 책, 2014년, pp.219-220.

214   알렉상드르 뒤발 스탈라, 변광배·김웅권 옮김, 위의 책, 2014년, pp.221-222.

215   앙리 드골(드골의 아버지)의 제자이자, 육군사관학교 수석 입학생. 2차 대전시 롬멜 장군과의 전투에서 차드에서부터 공격을 감행하여 이탈리아군을 물리쳤고, 몽고메리 장군의 부대와 합류하기 위해 페잔으로 진격하여 프랑스 군대의 승리를 다시 일궈냈다. 1942년 6월 10일, 비르 하켐(Bir Hakeim)의 승리는 대단히 소중한 영광을 가져온 자유 프랑스군이 거둔 가장 값진 결실이었다. 르클레르 장군은 1947년 11월 28일, 비행기 사고로 사망했다. 르클레르 장군의 죽음은 드골을 가장 쓸쓸하게 만드는 죽음들 중 하나였다. 드골은 제2기갑사단의 행진을 위해 자신이 구상한 행진 구호를 통해 그 어느 누구보다도 르클레르를 높이 찬양하고 있다. "르클레르의 젊은이들여, 계속 전진하라!", 1914년의 전선에서 단 10일 동안만 부대를 지휘했던 드골은 군인으로서 실현하고 싶었던 자신의 꿈들을 르클레르에게서 보았다. 필리프 라트, 윤미연 옮김, 앞의 책, 2002년, pp.471-473.

216   파리가 그나마 보존된 것은 순전히 콜티츠 장군의 인간적 성향 덕분이었다. 콜티즈 장군은 파리에 머무는 동안 점차 이 아름다운 프랑스의 수도를 사랑하게 되었고, 그리하여 이 도시를 파괴하려는 일체의 생각들을 아예 접어 두었다. 수산 밴필드, 김기연 옮김, 앞의 책, 1993년, p.88.

217   드골은 독일의 항복문서에 르클레르 장군의 서명 말고도 파리의 공산당 지도자인 롱 탕기로 하여금 서명하도록 내버려 둔 것에 대해 르클레르 장군을 질책했다. 필리프 라트, 윤미연 옮김, 앞의 책, 2002년,

p.472; 수산 밴필드, 김기연 옮김, 앞의 책, 1993년, p.92.

218   알렉상드르 뒤발 스탈라, 변광배 · 김웅권 옮김, 앞의 책, 2014년, pp.222-223.

219   알렉상드르 뒤발 스탈라, 변광배 · 김웅권 옮김, 위의 책, 2014년, p.224.

220   주섭일, 앞의 논문, 2007년, pp.155-156. 나치독일의 24명의 지도자와 8개 기관에 대한 국제군사재판. 1945년 11월 20일에서 1946년 10월 1일까지 계속됐다. 장루이 미시카, 도미니크 볼통과의 대담, 박정자 옮김, 앞의 책, 2021년, p.157.

221   6월 18일과 19일, 페탱 정권은 드골을 비난했고, 그에게 다시 프랑스로 다시 돌아오라고 엄명을 내렸다. 6월 22일, 육군부의 결정으로 드골의 임시 여단장 직위는 박탈되었다. 6월 23일, 프랑스 대통령 알베르 르브링의 명령으로 드골 장군은 군 제대라는 징계처분을 받았다. 7월 4일, 드골은 군사재판소에서 4년의 징역과 100프랑의 벌금을 언도받았는데, 이유는 명령 불복종이었다. 8월 3일, 드골 장군의 궐석에도 불구하고 이루어진 항소 재판에서 그는 사형과 군 지위 강등, 동산 및 부동산 가압류를 언도받았다. 이유는 반역과 국가 안보 침해, 탈영이었다. 알렉상드르 뒤발 스탈라, 변광배 · 김웅권 옮김, 앞의 책, 2014년, pp.185-186.

222   Charles de Gaulle, Mémoires de guerre in Mémoires, Gallimard, Bibliothéque de la Pléiade, 2000, p.71. 알렉상드르 뒤발 스탈라, 변광배 · 김웅권 옮김, 앞의 책, 2014년, p.184. 재인용.

223   알렉상드르 뒤발 스탈라, 변광배 · 김웅권 옮김, 앞의 책, 2014년, p.184.

224   1941년 9월 26일, 소련은 드골을 '자유 프랑스'의 대표로 인정했다. 샤를 드 골 지음, 심상필 옮김, 앞의 책, 2013년, p.460.

225   문지영, 앞의 논문, 2004년, p.182.

226   FrancoisGeorges Dreyfus, Histoire de la Résistance, p.195, p592; 문지영, 앞의 논문, 2004년, p.183. 재인용.

227   이용우, 「해방 후 프랑스의 대독협력 공직자 숙청」, 프랑스사 연구, p.137.

228   문지영, 앞의 논문, 2004년, p.183. 각주 23).

229   Henri Michel, Les courants de pensée de la Résistanc, p.21. 문지영, 앞의 논문, 2004년, pp.183-184. 재인용.

230   JeanLouis CrémieuxBrilhac, La France libre, p.91 ; JeanFrancois Muracciole, Histoire de la France libre, pp.6-10. 1940년 6월 18일에서 27일까지 드골은 라디오 방송이나 친서를 통해 프랑스제국의 주요 총독 및 군 지휘관들의 결집을 호소했으나 그 반응은 냉담했다. 대부분의 총독이나 군 지휘관들은 제국의 중립을 보장하는 휴전조약을 승인하거나 페탱주의자로 남았으며, 런던 주재 프랑스 외교관들조차 드골에 적대적이었다. 따라서 자유 프랑스의 가장 큰 취약점 중의 하나는 바로 군 지휘관을 비롯한 엘리트의 부재를 들 수 있다. 문지영, 앞의 논문, 2004년, pp.180-181.

231   세계인물 대회고록 전집(드골) ; 정한용, 『프랑스의 이름으로 나는 명령한다』, 21세기군사연구소, 2004년, P.72. 재인용.

232   Charles de Gaulle, Mémoires de guerre in Mémoires, Gallimard, Bibliothéque de la Pléiade, 2000, p.614. 알렉상드르 뒤발 스탈라, 변광배 · 김웅권 옮김, 앞의 책, 2014년, pp.227-228. 재인용.

233   이주흠, 『드골의 리더십과 지도자론』, p.190.

234   프랑스 레지스탕스는 사상적 경향에 따라 크게 다섯 분파로 구분된다. 국외 레지스탕스세력으로 런던에서 활동했던 자유 프랑스, 프랑스령 북아프리카 알제(Alger)를 중심으로 지로장군 휘하에서 활동했던 일단의 지로주의자, 국내 레지스탕스세력으로 레지스탕스운동(MR, Mouvements de Résistance), 사회당, 공산당을 들 수 있다. 문지영, 위의 논문, 2004년, p.184. 각주 27) 재인용.

235   정한용, 위의 책, 2004년, P.66.

236   1899~1943. 항독(抗獨)운동을 전개했던 프랑스 레지스탕스의 지도자 및 사회당원. 장 물랭은 남불 베

지에(Bézier)의 급진공화파 집안에서 태어났다. 1940년 위르에루아(EureetLoir)의 도지사였던 그는 비시정권에 의해 해임당했다. 그 후 자살을 기도하기도 했던 그는 런던으로 건너가 드골의 휘하에서 일했으며, 국내에 몰래 잠입하여 가명을 사용해 가면서 활동했다. 1942년 1년 동안 그는 거의 혼자 힘으로 당시의 프랑스 도처에 산재하던 많은 레지스탕스 조직들을 하나로 응집시켰다. 보다 더 중요한 사실은, 장 물랭이 레지스탕스 평의회 회원들로 하여금 전폭적인 지지로써 드골을 '프랑스 레지스탕스의 유일한 지도자'로 인정한다는 내용의 선언서에 서명케 했다는 점이다. 1943년 5월 27일 CNR(레지스탕스국가평의회)의 초대 의장으로 추대되었으나, 6월 나치에 의해 체포되어 고문 받다 7월 8일 사망했다. 수산 밴필드, 김기연 옮김, 앞의 책, 1993년, p.76; 문지영, 앞의 논문, 2004년, p.188. 각주 39).

237 문지영, 앞의 논문, 2004년, pp.180-181.

238 문지영, 위의 논문, 2004년, pp.182-183.

239 문지영, 앞의 논문, 2004년, pp.188-189.

240 Henri Michel, Les courants de pensée de la Résistance, pp.352-369. 문지영, 위의 논문, 2004년, p.191. 재인용. p.190.

241 문지영, 위의 논문, 2004년, p.190. p.192.

242 문지영, 위의 논문, 2004년, p.194.

243 JeanFrancois Muracciole, Histoire de la France libre, p.36. 문지영, 위의 논문, 2004년, p.195.

244 Henri Giraud, 1879 1949. 프랑스의 장군. 1900년 생시르 육군사관학교를 졸업. 제1차 대전에 참전하고, 전후(戰後)에는 모로코에서 근무, 리프족(族)과의 전투(1922 1926) 등에서 반란군 토벌에 공을 세웠다. 1936년 메츠의 제6관구 사령관, 1939년 제7군 사령관을 역임했고, 1940년 5월에는 벨기에를 침공한 독일군에 대한 공세 작전에서 제9군 사령관으로서 공격군의 우익을 담당했다가 포로가 되었다. 1942년 4월에 탈출하여 알제리로 갔으며, 이때 탈출에 격노한 히틀러는 참모진에게 "이 자는 혼자만으로도 30개 사단의 가치가 있다."고 말한 일화가 있다. 그해 12월 다를랑이 암살되자 알제리에서 '민정 사령관'의 자격으로 프랑스 주권을 대표했다. 드골 장군과의 불화에도 불구하고 1943년 6월에 알제리에서 결성된 민족해방프랑스위원회(CFLN)의 공동위원장이 됐다. 그러나 점점 드골 장군에게 밀려나 11월에 공동위원장직을 사임하고 다음 해 4월에는 총사령관직마저 사임했다. 정한용, 앞의 책, 2004년, p.89.

245 문지영, 위의 논문, 2004년, p.196.

246 JeanFrancois Muracciole, 위의 논문, p.79; 문지영, 위의 논문, 2004년, p.198. 재인용.;1943년 9월 17일의 명령으로 구앵을 의장으로 하는 임시자문회의가 창설되었다. 임시자문회의는 93명의 위원으로 구성되었는데, 49명이 레지스탕스국가평의회에 의해 선정된 국내 레지스탕스 대표자들, 12명이 국외 레지스탕스 대표자들, 20명이 (1940년 7월 10일, 프랑스국 헌법에 반대표를 던졌던) 제3공화국의 상·하원의원들, 12명이 알제리의 도의원들이었다.

247 문지영, 위의 논문, 2004년, p.198.

248 문지영, 위의 논문, 2004년, pp.199-200.

249 Germaine Willard, "Le PCF et la Deuxiéme Guerre mondiale", in Roger Bourderon et al., Le PCF, étapes et problemes 1920-1972(Paris : Editions Sociales, 1981), pp.203-226. 문지영, 앞의 논문, 2004년, p.200. 재인용.

250 문지영, 위의 논문, 2004년, p.200.

251 문지영, 위의 논문, 2004년, pp.200-201.

252 문지영, 위의 논문, 2004년, p.201.

253 문지영, 위의 논문, 2004년, p.201.

254 이와 관련하여 "토끼는 자기 굴 근처의 풀을 먹지 않는다"라는 속담이 있다. 만약 토끼가 힘들여 멀리 나가기 싫어 눈앞에 펼쳐진 자기 굴 근처의 풀을 먹으면, 곧 자신이 사는 굴이 훤히 드러나 여우나 늑대의 먹이가 될 것이다. 사마열인 지음, 홍윤기 옮김, 『조조의 경영』, 넥서스BOOKS, 2004년, p.495.

255 시오노 나나미, 오정환 옮김, 앞의 책, 1988년, p.142.

256 이주흠, 『드골의 리더십과 지도자론』, p.85, pp.201-203. 정한용, 위의 책, 2004년, P.187.재인용.

257 샤를 드골 지음, 심상필 옮김, 앞의 책, 2013년, p.420.

258 1851-1929, 1914년 1차 대전시 제20군단장, 제9군사령관, 1917년 참모총장, 1918년 원수, 연합군총사령관 역임. 클라우제비츠의 '전쟁론'을 프랑스에 보급시켰다. 강창구 등 2명, 앞의 책, 1978년, p.416.

259 이주흠, 『드골의 리더십과 지도자론』, p.130-131. p.127-128 ;정한용, 『프랑스의 이름으로 나는 명령한다』, 21세기 군사연구소, 2004년, p.57. p.61.재인용.

260 Charles de Gaulle, Mémoires de guerre 앞의 책, 2000, p.52. p.54. 알렉상드르 뒤발 스탈라, 변광배·김웅권 옮김, 앞의 책, 2014년, p.179. 재인용.

261 샤를 드골, 심상필 옮김, 앞의 책, 2013년, p.264.

262 사마열인 지음, 홍윤기 옮김, 『조조의 면경』, 넥서스BOOKS, 2004년, p.243. p.431.

263 주섭일, 『프랑스의 대숙청』, 중심, 1999년, p.23.

264 주섭일, 앞의 논문, 2007년, pp.152-153.

265 주섭일, 앞의 책, 1997년, p.239.

266 이 제도는 조금이라도 나치 독일에 협력한 일이 있어도 국민의 권리를 모두 박탈해 버리는 특수한 제도로 나치 협력자 가운데 사형, 강제 노동형, 유기징역을 선고받은 자는 두말 할 여지없고, 반역행위를 했음에도 형을 받지 아니한 자에게도 부과되는 것이 특징이었다. 예를 들어 페탱의 사무실 종사자, 비시 정권의 선전에 봉사한 자, 유태인 문제 기관에 종사한 자, 나치 협력을 위한 단체 등의 구성원, 나치 협력에 유리한 집회나 시위를 조직하는데 도움을 준 자, 적에 유리한 글을 발표한 자, 적과 나치 협력은 물론 인종차별과 전체주의 이념 등에 유리한 글을 발표했거나 회의에 참가한 자 등이 비국민제도 대상자가 되었다. 그래서 비국민제도에 판정을 받은 나치 협력자들은 선거권과 피선거권 박탈, 정부와 국영기업 등 공직 진출 자격 박탈, 군에서 계급 박탈의 불이익을 받았다. 또한 민간기업, 은행, 신문과 방송 등의 간부직에서 제외되었고, 노동조합, 직업 연맹, 사법부와 연관 직업, 교육 기관, 언론 관련 공공기관 진출이 금지되었으며, 무기의 소유와 휴대도 금지 조치를 받아 사실상 시민의 권리를 모두 박탈당하게 된 셈이었다. 특히 법원은 여기에도 프랑스 영토에 거주 금지, 재산의 전부 또는 일부를 몰수, 퇴직연금 지급 중지 등을 추가할 수 있었다. 주섭일, 위의 책, 1997년, pp.222-223.

267 주섭일, 앞의 논문, 2007년, pp.153-154.

268 샤를 드골 지음, 심상필 옮김, 앞의 책, 2013년, p.461. 프랑스임시정부로 전환 된 시점이 연합국의 노르망디 상륙(6월6일), 파리해방(8월25일), 파리에 임시정부 자리잡음(8월31일) 이전이라는 사실에 주목할 필요가 있다.(저자생각).

269 주섭일, 위의 책, 1997년, pp.219-220.

270 주섭일, 위의 책, 1999년, p.31.

271 주섭일, 위의 책, 1999년, p.33.

272 처음엔 처칠은 미국이 드골에 의해 체포된 프랑스 고위공직자들의 망명을 주선하고 망명지를 제공하기를 기대한다고 밝히기도 했다. 주섭일, 앞의 책, 1999년, pp.28-29.

273 주섭일, 앞의 책, 1997년, p.202.

274 주섭일, 위의 책, 1999년, p.34.

275 주섭일, 위의 책, 1999년, p.37.

276 주섭일, 앞의 논문, 2007년, p.153.

리더십편 313

277   주섭일, 앞의 책, 1999년, pp.109-110.

278   주섭일, 위의 책, 1999년, p.112.

279   1912년부터 드골은 페탱 휘하에서 일하면서 1차 대전의 영웅이었던 페탱에게 늘 경외심을 표시해 왔
      다. 1927년 드골은 페탱의 추천으로 육군대학에서 3번의 강연을 했으며, 교육의 기회를 통해 자신만의 고
      유한 사상을 확립시켜나갈 수 있었다. 이때부터 드골은 자신의 후원자였던 페탱과는 별도로 자신의 명성을
      얻어가면서 새로운 군사이론을 주창하게 된다. 그러나 그 후 페탱과 드골의 관계는 느슨해지기 시작했다.
      페탱은 드골의 탁월한 문필능력과 통찰력을 인정했지만, 군대의 기계화를 둘러싸고 두 사람 사이에 의견
      대립이 생겼다. 1934년에 출판된 『미래의 군대』에서 드골은 독일의 공격에 대비하기 위해서는 마지노
      선과 같은 정태적인 군사이론보다 기동력을 갖춘 소수 정예의 첨단 기계화 군대가 필요하다는 점을 역설했
      다. 1938년, 드골대령은 『프랑스와 그 군대』를 출판하자, 이미 오래 전부터 자신의 이름으로 출판하려
      고 계획했던 페탱은 과민한 반응을 일으켰고, 급기야 둘의 관계는 경색되었다. 문지영, 앞의 논문, 2004
      년, pp.177-178. 필리프 라트, 윤미연 옮김, 앞의 책, 2002년, pp.69-70, pp.78-79.

280   주섭일, 위의 책, 1999년, pp.116-117.

281   주섭일, 앞의 책, 1999년, p.113.

282   주섭일, 위의 책, 1999년, p.124.

283   주섭일, 위의 책, 1999년, pp.127-130.

284   주섭일, 앞의 책, 1999년, p.130.

285   Edouard Daladier, 1884-1970. 프랑스 급진당의 정치인. 1934년 1월에 우익연합의 세력 확장에 맞
      선 좌파연합 내각의 총리가 되었다가 한 달 만인 2월 6일 대규모 데모가 일어나자 사임했다. 19361937년
      의 인민전선 정부에서 국방장관을 지냈고, 레옹 블룸의 2차 실각 후 총리가 되어 1938년 4월부터 1940
      년 3월까지 내각을 이끌었다. 1938년 9월 뮌헨 조약에 서명했고, 독일이 폴란드를 침공하자 영국과 함께
      독일에 선전포고를 했으며, 이어 폴 레이노에게 정권을 이양하고 그 내각에서 전쟁장관을 지내다가 1940
      년 비시 정부에 의해 체포되었다. 장루이 미시카, 도미니크 볼통과의 대담, 박정자 옮김, 앞의 책, 2021년,
      p.72. p.91.

286   Leon Blum, 1872~1950. 프랑스의 정치가. 사회당 창당 때 사회당 강령을 기초했으며, 1936년~1937
      년 좌파 연합정부인 인민전선 총리를 지냄. 장루이 미시카, 도미니크 볼통과의 대담, 박정자 옮김, 위의 책,
      2021년, p.24.

287   주섭일, 위의 책, 1999년, pp.131-134.

288   주섭일, 앞의 책, 1999년, pp.145-146.

289   Charles Maurras, 1868-1952. 문필가이며 우익 정치인. 전통주의와 민족주의를 종합한 '완전한 국수
      주의'를 표방했다. 무솔리니와 프랑코, 이어서 페탱을 지지했기 때문에 1945년에 주거제한형을 선고받았
      다. 장루이 미시카, 도미니크 볼통과의 대담, 박정자 옮김, 『자유주의자 레이몽 아롱』, 기파랑. 2021년,
      p.52.

290   주섭일, 위의 책, 1999년, pp.146-149.

291   1차 대전 (1914~1918) 중 가장 끔찍했던 전투다. 1916년 2월 21일부터 독일군의 공격으로 시작되어
      1917년 여름까지 전투는 계속되었다. 특히, 2월 26일, 피탈된 두우몽 보루를 향해 맹공을 가한 결과 탈환
      에 성공했다. 이렇게 페탱장군을 핵심으로 수많은 의용군과 시민까지 합세하여 베르됭을 사수하여 프랑스
      국민들 사이에는 "프랑스는 베르됭에서 구원되었고, 독일군의 사기에 결정적 타격을 주었다"라는 전설적
      인 예찬론이 유행했다. "베르됭의 승리는 방어에 의해서 성취된 것이므로 방어야말로 절대적인 승인(勝因)
      이다", "세계대전을 승리로 이끈 것은 영웅적인 방어전이다"라는 유행어가 퍼졌다. 2차 대전 이전 마지노
      선을 탄생시킨 근원이 된 전투가 바로 베르됭전투였다. 노병천, 앞의 책, 1989년, pp.209-211.

292   주섭일, 위의 책, 1999년, p.152.

293   주섭일, 앞의 책, 1999년, p.153.

294   주섭일, 위의 책, 1999년, pp.155-156.

295   1913-1960. 프랑스의 실존주의 작가 · 극작가 · 평론가 . 아프리카의 프랑스령 서북 알제리에서 출생. 아버지는 프랑스인 노동자, 어머니는 에스파냐 출신. 지방 신문사에서 일하면서 1936년 알제리 대학의 철학과를 마치고, 「성 아우구스티누수와 플로티노스」에 의해 학사학위를 받았다. 직업을 전전하면서 문학과 연극에 전심, 소인(素人) 극단 '노동단(1936)'과 '동지좌(1938)'를 주재하고, 다시 알제리의 신문 기자가 된 뒤, 에스파냐 · 이탈리아 · 오스트리아 · 체코 등지에 여행(1938), 「표리(1937)」, 「결혼(1939)」은 그의 인상과 어릴 때의 회상을 수필풍으로 발표한 평론이다. 1940년 신문 기자로서 파리에 나갔으나, 독일군의 침입으로 알제리에 귀환, 오랑시의 사립 학교에서 교사로 근무했다. 그 동안 최초의 소설 『이방인(1942)』, 평론 『시지프의 신화(1942)』를 쓰고, 반(反) 나치 저항 운동 참가를 위해 파리에 잠입(1942), 위의 두 책을 출판하여 사르트르의 상찬(賞讚)을 받음과 함께, 실존주의 작가로서의 지위를 확고히 했다. 1944년, 독일군 점령 하 파리에서 희곡 「오해」의 상연에 성공하고, 저항 운동의 유력지 『Combat(투쟁)』의 주필이 된 후 소설 『흑사병(1947)』을 발표하여 현대의 대표 작가가 되었다. 프랑스 해방과 함께 『Combat(투쟁)』지의 주필을 사임하고, 미국에 여행, 1948년 '독재 국가에 의한 희생자 구원의 회'를 창립했다. 그는 자기의 사상을 '부조리(不条理)의 철학'이라 부르고, 인생의 근원적인 무의미에 대한 반항을 역설, 신(神)에 대한 모든 비약(飛躍)을 부정하고, 간결 · 명철한 문체로 이상한 상황에 있어서의 인간을 추구했다. 1957년 '노벨상'을 수상. 1960년 자동차 사고로 사망했다. 인명사전편찬위원회 편, 앞의 책, 2003년, p.935.

296   주섭일, 위의 책, 1999년, p.63.

297   1885-1970. 프랑수아 모리아크은 프랑스 보르도의 독실하고 엄격한 중상류 집안에서 태어났다. 일찍 아버지를 여의고 신앙심 깊은 어머니의 영향을 받아 어린 시절부터 가톨릭 신앙을 품었다. 1906년 보르도 대학을 졸업하고, 1908년 프랑스 국립고문서학교에 입학했으나 이듬해 문학에 정진하기 위해 학교를 그만두었다. 첫 소설 『쇠사슬에 묶인 아이』(1913년)를 시작으로 『백의』(1914년) 등을 발표하며 독특한 문학적 주제의 유형을 확립해 나갔다. 주로 고향 보르도의 척박한 풍토와 건조한 기후를 배경으로 교묘한 회상 기법을 이용해 신의 은총을 받지 못하는 사람들과 신앙 없는 세계의 비참함을 그렸다. 1925년에 발표한 『사랑의 사막』은 그에게 아카데미 프랑세즈 소설 대상을 안겨줬으며, 그의 모든 소설의 주제를 개괄하는 고전이 되었다. 대표작 『테레즈 데케루』(1927년)는 의사소통의 단절과 인간의 유한성이라는 고통과 절망 속에서 몸부림치는 여인 테레즈를 통해 신을 믿지 않는 인간의 비극을 다루었다. 모리아크는 나중에 테레즈의 삶을 다룬 '테레즈 연작'(『호텔에서의 테레즈』, 『의사를 방문한 테레즈』, 『밤의 종말』)을 집필하기도 했다. 2차 대전 때는 전체주의를 비난하고 파시즘을 규탄하는 작품 이외에도 평전, 소설론, 에세이, 일기, 희곡 등 다양한 장르의 작품들을 남겼다. 1933년 아카데미 프랑세즈 (한림원)회원이 되었으며, 1952년 노벨문학상을 받았다. 1970년 85세를 일기로 세상을 떠났다. 교보문고, 검색일(2021년 8월 3일).

298   주섭일, 앞의 책, 1999년, p.66.

299   선택에 있어서 문제의 핵심은, 응징 없이는 죄악은 다시 재연된다는 점과, 응징은 갈등을 재생시킨다는 점의 날카로운 충돌인 것이다. 현재의 처벌은 미래의 죄악을 차단하는 효과를 갖는 반면, 화해를 어렵게 하는 효과를 동시에 갖는다. 정의와 관용의 관계 및 우선순위의 문제는, 정의와 평화의 관계 및 우선순위만큼이나 어려운 것이다. Richard A. Falk, Human Rights Horizons The Pursuit of Justice in a Globalizing World(New York : Routledge, 2000), pp.2426. 박명림지음, 『한국 1950 전쟁과 평화』, 나남출판, 2002년, p.55. 재인용. 이 책에서 박명림은 "우리는 모든 과거와의 원칙 없는 화해가 아니라 과거갈등이 재연되지 않는 범위에서의 책임 추궁과 화해를 동시에 지향해야 할 것이다."라고 강조했다. 박명림, 위의 책, 2002년, p.55.

300   주섭일, 앞의 책, 1999년, p.73.

301   주섭일, 위의 책, 1999년, pp.293-294.

302   주섭일, 앞의 책, 1999년, p.302.

303   주섭일, 위의 책, 1999년, pp.304-308.

304   주섭일, 앞의 책, 1999년, pp.310-314.

305   주섭일, 위의 책, 1999년, pp.63-64.

306   주섭일, 앞의 책, 1999년, pp.218-219.

307   주섭일, 위의 책, 1999년, pp.219-220.

308   주섭일, 위의 책, 1999년, p.221.

309   주섭일, 앞의 책, 1999년, pp.222-223.

310   주섭일, 위의 책, 1999년, pp.226-227.

311   주섭일, 위의 책, 1999년, p.229.

312   조지 오웰의 본명은 에릭 아서 블레어 (Eric Arthur Blair) 다. 1903년 6월 25일 인도의 벵골에서 태어났다. 1933년 첫 소설 『파리와 런던 안팎에서』가 출간된 이후, 척박한 노동자의 삶이나 내전의 참상을 토대로 지은 소설들을 발표했으며, 1945년 8월, 러시아 혁명과 스탈린의 배신에 바탕을 둔 정치우화 『동물농장』이 출간되면서 일약 세계적인 명성을 얻게 되었다. 1946년 스코틀랜드 주라 섬에 머물며 그의 최대 걸작인 『1984』를 집필했고, 1949년에 출간되었다. 그러나 지병인 결핵이 점점 악화되어 1950년 1월, 47세를 일기로 사망했다. 조지 오웰 지음, 하소연옮김, 『1984』, 2020년, p.64. 책표지.

313   허만, 앞의 책, 1997년, 뒤표지.

314   김영준, 「미국 · 프랑스의 외교적 갈등에 대한 원인 고찰」, 유럽연구, 2003년, pp.265.-266.

315   드골 장군은 자신의 말대로 "프랑스의 명예를 걸고" 영국으로 떠났다. 전속부관 조프루아 드 쿠르셀과 영국 연락장교이자 윈스턴 처칠의 신임을 받는 에드워드 스피어스(Edward Spears) 장군이 동행했다. 드골 장군은 런던 시모어 광장의 한 아파트에 거주하게 되었다. 알렉상드르 뒤발 스탈라, 변광배 · 김웅권 옮김, 『말로와 드골』, 연암서가, 2014년, pp.183-184.

316   2017년, 6월, 키신저는 브렉시트로 인해 영국과 미국이 새로운 대서양 동맹을 구축할 기회라고 강조하면서 '대서양 파트너십의 새로운 조합'이 필요한 때라고 지적했다. 아울러 나토(NATO, 북대서양조약기구)가 '헌장 제5조'(집단방위 규정) 이상의 협력을 추구해야 한다면서, 서방이 나토 개혁에 실패하면 중국이 세계 패권의 빈자리를 차지할 것이라고 전망했다. 『중앙일보』(2017.6.28.), 「키신저, "브렉시트, 새로운 대서양동맹 구축할 기회".

317   제임스 E. 도거티, 로버트 L. 팔츠그라프 지음, 이수형 옮김, 『미국의 외교정책사』, 한올아카데미, 1997년, p.179. 이와 관련하여 레이몽 아롱의 회고에 의하면 다음과 같다. "드골 장군은 항상 군사적 자율성의 일부를 상실하면 프랑스의 특정 이해를 희생시켜 가며 공동방위집단의 이해에 부응하는 명령을 받게 될 것이라는 강박관념을 갖고 있었지요. 이 점에 관해서 그는 아주 단호했어요." 장루이 미시카, 도미니크 볼통과의 대담, 박정자 옮김, 『자유주의자 레이몽 아롱』, 기파랑, 2021년, pp.229-230.

318   영광이란 개념은 국제정치에서 프랑스의 위상을 제고시키는 것 뿐 만 아니라 국내정치면에서도 분열을 치유하고 단결을 도모하는 개념으로도 작동한 측면이 있다. 전재성, 「프랑스 드골 대통령의 자주외교 연구」, 신진교수지원연구, 2003년, p.68. 각주 3) 재인용 ; Cerny(1980), p.18.

319   이승근, 「드골(De Gaulle)의 對유럽 안보전략」, 한국프랑스학논집 제26집, 1999년, p.857.재인용 ; PETITFILS, Jean-Christian, Le Gaullisme (Paris: PUF, 1994), pp.8-17.

320   Glenn H. Snyder, Alliance Politics (New York : Cornell University,1997), pp.180-199. 박건영, 남창희, 이수형, "미국의 동북아 동맹전략과 동맹의 안보딜레마, 그리고 한국의 국가안보전략에 대한 함의," 『한국과 국제정치』 제18집 4호(서울: 경남대 극동문제연구소, 2002), pp.54-55에서 재인용.

321   (……) 동맹이 사실상 폐기된 것은 양자 동맹으로는 ANZUS(호주, 뉴질랜드, 미국의 3자 동맹) 테두리 안의 뉴질랜드와의 동맹이었고, 다자동맹으로는 SEATO(동남아조약기구), 두 가지 경우이었다. 1985년, 랑게(David Lange) 총리가 이끄는 뉴질랜드 정부가 미국의 전함 뷰캐넌(Buchanan)이 뉴질랜드에 입항하기 전에 핵무기를 적재하지 않았음을 확인할 것을 요구하자, 미국은 이를 거절하고 뉴질랜드에 대한 동맹 의무를 철회했다. 그 이후 ANZUS는 사실상 미국과 호주만의 양자 동맹이 되고 말았다. (……) 동남아를 군사적으로 묶으려 했던 SEATO는 1954년에 결성되어 23년 만인 1977년 해체되었다. 당시 멤버는 호주, 프랑스, 뉴질랜드, 파키스탄, 필리핀, 태국, 영국, 미국 등 8개국으로, 공산 세력에 대항하기 위하여 동남아에 집단 방위 체제를 만들었던 것이다. SEATO는 상비 군대는 갖지 않았고 다만 회원국들이 합동 군사훈련을 실시했다. 파키스탄이 1968년에 탈퇴했고, 프랑스가 1975년에 재정지원을 중단했다. 한승주, 『한국에 외교가 있는가』, 올림, 2021년, pp.146-147.

322   한용섭 편, 『자주냐 동맹이냐』, 오름, 2004년, p.27.

323   전재성, 앞의 논문, 2003년, p71.

324   드골이 정권에서 사임한 1946년부터 재집권한 1958년간의 기간을 말함.

325   샤를 드골 지음, 심상필 옮김, 앞의 책, 2013년, pp.312-313.

326   제임스 E. 도거티, 로버트 L. 팔츠그라프 지음, 이수형 옮김, 앞의 책, 1997년, p.180.

327   드골은 덜레스에 관해 다음과 같이 회고록에 적었다. "억제와 저지(沮止, dissuasion)라는 서유럽 방위
      정책의 사도(使徒)격인 그는 내게 미국 외교 정책의 요점을 '세계의 공산화'라는 슬로건 아래 팽창하는 소
      련 제국주의를 봉쇄하고 필요하다면 파괴하는 것이라고 역설했다." 샤를 드골 지음, 심상필 옮김, 위의 책,
      2013년, p.321.

328   전재성, 앞의 논문, 2003년, p77.

329   이것과 관련한 재미있는 일화가 있다. 드골 집권 초기인 1958년에 드골은 NATO 사령관(미군 대장)을
      접견해서 프랑스 영토에 배치된 미군 핵무기의 위치를 보고하라고 요청하자 사령관은"다른 각료들이 동석
      한 자리에서는 곤란하다"며 망설였고, 이에 드골은 각료들에게 잠시 나가도록 지시한 후 단 둘이만 남은 상
      태에서"자, 이제 말해 보시오"라고 재차 요구했다. 하지만 NATO 사령관은 "죄송합니다. 제 직책상 대답할
      수 없습니다."라고 말했다. 이러한 일을 겪은 드골은 그 어떤 수와 대가를 치르고서라도 독자적인 핵능력을
      가져야 한다는 생각을 했다. 나무위키, 영국과 프랑스의 핵개발, 2021년 5월25일 수정(검색일: 2021년 6
      월 13일) 인용.

330   샤를 드골, 심상필 옮김, 앞의 책, 2013년, pp.322-323.

331   드골은 일전에 덜레스에게 말한 것을 다음과 같이 회고록에 기록했다. "나는 우리가 바라는 것은 우리
      가 우리 핵폭탄을 우리의 폭탄으로 보유하는 것이라고 말했다. 우리는 적의 어떠한 공격이든 멈추게 할 수
      있는 수단을 보유해야만 한다. 이런 목적을 위해서는 우리가 적을 공격할 수 있는 능력이 있어야 하며, 우
      리가 외국의 허가를 받지 않고도, 침략자를 강타할 수 있는 능력을 가지고 있음을 적에게 확실히 알도록 해
      야 하는 것이다." 샤를 드골 지음, 심상필 옮김, 위의 책, 2013년, p.330.

332   드골은 2차 대전 전 1937년, 메츠(Metz)에 있는 기갑부대 지휘관 시절에도, 프랑스 상황에 대해 매우
      회의적으로 평가했는데, 그 예견이 적중되었다. "프랑스는 첫 번째 공격을 막아내야 하는 입장에 있는 만큼
      현재의 방어 수단이 부족하다. 영국인들은 아직 준비가 되어 있다. 러시아인들을 완전히 신뢰할 수 있는
      입장도 아니다. 미국인들에 대해 말하자면, 그들은 항상 시간을 버는 자들이다. 그들은 실제로 팔짱을 끼고
      관망하는 자들이다. 결국 우리 조국이 다시 한 번 침범을 당하게 된다면 파리까지 도달하는 데 며칠이면 족
      할 것이다." 알렉상드르 뒤발 스탈라 지음, 변광배 · 김웅배 옮김, 앞의 책, 2014년, pp.146.-147. 재인용.

333   샤를 드골, 심상필 옮김, 앞의 책, 2013년, pp.331-333.

334   샤를 드골, 심상필 옮김, 위의 책, 2013년, p.314.

335   드골이 제안한 삼두지도체제는 나토 소속이 아닌 별도의 조직을 의미했다. 안병억, 「1960년대 초 유
      럽주의와 대서양주의 : 드골의 '유럽' 대 미국의 '유럽」, 한국유럽학회, 2008년, p.108. 재인용

336   전재성, 앞의 논문, 2003년, pp.77-78.

337   안병억, 앞의 논문, 2008년, p.108.

338   문지영, 앞의 논문, 2007년, p.173.

339   당시 프랑스 협상단 단장이었던 크리스티앙 푸세를 따라 푸세협상이라고 불린다. 안병억, 위의 논문,
      2008년, p.108. 각주 21)재인용

340   드골은 회고록에 케네디를 이렇게 평가했다. "인간으로서의 그의 가치, 연령, 야심은 충분히 방대한 희
      망을 불어넣어 줄 수 있는 위인이었다. 그는 마치 거대한 날개를 펄럭이며 정상(頂上)에 오르는 새처럼 드
      높이 솟아오르려고 도약대 위에 서 있는 것처럼 보였다. …케네디 대통령은 만일 암살당하지만 않았더라
      면, 그 시대에 그의 이미지를 새겨 놓을 수 있는 시간과 수단을 갖췄을 것이다." 샤를 드골 지음, 심상필 옮
      김, 앞의 책, 2013년, p.397. p.389.

341　샤를 드골, 심상필 옮김, 앞의 책, 2013년, pp.395-396.

342　제임스 E. 도거티, 로버트 L. 팔츠그라프 지음, 이수형 옮김, 앞의 책, 1997년, pp.183-184.

343　허만, 앞의 책, 1997년, pp.92-93.

344　김진호, 앞의 논문, 2013년, p.23.

345　허만, 앞의 책, 1997년, pp.113-114.

346　전재성, 앞의 논문, 2003년, p.78.

347　문지영, 앞의 논문, 2007년, p.167.

348　도응조, 「레이몽 아롱 『평화와 전쟁』 속의 "전략과 외교" 개념, 그리고 오늘날 국제관계 속에서의 함의」, 전략연구, 2020년, p.227.

349　발타자르 그라시안 지음, 차재호 옮김, 『지혜의 기술』, 서교출판사, 2005년, p.51.

350　샤를 드골 지음, 심상필 옮김, 앞의 책, 2013년, pp.57-58.

351　샤를 드골 지음, 심상필 옮김, 앞의 책, 2013년, p.58.

352　1950년 8월 23일, 도쿄에서 맥아더는 인천상륙작전을 공식적으로 제안했을 때, 당시 합참에서는 이제 공격을 재개한 상태인 미군(8군)이 낙동강 방어선을 지킬 수 있다는 것을 확신할 수 있을 때까지 인천상륙작전을 연기하는 입장이었으나, 오히려 트루먼 대통령과 존슨 국방장관은 대담한 전략적 착상이라고 말했다고 한다. 베빈 알렉산더 지음, 김형배 옮김, 『위대한 장군들은 어떻게 승리했는가?』, 홍문당, 1995년, p.462. pp.458-459. p.463.

353　북한이 대한민국을 기습남침(남침은 공격한 방향을 의미함. 즉 북한에서 대한민국 방향으로 공격했다는 의미)한 명백한 증거는 다음과 같다. ① 공개된 구소련 비밀문서 기록: 스탈린 남침 승인(1950.3.30) 후 소련의 북한 군사고문단장 바실리에프가 작성(1950.5.29), 스탈린 승인 후 인민군 총참모부에 통보되었고, 북한군 총참모장인 강건 통제 하에 작전국장(유성철)이 한글로 번역함. 당시 북한군 작전국장이었던 유성철이 나중에 북한을 탈출 후 남침계획이 소련 군사고문단에 의해 작성되었고, 명칭은 '선제타격계획'이었다고 증언함, ② 북한주재 소련대사가 1950년 6월 15일에 본국에 보고한 문서 : "6월 25일 새벽에 진격한다."(공격개시일 기록), ③ 북한군 정찰명령 제1호(1950.6.18), 전투명령 제1호(1950.6.24) : "공격준비를 6.22, 24:00까지 완료할 것"과 공격개시 이후의 임무 명시, 정찰명령 제1호는 1950년 10월 4일 서울에서 미군이 노획(원본은 러시아어 필사체), 1987년 4월 28일, 미국 국립문서기록관리청(NARA)에서 극동군 사령부의 적 노획문서철 비밀해제로 공개되었음, ④ 소련수상 후르시초프 회고록에 "소련이 무기를 제공하자, 북한은 계획대로 남침을 자행했다"고 기술, ⑤ 옐친 러시아 前 대통령이 1992년 서울을 공식 방문한 후 러시아 교과서에 "6·25전쟁은 북한의 남침에 의해 발발했다"고 개정함. 육군군사연구소, 『1129일간의 전쟁 6·25』, 2014년, pp.38 40.

354　정병준, 『한국전쟁』, 2006년, pp.302-303. 재인용.

355　『周恩来軍事文選 第4巻』, p.43.; 중국 군사과학원 군사역사연구부 저, 『중국군의 한국전쟁사1』, 국방부 군사편찬연구소, 2002년, p.93.재인용.

356　1898-1976. 중국의 정치가. 장쑤성(江蘇省)의 지주·학자의 집안에서 출생. 1917 1918년 일본에 가 와세다 대학 등에서 청강한 일이 있다. 텐진의 난, 카이 대학(南開大學) 재학 중에 5·4 운동에 참가하여 투옥, 퇴학당했고, 1920년 유학생으로서 프랑스에 가 파리 대학에서 정치학을 공부했다. 1922년 중국 공산당 파리 지부를 창설했고, 런던·베를린·모스크바를 거쳐 귀국했다. 1924년 황푸 군관학교 정치부 대리에 발탁되었고, 1927년에는 북벌군에 호응한 상하이 봉기를 지도했다. 그후 장제스(蔣介石)의 반공 쿠데타를 피하여 우한(武漢)으로 가서 노동자의 무장 규찰대를 조직, 난창 폭동을 지도하고, 광저우 코뮌을 조직했다. 1931년 말 광시 성(広西省)의 소비에트 구에 들어가 군사 부장, 제1방면군 정치 위원으로서 정보 공작과 국민당의 포위에 대한 전략을 지도했다. 1936년 혁명 군사 위원회 부주석으로 장정(長征)에 참가했고, 1936년 시안 사건(西安事件) 때에는 중국 대표로서 해결(내전 정지와 항일 민족통일 전선의 결성)에 힘썼다. 항일전이 발발한 후에는 우한·충칭(重慶)에서 중국의 대표자로서 국민 정부의 국방 위원회·군사 위원회 위원 등 요직에 있으면서 곤란한 국공관계의 처리를 맡아 탁월한 정치적·외교적 수완을 발휘했는데, 이것이 널리 세상에 알려졌다. 중국 정권 수립 후 문화 대혁명을 거쳐 최후까지 일관해서 최고 수뇌의 한 사람으로 있으면서 27년간 수상(1958년까지 외상 겸임)으로서 내외의 중요한 여러 문제를 해결

했다. 인명사전편찬위원회 편, 앞의 책, 2003년, p.842.

357 『周恩来年譜(1949-1976) 上卷』, p.52.; 중국 군사과학원 군사역사연구부 저, 위의 책, 2002년, p.89.재인용.

358 저우언라이는 중국 주재 인도 대사 파니카에게 한반도 문제와 관계된 중국 정부의 입장과 태도를 네루 총리에게 전해줄 것을 요청했다. 당시, 중국과 미국을 포함하는 서방세계 사이에는 그 어떤 외교적 통로도 존재하지 않았으므로 중국 정부는 6.25전쟁 기간 동안 수많은 중국의 중요한 입장과 태도를 인도 정부를 통해 서방 국가들에게 전달했다. 『周恩来軍事文選 第4卷』, pp.66-68.; 중국 군사과학원 군사역사연구부 저, 위의 책, 2002년, p.207.재인용.

359 제임스 E. 도거티, 로버트 L. 팔츠그라프 지음, 이수형 옮김, 앞의 책, 1997년, p.128.

360 布萊德電(Omar Bradley), 『将軍百戰帰』,pp.739-740.; 중국 군사과학원 군사역사연구부 저, 앞의 책, 2002년, p.209.재인용.

361 국방부 군사편찬연구소, 『6.25전쟁 주요전투1』, 2017년, p.73-74.; 중국 군사과학원 군사역사연구부 저, 위의 책, 2002년, p.101.

362 제임스 E. 도거티, 로버트 L. 팔츠그라프 지음, 이수형 옮김, 앞의 책, 1997년, pp.128-129.

363 임원선 발행, 『6 · 25전쟁, 미 NARA 수집문서로 보다』, 국립중앙도서관, 2016년, p.73.

364 드골 장군도 맥아더 장군을 "태평양에서 가장 위대한 백전불패의 지휘관"이라고 평가했었다. 에드거 F. 퍼이어 지음, 이민수 · 최정민 옮김, 『영혼을 지휘하는 리더십』, 책세상, p.172.

365 베빈 알렉산더 지음, 김형배 옮김, 앞의 책, 1995년, p.477.

366 임원선 발행, 앞의 책, 2016년, p.75. 압록강 철교 폭파 여부를 놓고 도쿄의 맥아더 장군과 워싱턴이 날카롭게 대립하고 있던 1950년 11월 14일, 시볼드(William Sebald) 주일 대사가 맥아더 장군과 나눈 대화 내용을 기록한 비망록에는 다음과 같이 적혀 있다. "작전 개념을 묻는 시볼드 대사의 질문에 맥아더 장군은 "당면 목표는 압록강의 다리들을 폭파하는 것"이라고 대답한다. 현 유엔군의 전선과 한중 국경사이를 격리해야 하기 때문이다. 맥아더는 또 중공군을 압록강 너머로 몰아내기 위해 유엔군은 즉각 가능한 모든 지원을 받아 총공세를 펼쳐야 하며 유엔군은 물론 국경에서 공세를 멈출 것이라고 말하고 있다. "앞으로 몇 주 안에, 그리고 압록강이 얼어붙기 전에 다리를 폭파하여 중공군을 몰아낼 수 있다면 6 · 25전쟁은 끝난다." 더불어 맥아더 장군은 작전이 실패할 경우에 대해서도 언급한다. "그러나 이 작전 계획이 실패하고 만주에 있는 중공군이 계속 쏟아져 들어올 경우에는 군사적으로 봤을 때 만주의 핵심지역들을 폭격하는 방법 외에는 선택의 여지가 없다. …… 사태가 이렇게 전개되면 예기치 못한 문제들이 발생할 것이다. 이는 소련의 항전을 불러오고, 결국 전쟁확대로 이어지게 된다. 그런 극단적인 사태로 끌고 갈 필요는 없을 것이다." 임원선 발행, 앞의 책, 2016년, p.77. 맥아더 장군은 해임 후 국회 상원 청문회에서 정치와 군사영역의 범위와 한계에 대해 다음과 같이 역설했다. "지역사령관은 단순히 부대를 지휘하는 데만 제한되지 않고 전 지역을 정치적, 경제적, 군사적으로 지휘하는 것입니다. 정치가 실패하고 군대가 인수하는 국면의 게임에서는 여러분은 군대를 신뢰해야 합니다. …… 사람들이 전투상황에 들어가면 정치라는 이름으로 그들의 행동을 방해하고 승리의 기회를 감소시키고 손실을 증가시키는 그러한 인위적 장애는 한다고 나는 확실히 말하는 바입니다." 이 말이 있은 후에 미국과 유럽의 전략사상과 사회에 많은 관심이 유발되었다. 하지만 적어도 핵무기가 등장함으로 인해서 맥아더 장군이 주장한 군대 주도의 작전을 희망했던 것은 받아들일 수 없게 되었다. Michael Howard (2009), p.117. 도응조, 『20세기 위대한 현자, 레이몽 아롱의 전쟁 그리고 전략사상』, 연경문화사, 2021년, pp.8384. 재인용.

367 베빈 알렉산더 지음, 김형배옮김, 앞의 책, 1995년, p.477-478.

368 최정준 박사는 트루먼 정부는 6 · 25전쟁에서 유리한 국면을 조성하고, 전쟁 종전을 위한 협상의 수단으로써 핵무기를 사용하고자 했던 미국의 전례를 다음과 같이 설명하였다. 핵 패권(독점)을 유지하고 있던 트루먼 정부는 6 · 25전쟁 개전 시부터 정전협정 체결 시까지 4차례 [1차 : 개전초기 원자탄 사용 논의 (1950년 6월~9월, 인천상륙작전 성공으로 논의 소멸), 2차: 중공군 개입에 따른 원자탄 사용 논의(1950년 11월~12월, 신중론 우세로 핵카드 사용의 중단), 3차:중공군의 춘계공세와 핵탑재 전폭기 배치(1951년 4월~5월, 중공군의 춘계공세 실패와 야코프 말리크의 휴전협상 제안으로 핵카드 사용의 중단), 4차:정전협상과 '허드슨 항구작전'(1951년 7월~1952년 12월, 대통령 선거로 핵카드 사용 논의 보류)]에 걸쳐 원자탄 사용 논의가 이루어졌다. 이러한 논의는 실제 행동으로 옮겨지지는 않았으나, 태평양 상의 전진기지에 B-29폭격기 배치를 통한 무력시위, '허드슨 항구작전'과 같은 모의 투하훈련을 진행하기도 했다. 그러나 미국이 우세한 핵전력을 보유하고도 이를 사용하지 않은 이유를 전체적으로 제3차 대전으로 확전을 우려, 한반도에서 제한전을 수행하기 위한 전략으로 분석한 연구(Richard K Betts 1987) 등을 인용하여 설명했

다. 아울러 아이젠하워 정부에서는 핵무기를 활용하여 정전협정 타결이냐 핵전쟁을 포함한 확전 중에서 양자택일하라는 압력을 가했는데, 급작스런 스탈린(Joseph Stalin)의 사망으로 원자탄 공격이 실행되지 못했다. 정전협정이 타결되지 않고 해(1953   년)를 넘겼더라면 아이젠하워 정부가 계획했던 원자탄 투하는 실행되었을 것이라고 주장했다. 최정준, 「6·25전쟁 시기 미국의 원자탄 사용 논의와 그 함의」, 21세기 정치학회보 제28집 4호, 2018년,   pp.191, 192. pp.197, 198. pp.201, 202. p.204. p.209.

369   Kahneman, Thinking, Fast and Slow, 3-53.김태형·이동필, 『생각의 무기』, 좋은땅, 2019년, p.221-222. 재인용.

370   정한용, 앞의 책, 2005년, p.140.

371   리처드 닉슨 지음, 박정기 옮김, 앞의 책, 1997년, pp.23-24.

372   1994년 10월, James C. Humes는 닉슨의 딸 Ed and Tricia Nixon Cox로부터 쪽지 하나를 받았다. 그 쪽지에는 생전에 닉슨이 기록한, James C. Humes가 『치국책 10계명』이라 칭해온 열 가지 원칙들이 나열되어 있었다. 1) 항상 협상할 준비를 하라. 그러나 준비가 되어 있지 않으면 결코 협상하지 말라. 2) 절대 호전적이지 말라. 그러나 단호하라. 3) 조약은 반드시 공개적으로 동의되어져야 한다. 그러나 협상은 비밀리에 이루어져야 한다. 4) 수행능력이 상실될 수 있다면 절대 공개하지 말라. 5) 교섭을 유리하게 만드는 협상칩을 일방적으로 포기하지 말라. 상대방으로 하여금 그가 얻을 어떤 것에 대해서도 무언가를 내놓게 하라. 6) 도전에 대응하여 당신이 하고자 하는 바를 상대가 과소평가하도록 하지 말라. 당신이 하지 않으려는 바를 결코 그에게 말하지 말라. 7) 항상 상대방이 체면을 세우면서 후퇴할 수 있도록 하라. 8) 인권을 아예 부정하는 적국과 약간의 인권이라도 인정하는 우방국을 항시 주의 깊게 구분하라. 9) 최소한 상대편이 우리의 적을 위하는 것만큼 항상 우리의 우방을 위하라. 10) 믿음을 잃지 말라. 믿음만이 산을 옮길 수 있기 때문이다. 그러나 힘의 뒷받침 없는 믿음은 무모하고, 믿음 없는 힘은 무익할 뿐이다. James C. Humes 지음, 이달곤옮김, 앞의 책, 2003년, pp.9-11.

373   리처드 닉슨 지음, 박정기 옮김, 앞의 책, 1997년, pp.142-143.

374   리처드 닉슨 지음, 박정기 옮김, 위의 책, 1997년, pp.104.-105.

375   고든 R. 설리번, 마이클 V 하퍼 공저, 강미경옮김, 『장군의 경영학』, 창작시대, 1998년, p.112. pp.118-119.

376   샤를 드골, 심상필 옮김, 앞의 책, 2013년, pp.392-393.

377   풀러 지음, 김용순 옮김, 『장군의 지휘통솔』, 21세기군사연구소, 2012년, p.8.

378   Baron von der Goltz says : 'in the case of sexagenarians however the mind can scarcely work with unimpaired rapidity or memory retain its old vigour.' The Nations in Arms, p.126. 풀러 지음, 김용순 옮김, 위의 책, 2012년, pp.100-101.

379   풀러 지음, 김용순 옮김, 앞의 책, 2012년, p.135.

380   김형석, 『백년을 살아보니』, Denstory, 2019년, pp.237-238.

381   국군 제9사단 30연대가 1951년 5월 7일부터 5월 10일까지 중공군의 제5차 공세 때 국군 제3사단 22연대가 북한군 제 6사단(사단장 방호산)에게 빼앗긴 인제 동남쪽의 매봉(△1066)과 한석산(△1119)을 공격해 탈환한 전투이다. 특히, 9사단 30연대 3대대는 북한군 895명을 사살하고, 북한군 부연대장을 포함하여 포로 42명, 소화기 198정, 기관총 11정, 포 6문을 노획하는 큰 전과를 올려 대대의 전 장병이 일계급 특진하는 영예를 얻었다. 그러나 30연대 3대대도 전투과정에서 대대원의 절반가량인 390여 명이 전사 또는 부상을 당하는 손실을 입었다. 이는 매봉 한석산 전투의 격렬함이 어느 정도였는가를 미루어 짐작할 수 있게 한다. 국방부 군사편찬연구소, 앞의 책, 2017년, pp.517-519.

382   조갑제, 『박정희의 결정적 순간들』, 기파랑, 2009년, p.88.

383   1895-1970, 영국의 군인, 군사과학 연구자, 1895년에 파리에서 태어난 리델 하트는 영국에 돌아와 1914년 왕립 요크셔 경보병 연대에서 소위로 임관했으며, 1915년에 프랑스 파리로 파견되어 이듬해 솜 공세에 참전했다. 1924년에 대위로 전역 후 <타임즈>, <밀리터리 텔레그래프> 등에서 군사 전문기자로 활동했다. 리델 하트는 오랫동안 영국 정부 고위 관리들의 군사문제 자문역을 맡으며, 기갑, 대전략에 관한 혁신적이며 영향력 있는 이론을 주장했다. 특히, 1930년대에 발전시킨 기계화전, 기동전, 공중전에 대한 그의 사상은 2차 대전 당시 독일의 전략에 매우 큰 영향을 끼쳤다. 1966년에는 영국 왕실로부터 기사

작위를 받았으며 사망할 때까지 많은 군인, 군사연구가들의 존경을 받았다. 저서로는 『제1・2차 세계대 전사』, 『셔먼 장군』, 『영국 기갑 부대 발달사』, 『독일 장군과의 대담』 등 30여 권이 있는데 그 중 대표작인 『전략론』은 세계에서 가장 뛰어난 군사서로 평가받고 있다. 바실 리델 하트 지음, 주은식 옮김, 『전략론』, 책세상, 책표지 참조.

384　성공의 첫 번째 열쇠는 타이밍. 모든 것은 변한다. 산천도 변하고 우주도 변하고 사람의 마음도 변한다. 하지만 변치 않는 한 가지가 있으니, 바로 시간(時間)이다. 유한한 목숨을 가진 인간에게 시간은 절대로 변치 않는 유일한 것이다. 누가 태어나든 죽든, 어디서 전쟁이 일어나든 말든, 우주에서 어떤 별이 사라지고 또 다른 별이 생겨나든 말든, 시간은 일정한 속도로 변함없이 흘러간다. 이것이 시간의 절대적인 속성이다. 이에 비해 공간(空間)은 상대적이다. 바라보는 시선에 따라 왜곡될 수도 있고, 실제로 변하기도 한다. 이러한 절대적 시간과 상대적 공간의 만남, 그 사이에 우리의 인생이 끼어 있다. 그러므로 사람의 삶이란 시간과 공간의 조화 속에서만 원만히 진행될 수 있다. 아무리 조건이 좋아도 때가 맞지 않으면 일이 성사될 수 없고, 아무리 좋은 때가 되었어도 잘못된 곳에서 잘못된 선택을 하면 일은 역시 어그러지게 마련이다. 모든 일에 때가 있다는 말이 공허한 옛말이 아니다. 서대원, 『주역강의』, 을유문화사, 2008년, p.46.

385　마르쿠스 아우렐리우스(121-180)는 로마 제16대 황제이며, 스토아파(派)의 철학자이다. 그의 유명한 《명상록》에 나오는 말이다. 그는 이 《명상록》을 진영(陣營)에서 집필했는데, 그의 스토아적 철인의 정관(靜觀)과 황제의 격무라는 모순에 고민하는 인간의 애조(哀調)가 넘치는 작품이다. 마르쿠스 아우렐리우스 지음, 최정선 옮김, 『명상록』, 지성문화사, 2006년 p39.

386　BC 519-438, 로마의 정치가, 로마 공화국이 위기에 처했을 때 독재관으로 임명되어 헌신적인 자세로 나라를 구했고, 위기가 끝나고 임기가 남았는데도 권력을 내놓음으로써 진정한 노블리스 오블리즈를 보여준 인물. blog, 세계대역사 50사건, 「진정한 노블리스 오블리주를 보여준 로마 독재관 : 킨킨나투스」, 2010년 8월 18일, 검색일(2021년 7월 31일).

387　이용재, 앞의 논문, 2006년, p.3.

388　문지영, 앞의 논문, 2004년, p.202.

389　처칠은 선거 패배의 소식을 듣고, 욕탕에서 다음과 같이 말했다고 한다. "압도적인 승리도 당연하지만, 국민들은 우리를 차버릴 완벽한 자유도 지니고 있다. 이것이 민주주의며, 우리가 싸워 온 모든 것이다. 수건을 달라."세계의 대회고록(드골Ⅰ) p.430.; 정한용, 앞의 책, 2004년, p.132. 재인용. 처칠은 의회민주주의에 대해 다소 거친 표현이지만 다음과 같이 표현하기도 했다. "의회민주주의는 모든 체제 중에서 최악의 체제다. 하지만 다른 모든 체제를 다 제쳐 놓았을 때 그렇다는 것이다." 장루이 미시카, 도미니크 볼통과의 대담, 박정자 옮김, 앞의 책, 2021년, p.271.

390　정한용, 앞의 책, 2004년, P.254.

391　수산 밴필드, 김기연 옮김, 앞의 책, 1993년, p.144.

392　제1제정 : 프랑스의 나폴레옹이 이룩한 제국. 1804년 5월부터 1814년 3월까지이다. 혹은 나폴레옹의 백일천하까지 보태어 1815년 6월까지로 보는 견해도 있다. 나폴레옹은 1799년 11월, 쿠데타로 독재자의 지위를 획득하자, 4원(四院)으로 된 입법부를 창설하고, <민법전(民法典)>의 편집에 착수했다. 제위(帝位)에 오르자 프랑스혁명의 성과를 체제화하기 위해 상공업의 번영, 시민생활의 안정, 자본의 축적, 시장의 개척 등을 강령으로 내걸었다. 또, 혁명에 의하여 처음으로 토지를 얻은 수많은 소농민을 위하여 소유권을 확증(確証)함으로써 농민의 기대에 부응했다. 그리고 농촌 출신자를 주축으로 하여 무적의 대육군(大陸軍)을 편성했다. 제1제정 10년은 마치 나폴레옹 전사(戰史)를 있는 그대로 보는 느낌이다. 전쟁이 계속되고, 전 유럽이 그의 위세에 굴복했다. 동시에 국민의 분투에 대한 영예로운 보답으로서 훈장이 대대적으로 만들어지고 귀족제도도 부활했다. 두산백과,,검색일(2021년 8월 1일).

393　제2제정 : 1852년 12월 2일, 나폴레옹 1세의 조카 루이 나폴레옹(나폴레옹 3세)이 제위(帝位)에 오른 후부터 프로이센 프랑스전쟁에서 그가 포로가 된 직후(1870년 9월 4일)까지 계속된 프랑스의 정치체제. 헌법에서는 행정・군사・외교의 전권(全権)이 황제 한 사람에 귀속되고, 내각도 황제에 대해서만 책임진다. 의회는 양원으로 이루어지지만, 보통선거에 의하여 의원이 선출되는 입법원조차도 정부가 제출하는 법안이나 예산안의 심의에 그치고 발의권(発議権)은 없었다. 모든 관직도 황제에 의한 임명제였다. 그럼에도 불구하고, 제2제정은 프랑스 시민사회의 번영이라는 면에서 한 시기를 이룩했다. 산업혁명이 궤도에 올랐으며, 인도차이나・아프리카에 식민정책이 진척되었고, 금융자본이 해외에 진출하기 시작했다. 박람회가 개최되었고, 프랑스의 첨단적인 모드가 세계 유행의 선두를 달렸다. 문학에서는 자연주의가 성했고, 회화의 인상파도 나타나기 시작하고, 사회주의가 논단을 시끄럽게 했다. 중세(重税)와 자본의 과도 집중, 황제의 외교정책 등이 제정의 모순을 심화시켰다. 두산백과, , 검색일(2021년 8월 1일).

394 국민주권 원칙과 국민의 기본권 보장 등 민주주의체제가 정착한 서구의 정치문화를 뜻한다.(저자의견)

395 이주흥. 앞의 책, p.157 ; 정한용, 앞의 책, 2004년, p.146. 재인용.

396 사마열인 지음, 홍윤기 옮김, 『조조의 면경』, 넥서스BOOKS, 2004년, p.276.

397 발타자르 그라시안 지음, 차재호옮김, 앞의 책, 2005년, p.47.

398 리처드 닉슨 지음, 박정기 옮김, 앞의 책, 1997년, p.99.

399 육도윤회(vatta)에서 중생들을 삼켜버린다, 가라앉게 한다고 해서 폭류라 한다. 폭류에는 네 가지 가 있
다. 감각적 욕망의 폭류, 존재(存在)의 폭류, 견해(見解)의 폭류, 무명(無明)의 폭류이다. 첫 번째, 감각적
욕망의 폭류는 눈·귀·코·혀·몸을 통한 다섯 가닥의 감각적 욕망에 대한 집착을 말한다. 두 번째, 존재
의 폭류는 색계나 무색계나 선(禪)에 대한 집착을 뜻한다. 사실 존재론적인 실체는 어느 시대 어느 불교에
도 결코 발붙일 틈이 없다. 불교를 존재론적인 실체로 이해한다면 그것은 불교가 아니다. 불교라는 깃발을
내걸고 외도짓거리를 하는 현양매구(懸羊売狗, 양의 머리를 매달아 놓고 개고기를 판다)일 뿐이다. 그래
서 불교는 연기(緣起)를 무아(無我)를 드러내는 강력한 수단이라고 한다. 그래서 석가는 '나는 누구인가?'
라는 가장 중요한 질문에 대해서 '오온(五蘊)'이라 말했다. 나라는 존재는 물질(몸뚱이,色), 느낌(受), 인식
(想),심리현상들(行), 알음알이(識)의 다섯 가지 무더기(蘊)의 적집일 뿐이다. 세 번째, 견해의 폭류는 62
가지 견해를 의미하고, 마지막으로 무명(無明)의 폭류는 사성제를 모르는 것이다. 무명(無明)은 사성제(四
聖諦)에 대한 무지(無知)이기 때문이다. 괴로움에 대한 무지, 괴로움의 일어남에 대한 무지, 괴로움의 소멸에
대한 무지, 괴로움의 소멸로 인도하는 도닦음에 대한 무지이다. 각묵스님 옮김, 『상윳따니까야 1』, 초기
불전연구원, 2009년, p.31. p.139.;각묵스님 옮김, 『상윳따니까야 2』, 초기불전연구원, 2009년, p.56.
pp.101-102.

400 석가의 이 대답은 실천적인 측면과 이론적인 측면에서 불교의 중도(majjhimapatipadā)적인 입장을
잘 드러내고 있다. 석가는 다음과 같은 일곱 가지를 통해서 멈추지 않고 모으려고 아둥바둥하지 않고 폭류
를 건넜다고 강조했다. " ① 오염원을 통해서 멈추고 가라앉고, 업형성을 통해서 모으려고 아둥바둥한다.
② 갈애와 견해(邪見)를 통해서 멈추고 가라앉고, 나머지 오염원들과 업형성들을 통해서 모으려고 아둥바
둥한다. ③ 갈애를 통해서 멈추고 가라앉고, 견해(邪見)을 통해서 모으려고 아둥바둥한다. ④ 상견(常見)
을 통해서 멈추고 가라앉고, 단견(斷見)을 통해서 모으려고 아둥바둥한다. 거머쥐는 천착이 존재에 대한
견해이고, 치달리는 천착이 비존재에 대한 견해이기 때문이다. ⑤ 게으름을 통해서 멈추고 가라앉고, 들뜸
을 통해서 모으려고 아둥바둥한다. ⑥ 쾌락의 탐닉에 몰두함을 통해서 멈추고 가라앉고, 자기 학대에 몰두
함을 통해서 모으려고 아둥바둥한다. ⑦ 모든 해로운 업형성을 통해서 멈추고 가라앉고, 모든 세간적인 유
익한 업형성을 통해서 모으려고 아둥바둥한다." 각묵스님 옮김, 앞의 책, 2009년, pp.139-141.

401 중생이 사는 세상은 모두 심리상태의 반영이라고 불교는 설명한다. 지옥은 지옥과 어울리는 극도로 나
쁜 심리상태를 가진 중생들이 나서 머무는 곳이다. 색계 천상들은 선(禪)이라는 고도의 행복과 고요함과 집
중이 있는 곳이라 한다. 예를 들면 색계의 범중천은 이 천상과 어울리는 초선(初禪)의 심리상태를 가진 중
생들이 나서 머무는 곳이다. 공무변처와 식무변처와 무소유처와 비상비비상처로 구성된 무색계 천상들은
무색계 삼매의 경지를 터득한 자들이 태어나서 머무는 곳이다. 이처럼 고통스럽거나 행복하거나, 저열하거
나 고상한 다양한 세상은 모두 다양한 심리상태들, 구체적으로 말하면 의도적 행위들의 반영이다. 이러한
의도적 행위를 불교에서는 업(業, kamma)이라고 한다. 그러므로 중요한 것은 우리는 매순간 고귀하고 아
름다운 마음을 내도록 노력해야 한다는 것이다. 지금·여기에서 내가 일으키고 있는 심리상태가 결국은
내가 사는 이 세상을 만들어가는 것이며, 앞으로 태어날 세상을 결정짓기 때문이다. 각묵스님 옮김, 『상윳
따니까야 2』, 초기불전연구원, 2009년, p.70.

402 각묵스님 옮김, 위의 책, 2009년, p.31. pp.139-140.

403 주섭일, 『지도자와 역사의식』, 지식산업사, 1997년, p.203.

404 임정우, 『자유 프랑스를 재건한 지도자, 샤를 드골』, 한국논단, 2012년, p.114.

405 주섭일, 앞의 논문, 2007년, pp.158-159.

406 은은기는 토마스 홉스가 그의 저서 『리바이어던』에서 권력에 대해 다음과 같이 표현한 것은 권력의
자기팽창적 성격을 잘 나타낸 것이라고 설명했다. "권력은 일단 생기기 시작하면 빨리 증대하는 명예와 같
거나, 앞으로 진행할수록 점점 더 가속화되는 무거운 물체의 운동과 같다." 은은기, 「토마스 홉스의 『리
바이어던』에 대한 재평가」, 大丘史学 第100輯. p.6.

407 1928년 1월 1일, 안느 드골(Anne de Gaulle))은 태어났다. 하지만 '3염색체성 21'에 걸린 채로였다.

드골 부부는 약 20여 년 동안 그들의 삶에서 아주 주의 깊게 딸을 돌보는 부모가 된다. 드골 장군은 특히 전쟁 때 어디에 있던 간에 항상 딸에게 할애할 시간을 내려고 노력했다. 매일 저녁 드골은 딸의 손을 잡고 기도했었다. "그녀의 탄생은 우리 내외에게는 하나의 시련이었다. 하지만 이것을 믿어 왔으면 좋겠는데, 그녀는 또한 나의 기쁨이자 힘이기도 했다. 그녀는 내 삶에서 신이 내려 주신 선물이었다. 그녀는 내가 항상 인간의 무능력과 함께 겸손이라는 한계 내에서 행동하도록 도와왔다. 그녀는 내가 신의 지고한 뜻에 복종하면서 지내도록 도와왔다. 그녀는 우리들의 삶의 의미와 목표를 믿게끔 도와왔고, 마침내 그녀가 완전한 키와 모든 행복을 되찾게 될 하나님의 집에 믿게끔 도와왔다." Alain Larcan, De Gaulle inventaire, la culture, l'esprit, la foi, Bartillant, 2003, p.734. 알렉상드르 뒤발 스탈라, 변광배·김웅권 옮김, 앞의 책, 2014년, pp.101-102.재인용.

408   알렉상드르 뒤발 스탈라, 변광배·김웅권 옮김, 앞의 책, 2014년, pp.362-364.

409   실제 당일 프랑스 파리에 무려 63명의 전·현직 국가원수들이 고인을 추모하기 위해 노틀담 사원의 2백 60피트 중앙 통로를 엄숙하게 줄지어 걷고 있었다. 이 노틀담 사원의 거창한 추도식은 드골의 유지는 아니지만, 프랑스와 전 세계의 수많은 사람들이 드골에게 바치고자 하는 감사와 애도를 위해 프랑스 정부가 제공하는 하나의 편의에 불과했다. 리처드 닉슨 지음, 박정기 옮김, 『20세기를 움직인 지도자들』, 을지서적, 1997년, pp.97.-98. 닉슨 자신도 미국의 대통령으로서, 또한 드골의 친구로서참석을 했는데, 당일 추도식에서 그의 뇌리에서 지워지지 않는 생생한 기억을 적은 대목이 매우 인상적이어서 소개한다. "…노틀담 사원에서 드골의 고별 미사가 막 끝나려 할 무렵 외국의 귀빈들이 줄지어 밖을 향해 나오고 있었다. 그리고 많은 사람들이 내게 다가와서 미국인을 대표한 참석에 감사했다. 그리고 내가 거의 성당을 나올 무렵 노틀담 파이프 오르간에서는 웅장한 '라 마르세이예즈(프랑스 국가)'가 울려 퍼졌다. 자신도 모르게 걸음을 멈춘 나는 제단을 향해 돌아서서 오른손을 가슴에 얹었다. 바로 이때 음악을 무시하고 한 외국 귀빈이 내 손을 억지로 잡고 인사를 하는 것이었다. 그 순간 이 모든 위엄과 장중함과 그리고 극적인 순간이 사라진 것이다. 내가 지금도 아쉬워하는 것은 만일 그때 세계의 모든 지도자들이 일제히 제단을 향해 가슴에 손을 얹고 그리고 오르간이 연주하는 '라 마르세이예즈'를 따라 프랑스 국가를 모두가 합창하여 노틀담 성당 속에 울려 퍼지게 했더라면, 그것이야말로 바로 드골이 그렇게도 원했던 '드골 정신'을 정확히 재현할 수 있었던 게 아니었나 하는 점이다." 리처드 닉슨 지음, 박정기 옮김, 위의 책, 1997년, pp.181.-182.

410   법정, 『아름다운 마무리』, 문학의 숲, 2008년, pp.227-228.

411   흔히들 일체유심조(一切唯心造)라고 하여 모든 것은 마음먹기에 달려있다고 한다. 즉 따뜻한 마음이든 악한 마음이든 인생을 살면서 순간순간 마음씀씀이가 매우 중요하다. 이러한 마음(心)을 불교적 관점에서 보면 몇 가지 유념해야 할 것이 있다. 첫째, 마음은 조건발생이다. 감각장소와 대상이라는 조건이 없이 혼자 독자적으로 존재하거나 일어나는 마음은 절대로 존재할 수가 없다. 둘째, 마음은 단지 대상을 아는 것일 뿐이다. 이 이상도 이하도 아니다. 셋째, 마음은 단지 오온(五蘊, 色受想行識) 가운데 하나일 뿐이다. 마음을 절대화하면 절대로 안 된다. 마음을 절대화하면 즉시 외도의 자아이론이나 개아이론, 영혼이론이나 진인이론으로 떨어지고 만다. 이것은 불교가 가장 유념하면서 고뇌해야 할 부분이기도 하다. 넷째, 마음은 무상하다. 그리고 실체가 없는 것(무아)이다. 다섯째, 마음은 찰나생·찰나멸이다. 그래서 석가는 마음처럼 빨리 변하는 것을 보지 못했다고 강조했다. 여섯째, 마음은 흐름이다. 지금, 여기에서 생생히 전개되는 이 마음을 흐름으로 설명한다. 마음은 마음을 일어나게 하는 근본원인인 갈애와 무명으로 대표되는 탐욕·성냄·어리석음(탐·진·치)이 다할 때까지 흐르는 것(相續)이다. 각묵스님 옮김, 『상윳따니까야 3』, 초기불전연구원, 2009년, pp.54-55.

412   법정, 『홀로 사는 즐거움』, 샘터, 2004년, pp.205-209.

413   주섭일, 앞의 책, 1997년, p.204.

414   정한용, 앞의 책, 2005년, pp.176-177. 재인용.

415   필리프 라트, 윤미연 옮김, 앞의 책, 2002년, pp.477-479.

416   정한용, 앞의 책, 2005년, pp.178-179. 재인용.

417   리처드 닉슨 지음, 박정기 옮김, 앞의 책, 1997년, p.19.

418   저자는 『위대한 대한민국』의 비전을 실현하려면 4가지 조건을 충족해야 한다고 생각한다. 첫째, 시대정신(Zeitgeist), 둘째, 국가이익(사활적·핵심적·중요한·부차적), 셋째, 국민의 성원과 지지, 넷째, 지도자의 전략적 사고와 방책 그리고 리더십이다.

419   2020년 현재 99세로 샤를 드골의 1남 2녀 중 장남. 1980년, 프랑스 해군대장으로 진급 후 해군 감찰감 역임. 1986년~2004년까지 정치활동 함.

420 드골은 프랑스에게 위대한 군대가 있었기 때문에 19세기 해외영토를 획득하는 경쟁에서 제1위의 서열을 차지할 수 있었다고 생각했다. 허만, 『드골의 외교정책론』, 집문당, 1997년, p.186.

421 저자 사견.

422 필리프 라트, 윤미연 옮김, 앞의 책, 2002년, p.34.

423 강창구 등 2명, 앞의 책, 1978년, p.64.

424 허만, 앞의 책, 1997년, pp.20-21.

425 필리프 라트, 윤미연 옮김, 앞의 책, 2002년, pp.69-70, pp.78-79. 문지영, 앞의 논문, 2004년, p.178.재인용.

426 필리프 라트, 윤미연 옮김, 앞의 책, 2002년, p.41.

427 세계인물 대회고록 전집(드골Ⅰ), p.225 ; 정한용, 앞의 책, 2004년, P.183. 재인용.

428 강준식, 앞의 책, 2017년, pp.423-424.

429 어니스트 헤밍웨이, 김민준 옮김, 『노인과 바다』, 자화상, 2020년, pp.175-176.

430 이용재, 위의 논문, 2012년, p.265. 37)번 각주 재인용.

431 필리프 라트, 윤미연 옮김, 앞의 책, 2002년, p.361.

432 샤를 드골 지음, 심상필 옮김, 위의 책, 2013년, pp.62-63. pp.201-202.

433 토마스 홉스는 영국에서 1588년 4월 5일에 영국 서남부 윌트셔(Wiltshire)주 맘즈베리(Malmesbury)에서 출생하여 1679년 12월 4일에 생을 마쳤다. 그는 1603년 옥스퍼드 대학에 입학하여 청교도의 교육과 전통적인 논리학. 스콜라 철학, 자연학 등을 배웠다. 1629년부터 유럽을 여행하며 유클리드 기하학을 알게 되었다. 홉스는 여행을 다니면서 정치적, 학문적, 과학적으로 새로운 사상을 정립하고자 노력했다. 그는 1637년에 귀국하여 그의 사상을 <물체론(De Corpore)>, <인간론(De Homine)> <시민론(De cive)>의 3부작으로 쓸 계획을 세웠고, 1640년에는 <법의 원리(The Eliments of Law)>를 출간했다. 그러던 그는 1640년에 영국에서 청교도 혁명이 일어나 장기 의회가 결성되자, 프랑스로 도피 생활을 떠나기도 했다. 그가 프랑스로 망명한 것은 왕당파로 오해를 받을 것이란 두려움에서 비롯되었다. 그렇지만 그는 청교도혁명으로 탄생한 올리버 크롬웰(Oliver Cromwell)의 신생공화국에 대해 큰 기대를 갖고 국가의 전도를 축하하며 1651에 『리바이어던』을 출간했다. 은은기, 「토마스 홉스의 『리바이어던』에 대한 재평가」, 大丘史學 第100輯. p.1.

434 일을 도모하는 것은 사람이 하지만, 일을 성사시키는 것은 하늘이 한다. (저자 생각)

435 샤를 드골 지음, 심상필 옮김, 앞의 책, 2013년, p.175.

436 시오노 나나미, 오정환 옮김, 앞의 책, 1996년, p.184.

437 리처드 닉슨 지음, 박정기 옮김, 앞의 책, 1997년, p.141.

438 세계의 대회고록 전집(드골Ⅰ), pp.506-508 ; 리처드 닉슨 지음, 박정기 옮김, 위의 책, 1997년, p.138.

439 세계의 대회고록 전집(드골Ⅰ), pp.506-508 ; 이주흠, 『드골의 리더십과 지도자론』, p.48.

440 정약용 지음, 다산연구회 편역, 『정선 목민심서』, 창비, 2005년, pp.46-47.

441 한용운, 『님의 沈默』, 자화상, 2020년, pp.38-39.

442 김진항은 그의 저서 『전략적 사고』에서 통찰력이란 사안의 원인과 결과에 대한 관계를 알고 어떤 일이 일어나면 그 결과가 어떻게 될 것인가를 예측할 수 있는 능력이라고 했다. 나아가 우리나라가 처한 어려움을 극복하고 선진국으로 가는 방법은 '전략적으로 사고하는 습관'이라고 주장하면서 전략적 사고에는 기획성 (미래성, 전체성)과 기만성 (간접성, 은밀성, 창의성)으로 구분된다고 주장했다. 김진항, 『전략적 사고』, 좋은땅, 2020년, p.31. p.23. pp.228-232. 이승주는 '전략적 사고'는 '분석(Analysis) + 직관

(Intuition) + 실천(Action)'의 합성체로서 다음과 같은 특징을 갖는다고 주장했다. ① 전략적 사고는 문제의 핵심을 정확히 파악하고, 사실에 입각한 객관적인 분석과 논리적인 사고를 전제로 함. ② 전략적 사고는 기존의 고정관념을 깨고 새로운 발상의 전환을 추구하는 혁신적인 자세로서, 논리적이고 분석적인 '좌뇌' 뿐만 아니라 창의적이고 직관적인 '우뇌'를 적극 활용함. ③ 전략적 사고는 추상적인 이론이 아니라 매우 현실적이고 실용적인 문제해결과정임. 그러므로 조직의 전략방향을 수립하고 다양한 문제를 해결하는데 매우 유용한 사고의 틀을 제공함. 이승주, 『전략적 리더십』, SIGMAINSIGHT, 2005년, p.62.

443   수산 밴필드, 김기연 옮김, 앞의 책, 1993년, p.135.

444   필리프 라트, 윤미연 옮김, 『드골 평전』, 바움, 2002년, p.679.

445   샤를 드골 지음, 심상필 옮김, 앞의 책, 2013년, p.409.

446   유럽경제공동체는 유럽 지역의 경제 통합을 위해 1958년 1월 1일에 세워진 기구이다. 유럽경제공동체가 추구했던 유럽의 경제통합 정신은 유럽공동체(EC)를 거쳐 현재의 유럽연합(EU)까지 이어졌다. 유럽경제공동체를 주도한 나라는 프랑스였다. 프랑스는 2차 대전 이후 초강대국으로 떠오른 미국을 견제하기 위해 유럽 국가들의 단결이 필요하다고 생각했다. 영국은 반대하여 프랑스, 서독, 이탈리아, 벨기에, 네덜란드, 룩셈부르크 등 여섯 개 나라로 구성됐다. 1967년 유럽경제공동체는 유럽석탄철강공동체(ECSC)와 유럽 원자력 공동체(Euratom)와 통합하여 EU의 전신인 EC가 공식 출범했다. 1994년부터 공식명칭이 EU로 바뀌었다. 유럽경제공동체의 주요 정신은 관세동맹 결성, 수출입 제한 철폐, 역외 국가에 대한 공동관세와 공동 무역정책 수행, 역내 인력과 자본의 자유로운 이동 등이다. 굿모닝미디어, , 검색일(2021년 8월 2일).

447   세속적인 생활에 관심을 갖지 않고 정적(靜寂)·고고(孤高)한 예술지상주의 입장을 취한 19세기의 프랑스 시인 A.드 비니를 평론가 생트뵈브가 평할 때 사용한 말에서 비롯되었다. 한편, 대학 또는 대학의 연구실을 지칭하는 말로 전용되기도 한다. 두산백과, 검색일(2021년 8월 3일)

448   샤를 드골 지음, 심상필 옮김, 앞의 책, 2013년, pp.421-423.

449   레이몽 아롱의 현실적 정치관이다. 한편, 앙드레 말로는 "정치란 마니케이즘(Manichaeism, 흑백론적 선악 이원론)이다. 그러나 그것을 너무 과장해서는 안 된다."라고 말했다. 장루이 미시카, 도미니크 볼통과의 대담, 박정자 옮김, 앞의 책, 2021년, p.19. p.139.

450   샤를 드골 지음, 심상필 옮김, 위의 책, 2013년, pp.444-446.

451   막스 베버는 다음과 같이 주장했다. "목측능력이란 내적인 집중력과 평정함을 갖고서 현실로 하여금 자기 자신에게 영향을 미치도록 하는 능력, 요컨대 사물과 인간에 대해 거리를 두는 것이다. '거리 상실(Distanzlosigkeit)'은 그 자체만으로도 모든 정치가에게는 큰 죄 중의 하나이며, 또한 만일 젊은 지식인들에게서 그것이 배양되면 그들이 정치적으로 무능력해질 수밖에 없는 그러한 성질의 것 중의 하나이다. 왜냐하면 문제는 바로 어떻게 하면 뜨거운 정열과 냉철한 목측능력이 동일한 정신 속에 함 자리 잡도록 할 수 있는가라는 것이기 때문이다. 정열적인 정치가를 눈에 띄게 하고 또 그를 단순한 정치아마추어와 구분케 하는 정신의 저 강력한 제어(자기 정신을 강력하게 제어할 수 있는 능력)는 오직 거리를 두는 습관에 의해서만 가능하다. 정치적인 '인격(개성)'이 '강하다'는 것은 무엇보다도 먼저 이러한 자질을 갖고 있다는 것을 뜻한다." 막스 베버 지음, 이상률 옮김, 『직업으로서의 정치』, 문예출판사, 2020년, pp.83-85.

452   이주흠, 『드골의 리더십과 지도자론』, p.85, pp.201-203. 정한용, 위의 책, 2004년, P.187.재인용.

453   '문제의 본질'에 관해서는 불교에서 이 세상 무엇인가를 분석하고 관찰할 때 한 가지 측면으로만 보지 않고, 기본적으로 세 가지 측면에서 관찰하고 이야기하는 내용이 있는데 참고할 만해서 소개한다. 그 세 가지 측면이란 바로 체(體)와 상(相)과 용(用)이다. 체(體)는 본질·본체·근원·근본 등을 뜻하고, 상(相)은 나타나 있는 모습을, 용(用)은 작용이나 능력을 가리킨다. 우리 인간을 비롯한 이 세상의 모든 것에는 반드시 체·상·용이 있다. 체·상·용이 없는 것은 존재하지 않는다. 과연 체·상·용이란 어떠한 것인가? 옆의 시계가 있다면 그 시계를 바라보라. 이때 '나'의 눈으로 보는 시계의 모습이 바로 상(相)이다. 그럼 시계의 용(用)은 무엇인가? 우리에게 시간을 알 수 있게 해주는 것이다. 이렇듯 시계의 상과 용은 쉽게 알 수가 있다. 그럼 시계의 체(體)는 무엇인가? 이것은 알기가 어렵다. 왜? 보이지 않기 때문에.... 하지만 간단하다. 체는 그와 같은 시계의 모습을 낳게 하고 시간을 알게 하는 작용을 할 수 있도록 해준 근원이요, 근본이다. 그렇다면 체가 무엇이겠는가? 바로 그 시계를 만들어낸 사람의 '아이디어'이다. 시간을 알 수 있게 하는 작용을 표출하기 위해 여러 부품들을 조합하여 지금의 시계 모양으로 만들어낸 발명가의 아이디어가 그 체이다. 바꾸어 말하면 아이디어는 마음이다. 발명가의 마음이 시계를 만들어낸 것이다. 볼펜도 마찬가지요 물컵도 안경도 마찬가지이다. 모두가 '이런 용도로 사용하기 위해서는 요런 모양으로 만들면 되겠다'고 하는 아이디어에 의해 만들어진 것이다. 이와 같이 상과 용은 반드시 체를 따라 이루어진다. 체를 떠나서는 상과 용이 존재하지 않는다. 하지만 이 체(體)는 보이지 않는다. 상과 용은 볼 수 있고 느낄 수 있지만

체는 보이지 않는다. 그렇다고 하여 없는 것이 아니다. 체는 언제나 상과 용의 밑바닥에 숨어있다. 일타 큰 스님 · 김현준 지음, 『광명진언 기도법』, 효림, 2020년, pp.7274.

454   Michel Debré, 1912-1996. 프랑스의 정치 · 법학자. 레지스탕스 이래 골수 드골주의자. 제4공화국 공격 의 논진(論陳)으로, 1958년 드골 복권을 위해 활동하였다. 아이러니하게도 드브레는 야당 시절에 알제리 전 쟁에 관해서는 '프랑스령 알제리'의 열렬한 옹호자로서 "알제리의 프랑스 영토를 문제 삼는 것은 반란을 합법 화하는 행위다"라고 선언한 바 있었지만, 그 자신이 제5공화국 초대 총리를 지내면서 알제리에 독립을 주게 되었다, 이어서 드골의 후임 대통령인 조르주 퐁피두 밑에서도 국방장관을 역임하였고, 1972년 7월, 메스메 르 내각까지 유임하였다. 장루이 미시카, 도미니크 볼통과의 대담, 박정자 옮김, 『자유주의자 레이몽 아롱』, 기파랑, 2021년, p.248. p.307. 두산백과, http://www.doopedia.co.kr,검색일(2021년 8월 3일).

455   샤를 드골 지음, 심상필 옮김, 앞의 책, 2013년, pp.423-424.

456   황인수, 정태용 등 6명, 『한국의 불행한 대통령들』, 파람북, 2020년, pp.235-236.

457   도응조는 레이몽 아롱의 사상을 압축하여 "역사의 개연성"과 "절제(moderation)"라고 표현하면서 Stanley Hoffmann이 표현한 "레이몽 아롱은 어떤 극단을 반드시 피하는 것이 가장 정치적이라고 본다" 는 문구를 소개했다. 도응조, 『20세기 위대한 현자, 레이몽 아롱의 전쟁 그리고 전략사상』, 연경문화사, 2021년, p.16. 재인용.

458   샤를 드골 지음, 심상필 옮김, 위의 책, 2013년, p.422. 이와 관련하여 피터 드러커는 같은 코드를 가진 인사로 조직이 운영될 경우의 문제점을 다음과 같이 표현했다. "올바른 결정은 반대되는 의견이나 다른 관 점의 충돌에서 생성된다. 따라서 필요한 것은 의견의 일치가 아니라 불일치이고, 모두의 의견이 일치한 경 우라면 결정해서는 안 된다. 성과를 올리는 사람은 의도적으로 의견의 불일치를 만들어내기도 한다." 조영 탁, 『리더십에 관한 100대 명언』, 2020년 8월 27일, 휴넷명언집 참조. 황인수, 정태용 등 6명, 위의 책, 2020년, p.251. 재인용.

459   도응조, 「레이몽 아롱 『평화와 전쟁』 속의 "전략과 외교" 개념, 그리고 오늘날 국제관계 속에서의 함의」, 전략연구 27(3), 2020년, p.219.

460   서대원, 『주역강의』, 을유문화사, 2008년, p.517.

461   샤를 드골 지음, 심상필 옮김, 앞의 책, 2013년, pp.229-230. p.236.

462   이와 관련, 토마스 홉스는 인간의 본성에는 상호 투쟁을 불러일으키는 세 가지의 요소가 있다고 보았다. 첫 번째는 경쟁심이고, 두 번째는 소심함이며, 세 번째는 명예욕이다. 경쟁심은 인간으로 하여금 이득을 보 기 위해, 소심함은 안전을 보장받기 위해, 명예욕은 좋은 평판을 듣기 위해 남을 해치도록 유도한다. 은은 기, 「토마스 홉스의 『리바이어던』에 대한 재평가」, 大丘史學 第100輯. p.5.

463   샤를 드골 지음, 심상필 옮김, 위의 책, 2013년, p.451.

464   샤를 드골 지음, 심상필 옮김, 위의 책, 2013년, p.452.

465   샤를 드골 지음, 심상필 옮김, 위의 책, 2013년, p.442.

466   정현우, 『강태공과 드골』, 통일한국, 1993년, p.99.

467   이구 등 6명, 『한국의 불행한 대통령들』, 파람북, 2020년, pp.147-148.

468   『21세기@고전에서 배운다』 편집동인, 『21세기@고전에서 배운다 I 』, 하늘연못, 2000년, p.7. 조 용헌은 그의 칼럼 「조용헌 살롱」에서 책을 죽음을 극복하는 차선책이라고 설명했다. "죽음을 극복하는 최선책은 '삶과 죽음이 하나'라는 생사일여(生死一如)의 이치를 깨닫는 일이고, 차선책은 바로 자식을 낳 는 일이다. 자식의 종류는 다시 두 가지로 나뉜다. 하나는 혈자(血子)이고, 다른 하나는 식자(識子)이다. 혈 자는 피를 전수 받은 자식을 말하는 것으로 자식을 낳아 대를 잇는 일도 죽음을 극복하는 방법에 들어간다. 식자는 '식(識)'을 전수 받은 제자나, 저술 · 작품을 가리키는 표현이다. 식(識)은 그 사람의 정신과 사상을 말한다. 저술에는 저자의 사상과 혼이 들어가기 마련이다. 본인의 육체는 사라졌지만, 그 사상이 세상에 남 아있으면 그 사람은 살아 있는 것이 아닌가. 그래서 '식'이 중요한 것이다. 선인(先人)들이 피가 전해진 혈 자보다도, 사상을 전수 받은 식자를 더 중요시 한 이유가 여기에 있다." 조선일보, 오피니언, 「조용헌 살 롱」, 李圭泰 識子, 2006년 2월 28일, 검색일(2022.2.26.).

469   1947년, 프랑스 국민연합(RPF)이라는 정당에 가입한 적이 있었던 레이몽 아롱은 드골장군과 가끔 정치

적인 화제로 대화를 하면서, 개인적인 이야기도 나눈 적이 있었는데, 편지에 관한 일화를 다음과 같이 소개했다. "우리 집안에서 상(喪)을 당했을 때 그가 아주 감동적인 편지를 보내 주기도 했죠. 찾아가 인사를 했더니 자신이 상을 당했던 경험을 이야기해 주더군요." 장루이 미시카, 도미니크 볼통과의 대담, 박정자 옮김, 『자유주의자 레이몽 아롱』, 기파랑. 2021년, p.244.

470   마이클 E. 해스큐, 박희성 옮김, 앞의 책, 2011년, p.280.

471   Jacque Rigaud, <Le général de Gaulle et la culture>, in De Gaulle en son si cle, Tome VII, De Gaulle et la culture, Institut Charles de Gaulle, Edition Plon/ La Documentation Francaise, Paris, 1992, pp.21-22. 조성연, 위의 논문, 2020,p.109. 재인용.

472   Charles de Gaulle, < Discours prononcé à Alger à l'occasion du 60^{éme} anniversaire de l'Alliance Francaise, 30 octobre 1943>, in Discours et Messages, Volume 1, Paris, Plon, 1970, p.301. 조성연, 앞의 논문, 2020, p.109. 재인용.

473   알렉상드르 뒤발 스탈라, 변광배 · 김웅권 옮김, 앞의 책, 2014년, p.36.

474   허만, 앞의 책, 1997년, pp.18.-19.

475   허만, 앞의 책, 1997년, pp.22.-27.

476   1962년 8월부터 1965년 12월까지 다룬 『노력』이라는 제목을 붙인 제2권에 대해 집필을 하고 있다가, 1970년 11월 9일, '라부아스리' 자택에서 갑작스런 죽음으로 인해 결국 1권 출간에 그치고 말았다. 알렉상드르 뒤발 스탈라, 변광배 · 김웅권 옮김, 위의 책, 2014년, p.362.

477   政經朝鮮, 드골의 정치명언들, 조갑제, 2016.3.28. 조선교육문화미디어, 검색일(2022.3.13.).

478   드골은 1남 2녀의 세 자녀를 두었다. 아들 필립(Philippe), 그리고 엘리자벳(Elizabeth)과 안느(Anne)라는 두 딸이다. 리처드 닉슨 지음, 박정기 옮김, 앞의 책, 1997년, p.161.

479   샤를 드골 지음, 심상필 옮김, 앞의 책, 2013년, pp.450-451.

480   주섭일, 『지도자와 역사의식』, 지식산업사, 1997년, pp.198-199. ; 정한용, 앞의 책, 2004년, p.162.

481   이주흠, 앞의 책, pp.83-84.

482   주섭일, 위의 논문, 2007년, pp.158-159.

483   임정우, 『자유 프랑스를 재건한 지도자, 샤를 드골』, 한국논단, 2012년, p.114.

484   시오노 나나미, 오정환 옮김, 앞의 책, 1996년, p.214.

485   리처드 닉슨 지음, 박정기 옮김, 앞의 책, 1997년, p.177.

486   ① 위대한 프랑스 재현, ② 국가의 독자성 확보, ③ 국가의 능력 발전 ; 각주 192).193) 참조

487   정한용, 앞의 책, 2004년, p.156.

488   퐁피두(Georges Pompidou, 1911-1974)는 문학교수 출신답게 문장력이 뛰어나 최초 드골장군의 집무실에서 두각을 나타내었다. 국민연합(RPF)에서 드골의 개인비서로 임명된 후 최고행정재판소인 국참사원 청원의원직을 맡는다. 드골 재집권한 1958년부터 6개월간 드골 내각의 핵심 인물이자 드골의 개인비서로 임무 수행 하다가 알제리 전쟁이 종결지어진 이후 드골은 선거 결과를 토대로 자신의 권한을 더욱 강화시키면서, 미셸 드브레를 떠나도록 내버려두고 그 후임으로 자신이 신임하고 있던 개인참모를 수상으로 임명했다. 1969년 6월부터 대통령 재임 중 1974년 사망했다.; 필리프 라트, 윤미연 옮김, 앞의 책, 2002년, pp.495-496.

489   정한용, 앞의 책, 2005년, pp.166-167.

제6장
드골 어록
명언 100선選

1. 영광은 그것을 항상 꿈꿔온 사람에게 주어진다.

2. 선배님, 그러면 제 애국심은 어디다 붙여야 하겠습니까? 국가가 위기 시 제 애국심을 가슴에다 붙여 놓으면 발이 없어 나가지를 못하고, 발에 붙여 놓으면 눈이 없어 나가지 못하니 도대체 어떻게 하면 좋겠습니까?

3. 나는 프랑스가 그 시련을 극복할 것이라는 것, 또한 내 생애의 관심사는 언젠가 이 나라에 뭔가 특별한 봉사를 하는 것, 그리고 그 기회를 가질 것이라는 점을 의심하지 않았다.

4. 전쟁에서의 승리는 많은 생명들을 희생함으로써 획득되는 것이 아니라 지휘 책임을 맡고 있는 지휘관이 승리할 수 있는 모든 수단들을 총동원하여 자신의 지휘능력을 발휘할 때 획득된다.

5. 지휘관의 참된 학교는 상식에 있다. 인간 정신의 유산에 취미를 갖지 않았거나 접해 보지 못하고 성공한 지휘관은 없었다. 알렉산더 대왕의 승리 뒤에는 항상 아리스토텔레스가 있었다.

6. 전사戰史가 주는 교훈은 전략과 전술은 끊임없이 변화한다는 것이다.

7. 전쟁에는 몇몇 기본적인 원칙을 제외하고, 보편적인 체계란 없다. 단지 상황들이 있을 뿐이다. 군의 지도자는 상황, 여론, 주권자와 같은 개념을 참작할 수 있어야 하고, 사태의 힘을 고려할 수 있어야 한다.

8. 무용武勇, 무덕武德, 전쟁 기술은 인류 유산의 불가분의 일부이며, 역사의 모든 단계에 있어 그 모습을 비춘 거울이다. 이것이 없이는 어떤 국

가도 홀로 설 수 없다.

9. 군인은 돈과 자유를 포기하고 생명의 위협까지 감수하는 비싼 대가를 치르는 대신 그에게 열린 유일한 길인 명예를 추구하는 사람이다.

10. 정의正義는 자신의 주변에 칼을 보유하지 않으면 쉽사리 조롱당한다. 국제법은 군사력 없이는 아무런 가치가 없는 것이다. 사실상 군인정신, 군사전략은 인류재산의 가장 중요한 부분이다.

11. 힘은 인민에 대한 법률을 만들고, 그 운명을 지배한다. 국가 방위의 광휘光輝 없이는 정치가의 위대한 광영은 존재하지 않는다.

12. 인간의 정신이 현실과 접촉하는 수단은 직관直觀이다. 직관은 본능과 지성의 결합이다.

13. 지도자와 대중의 관계에 있어서는 지도자의 능력 자체보다는 대중을 만족시키는 기술이 중요하며, 논쟁보다는 약속이 효과적이다.

14. 위대한 사람 없이는 위대한 일을 하지 못한다. 또한 그들은 그들의 목적을 위해서 존재한다. 그리고 누구나 위대해지고자 노력만 하면 위대한 인물이 될 수 있다.

15. 국민의 재건이 군대로부터 시작되지 않으면 안 된다면 그것은 참으로 사물의 이치에 맞는 일이라 아니 할 수 없다. 왜냐하면 칼은 세상의 추축樞軸이기 때문이다.

16. 프랑스가 세계적인 것이 아닌 순간 프랑스는 더 이상 프랑스가 아니다.

17. 아! 이번엔 진짜 전쟁이다. 이번 전쟁은 1차 대전보다 훨씬 더 어려운 전쟁이 될 것이다. 우리는 최악의 조건 속에서 전쟁을 해야 한다.

18. 나는 군인이라는 직업이 지성과 감성을 필요로 한다는 것과 그리고 매우 자유로운, 즉 정신적인 자유와 실질적인 유연성이 부여되는 사실에 강한 매력을 느꼈다.

19. 전쟁에서 가장 괴로운 것은 집에 남겨둔 집사람이다. 여자들도 인간이며, 가장 괴로움을 체감하는 사람이 여자들이다. 남자들은 모험주의자들이다. 그들은 잘 지낸다.

20. 희망은 사라져버린 것인가? 패배는 결정적인가? 아니다! 왜냐하면 프랑스는 혼자가 아니기 때문이다. 프랑스는 혼자가 아니다. 프랑스는 바다를 장악하고 있는 대영제국과 합세해 투쟁을 계속할 수 있다. 전투에서는 패했으나, 전쟁에서는 패배하지 않았다. 무슨 일이 일어난다 할지라도 프랑스 레지스탕스의 불꽃은 꺼져서는 안 되며, 또한 꺼지지 않을 것이다.

21. 전투는 그것이 대단히 참담한 것일지라도 군인에게서 군인다운 본질을 인출한다.

22. 프랑스의 이름으로 말할 양심을 갖습니다.

23. 쉬지 않고 유동하는 세계 속에서 모든 교의教義, 모든 유파流派는 제각기 하나의 시기時期를 갖는데 지나지 않는다. 공산주의는 지나가 버릴

것이다. 그러나 프랑스가 지나가는 일은 없다.

24. 미국은 큰일에 임할 때는 단순한 감정과 복잡한 정책을 쓴다.

25. 비에 젖는 것을 겁내 바다에 뛰어드는 어리석음이다.

26. 허리를 굽히기엔 나는 너무 유약했다.

27. 외세가 고른 권력의 주체에 의한 프랑스의 해방은 진정한 의미의
    해방이 아니다.

28. 역사는 그의 중대한 순간에 있어 스스로 길을 열어나갈 수 있는 자만
    을 인정한다.

29. 국가가 애국적 국민에게는 상을 주고, 배반자나 범죄자에게는 벌을
    주어야만 비로소 국민들을 단결시킬 수 있다.

30. 국가 간의 관계에 있어서는 논리와 감정은 힘의 현실에 비해 커다란
    무게를 갖지 못한다. 중요한 것은 누가 무엇을 취할 수 있으며, 그것을
    지킬 수 있는가 하는 점이다.

31. 국가 지도자는 주권의 상징이다.

32. 당신들은 프랑스를 열 번 파괴할 핵무기를 가지고 있을지 모르나,
    우리에게는 한 번 파괴할 핵무기만 있으면 된다.

33. 좌, 우 어느 쪽도 아니고 그 이상이다. 정치나 전략에 있어서도 마찬

가지이지만, 경제에 있어서도 절대적 진실이란 존재하지 않는다. 다만 그때그때의 상황이 있을 뿐이다.

34. 현실이 가혹하고 견디기 어렵다는 것은 해롭지 않은 일이다. 왜냐하면 우리나라 국민처럼 퇴폐의 부끄러워해야 할 의무를 준열히 거부하는 민중에게는 아무 일도 없는 평지보다는 오히려 우뚝우뚝 솟은 험한 산 속이 보다 도움이 될 것이기 때문이다.

35. 나는 프랑스를 사랑하나, 프랑스인은 싫어한다.

36. 오랜 세월 프랑스 정당은 프랑스에 봉사하기보다는 프랑스를 이용하여 자신들의 이익을 챙기는 습관에 젖어 있었다.

37. 우리가 조국의 위대성을 위하여 투쟁할 때 배반당하지 않는다.

38. 정치인들의 의도가 어떤 것이든 간에, 현재의 체제는 행동에 이르지 못하는 관념들과 헛된 환상들만 낳을 뿐이다.

39. 독자적인 작전 능력이 없는 프랑스가 이집트를 공격키로 한 것은 잘못된 결정이다. 그러나 일단 작전이 시작한 후 외세의 압력에 굴복하여 포기한 것은 더욱 잘못된 결정이다.

40. 죽음이란 착한 기독교인들에게는 별로 중요하지 않다.

41. 역사를 만난 사람이 다른 어떤 벗으로도 만족할 수 있겠는가.

42. 사방에서 평범하기를 바라는 이 시대에 나는 위대함을 위해 행동을

해야 했다.

43. 나는 일생을 통해서 프랑스의 어떠한 이념을 제시하여 왔다.

44. 위대하지 않은 프랑스는 프랑스가 아니다.

45. 프랑스는 큰 국가적 야망 없이는 존재할 수 없다.

46. 예순일곱의 나이에 내가 새삼스레 독재자의 이력을 시작할 거라고 생각하는가.

47. 지도자에게는 어느 정도 강한 자기중심주의, 자부심, 의지, 교활함 등을 지니고 있어야 한다.

48. 국가가 위대해지기 위해서는 국가의 정신과 국가 원수의 정신이 수 레바퀴처럼 연결되어 있어야 한다.

49. 대통령은 본질적이고 항구적인 문제에 전념해야 한다.

50. 위신을 세우지 않고서는 권위가 설 수 없고, 거리감을 두지 않고서는 위신이 설 수 없다.

51. 침묵보다 더 권위를 고양시켜 주는 것은 없다.

52. 제국이 되는 것이 반드시 좋은 것인가? 그것은 또 다른 하나의 역사에 불과하다.

53. 자유의 죽음을 대가로 치르는 사회적 균형을 어떻게 받아들일 수 있는가?

54. 알제리는 우리의 골칫거리입니다. 그것은 밑 없는 통에 물붓기와 같습니다.

55. 알제리를 독립시키는 것은 프랑스가 세계에 등장할 때 시도했던 모든 위대한 일들 중에서 가장 위대한 사건의 하나이다.

56. 우리가 제조하고자 하는 핵무기는 프랑스 군대의 기초가 될 것이다. 핵무기는 우리가 제조하든지 또는 구입하든지, 그것은 전적으로 프랑스에 속한 것이어야 한다.

57. 만일 소련이 전쟁을 시도한다면 우리는 그것이 실질적으로 전쟁을 유발할지라도 그 도전을 받아들이겠다. 전쟁을 정지시키는 유일한 길은 그 도전을 받아들이는 것이다.

58. 어떠한 동맹도 영구히 지속되는 것이 아니며, 동맹 속에서는 국가독립이란 있을 수 없다.

59. 프랑스는 프랑스다. 항상 세계를 놀라게 한 신비스러운 원동력이 프랑스 속에 있다.

60. 한 정치가가 단호하고도 집요한 성격을 지니고 있고, 국민들로부터 절대적인 지지를 받고 있으며, 외국과의 동맹 체제를 유지하고 있다손 치더라도 만약 자기 시대가 요구하는 바를 정확히 파악하지 못한다면 그는 실패할 것이다.

61. 국장國葬은 필요치 않다. 묘비에는 '샤를 드골, 1890~'이라고만 적는다. 나는 국내외를 막론하고 어떠한 표창과 훈장도 거부할 것을 선언한다.

62. 군은 실제 전쟁터에서 스스로 국가의 운명을 책임질 때에만 국가와 군대의 이름으로 그 권위와 위엄과 특권을 향유할 수 있는 것이다.

63. 지금 우리가 겪고 있는 고통이 한참 지난 먼 훗날, 어떤 역사가가 프랑스를 깊은 심연으로 몰아넣은 비극적인 사건을 깊이 연구한다면 그는 나라의 희망인 항전이 최후의 방어벽 두 개의 모습으로 경사진 언덕에 버티고 서 있음을 확인할 수 있을 것이다. 이 중 하나는 부러진 검이며, 다른 하나는 프랑스 사상이다.

64. 한 나라가 다른 나라를 도울 수는 있지만, 자기 나라와 다른 나라를 동일시 할 수는 없는 것이다.

65. 남을 죽이려 하는 자는 결국 자기마저 자폭하고 만다는 진리를 깨닫게 해줄 방법이라곤 핵을 보유하는 수밖엔 없었다.

66. 아름다운 진주를 발견했으나 겁이 나서 바다 속에 다시 진주를 던져 버렸던 어부를 우리는 흉내 낼 이유가 없습니다.

67. 이런 비통 속에서 나는 희망의 등불을 보았다.

68. 안정된 집행부를 통한 강력한 국가 건설은 국민의 자유를 위협하는 적이 아니라, 오히려 그 자유를 침해할 우려가 있는 이기적 정치형태를 규제할 능력이 없는 국가 권력이야말로 보다 심각한 문제이기 때문이다.

69. 이제부터 나는 내 임무의 노예가 되는 것이다.

70. 결과가 어떻든 모든 사람의 욕망은 끝이 없고, 모두가 만족할 수 없기 때문에 불평은 언제나 나오게 마련이다.

71. 일단 취하는 입장이 분명해진 이상, 정권이 우물쭈물하는 것만큼 손해가 되는 일은 없기 때문이다.

72. 전쟁은 내면에서 타오르게 하는 정념일 뿐 아니라 전쟁이 호소하는 구실은 반드시 인간의 정신적 운명에 관계되는 입장의 충돌을 포함하지 않는 경우가 없다. 알렉산더 대왕의 승리는 하나의 문명의 승리였다.

73. 우리는 주권, 제국 그리고 칼을 가지고 조국에 돌아왔다.

74. 처칠의 패배는 위대한 인물에 가해진 불명예로 비칠지 모른다. 그러나 이것은 인간사의 흐름일 뿐이다. 위대한 일을 위한 처칠의 개성이 범용凡庸의 시대에는 더 이상 맞지 않기 때문이다. …나는 내가 옳을 때 화를 내는데 처칠은 잘못할 때 화를 낸다. 우리는 서로 화를 낼 때가 많다.[1]

75. 현재의 체제는 행동에 이르지 못하는 관념들과 헛된 환상들만 낳을 뿐이다.

76. 나는 프랑스의 이름으로 명령하는 바입니다.

77. 제1차 대전에서 제2차 대전에 이르기까지의 30년간 전쟁에서 지리멸렬이 된 유럽에 평화와 세력균형을 회복시키는 방법은 '슬라브족',

'게르만족', '골족', '라틴족' 각 민족이 협력하는 길밖에 없다.

78. 유럽이 뭉치기 위해서는 무엇보다도 먼저 프랑스와 독일 간의 협력이 가장 중요하다는 건 두말 할 필요가 없다.

79. 자! 이제 내 딸도 비로소 다른 사람과 똑같이 되었을 뿐이야.

80. 프랑스는 일시에 모든 것이다. 프랑스는 모든 프랑스인들을 포괄한다. 프랑스는 좌익도 우익도 아니다. 자연스럽게 프랑스인들 속에서 개혁을 하고 변화를 추구한다고 하는 영원한 경향이 있을 뿐이다.

81. 자신의 한마디 한마디에 책임을 져야하는 지도자가 즉흥적으로 답변할 수 없는 신념 때문이다.

82. 그렇다. 그러나 내가 죽는데 실패하여 실망시키는 일은 없을 것이다.

83. 나는 이 불운과 싸우는데 좋은 무기를 가지고 있었다. 국민이 나를 지지한다는 사실이 나의 갑옷이었으며, 가치 있는 길을 꿋꿋이 걸어 간다는 사실이 나의 칼과 같은 것이었다.

84. 식민지의 종결은 프랑스 역사의 한 페이지를 장식했다. 이 페이지를 넘기면서 나는 지난날에 대한 회한과 미래에 대한 희망을 동시에 느꼈다. 그런데 이 페이지를 쓴 사람은 그 결과를 볼 수 있을 때까지 생명을 유지할 수 있을 것인가? 그것은 운명이 결정할 일이다!

85. 드골은 자신의 길과 사명을 위해 계속 전진해야 한다!

86. 정치적인 효율성과 계획은 경제적인 능력과 희망에 연계되어 있다.

87. 나는 위대한 그 무엇을 위해 일하기로 결심했다. 이것은 소명이다. 그렇게 해야만 한다. 프랑스가 깊은 뜻을 가지고 나를 다시 불러서 안내 역할을 맡아달라고 한 것은 결코 조국이 조용히 잠자고 있는 것을 봐달라고 하기 위함은 아니리라.

88. 프랑스 재기(再起)의 수단은 국가와 발전과 자주권이다. 나의 의무는 이렇게 설계되었다. 우리 국민이 나를 따르는 한 그것은 결코 변하지 않을 것이다.

89. 나에게 우리 국민은 귀를 기울여 왔다고 생각한다. 언젠가 나는 국민에게 물을 것이다. "내가 한 일이 옳은 일이었는지, 그른 일이었는지." 이 물음에 대한 국민의 대답은 나에게 있어서 신(神)의 소리가 될 것이다.

90. 경제는 인생처럼 하나의 투쟁이며, 이 투쟁에는 결정적인 승리란 없는 것이다. 아우스터리츠 전투의 승리와 같은 날에도 태양이 전장을 빛내주려 나타나지는 않는다.

91. 앞으로 모든 사태는 중단된 상태로 공중에 떠 있을 것이다. 프랑스가 제안한 대로, 찢어진 구대륙에서 상호 협력 관계를 설립하자는 것이, 앞으로의 역사에서 '무한한 거짓 속에 침몰된 몇 개의 함대'로 끝날 것인지, 또는 미래에 파도 저 멀리 어른거리는 아름다운 희망이 될는지는….

92. 프랑스에게 이러한 상태는 동시에 강한 금지를 갖게 하지만, 또한 무

거운 의무감도 갖게 한다. 그러나 이것이 바로 그의 운명이 아니겠는가? 나에게 있어서 이런 일은 매력이 없는 것도 아니다. 또한 책임의 무게도 그만큼 크다. 나는 이런 일을 하기 위해서 여기 있는 것이 아닌가?

93. 연설문을 쓰기란 언제나 고통스럽고 쉼이 없는 작업이다.

94. 정치인들은 자신이 말한 것도 믿지 않기에 다른 사람들이 그를 믿으면 놀란다.[2]

95. 꿈만 꾸지 말고, 현실에 입각하여 일을 진행해야 합니다. 그러면 유럽의 현실, 유럽을 건설할 수 있는 기둥이란 무엇입니까? 물론 개별 국가들입니다. 각자 고유의 정신, 역사, 언어, 고유의 불행과 영광스러운 과거며, 야망 등을 지니고 명령하고 복종시킬 수 있는 스스로의 권리와 능력을 갖춘 각개의 국가입니다.

96. 과거의 적국과의 협력은 유럽 건설을 위해 필요한 조건이 될 수 있지만, 결코 충분한 것은 아니다. 또한 유럽의 통일이 곧바로 유럽인들의 융합해 의해서 가능하다고는 생각지 않으나, 조직적 접근에 의해서는 가능하다고 믿는다.

97. 히틀러가 군대를 동원하여 레나니(라인란트) 지방을 강제 점령했을 그때만 해도 그에게는 무기가 충분치 않았기 때문에 우리 측에서 예방 조치나 강압적 조치를 취했다면 히틀러는 단번에 무너졌을 것이다.[3]

98. 일생동안, 나는 프랑스에 대한 어떤 생각을 간직해왔다. 감정뿐만 아니라 이성도 나에게 그것을 불러 넣는다. 나의 마음속에 있는 정서적인 그 어떤 것이 자연스럽게 프랑스를 동화 속의 공주나 벽화에 그려

진 마돈나로, 즉 어떤 탁월하고 유래 없는 운명에 바쳐진 것으로 그린다. 나는 본능적으로 신이 더할 나위 없는 성공을 위해 또는 본보기가 되는 불행을 위해 프랑스를 창조했다는 인상을 받는다. 따라서 나는 프랑스의 행위나 몸짓이 보잘것없다는 평판을 얻을 때, 그것은 조국의 진수가 아니라 프랑스인들의 과오로 돌려야 할 어떤 이치에 맞지 않는 비정상 상태 탓이라는 느낌을 받는다. 하지만 또한, 적극적으로 생각해 보면 나는 다음과 같은 확신을 얻는다. 즉 프랑스는 선두에 나설 때에만 진정으로 그 자신일 수 있고, 원대한 기획들만이 프랑스 국민이 그 자신 속에 지니고 있는 분열의 요소들을 억제할 수 있으며, 나아가 지금 그대로의 여러 나라들 중에서 지금 그대로의 우리나라가 치명적인 위험을 무릅쓰고 목표를 높이 두고 의연하게 서야만 한다는 것이다. 즉, 내가 보기에, 위대성이 없는 프랑스는 프랑스가 아니다.

99. 내 앞에, 샹젤리제가 있다! 아! 이건 바다다! 거대한 군중의 물결이 도로 양쪽에 운집되어 있다. 아마도 2백만 명은 될 것 같다. 지붕들 역시 사람들로 새카맣게 뒤덮여 있다. 모든 창문마다, 깃발을 들고 매우 무질서하게 꽉 들어차 있는 무리들로 붐비고 있다. 옹기종기 모인 사람들이 사닥다리들, 버팀대들, 가로등들에 매달려 있다. 그런데 그들은 내 시야에서 매우 멀리 떨어져 있어서, 내 눈에는 마치 삼색기 아래 빛 속에 살아 꿈틀대는 파도처럼 보인다. 나는 걸어서 간다. 오늘은 무기들이 반짝반짝 빛을 내고 팡파르가 울리는 열병식을 하는 날이 아니다. 오늘은, 무기들에 의해 으스러지고 속박과 질곡에 의해 사방으로 흩어졌던 어제의 국민들에게, 그들의 환희를 펼칠 수 있게 해주고, 그들의 명백한 자유를 통해 자기 자신을 되찾게 해줘야 하는 날이다. 이곳에 있는 그들 각자가 그들의 고통을 호소하고 의지할 수 있는 사람이자 그들의 희망의 상징으로서 샤를 드골을 마음속으로 선택했기 때문에, 그는 그들을 가족이며 형제로 보아야 하며, 이러한 관점에서 국

가적 화합이 빛을 발해야 한다.

100. 프랑스가 한 발짝 한 발짝 기어오르는 언덕 위에서 나의 임무는 우
리나라를 항상 높은 곳으로 인도하는 데 있다. 밑에서 모든 소리가 합
세하여 끊임없이, 우리를 끌어내리려 해도 소용없다. 한 번 더 나의 말
을 듣기로 한 프랑스는 침체 상태에서 빠져나와 재기로 향하는 중요한
단계를 넘어섰다. 그러나 여기서부터 어제와 마찬가지로 나의 목표는
우리나라가 정상을 바라보도록 하는 일이며, 또한 노력의 길을 가도록
하는 것이다!

1   政經朝鮮, 드골의 정치명언들, 조갑제, 2016.3.28. 조선교육문화미디어, 검색일(2022.3.13.).

2   政經朝鮮, 드골의 정치명언들, 조갑제, 2016.3.28. 조선교육문화미디어, 검색일(2022.3.13.).

3   히틀러는 1935년 5월 2일 체결된 불・소협정을 트집 잡아 베르사유 조약을 위반하여 1936년 3월 7일에
    비무장지대인 라인란트(독일의 라인강 서부 지역)에 군대를 진주시켰다. 그때 선거기간이었던 프랑스는 구
    두로 항의했을 뿐 다른 대응조치는 하지 못했다. 히틀러는 곧 이 지역을 지키기 위해 지크프리트 요새를 구
    축했으며, 이 요새는 1945년 연합군에 의해 반환되었다. 장루이 미시카, 도미니크 볼통과의 대담, 박정자
    옮김, 『자유주의자 레이몽 아롱』, 기파랑. 2021년, p.49.

<샤를 드골 연보>

1890. 11. 22. 릴에서 앙리 드골과 부인 잔 마리 드골 사이에서 출생.

1909.　　생시르 육군사관학교에 221명 중 119등의 성적으로 입학.

1912.　　생시르 육군사관학교를 221명 중 13등으로 졸업. 필립 페탱이
　　　　　연대장인 아라스에 주둔하는 33연대 보병 부대에 배치됨.

1914.　　1차 대전에 중위로 참전.

1916.　　베르덩 전투에서 중상을 입고 독일군의 포로가 됨.

1919. 4. 17~1920. 폴란드군 파견근무

1921.　　생시르 육군사관학교의 전사戰史 교관으로 임명됨. 4월 7일,
　　　　　칼레 기업가의 딸 이본느 방드루와 결혼. 12월 장남 필리프 탄생.

1922. 5. 2. 육군대학 입학, 담당 교수와의 잦은 논쟁의 영향으로 1924년
　　　　　129명 중 52등으로 졸업.

1924.　　처녀작 『적(敵)과의 불화(不和)』 출간.

1924. 5. 15. 장녀 엘리자베스 출생.

1925. 7. 1. 라인강 참모본부 연수. 페탱 원수의 참모본부에 '문필가 장교'

로 파견됨(프랑스군의 역사 기술, 페탱 보좌 등).

1928. 1. 1. 차녀 안느 출생(다운증후군을 갖고 태어남).

1932. 『칼날』 출판.

1933. 육군 중령 진급.

1934. 5. 5. 『미래의 군대』 출간. 이 책에서 군 일부를 직업 군인으로 채울
      것, 기갑부대의 활용, 전차를 자율적으로 사용할 수 있는 특공부대
      의 창설을 강조. 상관의 허가 없이 출간된 이 작품은 군 내 중견
      간부들의 반발을 사게 됐다.

1937. 7. 13. 메츠에서 창설된 제507 기갑연대장으로 임명됨(대령 진급).

1938. 9. 27. 『프랑스와 그 군대』를 출판. 페탱과 관계를 끊음.

1940. 1. 프랑스 각계 명사 80명에게 기갑부대 강화 호소 서한을 발송함.

1940. 5. 제4 경기갑사단장, 소장으로 진급(임시)

1940. 6. 5. 국방담당 차관보로 발령.

1940. 6. 18. BBC 방송을 통해 레지스탕스에 첫 호소를 함.

1940. 6. 28. 영국 정부가 드골을 '자유 프랑스'의 대표로 인정함.

1940. 9. 23~25. 드골이 지휘한 다카르에서의 프랑스·영국 연합작전이
             실패로 끝남.

1940. 10. 27. 브라자빌에서 '제국의 방위를 위한 위원회'의 창설을 선언,
             전쟁에서 프랑스의 참여를 지도하겠다는 결의를 천명,
             '프랑스 국민에게 결과를 낱낱이 보고하겠다.'고 약속함.

1941. 9. 26. 소련이 드골을 '자유 프랑스'의 대표로 인정.

1941. 10. 25. 런던에서 장 물랭과의 첫 만남. 그로부터 레지스탕스의
             상황과 전망을 상세히 기록한 보고서를 받음.

1942. 7. 14. '자유 프랑스'는 전투하는 프랑스가 됨.

1942. 11. 8. 영·미군의 북아프리카 상륙. 드골은 보고 받지 못함.

1943. 5. 27. 레지스탕스 국가평의회(CNR)가 처음 개최됨. 장 물랭이
             주재한 이 회의에서 만장일치로 드골을 지지하기로 함.

1943. 5. 31. 알제 도착.

1943. 6. 3. 드골과 앙리 지로 공동의장 주관 하에 민족해방프랑스위원회CFLN
             가 알제에서 구성됨.

1943. 11. 9. CFLN이 드골 단독 의장체제로 개편됨.

1944. 1. 24~2.2. 1월 30일, 브라자빌 회의 시작 연설에서 드골은 프랑스

제국의 문명을 전파하는 역할을 극찬. 프랑스는 "아프리카 국민들이 자신들의 운명을 직접 관리할 수 있는 수준까지 조금씩 향상되는 것을 도와야 한다." 라고 발언함.

1944. 6. 3.   CFLN은 프랑스 임시정부GPRF가 됨.

1944. 6. 6.   연합국의 노르망디 상륙. 드골은 BBC 방송을 통해 "프랑스 전투가 시작됐습니다." 라며 연합군의 진격을 도와줄 것을 호소함.

1944. 8. 25.   파리해방. 드골은 파리 시청 광장에서 연설함.

1944. 8. 26.   샹젤리제 대로를 걸어내려 옴.

1944. 8. 31.   파리에 프랑스 임시정부가 자리 잡음.

1944. 10.   미국은 프랑스 임시정부를 프랑스의 합법적 정부로 승인함.

1945. 11. 13.   입헌 국회는 만장일치로 드골을 임시정부 수반으로 선출.

1946. 6. 16.   바이외에서 제도 개혁에 관해 연설함.

1947. 4. 14.   공식성명을 통해서 국민연합(RPF) 조직을 알림.

1947. 6. 30.   『연설과 특별담화 : 1940~1946』 출간.

1947. 10. 19.   시의회의원 선거에서 약 40%를 득표한 '국민연합'이 급격하게 대두함.

1948. 2. 6.   차녀 안느 드골 사망.

1951. 6. 17. '정당 연합'의 투표방식에 따른 정당비례제 국회의원 선거.
              '국민연합'은 유효투표의 22%를 얻는데 그침.

1954. 10. 22. 전쟁회고록 제1권 『호소함』을 출판.

1955. 9. 13. '국민연합'운영을 잠정적으로 중단, 파리 솔페리노 거리 5번지의
              연락사무소는 유지함.

1956. 6. 8.   전쟁회고록 제2권 『통합』을 출판.

1958. 5. 13. 몇 주째 지속되던 정부 위기. 피에르 플랭랭이 정부수반이
              되고 이날 17시, 알제에서 폭동 일어남. 폭도들은 정부 청사를
              점령, '프랑스의 알제리'를 유지하기 위해 공안위원회를 결성.

1958. 5. 14. 알제 공안위원회는 드골에게 공안정부 구성을 호소.

1958. 5. 15. "정권을 책임 질 준비가 되어 있다"라고 선언함.

1958. 5. 19. 기자회견에서 드골은 합법적으로 권좌에 다시 오를 것이
              라는 것을 분명히 하고, 67세라는 나이에 독재자의 길을
              택하지는 않는다고 단언함.

1958. 5. 29. 르네 코티 대통령을 엘리제궁에서 만남, 정부 구성을 드골
              에게 요청함.

1958. 6. 1. 국회에서 수상 권한을 부여받고 6월 2일, 국회에서 드골 정부에
　　　　　　 전권을 위임, 국민투표에 회부한다는 조건의 헌법 개정안이 가결됨.

1958. 6. 3~7. 국권의 회복을 천명하기 위한 알제리 방문. 6월4일, 알제에서
　　　　　　 "당신들의 뜻을 이해했습니다Je vous ai compris." 라고 선언함.

1958. 9. 28. 5공화국의 헌법 개정안이 국민투표에서 동의를 받음 (79.2% 찬성).

1958. 9. 향리 콜롱베에서 아데나워 서독 총리와 첫 회담.

1958. 12. 21. 프랑스 공화국과 프랑스 공동체의 대통령으로 선출됨.

1959. 9. 16. 텔레비전과 라디오 방송을 통해 알제리의 민족 자결을
　　　　　　 위한 계획안을 발표.

1959. 10. 28. 전쟁회고록 제3권 『구원』을 출판.

1959. 12. 미·영·프랑스 3국 정상회담을 파리에서 주재.

1960. 2. 13. 사하라의 레강에서 첫 원자폭탄 실험.

1961. 1. 8. 알제리의 민족 자결에 관한 국민투표에서 유효투표의 75%가 찬성.

1961. 4. 22. 샬, 젤레, 주오, 살랑 장군의 반란, 알제의 주요 정부기관 점령.

1961. 4. 23. 드골에게 전권을 행사할 권리를 부여하는 헌법 16조항을
　　　　　　 적용하기로 결심.

1961. 9. 8.   콜롱베 사저로 가는 길, 퐁쉬르센에서 비밀군사조직인
              OAS의 테러를 무사히 피함.

1962. 3. 18.   에비앙 협정 조인, 알제리 전쟁에 종지부를 찍다.

1962. 8. 22.   드골과 그의 부인은 프티클라마르에서 일어난 총격테러
              에서 살아남.

1962. 10. 28.   대통령을 총선에 의해 직접 선출하자는 국민투표, 유효
              투표의 62.5%가 동의 표를 던짐.

1963. 1. 14.   기자회견에서 드골은 영국이 유럽경제공동체에 가입하는
              것에 반대하는 입장을 발표.

1963. 1. 22.   드골과 아데나워는 프랑스와 독일의 협력에 관한 엘리제
              조약에 조인.

1964. 1. 27.   프랑스가 중화인민공화국을 인정함.

1965. 12. 19.   대통령선거 2차 결선투표에서 55%의 찬성표로 재선됨.

1965. 6. 30 ~ 1966. 5. 11. 브뤼셀에서 프랑스는 '자리 비우기' 전술을 구사.

1966. 3. 7.   미국 존슨 대통령에게 보낸 서한에서 프랑스는 NATO에서
              철수할 것임을 통고.

1966. 9. 1.   캄보디아 방문 중에 프놈펜에서 연설. 그에 따르면 미국은

베트남에서 출구가 없는 전쟁을 하고 있다고 함.

1967. 7. 24.   캐나다 공식 방문 도중, 몬트리올에서 연설.

1968. 5. 24.   텔레비전 방송에서 '참여(경제)'에 관한 국민투표를 실시
                할 것을 알림.

1968. 5. 29.   비밀리에 독일의 바덴바덴을 방문.

1968. 5. 30.   국회해산.

1969. 4. 27.   지방권력 강화와 상원의 개혁, 경제·사회위원회 해체와
                관련된 국민투표를 실시. 반대표가 유효투표의 약 53%,
                드골은 다음날부터 대통령 직무를 중단할 것을 알림.

1970. 10. 7.   희망의 회고록 제1권 『드골, 희망의 기억』 출판.

1970. 11. 9.   라부아스리 자택에서 생을 마침. 유언장에는 국장은 원하지
                않으며 장례식을 가족장으로 간소하게 치를 것과 묘비명에
                "샤를 드골, 1890~0000"으로만 해달라고 적혀 있었다.

샤를 드골, 위대한 대한민국을 향하다

2022년 5월 24일 초판 1쇄 발행

글쓴이   정한용
편 집   오세찬
디자인   김애린
마케팅   이수빈

펴낸이   원종우
펴낸곳   블루픽
주소   경기도 과천시 뒷골로 26, 2층
전화   02 6447 9000
팩스   02 6447 9009
메일   edit01@imageframe.kr
웹   http://imageframe.kr
ISBN   979-11-6769-130-9 03340
정가   20,000원